Remittende

AV

FORUM VORMÄRZ FORSCHUNG E.V.

Vormärz-Studien

I

Lothar Ehrlich/Hartmut Steinecke/Michael Vogt (Hgg.)

Vormärz und Klassik

Bielefeld 1999

AISTHESIS VERLAG

Die Deutsche Bibliothek - CIP-Einheitsaufnahme

Vormärz und Klassik /Lothar Ehrlich ...
(Hgg.). - Bielefeld : Aisthesis 1999
  (Vormärz-Studien ; 1)
  ISBN 3-89528-184-0

© Aisthesis Verlag, Bielefeld 1999
Postfach 10 04 27, D-33504 Bielefeld
Gesamtherstellung: Digital Druck GmbH, Frensdorf
Alle Rechte vorbehalten

ISBN 3-89528-184-0

Inhalt

Vorbemerkung

Dem vorliegenden Sammelband liegen 17 Vorträge zugrunde, die unter dem Thema 'Vormärz und Klassik' im Rahmen eines Symposions gehalten wurden, das das Forum Vormärz Forschung in Verbindung mit der Stiftung Weimarer Klassik ausrichtete. Es war die erste Tagung unter der Federführung des 1994 gegründeten Forums überhaupt; die Teilnehmerinnen und Teilnehmer trafen vom 9. bis zum 11. Mai 1996 in Weimar zusammen.

Ausgangspunkt der Planungsüberlegungen war die Annahme eines literaturgeschichtlichen Zusammenhangs zwischen diesen benachbarten Epochen. So sehr sie sich in ihren ästhetischen Ansichten oder in ihren Einstellungen zum Politischen auch unterscheiden, bleibt festzuhalten: In den 1830er und 40er Jahren gab es nach wie vor einen gültigen, mehr oder minder internalisierten ästhetischen Maßstab der 'Classicität' (um den umstrittenen, weil erst später entstandenen, aber dennoch Autorität heischenden Begriff 'Klassik' bereits an dieser Stelle zu suspendieren), an dem sich um 1830 eine ganze Generation junger Schriftsteller mühevoll abarbeiten muß, um ihn schließlich, teils in persönlich quälender Revolte, mehr oder weniger zu überwinden.

Es ist keineswegs zufällig, daß Heinrich Heine, der nach eigener Einschätzung in der *Romantischen Schule* „letzte Fabelkönig der Romantik", von den Referentinnen und Referenten immer wieder als Kronzeuge des zu untersuchenden Epochenwandels aufgerufen wird: Er ist nach 1830, jedenfalls aus heutiger Sicht, ein vehement streitbarer Repräsentant eines besseren Deutschland, ein prominenter Vertreter des politischen Fortschritts, der literarisch gekonnt nicht nur alle 'classischen' Register zieht, sondern auch, indem er die romantische Ironie – auch politisch – auf die Spitze treibt, neue literarische Formen inauguriert.

Heines Diktum vom *Ende der Kunstperiode* gab daher das Stichwort ab für eine Sektion von Vorträgen, die sich mit jenen Problemen der Epochendefinition und -zäsurierung auseinandersetzen, die prinzipiell in der Aporie von begrifflicher Trennschärfe und literarischer Vielfalt (und damit verbundener Unschärfe) münden. Die übergreifende Fragestellung zielte darauf ab, Kriterien und Eckdaten zu entwickeln, die gleichermaßen theoretisch valide wie praktikable Bestimmungen abgeben für eine idealtypische Unterscheidung von 'Vormärz' und 'Klassik'.

In diesem Prozeß sich ablösender ästhetischer – und philosophischer – Paradigmata stehen *Tradition und Innovation* in einem – auch generationsbedingten – Spannungsverhältnis, in dem die Ablösung von der herrschenden Lehre deren (oft widerwillige) Anerkennung notwendig voraussetzt. Die Brechungen der 'Classizität' durch die jüngere Autorengeneration und die Überwindung des Deutschen Idealismus lassen sich vielfach als in sich widerspruchsvolle, dynamisch-spannungsreiche werkbiographische Entwicklung nachzeichnen. Die Beiträge zu dieser Sektion befassen sich mit Heines, Immermanns und Büchners Verhältnis zur 'Weimarer Klassik' sowie mit dem Junghegelianismus und der Rezeption der Aufklärungsphilosophie.

Der Generationenwechsel innerhalb der Literatur, der wachsende Einfluß der um und nach 1800 Geborenen geht einher mit einem Wandel der Wahrnehmungen: Sowohl die Art und Weise der Wahrnehmung als auch das, was wahrzunehmen ist (und somit literarisch verarbeitet werden kann), sind um 1830 gleichermaßen jenem rasanten technischen und sozialen Wandel unterworfen, der als 'Industrielle Revolution' auch gravierende Neuerungen im Kommunikations- und Transportwesen, in der Drucktechnologie (Schnellpresse) sowie die rasch wachsende Bedeutung neuer Medien (etwa Tageszeitungen und Flugschriften) einschließt. Die kollektive Erfahrung extremer Beschleunigung nahezu aller Lebensbereiche bleibt auf die Literatur nicht ohne Einfluß. Die Beiträge der Sektion *Erfahrung als Literatur* erhellen schlaglichtartig die komplexen Wechselverhältnisse von Lebenswelt und Literatur.

Daß die Literatur selbst in ihrem Formenbestand um 1830 dem beschleunigten Wandel unterworfen ist, zeigt ein Blick auf die *Trias in Bewegung*. Die Beiträge dieser Sektion widmen sich sowohl gattungsinternen Entwicklungen und Umbrüchen als auch der Entstehung ganz neuer Gattungen und Gattungskonzepte in den Bahnen neu entstehender Medien literarischer Kommunikation.

Ziel des Symposiums war nicht eine systematische Darstellung der vielfältigen und verzweigten Beziehungen zwischen jener operativen Literatur, die von Jost Hermand und Manfred Windfuhr in der Festschrift für Friedrich Sengle[1] 1970 im Sinn der politischen Programmatik nach 1968 als 'Vormärzepoche' (und nicht als 'Biedermeier'!) bezeichnet wurde, und einem literarischen Olymp, in dem Goethe die Rolle des Zeus einnahm. Vielmehr sollten mit den einzelnen Beiträgen Elemente einer solchen systematischen Darstellung zusammengetragen werden und, an dieser Stelle veröffentlicht, zu weiteren Diskussionen anregen.

Die Veranstalter danken der Deutschen Forschungsgemeinschaft, die das Internationale Symposion 'Vormärz und Klassik' gefördert hat.

Die Herausgeber

---

[1] Jost Hermand/Manfred Windfuhr (Hgg.): *Zur Literatur der Restaurationsepoche 1815 - 1848. Forschungsreferate und Aufsätze*, Stuttgart 1970.

Helmut Bock

Deutscher Vormärz
Immer noch Fragen nach Definition und Zäsuren einer Epoche? *

Der Titel dieses Symposions lautet: „Vormärz und Klassik" – nicht umge-
kehrt. Wer also mit den Literaten und den Philosophen des „vormärzlichen"
Aufbruchs zu späteren „März"-Revolutionen einen quasi zeitgenössischen
Seitenblick oder gar Rückblick auf deutsche „Klassik" wirft, wird gewiß
Heinrich Heine rezipieren. Er ist der Mentor, der das produktiv-kritische
Verhältnis zu Goethe und dessen Wirkungszeit auf einen Begriff brachte, der
zudem als ein Schüler und Kritiker Hegels, ein früher Linkshegelianer, gelten
kann. Heine dachte und schrieb die historisierenden Formulierungen vom
„Ende der Kunstperiode".

Noch auf Norderney (1826) hatte der Autor der *Reisebilder* würdigend auf
Goethe und dessen „klares Griechenauge" gewiesen. Dieser Dichter sehe
„alles", färbe nirgends die Dinge mit seiner Gemütsstimmung ein, schildere
Land und Menschen in den „wahren Umrissen und wahren Farben". Dagegen
war ihm seine eigene Art zu reflektieren als ein ganz anderes Weltverhältnis
der jüngeren Generation erschienen:

> [...] denn wir, die wir meist alle krank sind, stecken viel zu sehr in unseren
> kranken, zerrissenen, romantischen Gefühlen, die wir aus allen Ländern und
> Zeitaltern zusammengelesen [...].[1]

Die Selbstspiegelung dieser Gemütskrankheit, die man als Zeitgefühl einer
verunsicherten oder desillusionierten Generation deuten könnte, sollte Heine
viel später – in der Enge und Not seiner „Matratzengruft" – zu dem zwei-
schneidigen Urteil geleiten, er sei in der „lyrischen Schule der Deutschen"
der „letzte Dichter" der Romantik, aber auch der Beginner der „Moderne"

---

* Die Veranstalter selbst haben „Probleme der Epochendefinition und -zäsurierung" auf die
Tagesordnung gesetzt. Dieses stets umstrittene Thema wird von dem Verf. im Interesse in-
terdisziplinärer Kooperation nicht als Literaturwissenschafter, sondern als Historiker mit
Blick auf *gesamtgesellschaftliche* Probleme der Politik-, Sozial- und Kulturgeschichte diskutiert.
[1] Heinrich Heine: „Die Nordsee. 1826. Dritte Abteilung.", in: *Säkularausgabe. Werke,
Briefwechsel, Lebenszeugnisse,* hg. von der Stiftung Weimarer Klassik und dem Centre
National de la Recherche Scientifique in Paris, Bd. 5, S. 66. Heinrich Heine: *Historisch-
kritische Gesamtausgabe der Werke,* hg. von Manfred Windfuhr, Bd. 6, S. 147f. – Alle
Belege für Heine beziehen sich auf diese beiden Werkausgaben. Im Folgenden: *Säkularausgabe* und *Düsseldorfer Ausgabe.*

gewesen.[2] Leben und Dichtkunst Goethes hingegen, aus einer früheren Epoche gewachsen, galten ihm als in sich gegründet, als „gesund, einheitlich und plastisch", den „ewig feststehenden" Werken des Geistes zugehörig.[3] Mit dieser grundsätzlichen Überzeugung verteidigte Heine auch 1828 den Weimarer Dichter gegen die „Härte und Bitterkeit" des Kritikers Wolfgang Menzel. Indem sich dieser an Schiller begeistere, um den Wert Goethes herabzudrücken, werde übersehen, daß letzterer den ganzen Schiller mit „allen dessen Räubern, Pikolominis, Louisen, Marien und Jungfrauen" seinem eigenen Werk hätte hinzudichten können, wenn er nur wollte.[4]

Woher aber, fragte Heine, kam die jetzt auftretende Härte gegen Goethe, die er – hier mag an Börnes anzügliche *Denkrede auf Jean Paul* gedacht worden sein – „sogar bei den ausgezeichnetsten Geistern" bemerkte? Seine Antwort entwickelte einen Gedankengang, der die eingangs erwähnten Formulierungen vom „Ende der Kunstperiode" eröffnete:

> Das Prinzip der Goetheschen Zeit, die Kunstidee, entweicht, eine neue Zeit mit einem neuen Prinzipe steigt auf, und seltsam! wie das Menzelsche Buch merken läßt, sie beginnt mit Insurrektion gegen Goethe.[5]

Immer von dessen schöpferischer Größe beeindruckt, war Heine nun gleichwohl bereit gutzuheißen, daß „neue frische Geister von der neuen Idee der neuen Zeit hervorgetrieben", zwar nicht Goethes Werke, wohl aber das „civilisirte Goethenthum" über den Haufen warfen und an seiner Statt das „Reich der wildesten Subjektivität" begründeten.[6]

Im Februar 1830 – es nahte die Zeitschwelle, die im Folgenden zu beurteilen ist – finden wir Heine selbst unter den entschiedenen Kritikern Goethes. Im Briefwechsel mit dem Goetheaner Varnhagen von Ense und dessen Frau Rahel focht er den lebenden „Klassiker" an: Ganz im Gegensatz zu seiner besseren Jugend, der „Werther"-Zeit, habe sich der ältere Goethe mit einer geradezu unmännlichen – das sollte bedeuten: Mut und Streitbarkeit meidenden – „Kunstbehaglichkeit" abgefunden. Sie kennzeichne den Dichterfürsten als ein „großes Zeitablehnungsgenie", das „sich selbst letzter Zweck" sein wolle. Die an die Menzel-Rezension anknüpfende, aber inzwischen geschärfte Polemik gegen das „Goethenthum" gipfelte in der Voraussage einer

---

[2] Ders.: „Geständnisse" [Anm. 1], in: *Säkularausgabe*, Bd. 12, S. 44; vgl.: *Düsseldorfer Ausgabe*, Bd. 15, S. 13.
[3] Ders.: „Die Nordsee" [Anm. 1], in: *Säkularausgabe*, Bd. 5, S. 67; vgl.: *Düsseldorfer Ausgabe*, Bd. 6, S. 148.
[4] Ders.: „Die deutsche Literatur von Wolfgang Menzel." [Anm. 1], in: *Säkularausgabe*, Bd. 4, S. 247.
[5] Ebd., Bd. 4, S. 248.
[6] Ebd., Bd. 4, S. 248f.

neuen Zeit mit anderen Ansprüchen der Öffentlichkeit und anderen Ausdrucksweisen der Literatur und der Künste:

> Es ist noch immer meine fixe Idee daß mit der Endschaft der Kunstperiode
> auch das Goethenthum zu Ende geht; nur unsre ästhetisirende, philosophirende
> Kunstsinnzeit war dem Aufkommen Goethes günstig; eine Zeit der Begeistrung
> und der That kann ihn nicht brauchen.[7]

Ob nahe Zukunft begeistern würde, blieb noch dahingestellt. Doch die Zeit
der Tat schien Heine auf dem Felde der Literatur bereits angebrochen. Denn
soeben hatte er als ein verleumdeter „Jude" und „Modernist" geglaubt, in
dem klassizistisch dichtenden Platen den Grafen und „Freudenjungen der
Aristokraten und Pfaffen", also die Reaktion, bekämpfen zu müssen. Wie ein
jakobinischer „Scharfrichter" hatte er im Namen aller „Niedriggeborenen" ein
„Exempel statuirt", indem er den Kopf seines Beleidigers mit literarischer
Guillotine herunterschlug.[8] Die Rigorosität dieses Literaturstreits rechtfer-
tigte er nunmehr vor Varnhagens Bedenklichkeiten durch Vergleich mit den
Alten von Weimar:

> Der Schiller-Göthesche Xenienkampf war doch nur ein Kartoffelkrieg, es war
> die Kunstperiode, es galt den Schein des Lebens, die Kunst, nicht das Leben
> selbst – jetzt gilt es die höchsten Interessen des Lebens selbst, die *Revoluzion*
> tritt ein in die Literatur, und der Krieg wird ernster.[9]

Auch gegen Hegel, den vormals geschätzten Interpreten des „Weltgeistes"[10],
hatte er jüngst im Namen der freiheitsliebenden Jugend geurteilt: Er tadelte
den gemäßigten Reformdenker als einen der „älteren Leute", die am Ende
doch mehr an die „Interessen ihrer Capitalien" als an die „Interessen der
Menschheit" dächten und deshalb ihr Schifflein im Rinnstein des Lebens ruhig fortschwimmen ließen.[11] Jetzt vermerkte Heine übel an Goethe, wie

---

[7] Heine an Karl August Varnhagen von Ense, Hamburg, 28. Februar 1830 [Anm. 1], in:
Säkularausgabe, Bd. 20, S. 389f.
[8] Ders.: „Die Bäder von Lukka." [Anm. 1], in: *Säkularausgabe,* Bd. 6, S. 73, 119-136; vgl.:
Düsseldorfer Ausgabe, Bd. 7/I, S. 82, 134 – 152.
[9] Heine an Varnhagen von Ense, Hamburg, 4. Februar 1830 [Anm. 1], in: *Säkularausgabe,*
Bd. 20, S. 385.
[10] An Hegel hatte Heine die rationale Bewußtheit eines „Lebens für die Idee" der Mensch-
heitsbefreiung geachtet, so daß er den Philosophen selbst – nächst der „französischen Revoluzion", den „Dampfschiffen u.s.w." – zu den bedeutenden Ausdrucksweisen des fort-
schreitenden „Weltgeistes" zählte. Heine: „Ideen. Das Buch Le Grand. 1826." [Anm. 1],
in: *Säkularausgabe,* Bd. 5, S. 90, in: *Düsseldorfer Ausgabe,* Bd. 6, S. 175.
[11] Ders.: „Die Stadt Lukka." [Anm. 1], in: *Säkularausgabe,* Bd. 6, S. 177; vgl.: *Düsseldorfer Ausgabe,* Bd. 7/I, S. 201.

„ingrimmig" dieser „die Revoluzion haßte"[12] – während er selbst doch Thiers' „Histoire de la Révolution française" und die Memoiren dieser gewaltigen Umwälzung studierte. Wohl, um die Erfahrungen von gestern zukünftig zu nutzen.

Dabei fielen ihn allerdings heftige Zweifel an, ob er, der die „Revoluzion" in der Literatur vertrat, viele Mitstreiter finden werde: „[...] denn der Deutsche ist von Natur servil, und die Sache des Volks ist nie die Populare Sache in Deutschland".[13]

1. Zeitgeschichtliche Betrachtungen: „Restauration" und „Übergangsgesellschaft"

Für weltbürgerlich denkende Anhänger der „Liberté! Égalité! Fraternité!" waren Deutsche und Deutschland auch damals ein Gegenstand schwieriger Reflexionen. Wiederherstellung der früheren Macht war Absicht, „Restauration" das Wort, mit dem die Herrschenden ihre Politik und ihre Epoche selbst titulierten. „Restauration" und „Metternichära" wurden die Jahrzehnte vom Wiener Kongreß bis zu den Revolutionen von 1848 in zumeist konservativen Retrospektiven und fast noch bis heute genannt. Doch wann immer der Begriff in Gebrauch steht: „Restauration" bedeutet keineswegs Stillstand, geschweige denn Wiederherstellung früherer Zustände.

Das staatsnahe Denken des Metternich-Systems, das die Zeitgenossen dem Rationalismus der Aufklärung, den Umbrüchen des Revolutionszeitalters entfremden wollte und gar ins romantisch geschönte Mittelalter verwies, wo sie die Bauelemente für Gegenwart und Zukunft entlehnen sollten, diente einer merkwürdigen Regierungspraxis. Indem die Fürsten des Wiener Kongresses die territorialen Veränderungen und die frühliberalen Reformdekrete aus der Hegemonialzeit Napoleons dem Primat ihrer Machtinteressen unterordneten, aber großenteils akzeptierten und übernahmen, betrieben sie eine aristokratisch-konservative Politik, die eine widerwillige Art von Anpassung an die Entwicklungstendenz der objektiv weit größeren Epoche war. Fürsten und Adel bewahrten Macht und Vorrang nur um den Preis wirtschaftlicher, sogar politisch-juristischer Zugeständnisse. Sie standen nach wie vor unter den Wirkungen der Französischen Revolution von 1789: Denn ob sie es wünschten oder nicht – bereits seit der Jahrhundertwende war die feudal-ständische Ordnung einer sukzessiven, aber endgültigen Auflösung unterworfen. Die Reformen der französischen Besatzungsbürokratien in den zeitweilig annek-

---

[12] Heine an Varnhagen von Ense, Hamburg, 28. Februar 1830 [Anm. 1], in: *Säkularausgabe*, Bd. 20, S. 390.
[13] Heine an Varnhagen von Ense, Hamburg, 4. Februar 1830. Ebd., S. 385.

tierten Westgebieten des Rheinlands und den napoleonischen Protektorat-
staaten, die nicht ohne Einfluß auf mehrere deutsche Rheinbundfürsten blieben, eröffneten die Endzeit des Feudalsystems. Sie setzten auch der Monarchie Preußens den Sporn in die Flanke, so daß diese bei Strafe ihres Zerfalls
zu den systemsprengenden Reformen der Ministerien Steins und Hardenbergs
genötigt war. Seitdem vollzog sich ein unwiderruflicher Prozeß der Erneue-
rung: In der sozialgeschichtlich orientierten Historiographie der herkömmlichen BRD mit gemäßigter Diktion als „Modernisierung"[14], hingegen in der
vergangenen DDR mit revolutionärer Attitüde als „bürgerliche Umwälzung"[15] aufgefaßt, brachte die Wesensverwandlung von Gesellschaft und
Staat bis 1871 – in einem Dreivierteljahrhundert also – die Industriegesellschaft der „Moderne" und den konstitutionell verfaßten, aber konservativen
und von Preußen dominierten Nationalstaat hervor.

Es war eine Umgestaltung oder auch Umwälzung, deren entscheidende
Faktoren selbst während der deklarierten „Restauration" irreversibel blieben.
Und es sind insbesondere drei gesellschaftlich wirksame Energiequellen zu
nennen, die die Entwicklung vorantrieben: *erstens,* die durch Reformen ge-
währten liberalistischen Grundrechte mitsamt der ausdrücklichen Garantie
des persönlichen, frei beweglichen, aber vom Staat besteuerten Eigentums;

---

[14] In Auswahl: Werner Conze (Hg.): *Das Spannungsfeld von Staat und Gesellschaft im
deutschen Vormärz 1815-1848,* Stuttgart 1962; Ders.: „Staat und Gesellschaft 1815 –
1848.", in: *Industrielle Welt.* Schriftenreihe des Arbeitskreises für moderne Sozialgeschichte, 1, 2. Aufl., München 1970; Karl-Georg Faber: *Deutsche Geschichte im 19. Jahrhundert. Restauration und Revolution. Von 1815 bis 1851,* Handbuch der deutschen Geschichte, hg. von O. Brandt u.a. Bd. 3/1b. Wiesbaden 1979; Reinhart Koselleck: *Preußen
zwischen Reform und Revolution. Allgemeines Landrecht, Verwaltung und soziale Bewegung von 1791 bis 1848,* 3. Aufl., Stuttgart 1981; Thomas Nipperdey: *Deutsche Geschichte
1800 – 1866. Bürgerwelt und starker Staat,* München 1983; Dieter Langewiesche: *Europa
zwischen Restauration und Revolution 1815-1849,* München 1985; Reinhard Rürup:
Deutschland im 19. Jahrhundert 1815 bis 1871, Göttingen 1985; Wolfgang Hardtwig:
Vormärz. Der monarchische Staat und das Bürgertum, München 1985 [mit Literaturbe-
richt]; Jürgen Kocka: *Bürger und Bürgerlichkeit im 19. Jahrhundert,* Göttingen 1987;
Hans-Ulrich Wehler: *Deutsche Gesellschaftsgeschichte,* Bd. 1: *Vom Feudalismus des Alten
Reiches bis zur Defensiven Modernisierung der Reformära 1700 – 1815;* Bd. 2: *Von der
Reformära bis zur industriellen und politischen „Deutschen Doppelrevolution" 1815 –
1845/49,* 2. Aufl., München 1989 [mit umfassenden Literaturangaben]. Zur konzeptionel-
len Begründung siehe ebenfalls Wehler: *Modernisierungstheorie und Geschichte,* Göttingen 1975.
[15] Hans Mottek: *Wirtschaftsgeschichte Deutschlands. Ein Grundriß,* Bd. II: *Von der Zeit
der Französischen Revolution bis zur Zeit der Bismarckschen Reichsgründung,* Berlin
1964; Karl Obermann: *Deutschland von 1815 bis 1849. Von der Gründung des Deutschen
Bundes bis zur bürgerlich-demokratischen Revolution,* 4. Aufl., Berlin 1976; Autorengrup-
pe [Leitung Walter Schmidt]: *Deutsche Geschichte,* Bd. 4: *Die bürgerliche Umwälzung
von 1789 bis 1871,* Berlin 1984, Köln 1984.

zweitens, die sogenannte Bauernbefreiung und die langzeitige Agrarumwälzung, zumal die von der Französischen Revolution abweichende, den Adel bevorzugende Regulierung des Bodeneigentums; *drittens*, die von Großbritannien kommende Industrielle Revolution mit maschineller Produktion und der auf Gewerbefreiheit sich gründenden Marktbewegung. Diese Faktoren gemeinsam verursachten schon bald nach 1815, daß die Verhältnisse in Preußen und einigen anderen reformierten Staaten nicht mehr als rein feudal, gewiß auch noch nicht ganz bürgerlich-liberalistisch bezeichnet werden können – wohl aber als Zustände einer „Übergangsgesellschaft". Diese enthielt objektive und subjektive Triebkräfte, die gegen die spätfeudalen Ständestrukturen und die traditionelle Privilegienordnung systemzerstörend, jedoch für den Kapitalismus der freien Konkurrenz und die zukünftige Industriegesellschaft systembildend wirkten.

Das Bewußtsein, unter der autoritären Fürstenmacht der Staaten des Deutschen Bundes und zugleich mit den Widersprüchen einer solchen „Übergangsgesellschaft" zu leben, sprach sich in den Reflexionen der Zeitgenossen sehr verschieden aus. Wir widerstehen an diesem Punkte der Neigung, die Stimmen aus Wirtschaft, Politik und Kultur auszubreiten. Doch bleibt festzuhalten, daß die jüngere Generation, soweit sie nicht im Traditionsglauben verharrte oder sich mit dem sprichwörtlich heiteren Selbstgenügen und Alltagsoptimismus eines Biedermeiers begnügte, selten begeistert war. Immermann, obwohl er im Roman *Die Epigonen* den Triumph des bürgerlichen Unternehmers über den adligen Grundherrn thematisierte, drückte sein Zeitgefühl ungemein treffend aus: „Oft überkam mich eine große Angst über die Doppelnatur unserer Zustände, die Zweideutigkeit aller gegenwärtigen Verhältnisse."[16] Börne beklagte und bespöttelte Shakespeares *Hamlet* geradezu wie einen Zeitgenossen, der mit starkem Geist und schwachem Fleisch nicht zufällig aus Wittenberg geschlichen kam: „Ihn immer handeln und nichts tun, immer sich bewegen und nie fortkommen zu lassen!" sei für den großen Briten und Menschenkenner gewiß schwer gewesen – ein Deutscher brauche nur selbst sich abzubilden, und *Hamlet* sei fertig.[17] Auch Heine, der seinen Krieg gegen Platen zunehmend bereute, vermochte sich im Frühsommer 1830 der resignativen Stimmung kaum zu erwehren:

> Einst, als ich noch jung und unerfahren, glaubte ich, daß wenn auch im Befreyungskampfe der Menschheit der einzelne Kämpfer zu Grunde geht, dennoch die große Sache am Ende siege [...].

---

[16] Karl Immermann: *Sein Leben und seine Werke aus Tagebüchern und Briefen an seine Familie zusammengestellt*, hg. von G. v. Putlitz. Bd. 2., Berlin 1870. S. 135.
[17] Ludwig Börne: „Hamlet. Von Shakespeare [1828].", in: *Sämtliche Schriften*, Bd. 1., hg. von I. und P. Rippmann. Düsseldorf 1964. S. 482-499.

Jetzt erschien ihm all dieses Hoffen und Streben als nutzlos:

> [...] Obgleich ich mich marterte für das allgemeine Heil, so ward doch dieses
> wenig dadurch gefördert. Die Welt bleibt, nicht im starren Stillstand, aber im
> erfolglosesten Kreislauf.[18]

„Unruhe, Zwiespältigkeit, Schwermut" nennt Friedrich Sengle in seinem Epochenwerk den „beherrschenden Zug im Gesichte der Restaurationsgeneration", wobei nicht Hegels Philosophie, sondern Schopenhauers pessimistische *Welt als Wille und Vorstellung* [1819] das Signum des verbreiteten „Weltschmerzes" und somit der Zeit gewesen sei.[19]

Das freilich war nicht nur Depression in geistwidrigen Staatsverhältnissen, wo die Regierer mit Maulkorb und Polizeikontrollen agierten. Selbst die Gesellschaftsentwicklung war zwielichtig, objektiv schwer verständlich. Es gab deutsche Bundesländer, in denen die erwähnte Wesensverwandlung von Gesellschaft, Rechtsnormen und Staatsinstitutionen fortgesetzt wirkte, und andere, in denen sie noch gar nicht begonnen hatte: Staaten mit oder ohne Agrarreform, mit oder ohne liberalistische Eigentumsrechte und Produktionsverhältnisse, mit oder ohne bürgerliche Selbstverwaltungen und Geschworenengerichte, mit oder ohne beurkundete Verfassungen und landständische Deputiertenkammern, wie sie von der Wiener Bundesakte (1815) zugesagt, von den Karlsbader Beschlüssen (1819) aber wieder in Frage gestellt worden waren. Und schließlich existierten Territorien, deren Wirtschaftsleben infolge der „Freiheit" des Eigentums und des Gewerbes, der Einführung von Maschinen und der Herausbildung regionaler Marktunionen durch eine frühmoderne Industrialisierung gekennzeichnet waren, während die Ökonomie der anderen noch immer im Stadium des Handwerks und der Manufakturen verharrte.

Da aber kam die Julirevolution. In Paris scheiterte der altaristokratische Staatsstreich Karls X. und seines Ministeriums Polignac gegen die liberalistische Verfassung und Parlamentsmajorität an der Gegengewalt einer neuen, diesmal nicht angreifenden, sondern defensiven Revolution. Zum zweitenmal und endgültig stürzte die traditionelle Bourbonen-Dynastie. Die Revolution von 1830 bekräftigte die bürgerlichen Resultate der Großen Revolution von 1789. Sie stimulierte die Nationalerhebung der Belgier – und beide Revolutionen gemeinsam riefen ein sofortiges Echo in einem Dritteil der 38 deutschen Bundesstaaten hervor. Auch Italien und die Schweiz wurden von Em-

---

[18] Heine: „Heinrich Heine über Ludwig Börne.", Zweites Buch: Helgoland, 1. August 1830 [Anm. 1], in: *Säkularausgabe*, Bd. 9, S. 314; vgl.: *Düsseldorfer Ausgabe*, Bd. 11, S. 47.
[19] Friedrich Sengle: *Biedermeierzeit. Deutsche Literatur im Spannungsfeld zwischen Restauration und Revolution 1815-1848*, Bd. 1: *Allgemeine Voraussetzungen, Richtungen, Darstellungsmittel,* Stuttgart 1971. S. 2-4.

pörungen erfaßt. Weil die Umstürze in Paris und in Brüssel sowohl die natio-
nalstaatliche Souveränität als auch den liberalen Konstitutionalismus als
Grundstrom der modernen Geschichte offenbarten, ergriff die Flamme des
Widerstands auch die Polen: Im November 1830 begann in Warschau der nationale Unabhängigkeitskampf gegen das russische Zarentum, die Haupt-
macht der Heiligen Allianz.

Was wir nun anders als Sengle sehen und beurteilen möchten: Die epochalen Ereignisse von 1830 bewirkten eine zeitweilig beschleunigte Entwicklung Europas und selbst in deutschen Staaten einen beachtlichen Stim-
mungswechsel. Seit den Jahren der Französischen Revolution war eine solche
Massenunruhe nicht erfahren worden – und anders als in den gleichfalls bewegten Kriegszeiten von 1813 bis 1815 war sie gegen einen „Erbfeind" nach
außenhin nicht wieder ablenkbar. Wie sehr hatten sich Zeitgeist und politische Symbolik – in eineinhalb Jahrzehnten der „Restauration" – gewandelt:
Statt der dynastischen Feldzeichen leuchteten wieder die französischen Ko-
karden, statt der staatschristlichen Haß- und Kriegsgesänge ertönten die
Marschrhythmen der weltlichen Marseillaise. Augenzeugen und Polizeiakten,
Gerichtsprotokolle und Regierungsberichte bekunden: Neben den Hochrufen
auf die „Freiheit" und den Forderungen nach „Gleichheit" sei auch „Vive la
France!" das Losungswort aufbegehrender Volksdemonstrationen gewesen.[20]

Doch nicht nur Frankreichs und Belgiens Ringen um Souveränität und
Verfassung beeinflußte die deutschen Ereignisse. In den Hochruf der
„Freiheit" mischte sich der Notschrei nach „Brot" und nach „Arbeit". Er radi-
kalisierte sich sogar zu bisher kaum gehörten Aggressionen: „Die Fabrikanten kaputtmachen!" und „Die Maschinen zerschlagen!". Im Lauffeuer der an-
tibürokratischen und antiabsolutistischen Unruhen explodierte der neuartige
Zündsatz frühproletarischer Sozialrebellionen und Maschinenstürme.[21] Was
daher diese Vorgänge speziell charakterisiert – sind Einheit und Widerspruch
von Bewegungen, deren Antinomie begrifflich als „liberaler Konstitutionalismus" und „soziale Empörung" zu fassen ist. Es waren bereits die Wirkungen der als „Pauperismus" diskutierten Massenverelendung und der Industriellen Revolution, die den deutschen Zuständen einen historisch neuen Kon-
fliktboden verschafften.

---

[20] Helmut Bock: *Die Illusion der Freiheit. Deutsche Klassenkämpfe zur Zeit der französischen Julirevolution 1830 bis 1831*, Berlin 1980.
[21] Ders.: „Die deutschen Klassenkämpfe 1830/31 unter dem Einfluß der französischen Julirevolution. Entwurf einer generalisierenden Neubewertung.", in: *Die französische Julirevolution von 1830 und Europa*, hg. von Manfred Kossok u. Werner Loch. Berlin 1985;
Heinrich Volkmann: *Die Krise von 1830. Form, Ursache und Funktion des sozialen Prote-
stes im deutschen Vormärz*, Habilschrift, Freie Universität Berlin 1975.

Wie alle Zeitgenossen, so war auch Heine von Ausweitung und Tempowechsel des bürgerlichen Progresses betroffen. Indem er jetzt für sich selbst und die Menschheit den „Abschluß einer Lebens- und Weltperiode" verkündete[22], was logischerweise zugleich den Beginn einer neuen Periode bedeutete, sah er doch beide Zeiten als Teil eines weit größeren und zusammenhängenden Zeitalters, das mit der Französischen Revolution von 1789 begonnen hatte. In ebendieser „Weltepoche", so schrieb er, steige die „Lehre der Freiheit und Gleichheit siegreich empor" – als eine „Offenbarung der Vernunft", die „demokratischer Natur" sei.[23]

2. Streitparteien der Rezeptionsgeschichte: „Vormärz" oder „Biedermeier"?

Angesichts einer Rezeptionsgeschichte von rund eineinhalb Jahrhunderten mag der Titel unseres Symposions bedenklich erscheinen: „Vormärz" zu nennen, was als „Restauration" und „Metternichära" bezeichnet worden ist, beruht auf einer Option besonderer Art. „Vormärz" ist auf März bezogen. Das Wort erfaßt als Zeitalterbegriff eine gesamtgesellschaftliche Entwicklung, deren objektive Widersprüche und subjektive Streitsachen zu guter Letzt in die „März"-Revolutionen von Wien und Berlin einmündeten.

Doch anders als Zeitalter- und Stilbegriffe wie Renaissance oder Reformation, Barock oder Aufklärung, Klassizismus oder Restauration ist „Vormärz" keine originäre, von den Zeitgenossen selbst verwendete Benennung ihrer eigenen Lebenswelt. Der Begriff entstand erst nach deren Jahren. Sieht man ab von seiner Belastung mit lexikalischen Attributen wie „rückständig", gar „reaktionär", mit ironischen Retrospektiven auf „vormärzsündfluthliche Zeiten", in denen „Teutschland noch im Schatten kühler Sauerkrautköpfe gemüthlich aß, trank, dichtete und verdaute, und das Uebrige Gott und dem Bundestage anheimstellte"[24] – so ist weit mehr noch an anderes zu denken. „Vormärz" blieb erinnert durch Revolutionsveteranen, die sich selbst gern „Achtundvierziger" nannten, wurde tradiert von Nachgeborenen, die Bismarcks spätere „Revolution von oben" mitsamt dem undemokratischen Kaiserreich ablehnten. In Franz Mehrings Polemiken gegen Heinrich von Treitschke sind diese Generationen keineswegs schlecht vertreten worden. Sie sahen in der tatsächlich geschehenen „Revolution von unten" den hoffnungsvollen, aber gescheiterten Versuch, die bürgerliche und nationalstaatli-

---

[22] Heine: Vorwort zum 4. Teil der *Reisebilder,* Hamburg, 15. November 1830 [Anm. 1], in: *Säkularausgabe,* Bd. 5, S.; vgl.: *Düsseldorfer Ausgabe,* Bd. 7/I, S. 155.
[23] Ders.: „Englische Fragmente. Kap. XI. Die Befreyung." [Anm. 1], in: *Säkularausgabe,* Bd. 5, S. 191; vgl.: *Düsseldorfer Ausgabe,* Bd. 7/I, S. 267.
[24] *Fliegende Blätter,* Nr. 493, 21. Bd. [2. Hbd.], 1854.

che Demokratie für Deutschland zu erringen – und wünschten dieser politischen Alternative auch in der historischen Rückschau noch den Sieg. So wurden und werden denn die Jahrzehnte vor 1848 begrifflich auf den stürmischen Frühling des Revolutionsjahres bezogen.

Gegenüber Totalität, Beziehungsreichtum und Differenziertheit vergangener Lebenswelten beruht Geschichtsdenken freilich nur auf Erinnerung, Annäherung, rein geistiger Reproduktion. Das derart überlieferte und stetig bereicherte Geschichts-"Bild" des „Vormärz" begreift dessen Wesensart dezidiert im Zusammenhang mit der europäischen Entwicklung zur „Moderne". Die Anfänge der bürgerlichen Modernisierung und der Industrialisierung in Deutschland empfingen entscheidende Impulse durch Frankreichs politische Revolutionen – überdies und vor allem durch den universalen Prozeß der Industriellen Revolution: Bekanntlich von Großbritannien ausgehend, verbreitete sich diese zunächst auf dem west- und mitteleuropäischen Kontinent, wobei sie begann, die von herkömmlicher Agrarwirtschaft und handwerklicher Produktion geprägten Lebensverhältnisse in die „Moderne" der maschinell produzierenden Industriegesellschaft zu transformieren. Frühe Modernisierung und Industrialisierung unterminierten die autoritäre Fürstenherrschaft und den Vorrang des Adels, schufen Entfaltungsräume für den Liberalismus in Wirtschaft, Staatsorganisation, Rechtsauffassung, Öffentlichkeit, gesellschaftlichem Bewußtsein. Obwohl erhebliche Regionen und Bevölkerungsgruppen in alter Lebensweise verharrten, stellte die bürgerlich-kapitalistische Entwicklungstendenz des Zeitalters zunehmend die abgeschiedene Idylle, die Selbstgenügsamkeit des ländlichen und kleinstädtischen Provinzialismus, die Mentalität des Biedermeier in Frage. Zugleich setzte sie aber auch das soziale Problem des „Pauperismus", sogar des Frühproletariats auf die gesellschaftspolitische Tagesordnung.

Gewiß hat Jost Hermand als Literaturwissenschaftler vor einem Vierteljahrhundert den gordischen Knoten konkurrierender Epochenbegriffe durchschlagen wollen und vom demokratischen Standpunkt für die Bezeichnung „Restaurationsepoche" votiert, worunter „sowohl die 'konservativen' als auch die 'liberalen' Autoren" zu erfassen wären.[25] Aber der Begriff „Vormärz" ist in der Historiographie der letzten Jahrzehnte nach wie vor vertreten worden; er hat nicht nur bei Demokraten und Sozialisten, sondern ebenfalls bei Libe-

---

[25] Jost Hermand: „Allgemeine Epochenprobleme.", in: *Zur Literatur der Restaurationsepoche 1815 – 1848. Forschungsreferate und Aufsätze*, hg. von J. Hermand und M. Windfuhr. Stuttgart 1970. S. 3-61. Er hat die Verwendung des „Vormärz"-Begriffes nur für die progressiven Literaten von 1840 bis 1848 anerkannt und diese streng von den Jungdeutschen der 30er Jahre geschieden. Siehe auch: *Das Junge Deutschland. Texte und Dokumente*, hg. von J. Hermand. Stuttgart 1966; *Der deutsche Vormärz. Texte und Dokumente*, hg. von J. Hermand. Stuttgart 1967.

ralen eine konkret-historische Akzeptanz gefunden. In der Geschichtsschreibung der DDR war nur die Eröffnungszäsur des „vormärzlichen" Zeitalters eine Weile umstritten, bis sie sich von 1815 auf 1830 verschob oder einpendelte.[26] In der Politik- und Gesellschaftsgeschichtsschreibung der BRD dagegen wurde fast ausnahmslos 1815 – das Jahr des Wiener Kongresses und der Gründung des Deutschen Bundes – als die epochale Eröffnung interpretiert.[27] Es ist allerdings nunmehr das europäische Schwellenjahr 1830, das – wie noch zu zeigen bleibt – in einem jüngsten Fachdiskurs gesamtdeutscher Historiker als Beginn des „Vormärz" bevorzugt wird.

Im Kontrast zu „Vormärz" entstand ebenfalls der Epochenbegriff „Biedermeier", der strenggenommen aber wohl keine gesamtgesellschaftliche Entwicklung bezeichnet. Er bezieht sich auf eine vor- oder frühindustrielle Bürgerlichkeit als künstlerischen Stil und mentale Lebensform in einzelnen Gesellschaftssphären seit 1815: jedenfalls aller Jahrzehnte, die auf die Ära der Großen Revolution und der napoleonischen Kriege folgten und bis zum Vorabend der „März"-Revolutionen währten. „Stil des Biedermeier" meint eine eigenständig deutsche, durchaus produktive Kultur des zeitgenössischen Gestaltens und Kommunizierens, das selbst den Adel nicht unbeeindruckt ließ. „Biedermeierlichkeit" als Mentalität hingegen wurde insbesondere gelebt von Bildungsbürgern, Kaufleuten, Landwirten und Handwerksmeistern, die sich aus der Politik tunlichst heraushielten und im ökonomisch-sozialen Umbruch ihrer Zeit selten als aggressive Profit- und Tempomacher aufführten. Sie tendierten weniger als andere, unternehmerisch tätige Angehörige des Bürgertums zur entstehenden Bourgeoisie.

Aber auch der „Biedermeier"-Begriff verbreitete sich erst während und nach der Revolution. Von den „Achtundvierzigern" noch als Spottname für spießbürgerliche Devotion, Selbstbeschränkung, Zögerlichkeit gebraucht, nahm das Wort an der Wende des 19. zum 20. Jahrhundert eine positive Bedeutung an: Auf die epigonal-historisierenden Stilformen seit den Gründer-

---

[26] [Anm. 15 und 19]. Darüber hinaus: Autorenkollektiv [Leitung K. Böttcher, H. Richter, R. Rosenberg]: *Geschichte der deutschen Literatur von 1830 bis zum Ausgang des 19. Jahrhunderts*, Berlin 1975; Rainer Rosenberg: „Deutsche Vormärzliteratur in komparatistischer Sicht.", in: *Weimarer Beiträge*, 2/1975, S. 74-98; Ders.: *Literaturverhältnisse im deutschen Vormärz*, Berlin 1975, München 1975; Helmut Bock: ‚'Vormärz' oder 'Restauration'? Bürgerliche Umwälzung – Industrielle Revolution – Demokratische Literatur.", in: *Streitpunkt Vormärz. Beiträge zur Kritik bürgerlicher und revisionistischer Erbeauffassungen*, hg. von der Akademie der Wissenschaften der DDR, Zentralinstitut für Literaturgeschichte. Berlin 1977. S. 9-63, 281-293; Ders.: „Deutscher 'Vormärz'. Thesen zur Akzentuation gesamtgesellschaftlicher Entwicklung.", in: *Impulse. Aufsätze, Quellen, Berichte zur deutschen Klassik und Romantik*, Folge 2. Berlin – Weimar 1979. S. 9-62.

[27] [Anm. 14.] Unter dem Aspekt literarhistorischer Debatten sei genannt: Peter Stein: *Epochenproblem „Vormärz" (1815 – 1848)*, Stuttgart 1974.

jahren und bald auch auf die unbehaglich empfundene „Häßlichkeit" des modernen Fabrikwesens reagierte in Österreich und in Deutschland eine Erinne-
rungswelle des nunmehr entdeckten „Biedermeier". Die Rezeption begann
mit Wohnstil und Möbelformen, erweiterte sich auf Mode, Malerei, Literatur,
Musik, Architektur und brachte schon vor dem ersten Weltkrieg den kulturgeschichtlichen Epochenbegriff hervor.[28] In alledem spukte die Sehnsucht
nach verlorener Naturnähe, schöner Einfachheit und Idylle – was durchaus
human verinnerlichte Protestation gegenüber den höchst widerspruchsvollen
Resultaten der Zivilisationsentwicklung, nicht zuletzt auch nach Weltkrieg
und Novemberrevolutionen, bedeuten konnte. Doch „Biedermeier" geriet
ebenfalls zum Konstrukt einer heimatgebundenen Volkskultur, in der Natio-
nalkonservative die Identität „deutschen Wesens" und sein Überkommen aus
der „guten, alten Zeit" suchten. Die eigentliche Wendung zum politischen
Konservatismus, der das „Biedermeier" zum rein deutschtümelnden, sogar
rassistisch belasteten Kulturbegriff verengte, erfolgte mit Nadlers
„Stammesgeschichte" und den geistigen Strömungen der „konservativen Revolution" am Beginn der 30er Jahre.[29] Erst recht die Adepten des „Dritten
Reiches" stritten wiederum gegen die Aufklärung, die Geburtsstätte des rast-
los neugestaltenden Rationalismus der „Moderne". Sie favorisierten die
„organische Kontinuität" von Heimat und Volkstum, Bodenständigkeit und
Blutsverwandtschaft – und im Rückblick auf die „März"-Revolutionen ver-
urteilten sie einen diskontinuierlichen Bruch und Sündenfall deutscher Geschichte. Dabei zogen sie gegen die „vormärzlich" und „märzlich" Gesinnten
aller Generationen seit 1848 mit dem Verruf der Vernunft-anbetung und der
Frankophilie, der Volksfremdheit und des Judentums, des Modernismus und
der Revolutionsmacherei zu Felde. Erst heute scheint das historische
„Biedermeier" von der Last seiner unliebsam völkischen Erben befreit zu
sein. Der Begriff konzentriert sich wieder auf frühindustriell-bürgerliche Zustände und in diesem Rahmen auf den Stil von Kunstgewerbe, Heimgestal-
tung, Mode, Lebensart und Mentalität, insbesondere eine gemütvolle, nach

---

[28] Max v. Boehn: *Biedermeier. Deutschland von 1815 – 1847*, Berlin 1911; Georg Hermann [d.i. Borchardt, G. H.]: *Das Biedermeier im Spiegel seiner Zeit*, Berlin 1913.
[29] Josef Nadler: *Literaturgeschichte der deutschen Stämme und Landschafte*, Bd. 4: *Der
deutsche Staat (1814-1914)*, 1. u. 2. Aufl., Regensburg 1928. Die spezielle „Biedermeier"-
Debatte: Günther Weydt: „Literarisches Biedermeier. I.", in: *Deutsche Vierteljahrsschrift
für Literaturwissenschaft und Geistesgeschichte* (1931) 9, S. 628-651; Ders.: „Literarisches
Biedermeier. II.", ebd. (1935) 13, S. 44-58; Paul Kluckhohn: „Biedermeier als literarische
Epochenbezeichnung.", ebd. S. 1-43; Ders.: „Biedermeier-Diskussion.", ebd. (1936) 14, S.
495-504.

außenhin sich bescheidende, aber durchaus selbstachtende Innerlichkeit, deren Eigenart auch in Literatur und Künsten zum Ausdruck kam.[30]

„Vormärz" und „Biedermeier", die in der Rezeptionsgeschichte widerstreitenden Verständnisse des Zeitalters, müssen sich allerdings nicht gegenseitig ausschließen. Konkret-historisch verwendet, dürften sie beide zusammen als Komplementärbegriffe vor einseitiger Aspektbildung und fraglichen Selektionen bewahren: Denn sie erfassen ein Ungleiches, das gleichzeitig existierte. Sie bezeichnen sich zwar widersprechende, aber auch ergänzende Lebensweisen, Ideenwelten und Aktivitäten in der tatsächlichen Geschichte zwischen 1815 und 1848, wobei die Zeitschwellen von 1830, auch 1840, eine Beachtung finden sollten.[31]

3. Aktueller Historiker-Diskurs: „Zäsur 1830?"

In der *Historischen Zeitschrift* (Bd. 256) von 1993 hat Rainer Paetau eine Untersuchung veröffentlicht: *1830 als Zäsur in der europäischen und deutschen Geschichte des 19. Jahrhunderts* – recherchiert anhand der DDR-Historiographie und mit dem distanzierenden Untertitel versehen: *Zum Wandel einer ideologischen Geschichtslehre.*[32] Dies ist ein Versuch kritischer Analyse und Interpretation, der aber zu dem Resultat kommt, daß aus „ideologischer Verstrickung" gleichwohl „fruchtbare wissenschaftliche Ansätze" erwachsen konnten. Der Verfasser sieht diese in dem Verständnis deutscher Geschichte zwischen 1789 und 1871, insbesondere ihrer entschiedenen Einordnung in eine europäische Vergleichsdimension. Er bejaht und übernimmt präzisierend die Zäsur von 1830, während er die Periodisierungspraxis der herkömmlich bundesrepublikanischen Politik- und Gesellschaftshistoriker beanstandet: Die von ihnen zumeist betonte „Leitzäsur 1815" offenbare eine Dominanz „nationaler [d. h. *auf den Deutschen Bund gerichteter*] Perspektiven" zuungunsten der vergleichenden Gesamtbetrachtung national- und universalgeschichtlicher Entwicklungsprozesse. Für unsere gemeinsame Thematik könnte interessant sein, mit welchen faktologisch und konzeptionell gestützten Argumenten hier gegenüber der epochalen Ein-

---

[30] Friedrich Sengle: *Biedermeierzeit* [Anm. 19], 3 Bde., 1971ff.; Willi Geismeier: *Biedermeier*, Leipzig 1979. 3. Aufl., 1986; Hans Ottomeyer/Axel Schlapka: *Biedermeier. Interieurs und Möbel*, München 1991.

[31] Helmut Bock/Renate Plöse (Hgg.): *Aufbruch in die Bürgerwelt. Lebensbilder aus Vormärz und Biedermeier* [Reihe: *Theorie und Geschichte der bürgerlichen Gesellschaft*, Bd. 9], Münster 1994.

[32] Rainer Paetau: „1830 als Zäsur in der europäischen und deutschen Geschichte des 19. Jahrhunderts in der DDR-Historiographie. Zum Wandel einer ideologischen Geschichtslehre.", in: *Historische Zeitschrift*, Bd. 256, 1993. S. 323-352 [mit vielen Literaturangaben].

heit von 1815 bis 1848 das Zeitalter von 1830 bis 1848 bevorzugt wird. Indem ich den Diskurs an dieser Stelle und nicht zuletzt vor Literaturwissenschaftlern auswerte, auch selbst führe, sei dennoch betont, daß gesamtgesellschaftlich orientierte Zäsurdebatten nicht zur ordnungsfanatischen Strangulation der Sonderentwicklung von Kunst und individuellem Schöpfertum, nicht
zu zwanghafter Schachtelung des vergangenen Lebens in Perioden, Etappen,
Phasen etc. mißleiten dürfen. Da aber die Veranstalter dieses Symposions
selbst doch die Frage nach Definition der Epoche und ihren Zäsuren an die
Spitze der Tagesordnung gesetzt haben, kann ein erneutes oder weiteres
Nachdenken vielleicht noch immer zu einem genaueren Verständnis des Vergangenen beitragen.

Die internationale und deutsche Wertigkeit der Zäsur von 1830, die m.E.
allerdings niedriger anzusetzen wäre als das weltgeschichtliche Epochenjahr
1789, wird insbesondere an drei Kernproblemen der modernen Geschichte
faßbar: an der weiteren Herausbildung und Konstituierung von Nationalstaaten, der Durchsetzung des Verfassungsliberalismus und den Widersprüchen
der sozialen Frage. So bleibt unter Aspekten des erwähnten Periodisierungsdiskurses und der heutigen Forschung einzuschätzen, welche Wesenszüge
den deutschen „Vormärz" denn speziell in den beiden Jahrzehnten seit 1830
geprägt haben – und es sei nun versucht, eine diesbezügliche Problemskizze
in ausgewählten Punkten vorzustellen.

1. Die tendenzielle *Entwicklung zur Nationalstaatlichkeit* im Europa des 19.
Jahrhunderts konzentrierte ihre Ausdrucksformen erstmalig wieder um das
Jahr 1830.[33] Die Pariser Revolution und Belgiens Erhebung zum souveränen
Staat warfen das dynastische Kontinentalsystem der Heiligen Allianz vom
Atlantik bis in die Rheinlande zurück. Überdies wurden deren Signatarmächte Rußland und Österreich durch den Erfolg des Unabhängigkeitskampfes der Griechen (1829) einander entfremdet, so daß sie sich erst zwecks Niederschlagung des Nationalaufstands der Polen wieder zusammen fanden. Alles in allem: die Verfechter des „Legitimismus" – wie das „Gottesgnadentum" der traditionellen Monarchen seit 1815 hieß – mußten das moderne Nationalstaatsprinzip als eine Legitimation politischer Herrschaft nolens volens akzeptieren. Dieser europäische Vorgang blieb auch in der konfligierenden Staatenföderation des Deutschen Bundes nicht ohne Einfluß.
Wohl gestattete die 38fache Viel- und Kleinstaaterei fürs erste nur Empörungen, Systemkrisen und Machtveränderungen in regionalen Territorien. Doch

---

[33] Manfred Kossok/Werner Loch (Hgg.): *Die französische Julirevolution von 1830 und Europa* [Anm. 21]; Dieter Langewiesche: *Europa zwischen Restauration und Revolution
1815 – 1849* [Anm. 14.]; Kurt Holzapfel: *Julirevolution 1830 in Frankreich. Französische
Klassenkämpfe und die Krise der Heiligen Allianz (1830 – 1832),* Berlin 1990.

mit den Volksbewegungen und politischen Umgestaltungen begann die Zersetzung des „naiven Monarchismus", der noch die Massen auf den Schlachtfeldern von 1813 beseelt hatte. Erstmals in der deutschen Geschichte wurden Fürsten außer Landes getrieben oder zum Thronverzicht genötigt. Weil dabei der Glaubenssatz des „Gottesgnadentums" de facto dem verfassungspolitischen Vernunftprinzip der „Volkssouveränität" zu weichen begann, eröffneten die regionalen Bewegungen und die durch sie erstrittenen liberalistischen Reformen eine Entwicklung, die – trotz und auch wegen der blockierenden Reaktionen des staatenbündischen Metternich-Systems – nach kaum zwei Jahrzehnten zur bürgerlich-demokratischen Nationalrevolution führte.

Die Tendenz zur Konstituierung des nationalen Staats auch in Deutschland offenbarte sich am Anfang der 30er Jahre in den studentischen Burschenschaften, den süddeutschen Landtagsdebatten, den Flugschriften, Zeitungen, Versammlungen im Umkreis des *Deutschen Preß- und Vaterlandsvereins* mitsamt den volkreichen Demonstrationen des Hambacher Festes und im revolutionären Putschismus des Frankfurter Wachensturms. Sie brandete 1840 in der Springflut eines wiederum antifranzösischen Nationalismus empor, der auf die Annexionsgelüste der großbürgerlichen Aristokratie des Julikönigtums reagierte. Es besteht wohl kein Zweifel, daß gerade die Literatur einen wesentlichen Einfluß ausübte, um bei der Dialektik des Regionalen und des Nationalen von 1830 bis 1840 sowie von 1840 bis 1848 ein gesellschaftliches, eben auch nationales Bewußtsein hervorzubringen. Dafür zeugt vor allem der öffentliche Meinungskampf mit seiner gegensätzlichen Betonung der liberalen, aber auch nationalistischen Primate, die teils kleinstaatlich-süddeutsch, teils preußisch eingefärbt waren: „*Freiheit* und Einheit" oder „*Einheit* und Freiheit".

2. Ein Streitziel von größerer Aktualität und Bedeutung war bereits 1830 der *Konstitutionalismus*. Der Verfassungsstaat mit parlamentarischen Körperschaften war vorgeprägt durch England, seit 1791 auch Frankreich, und sogar am Anfang der „Restaurations"-Zeit hatten in Süddeutschland ehemalige Rheinbundfürsten aus Gründen des Machterhalts landständische Verfassungen deklariert. Jetzt aber vollzog sich geradezu ein Entwicklungsschub[34]: Die revolutionäre Verteidigung der Konstitution in Frankreich (1830), die Proklamation der zeitgenössischen Musterverfassung in Belgien (1831) und der Verfassungen in mehreren deutschen Staaten nördlich der Mainlinie (1831 –

---

[34] Ernst Rudolf Huber: *Deutsche Verfassungsgeschichte seit 1789*, Bd.1: *Reform und Restauration 1789 – 1830*, Stuttgart 1957, 2. Aufl., 1975; Bd. 2: *Der Kampf um Einheit und Freiheit 1830 – 1850*, Stuttgart 1960, 2. Aufl., 1978; Ders. (Hg.): *Dokumente zur deutschen Verfassungsgeschichte*, Bd. 1, Stuttgart 1978; Ernst-Wolfgang Böckenförde/Rainer Wahl (Hgg.): *Moderne deutsche Verfassungsgeschichte (1815 – 1914)*, Meisenheim 1981.

1833) bezeugen die zunehmende Durchsetzung des liberalistischen Konstitutionalismus in West-Mittel-Europa – und als Gegenbild: den sichtlichen Niedergang der absoluten Monarchie. Das waren Fortschritte auf dem Weg zu
parlamentarischem System, Gewaltenteilung, bürgerlicher Selbstverwaltung
und Staatsbürgerrechten – also des epochalen Wandels von Gesellschaft und
Staatsinstitutionen. Dabei erwies sich aber in Deutschland, daß alle Reformen
nicht durch bürgerlich-demokratische „Revolutionen von unten", sondern
durch politische „Vereinbarung" zwischen Bürgertum und Adel, zwischen
den Verfechtern des konstitutionell-repräsentativen Prinzips und den Trägern
der monarchischen Staatsgewalt, zustande kamen.[35] Was da in den mittleren
Staaten Braunschweig, Sachsen, Hessen-Kassel, Hannover schon 1830/31
praktiziert wurde, sollte sich 1848 paradigmatisch in Preußen und weithin
auch Deutschland ereignen. Es waren jeweils aktive Volkselemente, die
durch sozial motivierte, spontane Lokalerhebungen die Regierungs- und
Staatskrisen verursachten. Aber die Stimmführer des wohlhabenden Bürgertums, das beständig um „Eigenthum" und „Sicherheit" bangte, benutzten die
grassierende Krisis; sie vereinbarten mit dem Adel, der sich in der
„Übergangsgesellschaft" vom privilegierten Stand zur Eigentümer-Klasse zu
wandeln vermochte, die liberalistischen Reformen und Grundgesetze. Als
Gegenleistung halfen sodann bewaffnete Bürgergarden, die Unruhen der
„Pöbel- und arbeitenden Classe" zu unterdrücken.

Dieser stets wiederholte Vorgang mochte in den deutschen Territorien der
30er Jahre noch als ein Ausdruck politischer Unreife oder Philisterhaftigkeit
des kleinstaatlichen Bürgertums erscheinen. Er erwies sich aber im Spiegelbild des französischen Julikönigtums als die Ausdrucksweise eines besitz-
bürgerlichen Grundverhaltens: Argwohn, Verruf, offene Gegnerschaft, womit
dort die Bourgeoisie nach dem Sieg der Julirevolution ihren Frontwechsel
gegen Barrikadenkämpfer und arbeitende Klassen vollzog, wurden als Cha-
rakterzüge einer neuen, zur Herrschaft gelangten Sozialgruppe verstanden:
einer „Aristokratie des Reichthums" oder „Geldaristokratie" – wie die zeitgenössischen Schlagworte lauteten.

So kamen in der deutschen „Vormärz"-Literatur – ebenso in den oppositionellen Bewegungen als Ganzes – neben den antifeudalen auch schon anti-
bourgeoise Bewußtseinshaltungen auf. Die Kritiker des „Juste-milieu", das
zum Synonym für gemäßigten Liberalismus, für Egoismus und Besitzdenken
wurde, differenzierten sich zunehmend: auf verschiedenen Positionen des
Linksliberalismus und des revolutionären Demokratismus. Der Dresdner
Bürgerverein, der *Verein hannöverischer Advokaten für die Bildung des*

---

[35] Helmut Bock: *Die Illusion der Freiheit* [Anm. 20]; vgl. Hartwig Brandt: *Landständische
Repräsentation im deutschen Vormärz. Politisches Denken im Einflußfeld des monarchischen Prinzips,* Neuwied – Berlin 1968.

Landes und die Göttinger Rechtsdoktoren, der linke Flügel der Burschenschaften an vielen Universitäten, die Flugschriftenagitation, zumal die deutschen Handwerkervereine und die Exilliteratur in Frankreich, der Schweiz
erweisen seit 1830/34 den Übergang von Angehörigen des Bürgertums, vornehmlich der Intelligenz, zum revolutionären Demokratismus. Diese einzelnen und assoziierten Kritiker entlehnten ihre politisch-sozialen Losungen,
Organisationsformen, Streitmethoden vorzugsweise aus den neuen Oppositi-
onsbewegungen in Frankreich. Hier wie dort der spätjakobinische Moralis-
mus für eine auf Staatsbürgertugenden beruhende Republik der „Liberté" und
„Égalité", die saint-simonistische Propaganda für eine Gesellschaftsreform
zwecks Abschaffung der „Exploitation de l'homme par l'homme" und sogar
die von Babeuf und seiner frühkommunistischen Verschwörung hergeleitete
Paraphrase des „Krieges der Armen gegen die Reichen". Hier wie dort die
Assoziationen für Pressefreiheit und verfassungsrechtliche Garantien der
„Volkssouveränität", sodann die fortschreitende Radikalisierung in Vereinen,
Geheimbünden, Verschwörungen, die sich nicht mehr auf die liberal-
konstitutionelle Monarchie, sondern die demokratische Republik orientierten.
Hier wie dort auch die voluntaristischen Revolutionsmacher, deren verein-
zelte Rebellionen eine Volksrevolution nicht ersetzen konnten, die folglich in
den Niederlagen des bürgerlich-demokratischen und frühproletarischen Putschismus endeten.

3. Diese „linken" Differenzierungen gegenüber dem zeitgenössischen Liberalismus reagierten selbstverständlich auch auf die *soziale Frage.* Denn der
Liberalismus äußerte sich nicht allein im Konstitutionalismus, der auf Staats-
bürgerrechte, Eigentumsgarantien und besitzbürgerlich geregelte Staatsver-
fassung bezogen war. Wie aus dem Schoß des Bürgertums die moderne Klasse der Bourgeoisie aufkeimte, so trat in Theorie und Praxis auch ein Wirt-
schaftsliberalismus hervor, der die deklarierte bürgerliche „Freiheit" keineswegs ohne Robustheit als Kapitalismus der „freien Konkurrenz" verstand.
Die frühe Industrialisierung und die Unternehmermethoden der extensiven
Ausbeutung provozierten bereits zwischen 1820 und 1830 erste Auflehnun-
gen der rheinpreußischen Fabrikarbeiter.[36] Es waren Proletarier und Handwerker, die im August 1830 in Aachen mit der „Freiheit" auch „Gleichheit"
verlangten, unter einem roten Fahnentuch gegen Lohnkürzungen und die
Aufstellung neuer Maschinen rebellierten, aber im Namen des „Eigenthums"

---

[36] Helmut Bock: „Rheinpreußische Arbeiterunruhen und preußisch-deutsche Reflexionen.
Zur sozialen Frage in der 'Restaurationsperiode' 1815 bis 1830.", in: *Die Rheinlande und
Preußen. Parlamentarismus, Parteien und Wirtschaft,* hg. v. d. Archivberatungsstelle
Rheinland. Köln 1990. S. 40-62.

von bewaffneten Unternehmern zusammengeschossen wurden.[37] Der epochale Gegensatz zwischen Feudalismus und Bürgerlichkeit komplizierte sich durch den aufbrechenden Antagonismus zwischen Kapital und Arbeit.

Das aber erklärt den Charakter der sozialen Frage im „Vormärz" nicht allein. Der seit den 30er Jahren in der deutschen Literatur diskutierte „Pauperismus" beruhte vielmehr auf einer Massenverelendung, die die Folge eines explosiven Bevölkerungswachstums und der liberalistischen Entwurzelung von Millionen Menschen aus den patriarchalisch geregelten Lebensbedingungen war.[38] Die neu gewonnene „Freiheit", ihre Arbeitskraft „nach Belieben zu verkaufen", realisierte sich für ehemalige Bauern und Landarme, zünftlerische Handwerker und Lohnarbeiter, zahllose Tagelöhner – überdies deren Frauen, Kinder und Elterngeneration – in Arbeitslosigkeit: einer sogenannten industriellen Reservearmee, die in der ungleich langsamer wachsenden Industrie viel zu wenig Arbeitsplätze und Existenzmöglichkeiten fand. Dieser Zustand – verschärft durch Wirtschaftskrisen, Mißernten, drastische Verteuerung der Lebenshaltung – verursachte letztlich die sozialen Unruhen und Erhebungen, die zuerst 1830/31 und späterhin 1848 den auslösenden Faktor der politischen Umgestaltungen bildeten.

Es waren nicht selten konservative Stimmen, die teils aus retrograden Interessen, teils aus humanen Beweggründen die Negativwirkungen der bürgerlich-liberalistischen Entwicklung erkannten und kritisch an die Öffentlichkeit brachten.[39] Die konsequent demokratisch Gesinnten dagegen, seit

---

[37] *Darstellung der Verhandlungen vor den Assisen zu Köln über die Theilnehmer an dem am 30. August 1830 in Aachen stattgehabten Aufruhr, enthaltend den Anklageakt, das Zeugenverhör, die Rechtfertigung der Angeklagtren, die Vertheidigung, das Resumé und das Urtheil, nebst Schlußbemerkungen von Jakob Venedey,* Köln 1831.

[38] Carl Jantke/Dietrich Hilger (Hgg.): *Die Eigentumslosen. Der deutsche Pauperismus und die Emanzipationskrise in Darstellungen und Deutungen der zeitgenössischen Literatur,* München – Freiburg 1965; Wolfram Fischer: „Soziale Unterschichten im Zeitalter der Frühindustrialisierung.", in: *Wirtschaft und Gesellschaft im Zeitalter der Industrialisierung,* Göttingen 1972; Thomas Nipperdey: *Deutsche Geschichte 1800 – 1866* [Anm. 14]. S. 102-111; Hans-Ulrich Wehler: *Deutsche Gesellschaftsgeschichte* [Anm. 14], Bd. 2, S. 7-24.

[39] Franz Xaver v. Baader: *Ueber das dermalige Missverhältnis der Vermögenslosen oder Proletairs zu den Vermögen besitzenden Classen der Societät in Betreff ihres Auskommens, sowohl in materieller als intellectueller Hinsicht, aus dem Standpuncte des Rechts betrachtet,* München 1835. Eine breite öffentliche Diskussion entfaltete sich insbesondere z. Zt. des Weberaufstands von 1844. Dazu Lutz Kroneberg/Rolf Schloesser: *Weber-Revolte 1844. Der schlesische Weberaufstand im Spiegel der zeitgenössischen Publizistik und Literatur,* Köln 1978. Einen Sonderfall humanistischer Liberalismus-Kritik bildet Georg Wilhelm Friedrich Hegel: „Vorlesungen über die Philosophie der Geschichte.", in: *Werke.* Bd. 12, hg. von E. Moldenhauer und K. M. Michel. Frankfurt a. M. 1970. S. 529 ff.; Ders.: „Grundlinien der Philosophie des Rechts oder Naturrecht und Staatswissenschaft im

1830 sensibilisiert durch die erwähnten Volksbewegungen des In- und Aus-
landes, die Entwurzelung und Verelendung der „Paupers", die Ausbeutung
und Widerstandsaktionen der „Proletairs", hegten neben dem Fortschrittsglauben der Aufklärung – der freilich schon erschüttert war – nunmehr auch
tätige Absichten zur Weiterführung der 1789 begonnenen und als unvollendet
begriffenen „weltbürgerlichen" Revolution. Sie wirkten für weitgreifende
Vorstellungen von einer sozial gerechten, volksnahen, die Völker mit internationaler Solidarität ausstattenden Staats- und Gesellschaftsordnung – antizipiert während der 30er Jahre schon in den Schriften Börnes, Heines und
Georg Büchners.[40] In den 40er Jahren traten sodann die prononcierten So-
zialkritiker und die Programmatiker der frühen sozialistischen, sogar kom-
munistischen Strömungen hervor, die durch ursprüngliche Arbeiterassozia-
tionen vorbereitet waren.[41] Was bereits in den Konflikten von 1830/31 angelegt war, offenbarte sich im Revolutionsjahr 1848 als eine Überschneidung
von zweierlei Bedürfnissen und Interessenbewegungen: der bürgerlichen Revolution und der sozialen, zum Teil schon antibourgeoisen Empörung.[42]

Diese als „Kernprobleme" säkularer Entwicklung herausgehobenen Vorgänge sollten mit Bezug auf die spezifisch deutsche Entwicklung seit 1830
ergänzt werden. Es handelt sich um zwei Wandlungsprozesse, die für eine
interdisziplinäre Kulturgeschichtsforschung von erheblicher Bedeutung sind

---

Grundrisse.", nach der Ausgabe von Ed. Gans, hg. von H. Klenner. Berlin 1981. S. 233,
268 ff., 484 f., 506.

[40] Helmut Bock: „Vom Ende der 'klassischen Kunstperiode'. Widersprüche und Streitsachen einer Übergangsgesellschaft.", in: *Philosophie und Literatur im Vormärz. Der Streit
um die Romantik (1820 – 1854)*, hg. von W. Jaeschke. Hamburg 1995. S. 41-66.

[41] Werner Kowalski: *Vorgeschichte und Entstehung des Bundes der Gerechten*, Berlin
1962; Wolfgang Schieder: *Anfänge der deutschen Arbeiterbewegung. Die Auslandsvereine
im Jahrzehnt nach der Julirevolution 1830*, Stuttgart 1963; *Der Bund der Kommunisten.
Dokumente und Materialien*, Bd 1: *1836 – 1849*, Berlin 1970; Dieter Dowe: *Aktion und
Organisation. Arbeiterbewegung, sozialistische und kommunistische Bewegung in der
preußischen Rheinprovinz 1820 – 1852*, Hannover 1970; Peter Wende: *Radikalismus im
Vormärz. Untersuchungen zur politischen Theorie der frühen deutschen Demokratie*,
Wiesbaden 1975; Jürgen Kocka: *Lohnarbeit und Klassenbildung. Arbeiter und Arbeiter-
bewegung in Deutschland 1800 – 1875*, Berlin 1983; Waltraud Seidel-Höppner/Joachim
Höppner: *Sozialismus vor Marx. Beiträge zur Theorie und Geschichte des vormarxisti-
schen Sozialismus*, Berlin 1987; Wolfgang Strähl. *Briefe eines Schweizers aus Paris 1835 –
1836. Neue Dokumente zur Geschichte der frühproletarischen Kultur und Bewegung*, hg.
von J. Grandjonc, W. Seidel-Höppner, M. Werner. Berlin 1988; Walter Schmidt/Gustav
Seeber (Hgg.): *Sozialismus und frühe Arbeiterbewegung* [Studien zur Geschichte, Bd. 15],
Berlin 1989.

[42] Rolf Weber: *Die Revolution in Sachsen 1848. Entwicklung und Analyse ihrer Triebkräfte*, Berlin 1970; *Deutsche Geschichte* [Anm. 14?], Bd. 4, S. 282-378.

– im Folgenden freilich der gebotenen Kürze wegen nur als Problemkatalog genannt werden können.[43]

4. Eine *höhere Stufe gesellschaftlicher Öffentlichkeit* ermöglichte den nichtherrschenden Klassen und Schichten die Teilnahme am politischen Leben. Denn wo immer die fürstlichen Reformdekrete staatsbürgerliche Freiheitsrechte oder gar konstitutionelle Körperschaften einräumten, entfaltete sich eine neue Qualität der Öffentlichkeit. Kommunale Selbstverwaltung, Geschworenengerichte und frühparlamentarische Landtage, obwohl dem steuerlichen Zensus und also stets dem Besitzstand verpflichtet, hatten Wahlbewegungen, Versammlungen, Kammerdebatten, Kundgebungen, Feste und vielbesprochene Zeitungsberichte zur Folge.[44] In den alltäglichen Auseinandersetzungen mit staatsbürokratischen Obrigkeiten, zumal der polizeilichen Zensur, entfalteten sich dennoch Verlagswesen, periodische Journale und Buchliteratur – wie denn überhaupt der Literatur- und Kunstmarkt mit spezialisierten Unternehmern, Schnellpresse und Lithographie, „freien" Schriftstellern und Künstlern an Wirksamkeit und Breite gewann.[45] In Klubs und Vereinen realisierten sich lokale und regionale Kommunikationen, hinter de-

---

[43] Vgl. Rainer Paetau: „1830 als Zäsur..." [Anm. 32].

[44] Franz Schneider: *Pressefreiheit und politische Öffentlichkeit. Studien zur politischen Geschichte Deutschlands*, Neuwied – Berlin 1966; Jürgen Habermas: *Strukturwandel der Öffentlichkeit. Untersuchungen zu einer Kategorie der bürgerlichen Gesellschaft*, 4. Aufl., Frankfurt a. M. 1969; Manfred Bullik: *Staat und Gesellschaft im hessischen Vormärz. Wahlrecht, Wahlen und öffentliche Meinung in Kurhessen 1830 – 1848*, Köln – Wien 1972; Helmut Bock: „Deutsche Klassenkämpfe zur Zeit der französischen Julirevolution 1830 – 1834. Antifeudale Bewegungen, Organisationsformen, Bewußtseinsveränderungen und Literaturprogramme bei beginnender Wirksamkeit des Antagonismus zwischen Kapital und Arbeit.", in: *Jahrbuch für Volkskunde und Kulturgeschichte* 17 [Neue Folge 2], Jg. 1974, Berlin 1975. S. 40-106; Cornelia Foerster: *Der Preß- und Vaterlandsverein von 1832/33. Sozialstruktur und Organisationsformen der bürgerlichen Bewegung in der Zeit des Hambacher Festes*, Trier 1982; *Liberalismus in der Gesellschaft des deutschen Vormärz*, hg. von Wolfgang Schieder. Göttingen 1983; *Protestbewegungen im deutschen Vormärz*, hg. von Helmut Reinalter. Frankfurt a. M. 1985.

[45] *Politische Avantgarde 1830 – 1840. Eine Dokumentation zum Jungen Deutschland*, 2 Bde., hg. von A. Estermann. Frankfurt a. M. 1972; *Der literarische Vormärz 1830 – 1847*, hg. von Hans-Wolf Jäger. München 1973; Gert Mattenklott/ Klaus R. Scherpe: *Demokratisch-revolutionäre Literatur im deutschen Vormärz*, Kronberg/Ts. 1974; Rainer Rosenberg: *Literaturverhältnisse im deutschen Vormärz* [Anm. 26]; Ilsedore Rarisch: *Industrialisierung und Literatur. Buchproduktion, Verlagswesen und Buchhandel in Deutschland im 19. Jahrhundert in ihrem statistischen Zusammenhang*, Berlin 1976; Frank Thomas Hoefer: *Pressepolitik und Polizeistaat Metternichs. Die Überwachung von Presse und politischer Öffentlichkeit in Deutschland und den Nachbarstaaten durch das Mainzer Informationsbüro (1833 – 1848)*, München 1983.

ren vordergründiger Legalität mitunter auch illegale Verbindungen standen.[46]
Seit 1830 und besonders den 40er Jahren nimmt bürgerlich-liberale, demokratische und proletarische Vereins- und Parteiengeschichte ihren Anfang.[47]
Erst die Teilnahme der Frauen an den öffentlichen Kundgebungen, beginnend
mit Polenvereinen und Hambacher Fest, bedingte den einsetzenden Diskurs
über die gesellschaftliche Rolle der Frau und die politische Frauenemanzipa-
tion.

In allen diesen Vorgängen vollzog sich ein Rollenwandel der gesellschaft-
lichen Eliten: der sichtliche Statusverlust der konservativen Fraktionen des
Adels und der Aufstieg des Bürgertums beziehungsweise der jungen Bourgeoisie zum öffentlichen Stimmführer und Entwicklungsträger.[48] Dieser Eli-
tenumbruch wurde sogar von ebendem Generationswechsel begleitet, den
Heine mit seinen ästhetisch-philosophischen Formulierungen vom „Ende der
Kunstperiode" herbeigewünscht hatte: Denn das Ableben Hegels (1831) und
Goethes (1832) besiegelte tatsächlich ein Ende der deutschen „Klassik" – und
es wurde im Politischen ergänzt, weil auch die letzten großen Repräsentanten
des rheinbündisch-preußischen Reformzeitalters, der Bayer Montgelas und
die Preußen Stein, Gneisenau, Clausewitz, starben.

5. Es bleibt zumindest noch ein gravierender *Umbruch gesellschaftlicher
Mentalitäten* zu nennen. Mit Bemerkungen über „Vormärz" und „Biedermeier" ist an die Gleichzeitigkeit des Ungleichen erinnert worden. Der hy-
pothetische Begriff der „Übergangsgesellschaft" hat immer mit dem Dualis-
mus von Entwicklung und Verharrung, Modernisierung und Traditionalis-
mus, Nationalisierung und Provinzialismus zu tun. Aus solcher Prämisse erwachsen die wichtigen, aber vernachlässigten Fragen nach Fortdauer,
Wandlung und Bruch der Mentalitäten.

Die liberalistische Preisgabe der sozialen Bindungen, mit ihnen auch der
Fürsorgeinstitutionen des Spätfeudalismus – was gewiß unter „Fortschritt"
verbucht wird – bedeutete den Losriß unzähliger Individuen der bäuerlichen

---

[46] Hans-Joachim Ruckhäberle: *Flugschriftenliteratur im historischen Umkreis Georg
Büchners*, Kronberg/Ts. 1975.
[47] Wolfgang Hardtwig: „Strukturmerkmale und Entwicklungstendenzen des Vereinswesens
in Deutschland 1789 – 1848.", in: *Vereinswesen und bürgerliche Gesellschaft in Deutschland*, hg. von O. Dann. *Historische Zeitschrift*, Beiheft 9 (1984); *Lexikon zur Parteiengeschichte 1789 – 1945*, 4 Bde., Leipzig 1986.
[48] Helmut Kramer: *Fraktionsbildungen in den deutschen Volksvertretungen 1819 – 1849*,
München 1968; Hartmut Kaelble: *Berliner Unternehmer während der frühen Industrialisierung. Herkunft, sozialer Status und politischer Einfluß*, Berlin – New York 1972; Lothar
Gall: „Das Problem der parlamentarischen Opposition im deutschen Frühliberalismus.", in:
Die deutschen Parteien vor 1918, hg. von G. A. Ritter. Köln 1973; Jürgen Kocka: *Unternehmer in der deutschen Industrialisierung*, Göttingen 1975.

und niederen Volksschichten aus familiärer, dorf- und stadtgemeindlicher, traditionell beruflicher Existenz; sie bewirkte Migration, Emigration, eine weit verbreitete Stimmung der Unbehaustheit. Die damit zusammenhängende Urbanisierung mit sprunghaftem Anstieg der Stadtbevölkerungen wurde überschattet von Arbeitsplatzmangel, Nahrungsnot, Wohnungselend und einer geradezu auffälligen Steigerung der Suizidrate. Insbesondere herrschten Krise und Umbruch bei den weltanschaulichen und gesellschaftspolitischen Wertvorstellungen:

- Verunsicherung des religiösen Glaubens, weitere Kirchenspaltung, Dechristianisierung infolge ernüchternder Lebenserfahrungen, auch kirchenfeindlicher Aufklärung und Säkularisation;
- Barbarisierung der zwischenmenschlichen Beziehungen infolge extensiver Ausbeutung, liberalistischer Konkurrenz und Bereicherung;
- Renaissance apokalyptischer Stimmungen und Visionen infolge von Verlustempfinden, kollektiven Ängsten, existenzieller Not;
- Einbuße der herkömmlichen Zeit-Raum-Gewißheiten durch revolutionierende Technik, insbesondere Arbeitsmaschine, Eisenbahn, Dampfschiffahrt, Telegraphie;
- Beschädigung der tradierten Lebensverhältnisse zwischen Mensch und Natur;
- „Anarchie"-Syndrom und permanente Revolutionsfurcht bei Adel und Bürgertum sowie Egalitarismus und Widersetzlichkeit, Alkoholismus und Gewalttätigkeit bei arbeitenden Klassen;
- Krise der tradierten Bildungsinhalte: einerseits durch säkularisierte Weltanschauung mit Fortschrittsoptimismus, Technikenthusiasmus und Wissenschaftsgläubigkeit – andererseits aber durch Skeptizismus und Pessimismus, konservative wie auch aufklärerische Aufklärungs-Kritik.

Soweit wir sehen können, ist die mentale Problemhaltigkeit der „vormärzlichen" Zeit und Zustände von den konträren deutschen Geschichtsschreibungen zwischen 1945 und 1989/90 nicht ausreichend beachtet worden. Weder die neo-liberalistische Modernisierungs-Konzeption und Wachstumsdoktrin in der BRD noch die „staatssozialistische" Entwicklungsteleologie mit ihrem historisierenden Gesetzmäßigkeitsglauben in der DDR haben aktuelle und geschichtliche Infragestellungen des sogenannten Fortschritts begünstigt beziehungsweise offiziell zugelassen. Aus der Sicht von Nachgeborenen ist aber zu fragen: Die Brüche und Umwälzungen damals, mit „Fortschritt" und „Wachstum", mit neuen Zwängen und Unterwerfungen, mit Unbehagen, Warnungen und Verzweiflungen waren die Geburtswehen der Gegenwart. Da die Weltordnung an der Schwelle des 21. Jahrhunderts, von hochindustrialisierten Ländern und militärtechnisch hochgerüsteten Staaten dominiert, eine globale Existenzgefährdung der Menschheit alarmierend erkennen läßt, bleibt auch zu erkunden, welche nun aktuellen Antagonismen und Bedrohungen bereits in der Frühe der Industriegesellschaft als fernwirkende Tendenz angelegt, sogar schon empfunden und vorausgesagt wurden.

Der 81jährige Goethe blickte auf die Pariser Julirevolution distanziert: Trotz Blutsturz zur Werkvollendung sich raffend, ließ er seinen Faust zwar durchaus liberalistisch nach „Herrschaft" über die Natur und nach „Eigenthum" streben; er verfremdete aber die Vision des Erblindeten, der in Lemuren ein „freies Volk" auf „freiem Grunde" wähnt, zur beinahe ironischen Aufhebung bürgerlich-"faustischer" Tatkraft.[49] Zur selben historischen Stunde rief Philosoph Hegel, der die freie Konkurrenz des Liberalismus, die Polarisierung von „Reichthum" und „Armuth", die Unruhen der Fabrikarbeiter fürchtete, nach der ausgleichenden Vernunft des Verfassungsstaats.[50]

Ludwig Börne hingegen, republikanisch gesinnter Weltbürger im Pariser Exil, denunzierte Goethe als den „gereimten", Hegel als den „ungereimten Knecht", und er erklärte vor dem ungeheuren Faktum des ersten Lyoner Weberaufstands (1831) den begonnenen „Krieg der Armen gegen die Reichen".[51] Der junge Georg Büchner, im Briefwechsel mit Karl Gutzkow, nannte kaum vier Jahre später dieses „Verhältnis zwischen Reichen und Armen das einzige revolutionäre Element in der Welt", und er mochte die „abgelebte moderne Gesellschaft zum Teufel gehen lassen".[52] Friedrich Gentz, die „Feder Europas", die Metternichs reaktionäre Verlautbarungen in die Hochsprache der „Klassik" übertrug, empfand die offenbare Krise als „Ohnmacht im Kampf mit einer alles richtenden und alles zertrümmernden Zeit": Wer solle „zuletzt die Staaten regieren", wenn die in Paris herrschenden Bankiers nun ebenfalls vom „Pöbel" und von aufwiegelnden Intellektuellen angegriffen würden?[53]

Aber nicht nur das soziale Gefüge – auch das Mensch-Natur-Verhältnis wurde als problematisch erkannt. Literaturpapst Wolfgang Menzel zum Beispiel sagte in einer neuen Apokalypse die Selbstvernichtung der Menschheit voraus, weil der Liberalismus nur auf Bereicherung, Konkurrenzkampf, Na-

---

[49] Wolfgang Heise: „Der 'Faust' des alten Goethe. 'Herrschaft gewinn' ich, Eigenthum!'", in: *Aufbruch in die Bürgerwelt* [Anm. 31]. S. 34-45.

[50] Ders.: „Vom Niedergang der Hegelschen Philosophie. Krise der harmonisierenden Staatsidee.", ebd. S. 66-75.

[51] Helmut Bock: „Briefe eines jüdischen Weltbürgers. 'Der Krieg der Armen gegen die Reichen hat begonnen!'", ebd. S. 76-86.

[52] Henri Poschmann: „Am Scheidepunkt der Vormärzliteratur. Büchner und Gutzkow – eine verhinderte Begegnung.", ebd. S. 234-246.

[53] Harald Müller: „Seismograph des Metternich-Systems. Das Ableben des Hofrats von Gentz.", ebd. S. 115-122.

turverschleiß orientiert sei.[54] Ludwig Feuerbach, Hegels Schüler und Kritiker zugleich, dachte im Bruckberger Domizil durchaus in naturreligiösen Bahnen, damit der Mensch seinen Anspruch auf Herrschaft über die Natur preisgebe: Es gelte, die Natur zu „vergöttern", nicht den Menschen mit seinem Christengott – die kopernikanische Wende, die Revolution, müsse vor allem im Innern des Menschen vollzogen werden.[55]

Und was schrieb Heine, als er sich in seiner „Matratzengruft" noch einmal auf die Einführung der Eisenbahnen besann: Während die große Menge betäubt das Äußere der zyklopischen Bewegungsmächte anstarre, erfasse den Denker ein „unheimliches Grauen", wie man es immer empfinde, wenn das Ungeheuerste in seinen Folgen unberechenbar sei.[56] Er war Zeitgenosse auf jener Schwelle der Menschheitsgeschichte, von der der zivilisatorische Sprung rund um den Erdball erfolgt ist – bis heute sogar der Höhenflug in Atmosphäre und Kosmos, mit Wagnissen und Triumphen, Eroberungen und Vernichtungen, höchster Intelligenz und technisiertem Barbarentum. Er konnte diese Folgen nicht wissen, erkannte aber die Schwelle und hegte hellsichtige Ahnungen. Im übertragenen Sinne auf unsere globale Bedürftigkeit von heute gerichtet, könnten Heines „Lutezia"-Briefe, in denen der Weltprozeß der „Moderne" von 1789 her und also mit der Verpflichtung für „Liberté! Égalité! Fraternité!" gedacht wurde, noch immer ein Vermächtnis bedeuten. Und dies gegenüber allen Schönfärbungen und Widerständen: „Nein, die Revolution ist noch eine und dieselbe, wir haben erst den Anfang gesehen, und viele von uns werden die Mitte nicht überleben!"[57]

---

[54] Olaf Briese: „Abschied vom Fortschrittsglauben. Wolfgang Menzels apokalyptisches Geschichtsbild.", ebd. S. 224-233.
[55] Ders.: „Das Wesen der Religion. Ludwig Feuerbachs grüblerischer Neuansatz.", ebd. S. 400-407.
[56] Helmut Bock: „Verlorene Schildwacht. Ein Zeitalter wird besichtigt.", ebd. S. 526-546.
[57] Heinrich Heine: „Lutezia. Berichte über Politik, Kunst und Volksleben." [Anm. 1], in: *Säkularausgabe*, Bd. 11, S. 76; vgl.: *Düsseldorfer Ausgabe*, Bd. 13/I, S. 91.

Joseph A. Kruse

Zwischen Weltschmerz und Engagement: Heine
Über historische Grenzen und deren Bestimmbarkeit, fließende Übergänge
und die Nähe von Klassik und Romantik zur deutschen Literatur des Vormärz

1. Literatur und Literaturgeschichte:
lebendige Zeit und nachgeordnete Betrachtung

Anlaß für Wilhelm Scherers Plan zu seiner *Geschichte der deutschen Literatur*, und zwar mit der nur relativ kleinen Einschränkung „von den ältesten
Zeiten bis auf Goethes Tod", war im Jahre 1872 die schriftliche Bemerkung
seines Lehrers Karl Müllenhoff, dessen Vorlesung über ältere deutsche Literaturgeschichte er im Wintersemester 1860/61 gehört hatte, es sei „von der
allergrößten Bedeutung und Wichtigkeit, daß der Nation einmal der Gang ihrer innersten, individuellsten Entwicklung kurz und übersichtlich und doch
nicht zu knapp dargelegt werde". Nach der gerade erfolgten Reichsgründung
wurde also die Literarhistorie zum Spiegel für den Kern der durch Sprach-
kunstwerke zu vermittelnden Einheit und des eigentlichen Selbstverständnisses der Deutschen erhoben. Die Literaturzeugnisse aus jeweils lebendigen
und regellos-spontanen Zeiten sollten in nachgeordneter Betrachtung nutzbar
gemacht werden als Impuls für das nationale Selbstbewußtsein. Dabei war
das Interesse „in erster Linie auf die Geschichte der Dichtung gerichtet; erst
in zweiter auf die Geschichte der Prosa und der Wissenschaft".[1] Im Rahmen
des 1883 zuerst erschienenen Schererschen Leitfadens von den Anfängen bis
1832, der in zahllosen Auflagen über den Tod des Verfassers hinaus bis in
die Weimarer Republik fortwirkte, spielt Heine eine durchaus respektable
Rolle. Der Vorzug von dessen Beurteilung und Einordnung liegt zweifellos
in der Verknüpfung von anderen Autoren, ihrer Themen, Stilrichtungen und
Werke mit ihm und untereinander, worauf gleich noch ein Blick zu werfen
ist. Die Epochen werden so allgemein wie möglich nach Zeitaltern, Ereignissen, literarischen Gattungen sowie Personen und Orten gegliedert, wobei der
Respekt vor den einzelnen Dichterpersönlichkeiten innerhalb ihrer Gruppen-
phänomene den Ton der Darstellung und die Anordnung bestimmt. Goethe

---

[1] Wilhelm Scherer: *Geschichte der deutschen Literatur*, 15. Aufl., Berlin 1922. S. III
(Einleitung) u. S. 723 (Anmerkungen). – Scherers Vorbemerkung zu den Anmerkungen
datiert übrigens von Juni 1883, Edward Schröders Nachwort von Oktober 1919. – Vgl. die
Anerkennung der Leistung von Scherers Literaturgeschichte von 1883 bereits bei Robert F.
Arnold: *Allgemeine Bücherkunde zur neueren deutschen Literaturgeschichte*, Straßburg
1910. S. 94.

bildet in den letzten drei Kapiteln 11 bis 13 den Bezugspunkt der „modernen Literatur", als deren „Anfänge" bereits im 10. Kapitel die Barockliteratur bis zu Gottscheds Theater bezeichnet wird. Das 11. Kapitel lautet „Das Zeitalter Friedrichs des Großen" und knüpft wieder an Gottsched an, das 12. Kapitel ist mit „Weimar" überschrieben. Allein das 13. und letzte Kapitel erhält eine Überschrift, die als inhaltliche Charakteristik der Literatur gelten kann, nämlich „Romantik". Bei den vier Abschnitten des Schlußkapitels, die über „Die Wissenschaft", „Lyrik", „Erzählungen" und „Das Drama" handeln, liegt nahe, daß Heine unter die Lyrik fällt, wobei er allerdings auch einen Exkurs über die „Reiseschilderungen" verursacht.

Platen habe als „Feind der Romantik" den „spottlustigen" Heine zu seinen Gegnern zählen müssen, Heine als Student bei August Wilhelm Schlegel in Bonn diesen durch Sonette verherrlicht, wie Schlegel seinerseits Bürger „besungen" habe. „Er wurzelte ganz in der Romantik", heißt es über Heine. Die Nachahmung von Minneliedern und der Gebrauch altertümlicher Ausdrücke wird dem Hang zum Mittelalter zugerechnet. Wir dürfen vielleicht ergänzen: in der direkten Abhängigkeit von Fouqué.[2] Heines Rheinlob wird mit Schenkendorf in Beziehung gebracht, seine sentimentalen Romanzen mit dem frühen Uhland, die Todesvorliebe mit Justinus Kerner, Weltschmerz und Zerrissenheit als europäische Mode mit Lord Byron. Brentano und Tieck werden für das romantische „Fahrwasser" berufen und, was das Studium des Volksliedes angeht, werden zum Vergleich Brentano, Kerner, Uhland, Eichendorff und Wilhelm Müller ins Feld geführt und ein Hinweis auf Arnims und Brentanos *Des Knaben Wunderhorn* nicht vergessen. Die lässige metrische Form, gepaart mit der grellen, handlungsreichen Malerei, die so ganz der vornehmen zarten Zeichnung Platens widersprochen habe, sei dem Inhalte nach vollständig aus Heines eigener Person abzuleiten. Dabei wird die engste Verwandtschaft mit Brentano konstatiert, nur daß Heine den erstrebten „Effekt" durchgängig und bedenkenlos erreicht habe. Für die Nähe zu Brentano wird nicht nur die von diesem zuerst in Szene gesetzte „Loreley" bemüht (dabei kurz Graf Loebens Zugabe eingeführt und Heines glückliche Hand und „geschickte Mache" beschrieben), sondern sind mehrere Parallelen von der Biographie über das Phantasieleben bis zur Polemik benannt. Schon Brentano habe weiterhin, wie Tieck berichtete, durch reuige Selbstanklagen die Frauen zum Weinen gebracht und sich dann über 'die Gänse' lustig gemacht, „die ihm alles glaubten". Heine habe die letzte Konsequenz aus dem romantischen Prinzip gezogen, das ins vorangehende Jahrhundert hinein-

---

2 Vgl. meinen Beitrag: „Heine und Fouqué. Romantischer Ausgangspunkt mit emanzipierten Folgen.", in: Markus Winkler (Hg.): *Heinrich Heine und die Romantik. Heinrich Heine and Romanticism. Erträge eines Symposiums an der Pennsylvania State University* (21.-23. September 1995), Tübingen 1997. S. 15-39.

reichte. Seit Addison war die sokratische Ironie erstrebenswert, die Friedrich Schlegel in Goethes „Wilhelm Meister" entdeckte und unter anderm als stete Selbstparodie beschrieb, die ihrerseits bei Heine ihren Höhepunkt fand. Selbst bei ernsten Gedichten könne der Unschuldige um so tiefer gerührt werden durch Übertreibung, während den weniger Unschuldigen „ein Seitenblick des Einverständnisses" treffe mit der Botschaft: „Die dummen Gänse glauben mir alles." Obgleich Scherer den Heineschen *Reisebildern* ihre literarischen Vorgänger und Zeitgenossen an die Seite stellt, jene selbst jedoch mehr oder weniger verurteilt, gesellt er die Lyrik enthusiastisch neben den „Meister" Goethe. Beider Namen müsse man „immer nebeneinander aussprechen", „wenn es sich um deutsche Lyrik handelt". Heine sei „der Poet mit der lachenden Träne im Wappen", der „Dichter, in welchem sich die Elegie mit der scherzhaften Satire vermählt", wobei seine europäische Wirkung ausdrücklich hervorgehoben wird.[3] Allerdings wird Heine bewußt nur in seiner Frühphase charakterisiert. Die sich verstärkende politische Dimension eines Autors aus der Gruppe des Jungen Deutschland oder der Vormärzepoche wird aufgrund der Beschränkung auf das Jahr 1832 ausgeklammert. Erst ein knappes Jahrhundert später, zumal in den 60er und 70er Jahren unseres Jahrhunderts, wird in zwei unterschiedlichen deutschen Literaturwissenschaften, und zwar – ein wenig zeitverschoben – in einem eigens zu betonenden Ostwestgefälle, die Periode, die auf die Goethezeit folgt, als eine unter der Ägide Heines und seiner ebenfalls engagierten Zeitgenossen begriffen und gewürdigt.

Man darf ohne weiteres davon ausgehen, daß klug arrangierte und gut geschriebene Literaturgeschichten in einem einzigen Band eine gewisse Breitenwirkung erzielt haben und erzielen und zur Urteils- wie Vorurteilsbildung über das literarische Erbe unverhältnismäßig mehr beitragen als die Spezialforschung. Scherers Auftakt mit seinen, in unserm Fall 835 Seiten, hat manche Nachfolger gefunden, die zumal für den Schul- und Studiengebrauch gedacht waren und weiterhin genutzt werden. Am vorläufigen Ende einer deutschen Literaturgeschichtsschreibung, die mit der Reichsgründung und -einigung begann und fast 120 Jahre später in manchem die Folgen von deren Hybris durch Bestandsaufnahme unter anderm der Exilliteratur und der anschließend vier Jahrzehnte getrennten deutschen Literaturen zu versammeln hatte, steht als repräsentatives Beispiel die just vor der deutschen Wiedervereinigung 1989 erschienene dritte Auflage einer westdeutschen einbändigen Darstellung mit dem Titel *Deutsche Literaturgeschichte. Von den Anfängen bis zur Gegenwart.*[4] Sie ist einem Autorenkollektiv von einer Autorin und

[3] Scherer: *Geschichte der deutschen Literatur* [Anm. 1]. S. 661-665.
[4] Wolfgang Beutin, Klaus Ehlert, Wolfgang Emmerich, Helmut Hoffacker, Bernd Lutz, Volker Meid, Ralf Schnell, Peter Stein und Inge Stephan: *Deutsche Literaturgeschichte.*

acht Autoren zu verdanken, denen entsprechende, zum Teil mehrere Partien
zugeordnet sind. Die insgesamt gleichfalls 13 Kapitel sind überschrieben in
einer Mischung aus historischer Zeitbestimmung und inhaltlicher Charakteristik, wobei die historische Komponente als sachliche Grenzziehung überwiegt. Nur noch das erste Drittel der insgesamt 622 Seiten einschließlich 400
Abbildungen bzw. die ersten fünf Kapitel sind jenem Zeitraum bis 1832 (oder
richtiger und auf die Julirevolution bezogen:1830, wenngleich auch hier
Goethes Tod gern als Koinzidenz genommen wird) vorbehalten. Die Differenzierung und Spezialisierung ist weit fortgeschritten. Die sachliche Berichterstattung und kritische Darstellung überwiegt. Das germanistische Fach
ist längst von der gebildeten Erzählung zur subtilen Analyse übergegangen.
Heine sind nunmehr in dem von Peter Stein betreuten [6.] Kapitel „Vormärz"
ein eigener Abschnitt und darüber hinaus über vierzig Verweise, auch über
das Vormärz-Kapitel hinaus, gewidmet. Im Heine-Abschnitt selbst werden
romantische Ursprünge und Byronismus nur noch als Herkunft beschrieben,
dagegen seine Entwicklung „zum politischen Dichter" als Spiegelbild des
Verlaufs der deutschen Literatur von 1815 bis 1848 bezeichnet. „Die spätromantische künstlerische Depression überwindend, die neuen Möglichkeiten
einer operativen Literatur im Vormärz realistisch einschätzend und parteilich
einsetzend, erlangt Heine bereits zu Lebzeiten als einziger deutscher Schriftsteller seiner Epoche europäische Geltung, wie vor ihm nur noch Goethe und
E.T.A. Hoffmann."[5] So lautet die sympathische Würdigung, die vermutlich
über den realen Stellenwert Heines im vergangenen wie gegenwärtigen deutschen Bewußtsein solidarisch hinausgeht. Hinweise zur in der deutschen Literaturgeschichte tatsächlich einmaligen Rezeption des Dichters als einem
Streit- und Diffamierungsgeschehen deuten die bis heute unbereinigte Problematik an. Als zwei Pole literarhistorischer Darstellung sind die herangezogenen Beispiele von Scherer und Stein jedenfalls positive Exempel der
Wirkung und Vermittlung Heines. Dabei zielt die Schilderung des literarischen Erbes mit Einbeziehung des jungen Heine bei Scherer nur auf den
(völlig unpolitisch betrachteten) Scheitelpunkt eines durch Selbstparodie
überwundenen Weltschmerzes bis 1832, während bei Stein die Perspektive
über die weltschmerzliche Attitüde hinweg zu einer eindeutig dem Engagement verschriebenen Dichtung, zumal des literarisch hochpolitisch vorrevo-
lutionären Jahres 1844 mit Heines Versepos *Deutschland. Ein Wintermärchen*, gewonnen ist. Beiden Leitfäden ist selbstverständlich die Überzeugung
ihrer Verfasser abzulesen, was, wie sich im folgenden zeigt, bei der Begriffs-

---

Von den Anfängen bis zur Gegenwart, Dritte, überarbeitete Auflage. Mit 400 Abbildungen,
Stuttgart 1989.
[5] Ebd. S. 227f. (im Abschnitt „Enfant perdu: Heinrich Heine", S. 224-228, des Vormärz-
Kapitels von Peter Stein, S. 208-258).

bestimmung und Einordnung Heines stets die Kontroversen bestimmt hat. Scherers Position wird mit national-liberal, die von Stein mit dezidiert links und kritisch zu umschreiben sein.

2. Fortführung und Brüche oder Traditionen und Neuanfang

Einzeluntersuchungen und Thesen zu den Nahtstellen der deutschen Literaturgeschichte innerhalb der sogenannten und von Friedrich Sengle breit beschriebenen *Biedermeierzeit*[6] von 1815 bis 1848 mit ihren Traditionen und Brüchen hat es selbstverständlich seit langem gegeben und sind im Westen zu einem nicht unwesentlichen Teil der ideologisch durchaus unterschiedlichen Sengle-Schule mit ihren zahlreichen Beiträgen zur Literatur der ersten Hälfte des 19. Jahrhunderts geschuldet. Besondere Verdienste hat sich für die politische Akzentuierung der Epoche und damit auch Heines der seit Jahrzehnten in Madison/Wisconsin lehrende Jost Hermand erworben, dessen Textsammlungen samt Erläuterungen zum Jungen Deutschland und zum Vormärz einmal die 30er Jahre mit dem Bundestagsverbot vom Dezember 1835, zum andern den Vormärz der 40er Jahre betrafen und beide, wie man in der Rückschau erwarten könnte, keinesfalls erst der westdeutschen Studentenbewegung von 1968 folgten, sondern ihr 1966 und 1967 genau vorausgingen.[7] Heine war und blieb einer der Mittelpunkte des von Friedrich Sengle initiierten Forschungsprogramms seiner Schüler. Manfred Windfuhr hatte seit 1963 die Düsseldorfer historisch-kritische Heine-Ausgabe[8] auf den Weg gebracht, die bewundernswerterweise endlich 1997 abgeschlossen vorliegt, an der auch Jost Hermand mitwirkte. Windfuhr setzt sich als Verwalter des Sengle-Nachlasses im Heinrich-Heine-Institut, Düsseldorf, vehement für die Anerkennung der literaturwissenschaftlichen Heine-Verdienste seines Lehrers ein und konzentriert sich dabei auf den geschichtlichen Ort Heines und die spannungsvollen, dem Werk verpflichteten Strukturen.[9] Eigene Wege außerhalb des Sengle-Kreises beschritt nicht nur Peter Stein mit seiner Vormärzbestimmung als kritischer Ersatzbezeichnung für die gesamte Bieder-

---

[6] Friedrich Sengle: *Biedermeierzeit. Deutsche Literatur im Spannungsfeld zwischen Restauration und Revolution 1815-1848*, 3 Bde., Stuttgart 1971, 1972 u. 1980.
[7] Jost Hermand (Hg.): *Das Junge Deutschland. Texte und Dokumente*, Stuttgart 1966 u.ö.; Jost Hermand (Hg.): *Der deutsche Vormärz. Texte und Dokumente*, Stuttgart 1967 u.ö.
[8] Heinrich Heine: *Sämtliche Werke. Düsseldorfer Ausgabe*, in Verbindung mit dem Heinrich-Heine-Institut hg. von Manfred Windfuhr. 16 Bde, Hamburg 1973-1997. (= DHA).
[9] Manfred Windfuhr: „Spannungen als autorspezifischer Strukturzug. Friedrich Sengles Heinebild und der Stand der Heinediskussion.", in: *Heine-Jahrbuch* 34 (1995). S. 183-202.

meier- oder Restaurationszeit,[10] sondern hatte Klaus Briegleb vor allem
durch seine bis heute wirkungsvolle Heine-Ausgabe des Münchener Hanser-
Verlages (1968-1976) eingeschlagen, die mit ihrem engagierten Kommentar
zur Situation eines Intellektuellen wie Heine unter den Bedingungen von
Verbot und Zensur jede innerliche oder beliebige Lektüre unmöglich machte.[11] Genauso war Heine natürlich für die DDR-Forschung neben Büchner
von Anfang an ein Muster für die Dichtung der deutschen revolutionären
Demokratie. Das ist schon dem seit 1953 erschienenen Band des Kollektivs
für Literaturgeschichte im volkseigenen Verlag Volk und Wissen über den
Vormärz von 1830 bis 1848 abzulesen,[12] – selbstverständlich auch der Heine-Ausgabe von Hans Kaufmann (Berlin und Weimar 1961-1964 u.ö.), deren
am Schluß, im 10. Band, beigegebener Essay des Herausgebers mit dem Titel
„Heinrich Heine. Poesie, Vaterland und Menschheit" schon den auch sonst
vertretenen Anspruch Kaufmanns für Heine auf eine neue „klassische" Funktion und Bedeutung festschreibt.[13] Die politische Interpretation und ein den
Klassikerstätten ebenso anspruchsvoll wie modern zustatten kommendes zu-
kunftsweisendes Verständnis ist denn auch der Impetus für die Weimarer
Heine-Säkularausgabe gewesen, die als Werk-, Brief- und Dokument-
Ausgabe ebenfalls ihrem Abschluß entgegensieht.[14] Es wäre allerdings gewiß
falsch, die bisherige westdeutsche Heine-Philologie der Vorliebe für den ro-
mantischen Weltschmerz sowie dem Literaturkonzept seines frühen
„Romantik"-Aufsatzes und einem damals geäußerten Ideal vom „Studium des
Volksliedes, Kampf gegen Convenienzpoesie und Streben nach Originalität"
zugute halten und die ostdeutsche dem aufgeklärten Engagement, also der
„Revoluzion", die in die Literatur nach der „Kunstperiode" eintritt, und dem
„Leben selbst", nicht nur dessen „Schein" in der Kunst, zuordnen zu wol-

---

[10] Peter Stein: *Epochenproblem „Vormärz"* (1815-1848), Stuttgart 1974. Vgl. auch seine
Erwiderung auf den genannten Sengle-Beitrag Windfuhrs [Anm. 9] im *Heine-Jahrbuch* 36
(1997). S. 187-193 („Sengles Heine. Eine Entgegnung"). – Von dem politisch bestimmten
Oberbegriff geht dann auch der 6. Bd. im Rahmen der von Horst Albert Glaser hg. Sozialgeschichte der deutschen Literatur aus: Bernd Witte (Hg.): *Vormärz: Biedermeier, Junges
Deutschland, Demokraten. 1815-1848*, Reinbek 1980.
[11] Vgl. zum Verlauf der jüngeren westdeutschen Heine-Rezeption Verf.: „Heine in der
Bundesrepublik Deutschland 1972-1987. 15 Jahre Heine-Rezeption.", in: *Heine-Jahrbuch*
28 (1989). S. 13-30.
[12] Vgl. z.B. die 10. Aufl.: *Vormärz 1830-1848. Erläuterungen zur deutschen Literatur*, aus
dem Jahre 1977.
[13] Vgl. Hans Kaufmann: *Politisches Gedicht und klassische Dichtung. Heinrich Heine,
Deutschland – ein Wintermärchen*, Berlin (Ost) 1958.
[14] Heinrich Heine: *Werke, Briefwechsel, Lebenszeugnisse. Säkularausgabe*, hg. von den
Nationalen Forschungs- und Gedenkstätten der klassischen deutschen Literatur in Weimar
und dem Centre National de la Recherche Scientifique in Paris. Berlin und Paris 1970ff. (=
HSA).

len.[15] Dagegen sprechen schon allein das Beispiel der eben herangezogenen westdeutschen Literaturgeschichte von 1989 und Brieglebs Heine-Ausgabe. Dagegen spricht allerdings auch ein nach der Einigung wesentlich erweiterter, dennoch ironisch-kreativ auf der „Unzeit des Biedermeiers" (Historische Miniaturen zum Deutschen Vormärz 1830-1848. Leipzig, Jena, Berlin 1985) aufbauender ostdeutscher, wenn auch 1994 in Münster erschienener Sammelband von Helmut Bock und Renate Plöse mit dem anspielungsreichen Titel *Aufbruch in die Bürgerwelt. Lebensbilder aus Vormärz und Biedermeier*, in dem sich nunmehr ursprüngliche Gegensätze der Geschichte als solche auch in unserer Gegenwart kontrastiv begegnen.[16] Heine bildet dabei gewissermaßen Anfang wie Ende und insgesamt die Folie im Spannungsfeld von Vormärz und Biedermeier.

Dieser kurze Blick auf die Konturen der Forschungslage soll bewußt die Annäherung an das Thema vom Verhältnis der Vormärzliteratur zur Klassik aus der Rezeptionsperspektive gewinnen helfen. Denn eigentlich erst in Rezeption und Forschung sind die Probleme von Abhängigkeit und Unterschied, von Fortführung und Neuanfang mit wissenschaftlicher Distanz, wenn auch durchaus nicht neutral, erörtert worden. Daß ein solches Thema Sinn macht, liegt selbstverständlich bereits in der Reflexion der nachklassischen Autoren und vor allem Heines selbst begründet. Die Literarhistorie spreitet in seinem Fall nicht etwa ihr zwanghaft gliederndes Schema über bedeutende, jedoch als naiv einzuschätzende Autoren aus, die sich nicht selbst bereits über ihren Standort Klarheit zu schaffen versucht hätten. Immerhin haben wir in Heine einen poetischen Literaturhistoriker von Format vor uns, dessen *Romantische Schule*[17] völlig zu Unrecht von Rudolf Heym (der seine germanistische Darstellung 1870 mit dem gleichen Titel versah) oder Ricarda Huch (*Die Romantik. Blütezeit, Ausbreitung und Verfall* 1899-1902, komplett erschienen 1908) übersehen worden ist. Wie die Konfrontation von Vormärz und Klassik hat schon die Frage nach der *Romantik im Vormärz*[18] eine ver-

---

[15] Die Zitate aus Briefen Heines an seinen Bonner Professor Hundeshagen bei Übersendung seiner „Gedichte" vom 30. Dezember 1821 (HSA XX, 47) und an Varnhagen vom 4. Februar 1830 (HSA XX, 385).

[16] Helmut Bock u. Renate Plöse (Hgg.): *Aufbruch in die Bürgerwelt. Lebensbilder aus Vormärz und Biedermeier*, Münster 1994 (= Theorie und Geschichte der bürgerlichen Gesellschaft Bd. 9). Vgl. die Rez. der „Unzeit des Biedermeiers" von Bernd Kortländer im *Heine-Jahrbuch* 27 (1988). S. 213f.

[17] Vgl. z.B. Verf.: „Die romantische Schule", in: Manfred Windfuhr (Hg.): *Internationaler Heine-Kongreß 1972. Referate und Diskussionen*, Hamburg 1973. S. 447-463. (Jetzt auch in Verf.: *Heine-Zeit*, Stuttgart u. Weimar 1997. S. 207-223).

[18] Burghard Dedner u. Ulla Hofstätter (Hgg.): *Romantik im Vormärz*, Marburg 1992 (= *Marburger Studien zur Literatur*, Bd. 4, zugleich Marburger Kolloquien zur Vormärz-Forschung).

wandte Sichtweise, wenn auch für einen anderen Traditionsstrang, bedeutet und manche Aufschlüsse gebracht, die dafür sprechen, solche 'Begegnungen' und Untersuchungen von Abhängigkeiten ernsthaft weiter zu betreiben. Dabei ist eben sowohl bei dem Erbe der Romantik als auch bei dem der Klassik keinesfalls von einem Nacheinander auszugehen, wie es Scherer beispielsweise im Falle Goethes und Heines allein schon aus Gründen des Altersunterschiedes, der Ehrfurcht und der Größenverhältnisse der Werke postuliert, sondern von Verschränkungen, denen nur eine „innergermanistische Komparatistik"[19] beikommen kann, die ihrerseits ruhig bei Scherers Belesenheit in die Schule gehen dürfte. Denn leider wird der bibliothekarische Grundsatz, der selbstverständlich für jede Literatur gilt, leicht vergessen, daß Bücher jeweils aus anderen Büchern erwachsen und von ihren Vorgängern zehren.

Während Heines Verhältnis zur angeblich, und auch von ihm so charakterisierten, rückwärts gewandten Romantik von ihm selbst und in zahllosen Beiträgen der Heine-Philologie thematisiert worden ist, handelt es sich bei der Frage nach Klassik und Vormärz oder nach Klassik im Vormärz, womit selbstverständlich nicht dasselbe gemeint ist, wodurch aber die Literaturentwicklungen noch enger aufeinander verwiesen werden, gerade auch in bezug auf Heine um ein bedeutend weniger in den Blick genommenes Thema, was die allgemeine „Begriffsbestimmung der Klassik und des Klassischen"[20] sowie die damit verbundenen Konnotationen angeht. Wenigstens sollen Walter Dietze (1957), Karl Wolfgang Becker (1973) und Karl Robert Mandelkow (1976) als Autoren zu diesem Problemfeld von Klassik und Jungem Deutschland bzw. Vormärz oder näherhin Klassik bei Heine genannt werden.[21] Für Heines „Verhältnis zu Aufklärung, Klassik und Romantik" unter der Überschrift „Tradition und Vorbilder" hat Gerhard Höhn in seinem *Heine-Handbuch* den passablen Vermittlungsvorschlag zur Hand, „Heines Verhältnis zur jüngsten literarischen Vergangenheit" erweise sich „als so viel-

---

[19] Vgl. Verf.: „Romantische Weltuntergänge – auch bei Büchner und Heine.", in: Dedner/ Hofstätter (Hgg.): *Romantik im Vormärz* [Anm. 18]. S. 13-29, hier S. 13f. (Jetzt auch in Verf.: *Heine-Zeit* [Anm. 17]. S. 224-237, hier S. 225).

[20] Vgl. dazu den Sammelband mit diesem Titel von Heinz Otto Burger (Hg.): *Begriffsbestimmung der Klassik und des Klassischen*, Darmstadt 1971 (= Wege der Forschung Bd. CCX).

[21] Vgl. Walter Dietze: *Junges Deutschland und deutsche Klassik. Zur Ästhetik und Literaturtheorie des Vormärz*, Berlin 1957 (= *Neue Beiträge zur Literaturwissenschaft*, Bd. 6). – Karl Wolfgang Becker: „Klassik und Romantik im Denken Heinrich Heines.", in: *Heinrich Heine: streitbarer Humanist und volksverbundener Dichter. Internationale wissenschaftliche Konferenz aus Anlaß des 175. Geburtstages von Heinrich Heine vom 6. bis 9. Dezember 1972 in Weimar*, Weimar 1973. S. 255-276. – Karl Robert Mandelkow: „Heinrich Heine und die deutsche Klassik.", in: Ders.: *Orpheus und Maschine. 8 literaturwissenschaftliche Arbeiten*, Heidelberg 1976. S. 63-85 (= *Poesie und Wissenschaft* 9).

schichtig, daß jede eindeutige Einstufung fehlgehen" müsse „(etwa nach dem Schema: pro Aufklärung und Klassik, aber gegen Romantik)". Heines Einstellung lasse sich „als kritisch und differenziert bis ambivalent bezeichnen, zwischen Ablehnung und Zustimmung schwankend, in der Sache Negatives von Positivem scheidend". Die daraus abzuleitende „praktische Haltung" sei dann als „dialektisch" zu definieren, sie gehe „sowohl destruktiv wie bewahrend" vor, das bedeute: „destruktiv gegenüber rückschrittlichen und bewahrend gegenüber fortschrittlichen Tendenzen". Diese Dialektik habe Heine „an seinem kritischen Modell Lessing hervorgehoben", der, wie Heine in der *Romantischen Schule* sage, „wenn er mit seiner Polemik das Alte zerstörend bekämpfte, auch zu gleicher Zeit selber etwas Neues und Besseres schuf". Der eigentliche „Lieblingsdichter" intensiver und produktiver Auseinandersetzung sei allerdings Goethe gewesen: „das entscheidende Bildungserlebnis des jungen Dichters" und „eine ständige Herausforderung", freilich auch „Gegenmodell zu Heines Anschauung von der Rolle des modernen Schriftstellers".[22]

3. Das Konstrukt vom Subjektivismus versus politische Literatur und die mediale Funktion des Schriftstellers

Diese Heinesche Vorliebe für Goethe als den Inbegriff der Klassik ist in ihrer personalisierten Form selbstverständlich Gegenstand intensivster Untersuchungen gewesen.[23] Damit sind wir sogar bei einem Heineschen Hauptkomplex in jedem, vor allem auch psychologischen, Sinn angelangt, der an dieser Stelle nur in seiner vorrangigen Bedeutung angesprochen, aber keinesfalls aufgelöst werden kann. Daß die Goethe-Wirkung bis in den Werk- und privaten Lebensbereich hinein durch Parallelen von literarischen Arbeiten, z.B. mit autobiographischem Charakter wie bereits in „Ideen. Das Buch Le Grand", bei Reisen in den Harz und nach Italien samt den damit zusammenhängenden Schriften, bei Heines Tanzpoem *Der Doktor Faust* aus der Spätzeit und bei privaten Verhältnissen, z.B. in der Freundschaft mit Rahel Varnhagen oder durch die Ehe mit Mathilde, wirksam geworden ist, darf mit guten Gründen konstatiert werden. Warum die reale Harzreise von 1824 zu einem Weimar-Schock angesichts des greisen Goethe geführt hat, kann man nur vermuten. Wer der geregelten Enge der Wissenschaftsstadt Göttingen durch

---

[22] Gerhard Höhn: *Heine-Handbuch. Zeit, Person, Werk*, Stuttgart 1987. S. 251 u. 253. (Die 2., aktualisierte u. erweiterte Aufl. erschien 1997). Vgl. zum Zitat aus der „Romantischen Schule" auch DHA VIII/1, S. 135.
[23] Vgl. z.B. Matthias Nöllke: „Goethe als Kunstmittel. Heines Argumentation mit einem literarischen Muster.", in: *Heine-Jahrbuch* 33 (1994). S. 82-98.

die Fußwanderung über die Harzberge entfliehen wollte, um die Goethesche ideale Freiheit und unabhängige Höhe zu erlangen, mußte an der ebenfalls gezirkelten Residenzstadt Weimar mit ihrem statuarischen Geheimrat vermutlich verzweifeln. Eine noch so demutsvolle Annäherung an einen verehrten Erblasser scheiterte und konnte nur in der literarischen Auseinandersetzung ihre selbstbewußte Traditionslinie wiederfinden, wie denn überhaupt die Heinesche Unverwechselbarkeit als Ergebnis einer Mischung von Erbe und Übergängen anzusehen ist. Das hat bereits seine 2. Bergidylle aus der *Harzreise* mit ihrer durch die Hegel-Schule gegangenen Faust-Parodie geleistet, die den Dichter das Mädchen gewinnen und als Ritter vom heiligen Geist in die Welt hinausziehen läßt zugunsten einer Befreiung der ursprünglich gleichen und adligen Menschheit. Dafür mag selbst sein Versepos *Deutschland. Ein Wintermärchen* ein Exempel bilden, das sich am Schluß zwar nur ausdrücklich auf Aristophanes und Dante beruft, aber Goethes Regieanweisung in den Worten des Direktors im Vorspiel auf dem Theater für den *Faust* wie in einem neuen deutschen Schauspiel der oft gestörten Kommunikation stillschweigend Punkt für Punkt zu eigen macht.[24] Dabei ist bemerkenswert, daß sich Heine trotz seiner Außenseiterschaft als deutsch-jüdisch-protestantischer Schriftsteller, wobei ihm alle drei Bedingungen zusammen seine Identifikation bedeuteten, und von peinlichen Initiationsriten einer durch Fouqué vermittelten Romantik einmal abgesehen, in keiner Weise als minderwertig oder zu spät gekommen und epigonal betrachtete. Während für seinen Freund Immermann mit Goethes Tod eine große Epoche untergegangen war, der schwer etwas an die Seite gestellt werden konnte, blickte Heine zuversichtlich, man mag auch sagen realistisch, in die Zukunft mit ihren neuen Göttern und Ausdrucksformen zugunsten der Emanzipation. Der kluge Varnhagen notiert in seinen *Tageblättern* von 1857 und 1858, was die Heinesche literarische Position angeht, dieser sei anfangs „Zögling" der romantischen Schule gewesen, habe aber „ihre Wendungen" nicht mitgemacht; in ihm habe „ihr Schluß wieder einen revolutionären Nachzug" bekommen. Gegen die von Herman Grimm in seiner Vorrede zum Goethe-Schillerschen Briefwechsel geäußerte Charakteristik Heines verwahrt sich Varnhagen vehement: „Ganz falsch ist, daß er den ganzen Heine als ein Gesproß von Goe-

---

24 Vgl. Verf.: „Ein neues Lied vom Glück? Heinrich Heines 'Deutschland. Ein Wintermärchen'", in: Lars Lambrecht (Hg.): *Philosophie, Literatur und Politik vor den Revolutionen von 1848. Zur Herausbildung der demokratischen Bewegungen in Europa*, Frankfurt/M. u.a. 1996. S. 135-151. (Jetzt auch in Verf.: *Heine-Zeit* [Anm. 17]. S. 238-255).

the's Divan bezeichnet, dies ist Heine keineswegs, und so leicht wird dieser begabte Geist nicht abgetan."[25]

Nicht nur für eine literarische Epoche wie den Vormärz wird eine Gleichzeitigkeit von verschiedensten Strömungen vorausgesetzt, die sich gegenseitig anregen oder abstoßen konnten, sondern auch für Heines Schaffen selbst. Es wäre sicherlich falsch, sich vorzustellen, daß sein Leben und Werk in streng voneinander zu trennenden und logisch aufeinander folgenden Phasen nachträglich klar und eindeutig zu gliedern sei und somit etwa seiner Biographie die entsprechenden literarhistorischen Kategorien zuzuordnen wären. Die Beachtung äußerer und innerer Entwicklungsstufen, deren es bei Heine durch persönliche und politische Einschnitte mehrere gibt, mag sehr hilfreich und anerkennenswert sein,[26] wird aber nicht immer der möglichen Vielfalt von Anliegen und verwendeten Formen gerecht. Eine seiner Hauptbotschaften lautet, daß die Weltgeschichte und das Individuum mit seinem Lebensrecht durch Parallel-ereignisse unausweichlich miteinander verschmolzen sind. Subjektive und objektive Gegebenheiten greifen ineinander, beeinflussen sich und bilden sich ab. Das läßt sich sogar den zahlensymbolisch angelegten Kapiteln IX und XVIII seines „Buchs Le Grand" ablesen, wo das Schicksal Napoleons und das des liebeskranken Helden bis zur Kulissengleichheit einander entsprechen. Auf die tragische Duplizität der ihn unbefriedigt lassenden Februarrevolution in Paris und eines galoppierenden Fortschritts seiner Lähmung und Krankheit ist ebenso hinzuweisen. Sein privates Desaster der 'Matratzengruft' erhält dadurch metaphorische Dimensionen. Heine war schon nach seinem Wechsel von Hamburg nach Paris im Mai 1831 derselbe Autor geblieben, dem nur durch die neuen, noch europäischeren Eindrücke eine objektivere Warte geboten wurde. Selbst noch für die sogenannte religiöse Revision der Spätzeit reklamiert Heine sein Recht, kein anderer zu sein als vorher, sondern nur die zweite Seite seiner Medaille deutlicher ins Bewußtsein heben zu können. Aufs Ganze gesehen gilt diese Behauptung von der Einheit in der Vielfalt oder von multiperspektivischen Korrespondenzen in einem einzigen Gesamtwerk vor allem für die lebenslange Möglichkeit, subjektivste Gefühle mit solchen sozialer Gerechtigkeit verbinden zu können, ohne dadurch unglaubwürdig zu werden. Immerhin ist anzumerken, daß er sowohl Lord Byron, der „im Schmerze neue Welten entdeckt" habe, nach dessen Tod bei praktisch-idealischer Mission zur Befreiung Griechenlands seinen „Vetter" nennt, wie 20 Jahre später auf der deutschen

---

[25] Karl August Varnhagen von Ense: *Tageblätter,* hg. von Konrad Feilchenfeldt. Frankfurt am Main 1994 (= K.A.v.E.: *Werke in fünf Bänden,* hg. von K. Feilchenfeldt. Bd. 5, S. 801 u. 823 (7. Juni 1857 u. 1. Juni 1858).
[26] Vgl. z.B. die Arbeit von Sabine Bierwirth: *Heines Dichterbilder. Stationen seines ästhetischen Selbstverständnisses,* Stuttgart 1995 (= Heine-Studien).

Winterreise Jesus von Nazaret, dessen Bergpredigt den Kreuzestod nach sich
gezogen habe.[27] Weltschmerz als individuelles Leiden an der Welt und Engagement als individueller Einsatz für die Menschheit schließen sich damit
keineswegs aus, sondern bilden wie notwendig vorausgehender Gedanke
bzw. Gefühl und sich daraus ergebende Tat eine dialektische Einheit.

Wenn man den Begriff des Vormärz als politische Zeitbeschreibung von
1815 bis 1848 auf die Literatur anwendet, was vor allem bei Heines kritisch-
ironischer Zustandsbeschreibung Deutschlands und der europäischen Nach-
barländer, zumal Frankreichs, als Zeitschriftstellerei, kritische Bestandsaufnahme und utopischer Entwurf zwischen „Poesie und Publizistik"[28] Sinn
macht, obgleich seine letzten Lebensjahre und Arbeiten viel zu behelfsmäßig
unter den Begriff Nachmärz gefaßt würden, ist es um so hilfreicher, bestimmte Facetten dann als Tradition der Klassik, als romantische Folge, als
biedermeierliche Eigenschaft oder als revolutionär-demokratische Bewegung
zu beschreiben. Weitere Übergänge, sei es zum Realismus oder Symbolismus, wären ebenfalls nicht auszuschließen. Damit kämen locker zu bildende
Gruppen von Vorläufern, Zeitgenossen und Nachfolgern zustande, die ihrerseits zwischen Subjektivismus und politischer Wirkung zu vermitteln ver-
suchten oder sich darüber erhoben, solche Gegensätze unbewußt miteinander
verbanden oder sich auf das Private beschränkten. Aber auch hier sind fließende Übergänge möglich. Der Weltschmerz darf nicht mit Liebesschmerz
und das Engagement nicht mit maschineller Betriebsamkeit verwechselt werden. Folgende durchaus üblichen Gruppierungen lassen das Kräftespiel der
Anregungen und Reaktionen für einen Autor wie Heine erkennen: Herder,
Goethe, Schiller und Jean Paul stünden für die klassische Tradition, die Heine mit Einschluß Lessings als „Humanität", „allgemeine Menschen-
Verbrüderung" und „Cosmopolitismus" beschreibt;[29] die Brüder Schlegel,
Novalis, Eichendorff, Brentano, Uhland und *Des Knaben Wunderhorn* ver-
träten die romantische Schule; Immermann, Grabbe, die Droste und Grillpar-
zer wären als biedermeierliche Gestalten mit – trotz kritischen Tendenzen –
auch konservativem Einschlag zu nennen, dazu etwa die schwäbischen
Dichter der unverbindlichen Naturtöne; sämtliche Jungdeutschen und Börne
sowie Büchner, Herwegh, Weerth und Freiligrath, aber auch Marx und En-

---

[27] Vgl. Heine an Rudolf Christiani, 24. Mai 1824 (HSA XX, S.163) und *Deutschland. Ein Wintermärchen*, Caput XIII (DHA IV, S. 118).
[28] Vgl. Norbert Altenhofers Kapitel „Zwischen Poesie und Publizistik: Formen der 'neuen Prosa' im deutschen Vormärz" in dem von Norbert Altenhofer, Alfred Estermann u.a. be-arbeiteten Band: *Europäische Romantik III. Restauration und Revolution*, (= Klaus von See (Hg.): *Neues Handbuch der Literaturwissenschaft*. Bd. 16), Wiesbaden 1985. S. 119-151, bes. S. 119-133 (Abschnitt „Börne, Heine und das Junge Deutschland").
[29] DHA VIII/1, S. 141 („Die romantische Schule").

gels kämen für die Gruppe der Demokraten in Betracht; Hebbel wiese bereits zum Realismus und Baudelaire, um auch eine französische Bezugsperson zu nennen, eröffnete den europäischen Symbolismus. Solche Ordnung soll dafür plädieren, die Klassik als eine der Hauptvoraussetzungen Heines mit gleichzeitig anziehender wie abstoßender Qualität zu akzeptieren. Gerade durch seine gegen Menzel gerichtete Goethe-Verteidigung will Heine unter Beweis stellen, woher er kommt. So sehr er die abgehoben von der eigenen Zeit und über deren Problemen schwebende ätherische Position der Weimarer Literatur erkennt und kritisiert, ebenso sehr erkennt er die Notwendigkeit des ästhetischen Anspruchs auf Unabhängigkeit, Freiheit und künstlerische Leistung. Im *Wintermärchen* sollen Gedanke und Tat in zwingenden, den Doppelgänger beschwörenden Bildern einer politischen Notwendigkeit einander folgen, im „Sommernachtstraum" seines *Atta Troll* ist das letzte freie Waldlied der Romantik auch eine Reverenz an den Dichter des *Reineke Fuchs*. Trotz des verkündeten Endes der Kunstperiode war also Kunst immer wieder von neuem möglich.

Heine kennt die alten, täglich neuen Geschichten vom zerrissenen Herzen aus Liebeskummer schon bestens im *Buch der Lieder*[30], weiß aber gleichzeitig, daß der „große Weltriß" durch das Herz des Dichters geht, das den „Mittelpunkt der Welt" bildet[31], des Dichters, der als Künstler, Tribun und Apostel, wie es in der *Romantischen Schule* heißt,[32] stellvertretend die Leiden und Freuden der Welt auf sich nimmt und prophetisch für sein Publikum das Glück auf Erden einzufordern und die Erlösung des auf Erden im Menschen wohnenden Gottes zu propagieren hat.[33] Die Welt ist schließlich die „Signatur des Wortes", das Fleisch geworden ist.[34] Heine weiß im schönsten Selbstbewußtsein, das ihn nach dem Tod des Hamburger Millionärsonkels Salomon gegen die eigene Familie den Erbschaftsstreit führen ließ, wie wichtig die mediale Funktion des Schriftstellers in der Gesellschaft ist, und daß es sein gutes Recht bedeutet, sich von der Gesellschaft diese Aufgabe bezahlen zu lassen. Nicht umsonst entführt er den Leser in den *Geständnissen* in einem Wachtraum kindlicher Entwicklungsmöglichkeiten auf den Petersplatz in Rom, wo er unter eventuell anderen Umständen seiner Ausbildung und des Berufes möglicherweise als Papst der Stadt und dem Erdkreis seinen Segen hätte erteilen können. Der erträumten Höhe folgt der mit ironischem Bescheidenheitsgestus geschilderte Sturz ins Nichts des Dichters, der den-

---

[30] „Ein Jüngling liebt ein Mädchen" (DHA I/1, S.171).
[31] „Die Bäder von Lukka", Kap. IV (DHA VII/1, S. 95).
[32] DHA VIII/1, S. 218.
[33] Vgl. Vorwort zum Einzeldruck des „Wintermärchens" (DHA IV, S. 301).
[34] „Zur Geschichte der Religion und Philosophie in Deutschland", 3. Buch (DHA VIII/1, 80).

noch viel ist, besonders in Deutschland, das in der Philosophie und im Liede das Größte vollbracht habe.[35] Was die Lyrik betrifft, ist er, wie in der Einleitung zum *Don Quixote* klar wird, ganz dem Zauber Goethes verfallen, der neben Shakespeare für das Drama und Cervantes für die Epik den Chor der europäischen Dichtung anführt.[36] Heine ist diesem Zauber nicht nur erlegen, sondern hat ihn, wie nicht nur Scherer festgestellt hat, fortgeführt. Dennoch weiß er schon früh die Subjektivität der Dichtung durch die objektiv notwendigen gesellschaftlichen Aufgaben zu relativieren und damit Goethes praktischer Natur durchaus zu entsprechen. In seiner „Reise von München nach Genua" heißt es nämlich am Schluß des XXXI. Kapitels:

> Ich weiß wirklich nicht, ob ich es verdiene, daß man mir einst mit einem Lorbeerkranze den Sarg verziere. Die Poesie, wie sehr ich sie auch liebte, war mir immer nur heiliges Spielzeug, oder geweihtes Mittel für himmlische Zwecke. Ich habe nie großen Werth gelegt auf Dichter-Ruhm, und ob man meine Lieder preiset oder tadelt, es kümmert mich wenig. Aber ein Schwert sollt Ihr mir auf den Sarg legen; denn ich war ein braver Soldat im Befreyungskriege der Menschheit.[37]

Dieser frühen, von Napoleon und dem Schlachtfelde von Marengo eingegebenen Assoziation entspricht noch sein Lebensrückblick im Gedicht „Enfant perdü" aus dem *Romanzero*, mit dem bereits in Steins literarhistorischer Darstellung das Heine-Kapitel überschrieben wurde. Man sollte allerdings nicht übersehen, daß auch in diesem späten Text das gebrochene Herz und die Waffen im Kampf für die Menschenwürde und Freiheit nach dem Muster der Liebessprache zusammen verwendet werden. Mit anderen Worten sei noch einmal betont: auch Engagement verträgt sich mit Poesie und persönlichen Gefühlen. Die letzten Verse des Gedichtes, in denen sich das Ich des Soldaten im Befreiungskrieg der Menschheit seiner selbst vergewissert hat und gleichzeitig die Staffette weitergibt, lauten:

> Ein Posten ist vakant! – Die Wunden klaffen -
> Der Eine fällt, die Andern rücken nach -
> Doch fall' ich unbesiegt, und meine Waffen
> Sind nicht gebrochen – Nur meine Herze brach.[38]

Dieser Lebensrückblick Heines besitzt einen weltfrommen Vorgänger, den eigenen Grabspruch vom Wandermüden, der in absoluter doch selbstbewuß-

---

[35] DHA XV, S. 53-55.
[36] DHA X, S. 259.
[37] DHA VII/1, S. 74.
[38] DHA III/1, S. 122 („Romanzero": „Lamentazionen" XX).

ter Verlorenheit unter dem „Gotteshimmel" sein Mausoleum findet.[39] Das erinnert stark an die Grabinschrift, die sich sein dänischer Zeitgenosse Kierkegaard wünschte, nämlich mit den Worten „Jener einzelne", wie denn auch Karl Löwiths Würdigung des Theologen von 1955 lautet. Der einzelne war durch den Humanitätsgedanken der Klassik in einmaliger Weise ernst genommen, gebildet und gerettet worden. Durch das Engagement Heines mußte er wegen der politischen und sozialen Depravationen im Vormärz verteidigt werden. Angesichts des der Willkür hannoverscher Junker ausgesetzten, durch deren Menschenverachtung gequälten und entwürdigten Göttinger Schnelläufers sagt Heine in der „Nordsee III" voll persönlichen Mitleids und öffentlichen Muts: „und es war ein Mensch".[40] Auch in einer solchen, die humane Grundbedingung aufrufenden Feststellung treffen Vormärz und Klassik einvernehmlich aufeinander.

---

[39] „Wo wird einst des Wandermüden" (DHA II, 197). Vgl. meine Interpretation des Gedichtes im Sammelband von Bernd Kortländer (Hg.): *Interpretationen. Gedichte von Heinrich Heine*, Stuttgart 1995. S. 167-179.
[40] DHA VI, S. 151.

Peter Stein

„Kunstperiode" und „Vormärz"
Zum veränderten Verhältnis von Ästhetizität und Operativität am Beispiel Heinrich Heines

Vormärz als Epochenbegriff

Die literarische Grunderfahrung der Zeit des Vormärz ist widersprüchlich: Kunst und Literatur werden hochgeschätzt und doch als prekär empfunden. Sie gelten vor allem in ihrem Verhältnis zu den Bedürfnissen der Gegenwart trotz ihres ästhetischen Wertes als problematisch, so daß gravierende Veränderungen in der Kunst, im Gegenwartsleben und im Verhältnis beider Sphären zueinander als unausbleiblich erwartet werden. Die Zahl der Belege ist ebenso groß wie unterschiedlich. Sie bezeugen die Sorge über die als kunstfeindlich begriffenen Tendenzen der erlebten Gegenwart wie das drückende Bewußtsein, künstlerische Ansprüche nicht oder nur noch epigonal bewahren zu können. Daneben existieren die unterschiedlichen Programme derer, die zuversichtlich neue Chancen im Verhältnis von Kunst und Gesellschaft erwarten, und zwar durch Vollendung, Beendigung oder gar Überwindung der alten bzw. Begründung einer neuen Kunst, die sich im äußersten Falle sogar als Nicht-Kunst verstehen kann.

Die Zeit des Vormärz ist in diesem Sinne „Labor"-Zeit, Zeit der suchenden und versuchsweisen De- und Revaluierung des Ästhetischen, das im Interesse eines neuartigen Operativwerdens für höchste Ziele in Spannung gerät zum gerade erst erlangten Autonomieanspruch von Kunst – mit allen damit verbundenen Möglichkeiten und Mängeln von Neuorientierung und Beharrung. Diese Konstellation ist noch ungewohnt. Sie war es für die Zeitgenossen in der Epoche, sie ist es lange Zeit auch für die Forschung gewesen. Das Problem steckt vor allem in dem, was begrifflich unter dem „Operativwerden" des Ästhetischen zu verstehen ist. Zunächst als das Nicht-Ästhetische außerhalb der Betrachtung, fand es unter dem Titel der „nicht mehr schönen Kunst" Interesse, wurde dann aber bald eingeengt auf das Phänomen der politisch-engagierten Literatur. Dies verstärkte sich, als sich ab den 1970er Jahren forschungsgeschichtlich der literaturhistorische Begriff „Vormärz" als Epochenbezeichnung für die Zeit von 1815/30 bis 1848 gegenüber dem Begriff „Biedermeier(zeit)" zunehmend durchsetzte. Seinen Verfechtern galt – trotz aller Uneinigkeit über Inhalt und Reichweite des neuen Namens – zunächst eine Einsicht als grundlegend: Mit dem Vormärz traten (politischer) Geschichtsprozeß und Literatur in ein neues Verhältnis zueinander. Im Verfolg dieser Einsicht gab es zwei Redefiguren, mit denen die von nun an stärker beachtete programmatische Veränderung der Literaturfunktion vor und nach 1830 immer wieder beschrieben worden ist: den Satz vom „Ende der Kunstperiode" und den Satz von der „Revolution der Literatur". Heine, Börne, jungdeutsche, junghegelianische und politisch-oppositionelle Autoren der 1840er Jahre wurden hier als Kronzeugen und Akteure eines neuen Literaturprogramms benannt, demzufolge eine als ästhetisch stillgelegt kritisierte Kunst „operativ" gemacht werden sollte.

Es bedurfte in der Folge einer längeren, noch heute nicht zum Abschluß gekommenen Forschungsdifferenzierung, um die Eigenarten dieser veränderten Konstellation und damit zugleich den Charakter des „Operativen" genauer bestimmen zu können. Denn weder ließen sich die literaturrevolutionären Tendenzen, wie tatsächlich häufig geschehen, deckungsgleich in den Zusammenhang von politisch-kulturellen Fortschritts- und Modernitätskonzeptionen rücken, noch ging es an, die auf Bewahrung gerichteten Kräfte einfach in das Lager der Reaktion zu verweisen. Tradition war nicht gleich (politische) Reaktion, Fortschritt nicht mit (ästhetischer) Revolution identisch. So wie sich im Begriff des „Biedermeier" Tradition nicht stillstellen ließ, so konnte im Begriff des „Vormärz" Revolutionäres nicht in reine Fortschrittsbewegung überführt werden. Ein Streit um den Epochennamen, der in diesen Bahnen verharrt, ist daher heute obsolet. Fehl ging aber auch der konservative Versuch, die auf den Bruch angelegten Bestrebungen als kunstfeindliche, radikalem Zeitgeist geschuldete Fehlentwicklungen von Literatur zu deuten, in denen das emanzipatorische Potential der klassisch-romantischen Ästhetik – gerade durch den Versuch, es operativ zu verwirklichen – preisgegeben worden sei. Es zeigte sich zwar, daß trotz revolutionärer Programmatik der Überhang von politischen und ästhetischen Traditionen konstitutiv blieb – insoweit hatte Friedrich Sengle mit seiner Argumentation in der *Biedermeierzeit* recht. Zugleich aber verfehlte er das Entscheidende, indem ihm nicht in den Blick kam, daß dieser Überhang nicht mehr derselbe blieb, nachdem begonnen worden war, ihm programmatisch und praktisch den Prozeß zu machen.[1] So entstand ein antithetisches Epochenbild, antithetisch in sich durch einander ausschließende Tendenzen, antithetisch aber auch gegenüber einer Vorgängerepoche, die nur mit einem oberflächlich zitierten Heine auf den Begriff „Kunstperiode" zu bringen war. Der Feststellung, daß eine solche Epochenkonstruktion das Entscheidende verfehlt, wird heute kaum noch jemand widersprechen.

Wenn überhaupt ein Zusammenhang in der Epoche besteht, um von einer Einheit nicht zu reden, so wird er am ehesten ein dialektischer sein – einer, der sich erst im widersprüchlichen Festhalten *und* Umbruch von operativen *und* ästhetischen Traditionen und Techniken erzeugte. Der Nachweis dieses eigenartigen Zusammenhanges ist immer wieder gefordert, aber, wenn ich es

---

[1] Friedrich Sengle: *Biedermeierzeit. Deutsche Literatur im Spannungsfeld zwischen Restauration und Revolution 1815–1848*, Bd. 1. Stuttgart 1971, Bd. 2. 1972, Bd. 3. 1980.

richtig sehe, bislang allenfalls in werk- oder autorbezogenen Ansätzen geleistet worden. Die jüngere Forschung zu Autoren und Werken dieser Zeit profiliert die Eigenart dabei weniger in der Antithese programmatischer Gegenpositionen, sondern mehr im Aufweis des Verschlungenen der unterschiedlichen Positionen.[2] Anders formuliert: Nicht der Nachweis expliziter Versuchsergebnisse, die die „Labor"-Zeit Vormärz von Vorgänger- und Nachfolgerepoche klar unterscheiden, fördert die Erkenntnis, sondern der Blick auf die Verschiebung der Versuchsanordnung im Vormärz. Damit dürfte zugleich weniger von dem ausgeschlossen werden, das die spezifische Problematisierung von Kunst und Leben kennzeichnet und das diese in die ästhetisch-operativen Lösungsversuche der Epochen vor und nach ihr einbettet.

Im Dilemma der Epochenbezeichnung ist der Begriff Vormärz dann tauglich genug, wenn er nicht, wie das Wort zunächst nahezulegen scheint, als Benennung einer – literarisch begleiteten – Zeitbewegung verstanden wird, die in der historischen Märzrevolution von 1848 gipfelte bzw. sich gar darin erfüllte. Vielmehr sollte der Tatsache Rechnung getragen werden, daß „Vormärz" selbstverständlich eine Konstruktion ex post ist: Erst nach dem März 1848 konnte der Name gebildet werden und in diese Nach-Bildung ging die nachmärzliche Erfahrung ein, daß die Gegenwart des eigenen Jahrhunderts nicht einfach als zielgerichtete Vorgeschichte eines revolutionären Prozesses, sondern immer auch als komplexe Nachgeschichte einer Revolution aufzufassen ist, die gegenüber Ausmaß und Verlauf der ihr folgenden Revolutionen des 19. Jahrhunderts immer mehr zur Großen Revolution wurde. Gemeint ist die Französische Revolution. Von der Erfahrung und Verarbeitung dieser Revolution sind die Autoren von Goethe über die Spätromantik bis zu Börne, Büchner, Heine und den anderen vormärzlichen Schriftstellern mehr geprägt als von der Julirevolution 1830 oder gar – sofern sie sie überhaupt noch erlebten – von der Märzrevolution 1848. Vor-März ist Nach-1789, d.h. Krise der Revolution *und* revolutionäre Krise.[3] Als literarhistorische Epoche ist

---

2 Exemplarisch seien hier zwei Untersuchungen genannt, die diesen Aufweis in Form eines Längsschnittes durch die Epoche bzw. durch ein Autor-Werk versuchen: Gustav Frank: „Romane als Journal: System- und Umweltreferenzen als Voraussetzung der Entdifferenzierung und Ausdifferenzierung von ‚Literatur' im Vormärz.", in: *Jahrbuch Forum Vormärz Forschung* 1 (1995). S. 15-47; Sabine Bierwirth: *Heines Dichterbilder. Stationen seines ästhetischen Selbstverständnisses*, Stuttgart, Weimar 1995. Des weiteren ist auf die von Mar-tina Lauster u.a. hg. dreibändige Reihe *Vormärzliteratur in europäischer Perspektive*, Bielefeld 1996ff, hinzuweisen.

3 Damit widerspreche ich der Deutung von Vormärz / Nachmärz, wie sie Sigrid Weigel im Vorwort zur Briegleb-Festschrift gegeben hat: „Nachmärz. Der Ursprung der ästhetischen Moderne in einer nachrevolutionären Konstellation.", hg. von Thomas Koebner und Sigrid Weigel. Opladen 1996. S. 10f. Zwar ist nicht zu bestreiten, daß in den 1970er Jahren die Hinwendung zum Vormärz „durch eine emphatische Konstruktion als vorrevolutionäre Epoche (mit Identifikationsmomenten für gegenwärtige Aufbrüche) motiviert war", doch stimmt für den größten Teil der Forschung nicht, daß mit der Wahl des Epochennamens

dieser Vor-März zugleich auch Nach-Kunstperiode, d.h. Krise der Kunstautonomie *und* Kunstrevolution.

Nun ließe sich einwenden, daß bei einer derartig allgemeinen Fragestellung das Spezifische der literarhistorischen Periode zwischen 1815 und 1848
verloren gehe. Die Konstellation der Krise des Ästhetischen ist charakteristisch für viele Epochen der modernen Literatur- und Kunstgeschichte, ja, sie
kann sogar als Charakteristikum der ästhetischen Moderne überhaupt bezeichnet werden, insofern diese konstituiert ist durch den „synchronen Widerspruch"[4] von Kunstautonomisierungs- und Kunstoperationalisierungs-
tendenzen. Anders ausgedrückt: Die ästhetische Moderne ist nicht als nach-
folgende Krise einer ihr vorgelagerten, stabilen, „klassischen" *Kunstperiode*
zu verstehen – wie sie allerdings vormärzlich-zeitgenössischem Bewußtsein
erschienen sein mag – sondern sie *ist* Krise der Kunst von Anfang an. Der feste Ort von Kunst („Klassik", „Kunstperiode") war der Wille und Wunsch
nach dem festen Ort von Kunst, entstanden aus der Erfahrung der Krise
(„Revolution der Literatur"). Diese Erfahrung reicht, wie die Erfahrung der
politisch-sozialen Krise, als Frage, ob und wie Kunst noch sein könne, zurück
ins 18. Jahrhundert, gewinnt jedoch im Vormärz eine neue Kontur.

Der hintergründige Zweifel an Kunst entwickelte sich zunächst verdeckt,
als Rückseite des aufklärerischen Projektes einer gesellschaftlichen Emanzipation, in dem Kunst in die Antinomie von Zweckdienlichkeit und Freiset-
zung von Zwecken geriet. Daß eine solche Emanzipation, geschichtlich stimuliert und herausgefordert durch die Französische Revolution, erst über eine ästhetische Revolution, d.h. durch Kunst möglich sei, daß – wie es in der
zugespitzten, frühromantischen Theorie eines Friedrich Schlegel heißt – „das
Objektive möglich, und die Hoffnung des Schönen kein leerer Wahn der Vernunft sei"[5], konstituierte eine neue Kunstidee von anderer operativer Qualität.
Kunst sollte das Leben ändern, aber nicht durch direkte Zwecksetzung im
Bunde mit moralisch-politischen Mächten, sondern durch die ihr zugeschrie-
bene, autonome Kraft des Schönen. Es war eine Zuschreibung von werkstif-
tender Kraft, zugleich aber auch eine, die diese Stiftung des Ästhetischen nur

---

„jede Artikulation und kulturelle Manifestation gleichsam teleologisch auf die Märzrevolution hin und damit als ursächlicher Teil von deren Vorgeschichte begriffen" (S. 10) wurde. Der Blick auf den Vormärz war, wo nicht ahistorisch verformt, immer ein nachmärzli-
cher, freilich in den 1970er Jahren mehr einer, der das Andauern des Märzlichen und weniger dessen Vergehen beachtete. Letzterer Perspektive könnte freilich unter dem zeitgenössischen Eindruck der Wende postrevolutionäre Resignation ebenso die Sicht verstellen wie
es seinerzeit die revolutionäre Emphase tat.

4   Burkhardt Lindner: „Autonomisierung der Literatur als Kunst, klassisches Werkmodell
und auktoriale Schreibweise.", in: *Jahrbuch der Jean-Paul-Gesellschaft* 10 (1975). S. 93.
Lindner expliziert hier die historische Spannung zwischen aufklärerischen und autonomen
Literaturkonzeptionen.

5   Friedrich Schlegel: *Kritische Schriften und Fragmente. 1812-1823,* hg. von Ernst Behler
und Hans Eichner. Bd. 4., Paderborn 1988. S. 89.

durch folgenreiche Ausschließungen bewerkstelligen konnte. Ihr lag ein Idealismus zugrunde, den man auch mit dem jeanpaulischen Paradox charakterisieren kann, daß es zwar nach wie vor gelte, die Bastille zu stürmen, allerdings nicht von außen, sondern von innen her. In der Zeit des Vormärz geriet diese ästhetische Operativität in Zweifel, wenn nicht sogar unter Verdacht, zwar schön, aber folgenlos zu sein. Dennoch konnte das, was an ihr vermißt wurde, nicht einfach durch Suspension der Kunstidee (re)aktiviert werden, auch wenn das immer wieder riskiert wurde. Kunst und Literatur hatten ja gerade im Status ihrer ästhetischen Autonomie Ansehen und gesellschaftliche Wirkkraft erlangt, so daß sie für den Wunsch nach mehr als einer Operativität des Fiktiven in Betracht kamen. Ihr ästhetischer Charakter war nicht aufgebbar, zugleich aber war dieser einer, der nicht in sich selbst ruhen durfte.[6]

Das Fiktivsein bzw. Operativwerden von Kunst ist seitdem ihr Konstituens und zugleich ihr Dilemma, ihr Anfang und Ende. Die verschiedenen Facetten, die theoretische Reflexionen und – nicht selten davon divergierende – poetische Praxis im Vormärz diesem Problem eingeschliffen haben, können hier nicht im einzelnen angedeutet werden. Eine wichtige Version dürfte jedoch zur Sprache kommen, wenn unter dem Aspekt „Die Kunst am Ende / Am Ende die Kunst" aus dem Kreis der hier einschlägigen Autoren (Hegel, Heine, die Jungdeutschen, Gervinus, Herwegh, Prutz und Vischer) Heines Aussagen zur „Kunstperiode" und ihrem Ende thematisiert werden.

Heines Konstruktion der „*Kunstperiode*"

Heine hat, glaubt man seinen Worten in der *Romantischen Schule*, den Begriff „Kunstperiode" als erster geprägt. Der Name erscheint, wie hinlänglich bekannt, zuerst in der 1828 erschienenen Menzel-Rezension, wo er auf ihn durch die Zusammenziehung des folgenden Satzes gekommen war: „Ist doch die Idee der Kunst zugleich der Mittelpunkt jener ganzen Literaturperiode, die mit dem Erscheinen Goethes anfängt und erst jetzt ihr Ende erreicht hat […]."[7] Er benutzte ihn sodann in zwei Briefen an Karl August Varnhagen

---

[6] Vgl. dazu näher: Peter Stein: „Zum Verhältnis von Literatur und Öffentlichkeit bis zum deutschen Vormärz. Oder: Wie schlüssig ist Jürgen Habermas' 'Strukturwandel der Öffentlichkeit' für die Literaturgeschichte?", in: *Vormärzliteratur in europäischer Perspektive I. Öffentlichkeit und nationale Identität,* hg. von Helmut Koopmann und Martina Lauster. Bielefeld 1996. S. 55-84.

[7] B 1, S. 445. Die Neuprägung selbst taucht dann erstmalig auf S. 446 auf. Alle Heine-Belege nach der Taschenbuchausgabe: Heinrich Heine: *Sämtliche Schriften,* hg. von Klaus Briegleb. München, Wien 1976 (abgek. B, arabische Ziffer: Bandzahl). Heines Briefe werden zitiert nach: Heinrich Heine: *Briefe,* hg. von Friedrich Hirth. Mainz 1950f. (abgek. Hirth, röm. Ziffer: Bandzahl).

von Ense vom 4. und 28. Februar 1830.[8] Ein Jahr später verwendete Heine den Begriff erneut in den *Französischen Malern*, dann 1833/35 in der *Romantischen Schule* und schließlich in dem erst posthum veröffentlichten Aufsatz *Verschiedenartige Geschichtsauffassung* (1833).[9] Der Problemzusammenhang Ende einer Kunst(epoche) / Beginn einer neuen Kunst blieb zwar mit wechselnden Bezeichnungen bis zu den *Geständnissen* ein Dauerthema bei Heine, der Name „Kunstperiode" wurde jedoch, wenn ich es richtig sehe, nach dieser etwa fünfjährigen Verwendungszeit nur noch ganz selten in Anspruch genommen.[10] Das ist auffällig, aber bisher in der Vielzahl der Bemerkungen zum Thema kaum beachtet worden.

Hinzu kommt, daß Heine allenfalls als (freilich entscheidender) Propagator, nicht aber als der Urheber des Begriffes Kunstperiode gelten kann. Diese Ehre gebührt nämlich Friedrich Schlegel, der bereits 1794 von einer von Goethe repräsentierten „ganz neuen Kunst-Periode"[11] schrieb. Es ist unerheblich, ob Heine die Formulierung gekannt hat. Viel wichtiger ist, daß der Heine gut bekannte Urheber und der Zeitpunkt kein Zufall sind und daß beide ein spezifisches Licht auf Heines Kunstauffassung werfen. Die eben zitierte Passage aus der Menzel-Rezension ist nämlich Teil einer Klimax, in der Heine die „Idee der Kunst" nicht nur als „Mittelpunkt" einer Literaturperiode beschrieb, sondern auch als Mittelpunkt des Repräsentanten dieser Epoche, Goethe, und darüber hinaus als Mittelpunkt ihrer repräsentativen literarhistorischen Erfassung, eben Friedrich Schlegels Wiener Literaturvorlesungen *Geschichte der alten und neuen Literatur* (1812). Die dreifache Beglaubigung verblüfft vor allem wegen der Berufung auf Schlegel, denn dieser legte im genannten Werk, genauer: in der 16. Vorlesung zur Bedeutung der neuesten deutschen Literatur, keineswegs eine um den Mittelpunkt Goethe konzentrierte Apotheose der Kunstperiode vor. Im Gegenteil, Schlegel sprach darin dem Zeitalter Goethes die Leistung höchster Kunstvollendung ab und kritisierte an Goethe, was Heine nur beiläufig als Schlegels Irrtum einräumte, gerade den Mangel „an einem festen Mittelpunkte."[12] Der Schlegel von 1812, so läßt sich eher umgekehrt sagen, ist bereits ein (freilich milderer) Vorläufer

---

[8] Hirth I. S. 420, 426.
[9] B 5, S. 72. B 5, S. 360 und S. 21.
[10] Vgl. z.B. Heines öffentliche *Vorläufige Erklärung* vom 7.7.1841 [B 9, S. 90]. Wenn Heine hier von „Vornehmheit der literarischen Kunstperiode", die „mit dieser selbst jetzt ein Ende hat", spricht, so zitiert er gleichsam – im Kontext des aktuellen Streites mit Salomon Strauß – seine alte Formulierung aus dem Streit mit Platen: vgl. seinen Brief vom 4.2.1830 an Varnhagen von Ense [Hirth I, S. 420]. Der Selbstzitat-Charakter war schon in den *Französischen Malern* und der *Romantischen Schule* auffällig.
[11] *Friedrich Schlegels Briefe an August Wilhelm Schlegel*, hg. von Oskar F. Walzel. Berlin: 1890. S. 170. Brief vom 27.2.1794. Zit. nach Karl Robert Mandelkow: *Goethe in Deutschland. Rezeptionsgeschichte eines Klassikers*, Bd. 1, 1773-1918. München 1980. S. 77.
[12] F. Schlegel: *Schriften*, Bd. 4, S. 229 [Anm. 5].

von Wolfgang Menzels Goethekritik, die aber – wenn auch anders begründet
– von Heine ausdrücklich nicht geteilt wurde. Wo Schlegel noch amnestierte,
verurteilte Menzel.[13]

Tatsächlich schonte Heine im Kunsttheoretischen Schlegels Wandlung von
Jena nach Wien, die er auf der politisch-ideologischen Ebene klar verurteilte.
Denn es war nur der junge Jenenser Schlegel, der in seinem Aufsatz *Über das
Studium der griechischen Poesie* (1797) die Gegenwart für reif betrachtet
hatte, die Herrschaft der „ästhetischen Heteronomie" in der schönen Poesie
durch eine „ästhetische Revolution" zu überwinden und in eine dritte Periode
der modernen Poesie überzutreten, in der die Kunst ganz objektiv sei und
sich zugleich zu einer „öffentlichen Macht" erhebe.[14] In den Werken der namentlich genannten Klopstock, Wieland, Lessing, Schiller, Bürger und vor
allem Goethe sah er diese neue Periode bereits heraufziehen. Und im 116.
Athenäums-Fragment (1798) attestierte er der nun „progressive Universal-
poesie" genannten künftigen Kunst, ihr sei „die Aussicht auf eine grenzenlos
wachsende Klassizität eröffnet."[15] Dieses Kunstkonzept, das in einer Reihe
steht mit den klassischen Kunsttheorien von Schiller und Humboldt, war vom
Ansatz her ein genuin gesellschaftsbezogenes Konzept (wenn auch mit dem
Abzielen auf eine moralische Revolution ein dezidiert idealistisches), d.h. auf
reale Verwirklichung in der Zeit angelegt, indem es „die Poesie lebendig und
gesellig und das Leben und die Gesellschaft poetisch machen" will.[16] Ihm zufolge expedierte sich diese Kunst, auch wenn sie als ästhetische Formkraft
von Zwecksetzungen frei zu sein hatte, nicht in „eine unabhängige zweite
Welt".[17] Sie war vielmehr, wie auch im Jean Paul'schen Gleichnis aus der
Vorschule der Ästhetik (1804) formuliert, noch zu verstehen als „die einzige
zweite Welt in der hiesigen."[18]

Indem Heine mit seiner Schlegel-Anerkennung den *Studium*-Aufsatz von
1797 in die *Wiener Vorlesungen* von 1812 gewissermaßen hineinkorrigierte,
bewahrte er einerseits die Einheit von Ästhetizität und Operativität der klas-
sisch-frühromantischen Kunstidee, die ihrerseits eine spekulative, „interes-
sengeleitet[e]" Konstruktion mit einem „operationalistischen"[19] Charakter

---

[13] Ebd. Bd. 4, S. 225: „daß über diesen in heftigem Kampf begriffenen Zeitraum unserer
Literatur eine Art von Amnestie ausgesprochen werden müsse, deren alle Parteien bedürfen...".
[14] Ebd. Bd. 1, S. 93f, 131f.
[15] Ebd. Bd. 2, S. 115.
[16] Ebd. Bd. 2, S. 114 (Athenäums-Fragment, Nr. 116).
[17] Heine: „Romantische Schule.", B 5, S. 393.
[18] *Jean Pauls Sämtliche Werke. Historisch-kritische Ausgabe,* hg. von der Preußischen
Akademie der Wissenschaften, Erste Abt., Bd. 11, S. 21.
[19] R. Mandelkow: *Goethe,* Bd. 1, S. 46 [Anm. 11]. Auf die innere Verbindung von Heine
und der frühromantischen Kunsttheorie (speziell Friedrich Schlegel) wies bereits 1973/74
Peter Uwe Hohendahl hin: „Geschichte und Modernität. Heines Kritik an der Romantik.",
in: Ders.: *Literaturkritik und Öffentlichkeit,* München 1974. S. 50-101.

war. Auf der anderen Seite trennte er jedoch die ihr entsprungene ästhetische Produktion als in sich vollendete Kunst vom Leben ab. Schon Schlegel hatte 1812 diese „Kluft, welche immer noch die literarische Welt und das intellektuelle Leben des Menschen von der praktischen Wirklichkeit trennt"[20], beklagt, doch daran festgehalten, daß es die Aufgabe der Kunst sei, dieses zu ändern. Heine bricht mit dieser idealistischen Prozessualität, denn: Im Begriff der *Kunstperiode* überwindet für ihn die Kunst nicht nur und zugleich nicht mehr diese Kluft (und ist bzw. wäre darin operativ), sondern: sie *ist* selbst diese Kluft und ist darin nur noch ästhetisch. Ich möchte im folgenden Lesarten zu Heines Deutung dieses zentralen Problems prüfen und zugleich diese Deutung selbst in Lesarten auflösen, die der Heine der *Reisebilder* bis zum Heine der *Geständnisse* angeboten hat.

Lesarten zum „Ende der Kunstperiode"

Angesichts dieser Problematik erstaunt, wieso in der literarhistorischen Rezeption gleichsam der ganze Heine immer wieder auf den zur Formel geprägten Satz vom Ende der Kunstperiode affirmativ festgelegt werden konnte. Einer verbreiteten Lesart zufolge hat Heine damit die bis in die Gegenwart der 1820er Jahre reichende klassisch-romantische Literaturepoche, repräsentiert in Goethe, gemeint. Deren Mittelpunkt bildete die Idee einer Kunst als Welt des ästhetischen Scheins. In dem Maße, wie diese Kunst sich künstlerisch vollendete, wurde sie zu einer „unabhängigen zweiten Welt", die sich den Ansprüchen und Zwecksetzungen der „ersten wirklichen Welt" entfremdete bzw. ihr sogar explizit widersprach. Dadurch geriet sie in Widerspruch zur Zeitbewegung, und dieser Widerspruch – nicht aber die kunstfeindliche, eigene Ansprüche geltend machende Zeitbewegung – sei der Grund, warum die Kunstperiode notwendigerweise enden und einer neuen Kunst weichen müsse. Diese neue Kunst werde sich einer „neuen Technik", einer neuen Ästhetik bedienen und im Einklang mit dem Prinzip einer neuen Zeit stehen. Die Schriftsteller dieser neuen Periode werden nicht mehr als „Artisten" auftreten, deren Dichtungen schön, aber folgenlos seien, sondern sie werden „zu gleicher Zeit Künstler, Tribune und Apostel" sein. Auch wenn Heine sich nicht zu den Autoren des Jungen Deutschland zählte, die er im eben erwähnten Zitat als Vertreter der neuen Kunst herausgehoben hatte, kann – dieser Deutung zufolge – kein Zweifel bestehen, daß er sich als Schriftsteller grundsätzlich den „Männern der Bewegung" und damit dem operativen Gegenprogramm zur Kunstperiode verpflichtet fühlte.[21]

---

20 F. Schlegel: *Schriften*, Bd. 4, S. 1 [Anm. 5].
21 B 5, S. 393 („Romantische Schule"). S. 72 („Französische Maler"). S. 468, S. 396 („Romantische Schule").

Geht aber Heine wirklich in diesem Literaturprogramm auf? Prognostiziert
er, daß sich die (neue) Kunst im Operativwerden durch „Aufhebung" vollen-
de, d.h. sich zugleich negierend abtrenne von einer bloß ästhetischen Kunstperiode, deren Kunstcharakter jedoch bewahre und sich so auf eine höhere
Stufe hebe?

Diese Lesart funktioniert nur, auch wenn sie noch so dicht an Heines Wortlaut bleibt, indem die Aussagen zwischen 1828 und 1833/35 zu einer einheitlichen kunsttheoretischen Position zusammengezogen werden. Das muß dann
zwangsläufig zur Folge haben, Heine alsbald einen Richtungswechsel zu atte-
stieren, so etwa nach 1836/37 als Abwendung vom operativen Konzept in Politik (kulminierend im *Börne*-Buch) und als Abwendung von operativer Literatur (kulminierend im *Atta Troll*), sodann in erneuter Zuwendung ab 1843
mit *Deutschland ein Wintermärchen* und in erneuter Abwendung spätestens
ab 1848.[22] Man konnte oder mußte dann den Wechsel irritiert oder im Gestus
des Durchschauens als Kehre[23], als Rückfall oder als Fortschritt deuten; es
lag nahe, entweder *eine* Position (Politik, Kunst, Religion, Erotik, Frivolität
usw.) als die wahre oder eben den Positionswechsel selbst als libertäre Cha-
rakterlosigkeit, als Schwanken, als künstlerisch-politisches Dilemma, als moderne Signatur der Zerrissenheit, als prinzipielle Nichtfestlegbarkeit zu interpretieren bzw. als intertextuelle Ästhetik zu 'dekonstruieren'. In der Konsequenz dieser vielgestaltigen Lesart erstarrt jedoch und wird partiell falsch,
was bei Heine – und nicht nur in diesen höchst bewegten Jahren vor und nach
der Julirevolution – im Prozeß ist und seine Wahrheit erst aus der hieraus resultierenden gedanklichen Bewegung erhält.

Heines Eigenart und Stärke liegt gerade darin, in einer sich selbst widersprechenden Rede voranzuschreiten, wo nicht schon ironisch-satirischer Gestus Klartextfestlegung ausschließt. In dieser kunstvollen Schreibweise liegt
die Botschaft, und nur darin liegt sie als Einheit vor, während sie als jeweils
aufgeschriebener Satz über kurz oder lang den widersprechenden Gegensatz
produziert. Selbst in den Briefen findet sich nicht selten diese Strategie, obwohl diese Texte insgesamt sozusagen „ablesbarer" Heines Position formulieren. Das ist ein vertracktes Verfahren – vor allem wenn unmittelbare Bot-
schaften erwartet werden. Es ist ein Verfahren, das sich nicht nur genuin ästhetischer Mittel bedient, sondern auch – gleichsam als Frucht der „Kunstperiode" – eine ästhetische Rezeptionskompetenz auf hohem Niveau voraussetzen muß. Schließlich ist es ein Verfahren, das sich den Vorwurf artisti-
scher Manier zuziehen muß oder kann, obwohl es eine operative Strategie ist
und sein will. Das Ziel dieses komplizierten Verfahrens ist: Vereinnahmung

---

[22] S. Bierwirth kommt, bei etwas abweichender Datierung, auf insgesamt sieben Richtungswechsel (Perioden) im Werk Heines [Anm. 2.].
[23] Vgl. Peter Uwe Hohendahl: „Kunsturteil und Tagesbericht. Zur ästhetischen Theorie des
späten Heine.", in: *Heinrich Heine. Artistik und Engagement,* hg. von Wolfgang Kuttenkeuler. Stuttgart 1977. S. 227.

zu verweigern, ohne indifferent zu werden. Liest man Heines Sätze über die Kunstperiode in dieser Erwartung, sind die folgenden Widersprüche nicht mehr so überraschend: Heine beschreibt zwar die Kunstperiode, wie es scheint, dominant mit abwertenden Begriffen, nimmt jedoch den zum Hauptrepräsentanten erklärten Goethe ausdrücklich aus. Die Ausnahme soll jedoch nicht für den Menschen und Zeitgenossen, sondern für den Dichter Goethe und sein kunstvollendetes Werk gelten – gleichwohl aber verfällt eben dieses Werk gerade wegen seiner Vollendetheit dem Verdikt des Artistischen, der Lebensferne, der Unfruchtbarkeit und des Indifferentismus, den dann seine Jünger, die Goetheaner, folgerichtig verstärkt haben sollen. Wenn es Goethe nicht ist und doch ist, wenn es daher die Goetheaner sind und doch nicht sind, die die beklagte Entfremdung zwischen Kunst und Leben zu verantworten haben, wieso muß dann dieser Gebrauch der „Kunstidee", der zugleich ihr Mißbrauch ist, zum Ende der Kunstperiode führen? Um diese Fragen beantworten zu können, ist eine andere Lesart nötig, die Begriff und Inhalt des Bezeichneten nicht fixiert, sondern in einen Prozeß auflöst: Kunstperiode ist nicht gleich Kunstperiode – es gibt nicht ein, sondern zweierlei Enden von Kunst.

Tatsächlich operiert Heine im Begriff „Kunstperiode" nicht nur mit zwei unterschiedlichen Bedeutungen von „Kunst", sondern auch mit zwei unterschiedlichen temporalen Bestimmungen von „Ende". Die jeweils zweite Bedeutung schiebt sich, vor allem ab den ersten Jahren des Pariser Exils, über die erste, deckt diese aber ebenso wenig zu, wie zuvor die erste Bedeutung nicht die andere völlig verdeckt hatte. Durch die Verschiebung der Bedeutung von „Kunst" und „Ende" verschiebt sich zudem die Bewertung, bei oberflächlicher Betrachtung sogar so krass, daß zum Schluß das Gegenteil der Ausgangsthese ausgesagt zu sein scheint. Im einzelnen: Insofern „Kunst" als Gegensatz zu *Leben* gefaßt ist, ist sie „totes Scheinwesen", „kalt", „unfruchtbar", „marmorn".[24] Insofern Kunst jedoch als „heilige Harmonie" und „poetisches Gebilde" gefaßt ist, als plastisch-schöne Gestalt, letztlich als „selbstbewußte Freiheit des Geistes, die durch die Behandlung, durch die Form, in keinem Fall durch den Stoff [...] die großen Interessen ihrer Zeit"[25] auffaßt, stellt sie sich als autonome Schöpferkraft einem unfruchtbar-geistlosen Zweckleben entgegen. Schon in der Menzel-Rezension tritt dieser Doppelcharakter von Kunst in der Differenz zwischen Goetheaner und Goethe, Mensch und Dichter Goethe, jüngerem und älterem Friedrich Schlegel hervor. Spätestens ab 1837 hebt Heine immer expliziter im Begriff der Kunst ihren Autonomiewert hervor: „wie Sie wissen, ich bin für die Autonomie der Kunst"[26] und „Mein Wahlspruch bleibt: Kunst ist der Zweck der Kunst"[27]

---

24 B 5, S. 73 („Französische Maler"). B 5, S. 395f. („Romantische Schule").
25 B 5, S. 72 („Französische Maler"). B 9, S. 438 („Lutetia").
26 B 5, S. 317 („Über die französische Bühne").
27 Brief an Karl Gutzkow, 23.8.1838 [Hirth II, S. 278].

usw. So provozierend dieses Lob der Kunstautonomie, auch und gerade in der Verbindung mit der Beteuerung von Überzeugungs-Kontinuität gewesen sein mag, es ist keine Kehre. In einem Kulturraum, in dem seit 1819 mit den Karlsbader Beschlüssen, verschärft aber nach dem Verbot des Jungen Deutschland, jegliche gedruckte Literatur von Staats wegen als gefährlich eingestuft worden war, gab die sich autonom erklärende Kunst nicht ihren operativen Charakter auf, sondern spitzte ihn zu. Allerdings mußte sie in wachsende Opposition zu Programm und poetischer Praxis einer direkter in das politische Leben eingreifenden Literatur geraten, von deren Zeitgemäßheit Heine einmal ausgegangen war.

Indem Heine seine Möglichkeit, als Schriftsteller operativ sein zu können, gerade an die prekär gewordene Kunstautonomie und den ästhetischen Charakter seines Schreibens band, mußte die zunächst geäußerte Genugtuung über das prognostizierte Ende der Kunstperiode schwinden: „Nun Goethe tot ist, bemächtigt sich meiner darob ein wunderbarer Schmerz".[28] Damit schwindet freilich auch die Gewißheit, daß eine neue Periode der Kunst unmittelbar nachfolgen werde. Hatte die Menzel-Rezension noch einigermaßen zweifelsfrei neue Zeit und neue Kunst gefeiert, mußte schon in den *Französischen Malern* ein erster Zweifel über das Ende von Kunst überhaupt besiegt werden. In der *Romantischen Schule* widerstreiten dann Skepsis und Gewißheit über die „künftigen Evolutionen des deutschen Geistes".[29] Man könnte es auch so formulieren: Die Korrelation von positiv bewertetem Ende einer Periode von lebensentfremdeter Kunst und zukunftsgewisser Hoffnung auf eine neue lebensverbundene Kunst verblaßt gegenüber der Korrelation von Sorge über das Ende von Kunst überhaupt und Skepsis daran, Kunst und Leben praktisch-operativ verbinden zu können. Ein tendenziell antithetisches Epochenverständnis hat sich zu einem eher dialektischen verschoben. *Kunstperiode* ist negativ und positiv, vergangen und doch andauernd, untergangsbestimmt und doch lebenswichtig.[30]

Auf dieser neuen Stufe der Anschauung angelangt, gab Heine den Begriff auf, weil dieser letztlich dem antithetischen Epochenverständnis verhaftet war. Mit dem Übergang von der jungdeutschen zur junghegelianischen Mei-

---

[28] B 5, S. 360 („Romantische Schule").
[29] Ebd. S. 360, S. 468.
[30] Vgl. dazu in diesem Band den Beitrag von Jürgen Fohrmann, der die gewissermaßen antithetisch-dialektische Formulierung prägte, Heines Werk lasse „die Kunstperiode leben, indem es sie vernichte." (S. 63) Fohrmann arbeitet sehr treffend Heines Kunstposition an der Begriffsverwendung der Marmor-Metapher heraus, die – anders als der Begriff Kunstperiode – von Heine nicht temporär, sondern zeit seines Lebens benutzt wurde. Anders als Fohrmann sehe ich jedoch in der Synonymität von Marmor und Heines spezifischem Kunstbegriff („das Alte als Kunst im Neuen [...], zwischem dem Leben der Kunst und dem Tod der Kunst", S. 68) nicht eine durchgängige Position, sondern eine, die Heine erst auf dem Weg in die 1840er Jahre, in Auseinandersetzung mit dem zugespitzten Verhältnis von Ästhetizität und Operativität im Vormärz, gewann.

nungsführerschaft traten andere Kampfbegriffe hervor, allen voran der Begriff „Romantik", und so übertrug Heine das, was ein veränderter Begriff von
Kunstperiode zu enthalten gehabt hätte, jetzt auf diesen Namen. Damit waren
nicht nur neue Kämpfe und Mißverständnisse vorgezeichnet, die zur Abgrenzung von Börne und in den 1840er Jahren zur Auseinandersetzung mit der
Politischen Poesie führten. Die Dialektik von „Kunstperiode" kehrte im neu-
en Begriff wieder, wie sich gerade in der fortgesetzten, letztlich nicht abgeschlossenen Arbeit am *Atta Troll* zeigte. In dem sehr aufschlußreichen Brief
an Varnhagen von Ense vom 3.1.1846 übertrug Heine zunächst den Sprachgestus vom Ende der Kunstperiode in die Feststellung vom Ende der Romantik und die Rolle des alten Goethe auf sich selbst: „Das tausendjährige Reich
der Romantik hat ein Ende, und ich selbst war sein letzter und abgedankter
Fabelkönig."[31]

Diesem altgewordenen Fabelkönig gegenüber steht das Loblied auf den
jungen Ferdinand Lassalle, den Heine – wiederum anknüpfend an seinen früheren Sprachgestus – als den energisch handelnden „Sohn der neuen Zeit"
(ebd., S. 36) vorstellt. Es bleibt aber nicht bei der bloßen Antithese. Alsbald
nämlich bezeichnet Heine sich und Varnhagen als Waffenbrüder, die „die alte
Zeit begraben helfen und bey der neuen Hebammendienst geleistet" haben
(ebd., S. 37). Folglich gibt es wenigstens drei Zeitfiguren: den abgedankten
Alten, der nichts mehr mit der neuen Zeit zu tun hat – den Sohn der neuen
Zeit, der nichts mehr mit der alten zu tun hat – und: den aus der alten Zeit
stammenden Vorkämpfer der neuen Zeit, der zwischen den Zeiten agiert.
Dieses Zwischen faßte Heine vom Alten her, nicht aber in der anderen denk-
baren Form, also vom Neuen her. An dieser seiner Version der „Doppelbedeutung" hielt Heine bis zu seinem Tode fest. In den *Geständnissen* (1854)
heißt es dementsprechend: „[m]it mir ist die alte lyrische Schule der Deutschen geschlossen, während zugleich die neue Schule, die moderne deutsche
Lyrik, von mir eröffnet ward."[32]

Wichtigste Konsequenz der so gefaßten Zwischen-Position Heines ist, daß
die Kunst nicht im Status des 'Alten' endet. Es gibt ein Sprechamt der Kunst
nach dem Ende der Kunstperiode.

Ausblick: Das Sprechamt der Kunst nach dem Ende der Kunstperiode

Wenn die klassischen Werke sich vorrangig an den Menschen im Zeitgenossen wandten, konnten sie – haltbar gemacht durch sprachliche Kunst –
große Ziele operationalisieren, ohne sich sogleich im Hier und Heute bewäh-
ren zu müssen. Im deutschen Vormärz wurde der Versuch unternommen, von
dieser vorgefundenen Position aus, gleichsam durch Vorwärts- und Rück-

---

[31] Hirth III, S. 36.
[32] B 11, S. 447.

wärtssteuern, abschaffend und bewahrend – und dadurch anders – das Sprechamt der Kunst zu einem Sprechamt für die bzw. vor der Gesellschaft zu verändern. Das führte zu einer nicht aufhebbaren Entzweiung. Texte müssen, wollen sie zuerst zu Zeitgenossen sprechen, im Streben nach Publizität notfalls den überkommenen Kunstcharakter riskieren. Sie müssen es, wenn – wie Heine in dieser Hinsicht formulierte – „[d]ie Interessen der Gegenwart, und das zunächst zu verfechtende Menschenrecht, das Recht zu leben"[33] nicht als bloße Mittel für künftige Zwecke hingegeben werden, sondern den höchsten Eigenwert haben sollen.

Indem „Kunst" im Status ihrer ästhetischen Autonomie als Garant dieses Menschenrechtes auftritt, sorgt gerade sie im besten Sinne dafür, daß die „Interessen der Zeit" vertreten werden: Sie sorgt in der Form der ästhetischen Aufbewahrung für den politisch-sozialen Inhalt – freilich nicht ohne Gefahren. Die Aufzehrung der Form – *ein* Ende der Kunst – führt zur Tendenzliteratur und zu politischer Schwärmerei / Doktrinarismus; die Aufzehrung des Inhalts führt dagegen zu Artistik und Indifferentismus[34] – dem *anderen* Ende von Kunst. Aber beide Konstatierungen der Enden von Kunst geschehen bei Heine – getreu seiner Selbstauffassung von seiner „Doppelbedeutung" – vom Standpunkt einer Kunst im Status ästhetischer Autonomie, d.h. „in der Form dieser Form".[35] Insofern gibt es bei ihm, außer der krisenhaften Beendung durch Kunstfeindlichkeit, kein Ende der Kunst. Seine Art des Fortsetzens ist jedoch weder ein Weitermachen noch ein völliger Neuanfang.

So ist Heine, trotz des „Weberliedes" und obwohl er sich bis zuletzt als ein auf dem Posten stehender Soldat im „Freiheitskriege"[36] verstanden hat, mit seinem Werk einen direkter in die Arena der politischen Öffentlichkeit und über sie hinaus führenden Weg nicht gegangen. Er reklamierte stattdessen für sich den – letztlich der „Kunstperiode" geschuldeten – Status eines *Dichters*[37], der zusammen mit dem Philosophen festhielt an der überlegenen Differenz literaler Diskursivität gegenüber den oralen und aktionalen Kommunikationsformen im Übergang zu einer populären Gegenöffentlichkeit.[38]

---

[33] B 5, S. 23 („Verschiedenartige Geschichtsauffassung"). Vgl. auch B 5, S. 457: „Das Volk verlangt, daß die Schriftsteller seine Tagesleidenschaften mitfühlen, daß sie die Empfindungen seiner eigenen Brust entweder angenehm anregen oder verletzen: das Volk will bewegt werden." („Romantische Schule").

[34] Vgl. dazu Fritz Mende: „'Indifferentismus.' Bemerkungen zu Heines ästhetischer Terminologie.", in: Ders.: *Heinrich Heine. Studien zu seinem Leben und Werk,* Berlin (DDR) 1983. S. 208-217.

[35] Wolfram Malte Fues: *Poesie der Prosa, Prosa der Poesie. Eine Studie zur Geschichte der Gesellschaftlichkeit bürgerlicher Literatur von der deutschen Klassik bis zum Ausgang des 19. Jahrhunderts,* Heidelberg 1990. S. 124.

[36] B 11, S. 120 („Romanzero": Enfant perdu).

[37] Vgl. B 11, S. 447 („Geständnisse").

[38] Vgl. zur Genese dieser anderen Öffentlichkeitsformen, die nicht in Habermas' Begriff

Von seinem Dichterstatus her forderte Heine und praktizierte er mehr noch – gleichermaßen gegen alte romantische Poesie und neue politische Tendenz-literatur gerichtet – eine veränderte Kunst in operativer Absicht, was meinte: von einer Position aus und in einer Weise zu schreiben, die er in Zusammen-ziehung seiner Kritik und Verteidigung der „Kunstperiode" einmal eine „politischromantische" genannt hat.[39] Mit dieser Position des operativ Im-Dienst-Seins / ästhetisch In-Distanz-Seins, die Stachel einer bis heute aktuel-len Diskussion über das Verhältnis von bürgerlicher Kunst und politischer Öffentlichkeit blieb, ist Heine weniger repräsentativ in seiner Zeit, als für sie. Denn das Konzept, qua Ästhetik operativ werden zu wollen, legte Nerv und Zwiespalt einer Zeit bloß, die über Kunst hinaus und doch zugleich ohne sie dauerhaft nicht sein wollte.

---

der „bürgerlichen Öffentlichkeit" aufgehen: Andreas Würgler: *Unruhen und Öffentlichkeit. Städtische und ländliche Protestbewegungen im 18. Jahrhundert,* Tübingen 1995.
[39] Brief an Campe, 17.4.1844 [Hirth II, S. 506].

Jürgen Fohrmann

Heines Marmor

Heinrich Heine hat sich selbst in den „Geständnissen" nach den Worten eines „geistreichen Franzosen" (XI, 447[1]) einen „romantique défroqué" (ebd.) genannt. Und er fährt fort:

> Ich hege eine Schwäche für alles, was Geist ist, und so boshaft die Benennung war, hat sie mich dennoch höchlich ergötzt. Sie ist treffend. Trotz meiner exterminatorischen Feldzüge gegen die Romantik, blieb ich doch selbst immer ein Romantiker [...]. Nachdem ich dem Sinne für romantische Poesie in Deutschland die tödlichsten Schläge beigebracht, beschlich mich selbst wieder eine unendliche Sehnsucht nach der blauen Blume im Traumlande der Romantik, und ich ergriff die bezauberte Laute und sang ein Lied, worin ich mich allen holdseligen Übertreibungen, aller Mondscheintrunkenheit, allem blühenden Nachtigallen-Wahnsinn der einst so geliebten Weise hingab. Ich weiß, es war 'das letzte freie Waldlied der Romantik', und ich bin ihr letzter Dichter: mit mir ist die alte lyrische Schule der Deutschen geschlossen, während zugleich die neue Schule, die moderne deutsche Lyrik, von mir eröffnet ward. (XI, 447)

Die Romantik und Heines Auseinandersetzung mit der Romantik rücken hier in eine Stellvertreter-Funktion. Sie werden Metapher und stehen für „die alte lyrische Schule der Deutschen", für eine bestimmte Form artifizieller Behandlung von Welt, für die Heine anderenorts die Bezeichnung „Kunstperiode" geprägt hat. Heine befindet sich am Ende dieser Kunstperiode, und er steht innerhalb und außerhalb dieser Epoche zugleich. Sein Werk, so könnte man sagen, läßt die Kunstperiode leben, indem es sie vernichtet. Es expliziert damit *auch* den Problemgehalt von 'Klassik' in der ersten Hälfte des 19. Jahrhunderts.

Mein Text wird versuchen, diese These 'im Marmor' zu entwickeln.

> Ich selbst, wenn ich am Schreibtisch saß
> Des Nachts, hab ich gesehen
> Zuweilen einen vermummten Gast
> Unheimlich hinter mir stehen.
>
> Unter dem Mantel hielt er etwas

---

[1] Zit. wird nach: Heinrich Heine: *Sämtliche Schriften*, hg. von Klaus Briegleb. Frankfurt a. M./Berlin/Wien 1981 (röm. Ziffer Bandzahl, arab. Ziffer Seitenzahl). Ich verzichte weitgehend auf den Nachweis und eine Diskussion der Forschungsliteratur. Der Text war als Vortrag konzipiert; diesen Charakter habe ich belassen.

Verborgen, das seltsam blinkte,
Wenn es zum Vorschein kam, und ein Beil,
Ein Richtbeil, zu sein mir dünkte. (VII, 590)

Gibt es im Heineschen Werk eine Schlüsselszene, so findet sie sich im VI. und VII. Caput des *Wintermärchens*, in der Geschichte vom vermummten Beglei-ter. Von einem 'ich' wird da gesprochen, schreibend, emphatisch, ja epiphanisch, vom Hervorbringer der Gedanken, vom Autor. Hinter ihm aber steht der „vermummte Gast" (VII, 590), in ruhiger Distanz, ein eigenartiger „Spiritus Familiaris" (VII, 589), unheimlich nicht nur deshalb, weil er dem 'ich' auf Schritt und Tritt folgt, sondern besonders, weil die Eröffnung seines Namens dem Autor einen eigenartigen Schrecken zufügt. Der, der ihm nachsteigt, ist sein Büttel, ist der bedingungslose Henker alles dessen, was der Autor einmal Künstlerisches gedacht hat, ist „die Tat von [s]einen Gedanken". (VII, 592)

Weit entfernt davon, sich durch Allmachtsphantasien hinreißen zu lassen, erzeugt diese Offenbarung beim Autor ein Gefühl des Grauens, das sich im Caput VII des „Wintermärchens" noch verstärkt. Die Konfiguration, nun im Rahmen eines Traums, ist wiederhergestellt. Der Autor wandert durchs nächt-liche, unheimliche Köln, das ganze Bild verweist auf Schweigen, Tod. Be-streicht der Autor einen Türpfosten mit Blut, so läßt der Henker das Sterbe-glöckchen läuten. Hält er dann im Dom den toten Königen der Restauration das nun alles verändernde Leben entgegen, der „Zukunft fröhliche Kavallerie" (VII, 595), so schlägt der vermummte Begleiter die „Skelette des Aber-glaubens" (VII, 595) entzwei. Bei alledem aber bleibt dem Autor ein blutendes Herz, und „Blutströme schossen aus [der] Brust". (VII, 595)

Heine greift hier auf die beiden großen Leitunterscheidungen zurück, die die Diskurse in Deutschland nach 1830 in entscheidender Weise geprägt haben: Gedanke und Tat; Vergangenheit und Zukunft. Dies ist zunächst nichts Über-raschendes. Fast in der gesamten 'Jungen Bewegung', also bei Junghegelia-nern und Jungdeutschen, werden Gedanke und Vergangenheit, Tat und Zu-kunft in enge Beziehung gesetzt. Und manchmal wird, etwa bei Gervinus, das Reich der Gedanken noch einer bestimmten Nation zugeordnet, vorzugsweise den Deutschen und ihrer bislang nur 'innerlichen Bildung'. Sie kann für die Differenz von Wissenschaft/Kunst und Leben genutzt werden und so die Selbstreflexion des Kunstsystems bestimmen.

In den zitierten Textstellen des Heineschen *Wintermärchens*, in der Alle-gorie vom vermummten Begleiter, werden Gedanken und Tat, Vergangenheit und Zukunft vierfach bezogen: erstens auf das beschriebene 'ich' als *individu-elle Person*, zweitens auf dieses 'ich' als *Autor*, dessen Geistesblitze sich so-gleich verwirklichen lassen, um die Tat des Henkers zu ergeben; drittens – historisch – *auf das Zeitalter*, das sich nichts sehnlicher wünscht als seine

Gedanken in die Tat umzusetzen; und viertens – überhistorisch – auf eine jede *Jetztzeit*, die *Leben heißt* und die gegen den Tod, die Vergangenheit, antritt.

Bei alledem überfällt den Autor aber eine eigentümliche Schwäche, ja ein stetes, immer stärker werdendes Bluten. Es entsteht der Eindruck, daß, je deutlicher die Tat sich durchsetzt, desto schwächer die Kraft des Autors sich entwickelt. Oder, um es zu pointieren: Die Herrschaft der Tat führt zur Auslöschung des Gedankens, zum Tod des Autors.

Die unumkehrbare Verwirklichung des Gedankens nämlich hebt ihn in seiner Vorläufigkeit auf, vergißt den Charakter des nur Möglichen, der dem Gedanken auch immer anhaftet, streicht mithin dasjenige aus, was die Existenz des Autors im Kunstsystem erst möglich macht: Fiktion. Der Traum des Zeitalters von der Herrschaft der Tat ist dann als der Versuch verstanden, das freie und stellvertretende Spiel der Gedanken und damit die Phantasie ganz verschwinden zu lassen. Dann aber führt Saint-Juste das Regiment, und die Guillotine, als Souverän der Französischen Revolution, nimmt ihre Arbeit auf. Das Kunstsystem wird wieder ganz ein Appendix der Dezenz, ja es hört auf, Kunst*system* zu sein. Die 'Autonomie der Kunst' wird – obwohl erst gerade erdacht – ausgelagert und zu einer abgeschlossenen Epoche verdichtet, zur 'Kunstperiode', zur 'Klassik'.

Wie aber kann man schreiben, wenn das Schreiben die Funktion hat, sich selbst abzuschaffen? Geht es um ein 'letztes Schreiben', das mit der 'Tatwerdung' sich auslöscht, das – zumindest als Produkt von Artifizialität – verschwindet, wenn die Ziele kunstmäßigen Schreibens verwirklicht sind?

Die Emphase, die mit dieser Vorstellung verbunden ist, beruht – wie jede Lust des Untergangs – auf einer schroffen Konstruktion. Das Alte als die Zeit der Kunst (und damit als 'Klassik') wird zum Neuen als Zeit der Nicht-Kunst in eine Opposition gesetzt, die das eine vom anderen zunächst ausschließt. Entweder 'besingt' man die Dinge als Artist, bleibt aber wirkungslos, oder man schließt sich zusammen und verfolgt vereindeutigte Ziele. Tertium non datur. In dieser Opposition wird die Epoche 'Klassik' erst geschaffen, und in der Tat findet man eine solche Epochendenomination erst seit den 1830er Jahren.

Nun ist – trotz solcher Opposition – schnell festzustellen, daß in den Heineschen Entwürfen – trotz andersartiger Äußerungen – die Kunstperiode als (fast) abgeschlossen *und* die neue Epoche als noch nicht vollends entwickelt betrachtet wird. Zugespitzt ließe sich formulieren, daß weder Präteritum noch Futur in realer Zeitlichkeit (für Heine) verfügbar sind. Dann wäre die Kunstperiode jedoch ebenso beendet wie noch andauernd, wäre die Zukunft ebenso bilderstürmend wie bildererhaltend. Und gerade in der Mitte, im tertium datur, läge Heines Position selbst, auf jener Schwelle zwischen alt und neu, die immer ist, weil es 'alt' und 'neu' in reiner Opposition gar nicht gibt. Damit aber verschieben sich die Ebenen, und die Szene aus dem „Wintermärchen" erhält einen Rahmen, vor dem der Verfasser sitzt. Der alte Dichter und der neue Henker sind dann beides Phantasmen des jetzt schreibenden Autors, der darum weiß und dieses Wissen in Szene setzt.

Besteht gerade in dieser Erkenntnis die neue Epochenerfahrung? Und wie steuert sie die 'Funktion Autor'?

Nähert man sich diesen Fragen, so fällt sehr bald die Kette von Allegorisierungen in den Blick, die in parallelen Geschichten, strukturähnlich, die Situation des Autors darstellen.

Napoleon bietet ein gutes Beispiel: Er 'schreibt' die Signatur der Zeit, und wie der Autor ist er der Heros der (Nach-) Revolution, der die Revolution vollendet, indem er den Heroismus abschafft. Als Held der Bewegung ist er der Held der Demokratie, der gegen die europäische Aristokratie ins Feld gezogen sei („Waterloo-Fragment"); Heine sieht Napoleon, noch übersteigert, als Prometheus der Emanzipation, der sie verrät, dessen Mythos aber weiterlebt („Reise von München nach Genua"); ja er denkt Napoleon als den eigentlich letzten Helden, mit und nach dem die Zeit des Heroismus endgültig vorüber ist und die „Allgemeinheit europäischer Zivilisation" beginnt (ebd.); und mit diesem Ziel läßt sich Napoleon zugleich als der Wegbereiter eines Infernums betrachten („Die Äcker lagen brach und die Menschen wurden zur Schlachtbank geführt", Über die französische Bühne, V, 309), der seiner imperialen Machtentfaltung zuliebe ganze Völker vernichtete und dessen Glorifizierung man nur noch ideologiekritisch betrachten kann (ebd.) usw. Es geht also um die nämliche Spannung, die auch den 'Autor Heine' bestimmt.

(Nach-)Schrift der Revolution. Wie wird dieser 'Autor Napoleon' dargestellt? Ich greife jenen Textabschnitt aus den „Ideen. Das Buch Le Grand", in dem Napoleon in Düsseldorf einreitet, heraus:

> Es war eben in der Allee des Hofgartens zu Düsseldorf. Als ich mich durch das gaffende Volk drängte, dachte ich an die Taten und Schlachten, die mir Monsieur Le Grand vorgetrommelt hatte, mein Herz schlug den Generalmarsch [...].
> Und der Kaiser mit seinem Gefolge ritt mitten durch die Allee, die schauernden Bäume beugten sich vorwärts, wo er vorbeikam, die Sonnenstrahlen zitterten furchtsam neugierig durch das grüne Laub, und am blauen Himmel oben schwamm sichtbar ein goldner Stern. [...]
> Es war eine sonnigmarmorne Hand, eine mächtige Hand, eine von den beiden Händen, die das vielköpfige Ungeheuer der Anarchie gebändigt und den Völkerkampf geordnet hatten – und sie klopften gutmütig den Hals des Pferdes. Auch das Gesicht hatte jene Farbe, die wir bei marmornen Griechen- und Römerköpfen finden, die Züge waren ebenfalls edel und gemessen, wie die der Antiken, und auf diesem Gesichte stand geschrieben: Du sollst keine Götter haben außer mir. (III, 274/75)

Marmor: Das Pathos wird so sehr aufgetragen, daß es *auf*fällt, in sein Gegenteil *um*fällt. „Allzu scharf macht schartig." (Bloch) Am Ende des Erhabenen wartet also das Komische, und Heine zögert nicht, auch hier wieder ordentlich zu tünchen. Den durch die Allee reitenden Kaiser betrachtet das erzählende Ich mit den Worten: „[...] und dennoch dachte ich zu gleicher Zeit an die Polizeiverordnung, daß man bei fünf Taler Strafe nicht mitten durch die Allee reiten dürfte." (III, 274)

Und gleich auf die Darstellung des großen Kaisers folgt die Geschichte von den Hühneraugen, die der junge Doktor bitte kurieren möchte.

Inszeniert wird die Unterscheidung zwischen Erhabenem und Lächerlichem so, daß sich ein steter Wechsel von der einen Seite zur anderen Seite der Differenz ergibt. Heine selbst hat für diesen Übergang, zwischen beide Sequenzen eingereiht, eine sein Verfahren gut umschreibende Formel gefunden: „Du sublime au ridicule il n'y a qu'un pas, Madame!" (III, 282)

In diesem Wechsel findet dann nicht nur die Hinterfragung des Erhabenen durch das Lächerliche, sondern auch des Lächerlichen durch das Erhabene statt. Beide Haltungen, Erhabenes und Lächerliches, relativieren sich wechselseitig und sind daher beide stets in gleicher Weise gegenwärtig zu halten. Der rhetorischen Konstruktion des Heros folgt damit im nächsten Schritt die rhetorische Dekonstruktion, der rhetorischen Dekonstruktion wieder die rhetorische Konstruktion. Genau hierin läge die Bestimmung des Heineschen Verfahrens *als Ironie* (Ironie ist ja – mit Friedrich Schlegel – nicht der Gegensatz von Ernst, sondern Ernst und Scherz zugleich): Die dargestellten Gegenstände, Szenarien, Personen werden in sich widersprechende, überkreuzende Diskurse eingeschrieben. Die Gleichzeitigkeit von Erhabenem und Lächerlichem macht beides auch da erträglich, wo jeder der beiden Pole einzeln unmöglich geworden ist. Sie macht dies um den Preis der *Paradoxie*. Wie können Napoleon, wie der Autor *zugleich* sowohl erhaben als auch lächerlich perspektiviert werden?

Nun geht es bei Heine aber nicht nur um die Vergegenwärtigung von Paradoxien. Der Wechsel von der einen zur anderen Seite der Unterscheidung wird vielmehr als Erzählstrategie genutzt, um dem Text eine 'Bewegungslogik' zu geben. Das wechselseitige Verweisen beider Seiten aufeinander begründet *sequentiell* einen fortwährenden Vorgang des Bildens und Zerstörens, in dem das eine stets durch das andere ersetzt und in der Kette der Ersetzungen Bedeutung sowohl aufgebaut als auch aufgehoben wird. Dadurch entsteht eine schier endlose Zahl etwa von Genrewechseln, eine Serie von Abweichungen, die das Prinzip der Abweichung zu ihrem Begründungspunkt gemacht haben. Da das wechselseitige Aufheben der beiden Seiten der Unterscheidung ein Zentrum ersetzt, das Norm und Kritik von einer dritten Position aus (einer christlichen Weltsicht, einer Ideologie ...) bestimmbar machte, ist auch kein Mittelpunkt mehr zu finden, der die Heineschen Werke regiert, es sei denn die

Idee der poetischen Bewegung.[2] In diesem Sinne wären die Heineschen 'Erzählungen' also als *ironische* zu bezeichnen. Dies weiß man längst, und solche Diagnose regt daher wenig auf. Aber geht es nicht um mehr?

Immer (so weit ich sehe), wenn das Alte *als Kunst* im Neuen zitiert wird, taucht der Marmor auf. Napoleon hat eine „sonnigmarmorne Hand", und „auch das Gesicht hatte jene Farbe, die wir bei marmornen Griechen- und Römerköpfen finden" (III, 275). Der Marmor steht zwar für das Überkommene, Tote; er erfährt aber in der Zitation, durch die Vermittlung des Autors, eine Belebung. Ja, man kann sagen: Der Marmor hat seinen Platz in der Mitte, im Übergang zwischen Leben und Tod, zwischen dem Leben der Kunst und dem Tod der Kunst, zwischen dem Tod des Lebens und dem Leben des Lebens.

Nun gibt es einen Spezialisten für jene Übergänge zwischen belebt und unbelebt, die mit Gestaltveränderungen verbunden sind. Es ist Ovid. Schreibt Heine in diesem Verständnis (verdeckte) Metamorphosen?

Ich verfolge die Frage zunächst an einem Beispiel und betrachte „Die Götter im Exil".

Heine entwickelt hier nicht nur seine These vom Sieg des Christentums und vom Untergang der griechisch-römischen Gottheiten, sondern erzählt auch Geschichten über den Verbleib der alten Götter. So ist etwa, nach der 'Vertreibung' durch das Christentum, Apollon Viehzüchter geworden und Mars natürlich Landsknecht. Bacchus wird mit einer sehr beziehungsreichen 'Legende' vorgestellt.

Ihr zufolge fährt ein armer Fischer einmal pro Jahr drei Mönche auf eine Insel im See und steigt ihnen, neugierig geworden, „am siebten Jahrestag" (XI, 404) nach. Er entdeckt ein 'Bacchanal', in dem man versucht,

> noch einmal den Freudentanz des Heidentums, den Cancan der antiken Welt, zu tanzen, ganz ohne Dazwischenkunft der Sergeants-de-ville einer spiritualistischen Moral, ganz mit dem ungebundenen Wahnsinn der alten Tage, jauchzend, tobend, jubelnd: Evoe Bacche! [...]
> er schauderte ob der unzüchtigen Gebärden und Sprünge der Bacchanten, der Frauen, der Satyre, die ihm durch ihre Bocksfüße und Hörner ganz besonders diabolisch erschienen, und die gesamte Sozietät hielt er für einen Kongreß von Gespenstern und Dämonen, welche durch ihre Malefizien allen Christenmenschen Verderben zu bereiten suche. (XI, 406)

---

[2] Heine stellt damit, ganz im Sinne der Moderne, Kunst als die Vorläufigkeit von Ordnung in der Vorläufigkeit der Form aus. Er inszeniert in seinen Texten die Bewegung des Funktionssystems 'Kunst' unter den Bedingungen funktionaler Differenzierung von Gesellschaft, d.h. er nutzt die Paradoxie als Erzählstrategie, um ironisch zu schreiben. Dieses Schreiben wandert von einer Unterscheidung, die in die Paradoxie getrieben wird, zur nächsten und entparadoxiert diese Unterscheidung für den einen Moment des Übergangs in die zweite Differenz usw.

Der Fischer verläßt 'mit sich sträubenden Haaren' die Insel und eilt gerade-
wegs zum Prior eines benachbarten Klosters, um das schreckliche Erlebnis mitzuteilen und sich Trost zusprechen zu lassen. Als aber der Prior sein Gesicht
ihm zuwendet,

> und indem die Kapuze zurückfiel, sah der Fischer mit Bestürzung, daß Seine
> Hochwürden einer von den drei Mönchen war, die jährlich über den See fuhren,
> und er erkannte in ihm eben denjenigen, den er diese Nacht als heidnischen
> Dämon auf dem Siegeswagen mit dem Löwengespann gesehen: es war dieselbe
> marmorblasse Gestalt. (XI, 408)

Superior und Bacchus werden eins, und als diese janusköpfige Figur ihn dann
'zur Stärkung des Leibes' in die Küche und in den Weinkeller schickt,

> und er den Frater Küchenmeister und den Vater Kellermeister erblickte, fiel er
> fast zu Boden vor Schrecken – denn diese beiden waren die zwei nächtlichen
> Gefährten des Superiors, die zwei Mönche, die mit demselben über den See
> gefahren, und der Fischer erkannte den Dickwanst und die Glatze des einen,
> ebenso wie die grinsend geilen Gesichtszüge nebst den Bocksohren des andern.
> (XI, 408)

Was führt der Text hier vor?

Hellenische und christliche Welt sind zunächst ununterscheidbar und doch
wieder auch nicht, es bleibt eine dem *Witz* dienliche Ungewißheit, die durch
das Gegeneinanderausspielen beider Bereiche hervorgerufen wird. Die Koinzidenz der Gegensätze, des an sich Getrennten, läßt einen Übergang zu, der dem
Autor Narration ermöglicht, es dem Fischer aber *un*möglich macht, die eine
Gestalt ohne die andere, an sich ausgeschlossene, zu sehen.

Warum operiert Heine – sieht man vom Witz zunächst einmal ab – mit
dieser coincidentia oppositorum? Und geht es wirklich um mehr als um *Ironie*?
Was gewinnt Heine mit der Möglichkeit, Geschichten doppelt lesen zu
können? Warum läßt er das Hellenische, die Kunst(periode), wenn man so will:
'das Klassische', 'Klassizität', die marmornen Hände, die marmorbleichen Gesichter in jener Gegenwart herumspuken, in der aus Heines Werken Papiertüten
gefertigt werden? Und um welche Art von Metamorphose geht es?

In der „Reise von München nach Genua" findet sich eine Beschreibung des
verfallenen Trients, das „alt und gebrochen" (III, 343) erscheint. Sie wird
kontrastiert mit dem 'frischen Leben der Natur'. In dieser Spannung gefangen
bewegt sich der Reisende wie ein „schlafwandelnder Träumer, [der] durch die
blühenden Ruinen einherschwankt" (III, 343). Solches Ambiente, die Stimmung zwischen Wachen und Traum, löst eine Erinnerung aus. Es ist, als hätte
er „die Häuser [schon] in ihren besseren Tagen gesehen" (III, 344), in einer
noch nicht „bilderstürmenden Zeit" (III, 343):

Auch die Gesichter der alten Frauen schienen mir so wohlbekannt, es kam mir vor, als wären sie herausgeschnitten aus jenen altitalienischen Gemälden, die ich einst als Knabe in der Düsseldorfer Galerie gesehen habe. Ebenfalls die alten Männer schienen mir so längst vergessen wohlbekannt, und sie schauten mich an mit ernsten Augen, wie aus der Tiefe eines Jahrtausends. Sogar die kecken jungen Mädchen hatten so etwas jahrtausendlich Verstorbenes und doch wieder blühend Aufgelebtes, daß mich fast ein Grauen anwandelte, ein süßes Grauen, wie ich es einst gefühlt, als ich in der einsamen Mitternacht meine Lippen preßte auf die Lippen Marias, einer wunderschönen Frau, die damals gar keinen Fehler hatte, außer daß sie tot war. (III, 344)

Die ganze Stadt, so imaginiert der Erzähler weiter, sei vielleicht

nichts anderes als eine hübsche Novelle, die ich einst einmal gelesen, ja, die ich selbst gedichtet, und ich sei jetzt in mein eigenes Gedicht hineingezaubert worden, und erschräke vor den Gebilden meiner Schöpfung. Vielleicht auch, dacht ich, ist das Ganze wirklich nur ein Traum, und ich hätte herzlich gern einen Taler für eine einzige Ohrfeige gegeben [...]. (III, 344)

Alle Motive kehren wieder auf derselben Reise, bei der Betrachtung der Portraits schöner Genueserinnen. Wieder eröffnen ihm diese Portraits eine zunächst melancholische Reflexion auf Tod und Vergänglichkeit, wieder wird die Erinnerung durch das Bild von 'längst verschollenen Menschen' hervorgerufen:

Aber noch schlimmer als dieses Gefühl eines ewigen Sterbens, oder einer öden gähnenden Vernichtung, ergreift uns der Gedanke, daß wir nicht einmal als Originale dahinsterben, sondern als Kopien von längst verschollenen Menschen, die geistig und körperlich uns gleich waren, und daß nach uns wieder Menschen geboren werden, die wieder ganz aussehen und fühlen und denken werden wie wir, und die der Tod ebenfalls wieder vernichten wird [...]. (III, 388)

Schließlich erblickt der Erzähler in einem Bild Giorgiones das Antlitz der toten Maria wieder:

Wunderbar erfaßten mich die mystischen Schauer dieses Gedankens, als ich im Palast Durazzo die Porträts der schönen Genueserinnen sah, und unter diesen ein Bild, das in meiner Seele einen süßen Sturm erregte, wovon mir noch jetzt, wenn ich daran denke, die Augenwimpern zittern – Es war das Bild der toten Maria. (III, 388)

Und dann ist auch der Erzähler im Ensemble des schon Dargestellten auffindbar:

'Aber was sehe ich! von wem ist das Porträt des Mannes im schwarzen Mantel, das dort hängt?' 'Es ist ebenfalls von Giorgione, ein Meisterwerk.' 'Ich bitte Sie, Signor, haben Sie doch die Güte, es ebenfalls von der Wand herabzunehmen und einen Augenblick hier neben den Spiegel zu halten, damit ich vergleichen kann, ob ich dem Bilde ähnlich sehe.' (III, 388/89)

Natürlich werden diese Koinzidentien wieder ironisch gebrochen durch querlaufende Kommentare aus der Perspektive des Cicerone und des Erzählers:

Der Aufseher der Galerie meinte zwar, das Bild stelle eine Herzogin von Genua vor [...]. 'Lassen Sie das gut sein, Signor Custode. Das Bild ist gut getroffen, mag es immerhin ein paar Jahrhunderte im voraus gemalt sein, das ist kein Fehler. Zeichnung richtig, Farbengebung vorzüglich, Faltenwurf des Brustgewandes ganz vortrefflich. Haben Sie doch die Güte, das Bild für einige Augenblicke von der Wand herabzunehmen, ich will nur den Staub von den Lippen abblasen und auch die Spinne, die in der Ecke des Rahmens sitzt, fortscheuchen – Maria hatte immer einen Abscheu vor Spinnen.' 'Excellenza scheinen ein Kenner zu sein.' (III, 388)

Auf sehr witzige und zugleich hintergründige Weise ersetzt Heine ein vergleichendes „wie" durch ein konstatives „ist". Der Eindruck Trients etwa löst eine Assoziation aus, die nicht zu einem Vergleich führt (Trient erinnert nicht an eine andere Stadt), sondern in eine 'geheime' Form von Identität mündet. Es geht also nicht um eine analogische Beziehung (etwas verhält sich wie etwas anderes, daher kann das eine für das andere stehen, kann das eine das andere ersetzen); es geht um ein „ist". Das eine ist das andere, und wenn auch längst vergessen, so doch wohlbekannt. Erzählt werden verschiedene Geschichten, denen eine Identität zugeschrieben wird, ohne daß diese Identität aber wirklich entfaltet werden könnte. Heines Erzähler *setzt* das „ist" und läßt es leugnen; am Ende bleibt ein Netzwerk von Narrationen, deren Übergänge (Metamorphosen) weder hermeneutisch hergestellt werden können noch sollen. In und zwischen den Geschichten liegt der Marmor.

Genau zu studieren ist dieses Verfahren in den „Florentinischen Nächten". Maria ist hier eine lungenkranke Frau, der nur noch wenige Zeit zum Leben bleibt; der sie liebende Maximilian sitzt vor ihrem Bett und erzählt auf ihren Wunsch Geschichten. Er erzählt gegen den Tod, aber vom Tod.

Die erste dieser Erzählungen führt zurück in das 'Schloß' der Mutter, in dessen Garten Maximilian eine Marmorstatue von vollendeter Schönheit findet; nach langer Überlegung getraut sich Maximilian, diese Statue zu küssen:

[...] eine schauerliche Beängstigung stieß mich von ihr ab, eine knabenhafte Lüsternheit zog mich wieder zu ihr hin, mein Herz pochte, als wollte ich eine Mordtat begehen, und endlich küßte ich die schöne Göttin, mit einer Inbrunst, mit einer Zärtlichkeit, mit einer Verzweiflung, wie ich nie mehr geküßt habe in

diesem Leben. Auch nie habe ich diese grauenhaft süße Empfindung vergessen
können, die meine Seele durchflutete, als die beseeligende Kälte jener
Mamorlippen meinen Mund berührte [...]. (I, 562)

Schönheit und Kälte sind auch hier wieder ineins gebracht, Begehren und
Schrecken im Stein, im 'Marmor' vereint. Die identitätsstiftende, übertragende
Bewegung oder, in anderen Worten, die *imaginäre Metamorphose* wird
sogleich in Gang gesetzt:

> Und sehen Sie, Maria, als ich eben vor Ihnen stand und ich Sie, in ihrem weiten
> Musselinkleide, auf dem grünen Sofa liegen sah, da mahnte mich ihr Anblick an
> das weiße Marmorbild im grünen Grase. Hätten Sie länger geschlafen, meine
> Lippen würden nicht widerstanden haben ... Max! Max! schrie das Weib aus der
> Tiefe ihrer Seele – Entsetzlich! Sie wissen, daß ein Kuß von Ihrem Munde ... [...].
> (I, 562)

Heine gestaltet die „Florentinischen Nächte" im Sinne eines Netzes. Dies geschieht auf dreierlei Weise: Die parallelen Erzählungen der 'Nächte' bilden erstens ein *Erzählsyntagma*, das – durch Korrespondenzen, Übertragungen – *paradigmatisch* verschränkt ist. Diese Verschränkungen bestehen aus „a ist b" –,
„Venus ist Maria, ist die Marmorstatue" – Behauptungen. Dies ist aber nur die
eine Ebene. Denn zweitens verweist diese paradigmatische Verschränkung
noch auf andere Werke, die sich wiederum als Verhältnis von Syntagma und
Paradigma beziehen lassen. Drittens wird das Paradigma historisch angerei-
chert, denn die Erzählungen spielen auf unterschiedlichen Zeitstufen, so daß
die eine Erzählung für eine zurückliegende Schicht steht, auf die die zweite Erzählung ihrerseits verweist.

So führt die Verbindung von 'Marmor' und 'Maria' zu einem anderen Text,
zurück zu einer anderen kleinen Geschichte, die Heine in Anlehnung an Heinrich Kornmanns „Mons Veneris" (1614)[3] in den „Elementargeistern" erzählt.
Hier geht es um ein Marmorbild, dem ein Ritter einen Ring an den Finger
steckt, das später zum Leben erwacht, den Ritter als rechtmäßigen Gemahl
beansprucht und seine 'Ehe nicht vollziehen' läßt. (Bei Kornmann „walzt sich"
etwas „nebeliches und dickes zwischen seinen und seiner Braut Leib"[4]). Ein
Priester mit Namen Palumnus soll den Ritter aus dem „heidnischen Satans-
spuk" (V, 689) befreien; natürlich um Mitternacht, mit Hilfe eines Pergaments,
in einem Kreuzgang, kommt es dann zum Zusammentreffen. Ein Zug blasser
Frauen und Männer, mit goldenen Kronen und Lorbeerkränzen, erscheint, in
seiner Mitte ein „hohes, wunderschönes Götterweib" (V, 690), die zum Leben
erweckte Marmorstatue, Venus:

---

[3] Heinrich Kornmann: *Mons Veneris, Fraw Veneris Berg [...]*, Frankfurt a. M. 1614.
[4] Ebd. S. 78.

Zu dieser trat nun der Ritter heran und überreichte ihr das Pergamentblatt des Priesters Palumnus; denn in ihr erkannte er das Marmorbild, das seinen Ring besaß. Als die Schöne die Zeichen erblickte, womit jenes Pergament beschrieben war, hub sie jammernd die Hände gen Himmel, Tränen stürzten aus ihren Augen, und mit verzweiflungsvoller Gebärde rief sie: 'grausamer Priester Palumnus'! du bist noch immer nicht zufrieden mit dem Leid das du uns zugefügt hast! Doch deinen Verfolgungen wird bald ein Ziel gesetzt, grausamer Priester Palumnus!' Nach diesen Worten reichte sie dem Ritter seinen Ring und dieser fand in der folgenden Nacht kein Hindernis mehr seine Ehe zu vollziehen. Der Priester Palumnus aber starb den dritten Tag nach jenem Ereignis. (V, 690)

Ein Vergleich mit Kornmann, den ich hier ausspare, und ein Vergleich mit Eichendorffs gleichnamiger Erzählung sind instruktiv.

In Joseph von Eichendorffs „Das Marmorbild" verliert der 'Held' Florio sich zunächst in eine Landschaft aus Korrespondenzen, geheimen Verbindungen usw. Im Zentrum dieses Gespinstes, des Gaukelspiels, steht ebenfalls Venus. Sie ist, als Quelle des Imaginären, verantwortlich für die Bewegung der Narration, die Verstrickung, in die Florio gerät, und für die 'Ent'-Strickung, die es ermöglicht, die Abgründigkeit von Florios Leben wieder in neue, christlich bestimmte Klarheit zu verwandeln. Vorgestellt wird das Ganze als Wechsel zweier Zustände. Zwischen beiden Zuständen vollzieht sich die Aufklärung (!) zur Religion:

> Hier bin ich, Herr! Gegrüßt das Licht!
> Das durch die stille Schwüle
> Der müden Brust gewaltig bricht
> Mit seiner strengen Kühle.

> Nun bin ich frei! ich taumle noch
> Und kann mich noch nicht fassen -
> O Vater, du erkennst mich doch
> Und wirst mich nicht von dir lassen![5]

Ganz anders bei Heine. In Heines kleiner Erzählung werden Christliches und Paganes nicht wie Sein und Schein gegeneinander ausgespielt, sondern ununterscheidbar gehalten, um im nächsten Schritt in eine intertextuelle Reihe, mehrfache Lektüren, übertragen zu werden, und es finden sich dann Metamorphosen von der heidnischen Venus zur marmornen Statue, von der Statue zur Maske des Todes, die ihrerseits wieder den Namen 'Maria' trägt. Kein Wunsch beherrscht Maximilian mehr, als diese Maria noch einmal zu küssen,

---

[5] Joseph von Eichendorff: *Das Marmorbild*, in: Ders.: *Werke in 4 Bdn. Nach der Ausgabe letzter Hand*, München. Bd. 2, S. 1185.

um damit die Identität der Bilder herzustellen, die 'Transfiguration' zu beenden.

Alles Lebendige tritt von nun an für Maximilian in den Hintergrund; zunächst prägt die Betrachtung von Statuen sein Leben, dann die Liebe zu einer inzwischen verstorbenen jungen Frau, die ganz aus dem Gedächtnis gespeist wird (Very-Episode):

> Ja, es ist höchst sonderbar, daß ich mich einst in ein Mädchen verliebte, nachdem sie schon seit sieben Jahren verstorben war. [...] mein ganzer Umgang beschränkte sich auf die Statuen, die sich im Garten von Sanssouci befinden. Da geschah es eines Tages, daß mir Gesichtszüge und eine seltsam liebenswürdige Art des Sprechens und Bewegens ins Gedächtnis trat, ohne daß ich mich dessen entsinnen konnte welcher Person dergleichen angehörten. Nichts ist quälender als solches Herumstöbern in alten Erinnerungen, und ich war deshalb wie freudig überrascht, als ich nach einigen Tagen mich auf einmal der kleinen Very erinnerte und jetzt merkte, daß es ihr liebes vergessenes Bild war, was mir so beunruhigend vorgeschwebt hatte. (I, 564)

Dieser Episode folgt die phantastische „Transfiguration der Töne" (I, 581), die sich auf den Gesichtern der schönen Italienerinnen abspiegeln sollen, die ihrerseits wie Marmorbilder im Fackelglanz erscheinen (Opern-Phantasie). Und dann wird auch hier wieder der Tod Nachbar; er 'ereilt' Bellini, nachdem er den „blühendsten Moment seines Lebens" (I, 574) erfahren habe. Tod und Leben fallen ineins. In ihrer Koinzidenz erscheint Marias Schlaf als Tod, und ihr Gesicht wird zum Gipsabdruck, das „einen rätselhaften Zug" erkennbar macht, der „die Seele durchfröstelt" (I, 585).

Fortgeführt wird diese 'Transfiguration' durch die Einblendung einer weiteren Erzählung, durch die Geschichte der Laurence, die an Goethes 'Mignon' erinnert. Auch die Kindfrau Laurence ist „griechisch schön" (I, 590); die Reliefs antiker Vasen präfigurieren ihr Aussehen. Wie Mignon ist sie die Virtuosin eines archaisch anmutenden Tanzes, in dem etwas erinnert werden kann, was sonst verborgen bleibt.

Auf diese Art entsteht eine Kette von Übertragungen, Gestaltwandlungen: Auf Maria folgt die Marmorstatue, auf die Marmorstatue Venus, auf Venus die Mutter Maria, auf die Mutter Maria die tote Very, auf die tote Very die Gesichter der italienischen Frauen, die Transfiguration der Töne, die todbringende Geliebte Bellinis, die Totenmaske Marias und schließlich der archaische Tanz von Laurence-Mignon. Von wem ist eigentlich die Rede?

> Aber sagen Sie mir, war Mademoiselle Laurence eine Marmorstatue oder ein Gemälde? eine Tote oder ein Traum? Vielleicht alles dieses zusammen, antwortete Maximilian sehr ernsthaft. (I, 567)

Wachen und Traum werden ununterscheidbar, Vergangenes und Gegenwärtiges, Original und Kopie, Leben und Tod. Heine bemüht sich, eine Gestalt als die Vielzahl von Gestalten zu lesen und das einzelne Zeichen in diesem Sinne bodenlos werden zu lassen. Die Gesichter der Frauen sind in solchem Verständnis identisch mit den italienischen Gemälden, Kopien längst verschollener Menschen, sind zugleich aber Fiktionen des betrachtenden Subjekts, das seinerseits darstellt, jeden Bezugspunkt, der entscheidbar machte, was Realität und was Fiktion ist, verloren zu haben. Der Erzähler, die Figuren erscheinen ohne externes Beobachterglück ganz in der Welt der Metamorphosen gefangen.

Ich komme noch einmal auf meine Ausgangsüberlegung zurück. Offensichtlich ist Heines Schreibverfahren als ein *ironisches* zu bezeichnen. Dies springt in die Augen, wenn man die Erzählabfolge, die mit einer Unterscheidung verbunden ist, isoliert. Man kann die Gleichung: Maria = altitalienisches Gemälde ernsthaft, man kann sie scherzhaft lesen. Betrachtet man aber das um diese Differenz ange-reicherte Netzwerk, d.h. die Ersetzungen in syntagmatischer und in paradigma-tischer Hinsicht, dann wird die Ironie selbst wieder ironisch gespiegelt und damit als Ironie bodenlos.

Dieses Netzwerk dient, weil es das Gegenwärtige als Vergangenes zitiert, der *memoria*.

Im Übergang der Sequenzen werden daher immer wieder die Worte *Erinnerung* bzw. *Gedächtnis* gebraucht:

> Nie kommt mir dieses Gesicht aus dem Gedächtnisse! (I, 573) Es ist wahr, Maria, ich fühle mich fast knabenhaft befangen, da ich Ihnen die glückliche Liebe gestehen soll, die mich einst unendlich beseligt hat! Die Erinnerung ist mir noch nicht verloren, und in ihren kühlen Schatten flüchtet sich noch oft meine Seele [...].
> (I, 566) usw.

Das erzählende Subjekt vollzieht den Gestaltwandel als Erinnerungsarbeit, d.h. es versucht, ein Element des Syntagmas in ein bereitstehendes (historisches) Paradigma zu übertragen:

> Als ich [an] einer dieser Damen vorbeistreifte und ihre Robe meinen Arm berührte, fühlte ich von der Hand bis hinauf zur Schulter ein leises Zucken, wie von einem sehr schwachen elektrischen Schlage. Ein solcher Schlag durchfuhr aber mit der größten Stärke mein ganzes Herz, als ich das Antlitz der Dame betrachtete. Ist sie es oder ist sie es nicht? Es war dasselbe Gesicht, das an Form und sonniger Färbung einer Antike glich, nur war es nicht mehr so marmorrein und marmorglatt wie ehemals. (I, 602)

Entscheidend ist, daß diese Übertragung sich nicht von selbst ergibt, sondern daß die Erinnerungsarbeit das Ergebnis einer *ästhetischen* Konstruktion darstellt:

> Aber wie schön sind erst diese Italienerinnen, wenn die Musik ihre Gesichter beleuchtet. Ich sage beleuchtet, denn die Wirkung der Musik, die ich, in der Oper, auf den Gesichtern der schönen Frauen bemerke, gleicht ganz jenen Licht- und Schatteneffekten, die uns in Erstaunen setzen, wenn wir Statuen in der Nacht bei Fackelschein betrachten. Diese Marmorbilder offenbaren uns dann, mit erschreckender Wahrheit, ihren innewohnenden Geist und ihre schauerlichen stummen Geheimnisse. (I, 569)
>
> Ja, wenn ich tanzte, ergriff mich immer eine sonderbare Erinnerung, ich vergaß meiner selbst und kam mir vor als sei ich eine ganz andere Person, und als quälten mich alle Qualen und Geheimnisse dieser Person ... und sobald ich aufhörte zu tanzen, erlosch wieder alles aus meinem Gedächtnis. (I, 611)

Die Metamorphosen fallen durch die Erinnerung zu. Und Erinnerung ist etwas, das durch die Herstellung einer *Szene* entsteht, mithin ästhetische Arbeit, ja ein 'ästhetizistisches Arrangement' voraussetzt. So kommt man vom Leben zum Tod, von der Wärme zur Kälte, von der Gegenwart zur Vergangenheit, von der Hoffnung zur Enttäuschung. Ästhetische Arbeit gelingt jedoch nur im „Marmor":

> Lieber Himmel! fuhr Maximilian fort, indem ein schmerzliches Lächeln um seine Oberlippe zuckte: lieber Himmel! die lebendigen Weiber mit denen ich damals in unabweisliche Berührungen kam, wie haben sie mich gequält, zärtlich gequält, mit ihrem Schmollen, Eifersüchteln und beständigem in Atem halten! Auf wie vielen Bällen mußte ich mit ihnen herumtraben, in wie viele Klatschereien mußte ich mich mischen! Welche rastlose Eitelkeit, welche Freude an der Lüge, welche küssende Verräterei, welche giftige Blumen! Jene Damen wußten mir alle Lust und Liebe zu verleiden und ich wurde auf einige Zeit ein Weiberfeind, der das ganze Geschlecht verdammte. (I, 565/66)

Pygmalion. Eine der Geschichten aus den Metamorphosen des Ovid.

> „Die Propoetiden, die schmutzigen, wagten es dennoch, der Venus
> Gottheit zu leugnen: sie waren die ersten, so fügt es die Göttin
>
> Zorn – man erzählt es –, die Reize des Leibes zu prostituieren.
> Und als die Scham war gewichen, verhärtet das Blut im Gesichte,
> Sind sie – gering ist der Wechsel – zu Kieseln, zu harten, geworden.
> Da Pygmalion sah, wie die Mädchen verbrecherisch lebten,
> War er empört ob der Menge der Laster des Weibergeschlechts,
> Die von Natur es besitzt: so blieb er denn einsam und ledig,
> Ohne Gemahlin; und lange entbehrt' er der Lagergenossin.
> Aber er bildet indessen geschickt ein erstaunliches Kunstwerk,

Weiß wie Schnee, ein elfenbeinernes Weib, wie Natur es
Nicht zu erzeugen vermag, und ... verliebt sich ins eigne Gebilde.[...].[6]

Maximilian, der Weiberfeind. Offensichtlich bastelt Heine hier weiter an der
langen Tradition des Pygmalion-Mythos.[7] Dabei vollzieht er selbst eine Metamorphose, d.h. er erzählt die Pygmalion-Geschichte nicht nur anders und neu,
sondern er nutzt sie auch als Figur, genauer gesagt: für die Verdeutlichung der
ästhetischen Arbeit, als die Figur der Kunst selbst. Sie steht für die Situation
des Autors zwischen den marmornen Ikonen der Vergangenheit und der
Gegenwart des Büttels, die er beide – auf den einzelnen Text bezogen –
gleichzeitig beschreibt und in der Beschreibung hervorbringt. Zu einer These
zusammengefaßt:

Das Netz aus Übertragungen und Gestaltwandlungen ist ein Produkt
ästhetischer Verfahren, die Verfahren der Erinnerung sind. Die Metamorphose
beruht auf *ästhetischer Erinnerungsarbeit*.[8] Ihre 'kleinste Einheit' und ihr
Bewegungsgesetz heißt *Ironie*, denn wenn alles schon vorhanden ist, kommt
man nur so vom einen zum anderen.

Gegenstand der Erinnerung ist der bereits gestaltete Marmor. Das Heinesche
Schreibverfahren setzt also die Konstruktion von 'Klassik' voraus. Insofern
wird die marmorne Venus zur Personificatio, zur Prosopoie gelungener Kunst,
in der dem bislang Amorphen Form, Gestalt gegeben wird.[9] Nach ihr wird am
Gegenstand nichts Amorphes mehr sein. Jede künstlerische Produktion *nach*
der Kunstperiode, so lese ich Heine, zitiert, rekombiniert, will sie Kunst
heißen, die Marmorbilder der gebildeten Tradition, die nun erst als gebildete
Tradition zur *Klassik* wird. Diese Erinnerungstätigkeit arbeitet immer an einer
schon vorhandenen Textur, sie wandert – um sein zu können – von einer
Verwandlung zur nächsten und lagert Geschichte auf und neben Geschichte an.
Auf diese Weise ergibt sich eine Hypertrophie oder, zeichentheoretisch
gewendet, eine Hypersemiose.[10] Von jeder einzelnen Gestalt kommt man zu
beliebig vielen anderen.

Der bei Heine nicht genannte Name des Bildners, der über die Schönheit der
Venus hinausreicht, ist Pygmalion:

---

[6] Pubius Ovidius Naso: *Metamorphosen*. Lateinisch-deutsche Ausgabe, hg. von Hermann
Breitenbach. Zürich 1958. S. 683 – 85.
[7] Wie ich glaube: Im frühen 18. Jahrhundert wird das Elfenbein zum Marmor.
[8] Hier liegt der Unterschied zu Ovid.
[9] Für den Pygmalion-Mythos hat dies überzeugend gezeigt: J. Hillis Miller: *Versions of
Pygmalion*, Cambridge/Mass., London 1990.
[10] Maria verkörpert daher für mich keine Natursubstanz, wie Michel Espagne dies vor-
schlägt. Vgl. Michel Espagne: „Die tote Maria: ein Gespenst in Heines Handschriften.", in:
DVjs 57 (1983). S. 298 – 320.

Wie Natur es nicht zu erzeugen vermag [...].[11]

Die Tat ist das Kind des Wortes, und die Goetheschen schönen Worte sind
kinderlos. Das ist der Fluch alles dessen was bloß durch die Kunst entstanden ist.
Die Statue, die der Pygmalion verfertigt, war ein schönes Weib, sogar der Meister
verliebte sich darin, sie wurde lebendig unter seinen Küssen, aber so viel wir
wissen hat sie nie Kinder bekommen. (V, 395; Die Romantische Schule)

Pygmalion: Das ist Goethe. Venus: Das ist Heine. Denn er gibt dem Marmor
Leben, indem er das Geformte überformt, indem er es erinnert und indem er die
Elemente der Tradition so vernetzt, daß eine bodenlose Verknüpfbarkeit zum
Vorschein kommt. Die Energie, die dazu nötig ist, der Eros, ist der des *Lieb-
habers*. War es bei Ovids Pygmalion Venus, die Leben gab, so beseelt die
Venus Heine die Emanzipationsgeschichten des alten Marmorkünstlers
Goethe. Erst dieses Liebhabertum läßt 'Klassik' entstehen.

Es geht allerdings nicht um jene Beseelung bzw. Entseelung, die seit dem
frühen 19. Jahrhundert mit den 'Nachgekommenen' verbunden wird. Von
'Epigonalität' ist Heines Verfahren weit entfernt. Das war die Rolle, die Heine
Platen in den „Plateniden" und in den „Bädern von Lucca" zugedacht hatte. Er
wiederholt nicht im Sinne des alten Literaturkonzepts prototypisch verwendete
Vorbilder, indem er sie erfüllt, überbietet (aemulatio); er setzt die Einschrei-
bung in gelungene Muster auch nicht an die Stelle der Darstellung 'zerrissener
Wirklichkeit', so wie dies in Deutschland auf weite Strecken bei Platen, später
bei Geibel oder Heyse zu finden ist. Heine macht die Geschichten vom Marmor
selbst abgründig, indem er sie so überbestimmt, daß der Umschlag ins
Komische (und damit die Entwertung der Ernsthaftigkeit) droht, vollzogen
werden kann, vollzogen werden muß und zugleich nicht vollzogen werden
darf. Heines Texte gehen also nicht mehr von der Hoffnung auf solche
'Abgründigkeit' aus (wie einzelne Romantiker dies taten), sondern favorisieren
als erstes das *Spiel*; in seinem Vollzug bricht der Scherz unweigerlich in den
'ernsten Ton' ein, d.h. beobachtet, kommentiert, konterkariert und wehrt ihn
damit ab. Dem Liebhaber steht der *Beobachter* also zur Seite. Hierin liegt – als
Abwehrgeste, in dem Sinne, in dem Walter Benjamin davon gesprochen hat –
eine „Spitzenleistung der Reflexion".[12]

In diesem Sinne ist Ironie die Operation, in der sich Ernst und Scherz
wechselseitig beobachten. Die damit verbundene doppelte Lesbarkeit vollzieht
die zweite Geschichte nach, die auch bei Ovid mit der Belebung der Statue
durch Venus verbunden war. Pygmalions Elfenbein, der spätere Marmor, ist

---

[11] Ovid: *Metamorphosen*, S. 685.

[12] Vgl. Walter Benjamin: „Über einige Motive bei Baudelaire.", in: Ders.: *Charles Baudelaire. Ein Lyriker im Zeitalter des Hochkapitalismus,* hg. von Rolf Tiedemann. Frankfurt a.
M. 1974. S. 101-149, hier S. 111.

eben nicht kinderlos geblieben, wie Heine fälschlich darstellt; und Venus mußte für ihre Belebung, für die Übertretung der Grenze von tot zu lebendig, büßen:

> Die Göttin
> Feiert die Hochzeit mit, die sie fügte. Und jene [die Statue], als neunmal
> Sich die Sicheln des Mondes zum völligen Kreise gerundet,
> Brachte die Paphos zur Welt, nach welcher die Insel benannt ist.[13]

Diese Paphos, also die Tochter der Marmorstatue [und der Venus?] und Pygmalions, bildet den genealogischen Ausgangspunkt für ein 'grausiges Schicksal':

> Schreckliches kündet mein Lied: fort! Fort! ihr Töchter, ihr Väter![14]

Paphos gebärt den Cinyras, und dieser wiederum hat die Myrrha zur Tochter. Myrrha aber begehrt nichts so sehr wie den Vater. In der Nacht schleicht sie sich zu ihm, und vom Vater unerkannt kommt es zum Inzest. Myrrha flieht – schwanger -, und auf der Flucht bittet sie die Götter um jenes 'Zwischen', das dem 'Zwischen' des Marmors entspricht: „Schenkt mir Verwandlung! Verweigert mir so den Tod und das Leben!"[15] Sie vegetabilisiert, wird zur Myrrhe, und aus ihrem Leib, aus dem Baum, wird Adonis geboren: „Der Preis war zu hoch für die Staude, die neue."[16] In Adonis verliebt sich, den Adonis begehrt aber wiederum die Venus. Und sie verliert den Geliebten, weil sie eine Grenze überschritten hat.

Heine hingegen hat die Grenze gewahrt. Er behält Adonis, indem er ihn zur Klassik macht, also 'ästhetisch' mit ihm umgeht. *Adonis ist die Kunstperiode.* Weil Heine Kunst *für* Leben nimmt und Kunst *als* Leben zu gestalten versucht, um beides zu unterscheiden und ununterscheidbar zu machen, gibt es für ihn ein 'Zwischen' daher nur *durch* und *ohne* die Vergangenheit. Leben als Gegenwärtigkeit, Leben als Recht. Heines 'Kunst' wird in solchem Verständnis zur Verkörperung des Kunstsystems unter den Bedingungen funktionaler Differenzierung: Sie ist eine „blühende Ruine" der 'Klassik', ein *pathetisches Oxymoron.* Heine *und* der (ideale) Leser: Beide sind – und das meint für mich 'Moderne' – auf jeder Seite der Differenz zugleich:

> Doch lieber Leser, ich vergesse, daß du ein sehr gebildeter und wohlunterrichteter
> Leser bist, der schon lange gemerkt hat, daß hier von einem Bacchanale die Rede

---

[13] Ovid: *Metamorphosen.* S. 689.
[14] Ebd. S. 689.
[15] Ebd. S. 707.
[16] Ebd. S. 691.

ist, von einem Feste des Dionysos. Du hast oft genug auf den Basreliefen oder Kupferstichen archäologischer Werke die Triumphzüge gesehen, die jenen Gott verherrlichen, und wahrlich bei deinem klassisch gebildeten Sinn würdest du nimmermehr erschrecken, wenn dir einmal plötzlich in der mitternächtlichen Abgeschiedenheit eines Waldes der schöne Spuk eines solchen Bacchuszuges nebst den dazugehörigen betrunkenem Personale leiblich vor Augen träte – Höchstens würdest du einen leisen lüsternen Schauer, ein ästhetisches Grüseln empfinden beim Anblick der bleichen Versammlung [...]. (XI, 406)

So grüselt uns die Klassik!

Lothar Ehrlich

Immermanns Verhältnis zur Weimarer Klassik*

Im September 1828 hielt sich der Kanzler des Großherzogtums Sachsen-Weimar und Eisenach, Goethes Testamentsvollstrecker Friedrich von Müller, bei Georg Arnold Jacobi, dem Sohn Friedrich Heinrich Jacobis, in Pempelfort bei Düsseldorf auf. Immermann lernte ihn kennen und schrieb darüber seinem Bruder Ferdinand am 11. Oktober:

> Ein wüthender Göthomane, der Kanzler von Müller aus Weimar raste vor einigen Wochen hier durch. Die Reflexe eines großen Manns sind gar possirliche Figuren. Ich bin *einen* Tag mit dem Manne zusammengewesen, wo wir schlecht gerechnet 5 Stunden von nichts gesprochen haben, als vom Dichterfürsten. Über den *Dod* des Großherzogs dröstet sich Köthe durch die *Podanik* (Botanik.) – sagt Müller. Du siehst, der Mann ist ein Sachse.[1]

Es sollte eben dieser Mann sein, der in den folgenden Jahren der wichtigste Adressat Immermanns in Weimar wurde. Zwar lernte er Goethe nicht mehr persönlich kennen, doch wandelte er nach dessen Tod dreimal, im Herbst der Jahre 1837, 1838 und 1839, eingeführt und betreut durch den großherzoglichen Kanzler, auf den Spuren der Dichter der Klassik, vor allem eben Goethes. Friedrich von Müller wurde Immermanns Freund, über den sich persönlich und brieflich geistige Verbindungen nach Weimar herstellten. Für Immermann war dabei natürlich von großem Interesse, daß man in höfischen und bürgerlichen Kreisen der Residenzstadt seine schriftstellerischen Produktionen im großen und ganzen durchaus zur Kenntnis nahm.

Einige Wochen nach dem Gespräch mit Kanzler von Müller sah Immermann den *Briefwechsel zwischen Schiller und Goethe in den Jahren 1794 bis 1805* angekündigt und erörterte bei dieser Gelegenheit die geschichtliche Einmaligkeit und die nationale Bedeutsamkeit der Weimarer Klassik:

> Ich freue mich auf dieses Werk unbeschreiblich, man wird einmal wieder einen frischen Blick thun in eine Zeit, wo ein deutscher Fürst, nicht von kleinlicher Eitelkeit, sondern von der Einsicht in die Sache erleuchtet, deutsche Geister pflegte, in eine Zeit, wo herzliche Freundschaft, und der Hunger nach gegen-

---

* Überarbeitete Fassung eines Festvortrags, den der Verfasser am 24. April 1996 zum 200. Geburtstag von Karl Immermann in Magdeburg gehalten hat.
[1] Karl Leberecht Immermann: *Briefe. Textkritische und kommentierte Ausgabe in drei Bänden,* hg. von Peter Hasubek. München 1978-1987. Bd. 1, S. 678. (Künftig zitiert: Briefe, Bandzahl, Seitenzahl)

seitiger Aufklärung, die ersten Männer der Nation verband, in eine Zeit, wo die Nation das Werk eines Denkers und Dichters noch höher stellte, als den armseligen Triller einer rothwangigen Sängerin – in eine Zeit endlich, die ganz anders war als unsre Zeit.[2]

Das da hervortretende programmatische Verhältnis zur kulturgeschichtlichen Leistung der Weimarer Klassiker korrespondiert mit dem Bewußtsein, daß die Entstehung ihrer künstlerischen und wissenschaftlichen Werke eine Konstellation voraussetzte, die der von Immermann erlebten und erlittenen Epoche diametral gegenüberstehe. Damit ist eine Grundeinsicht formuliert, die für seine künstlerische Disposition essentielle Bedeutung besitzt und uns spätestens seit dem Roman *Die Epigonen* als spezifische Schaffensproblematik entgegentritt: die Annahme einer generellen „Erb- und Nachgeborenschaft".[3]

Infolgedessen kam Immermann bei der Auseinandersetzung mit dem *Briefwechsel zwischen Schiller und Goethe* mehrfach auf diesen Punkt zu sprechen, und die grundsätzliche Stellung zu den beiden Epochen, vor allem das Bekenntnis zur klassischen Kultur, blieb auch dann unerschüttert, als er seine Beziehungen zu Goethe und Schiller sowie zu einzelnen Werke stärker modifizierte. Das betrifft nicht etwa nur die – im übrigen zeittypische – Kritik an den „Faseleyen des höfischgewordnen Greises",[4] sondern die – ebenso zeittypische – besondere Wertschätzung des dramatischen Werks von Schiller. Vor allem aber geht es, so etwa in einem Brief an Michael Beer vom 15. November 1829, um die fundamental veränderte sozial- und kulturgeschichtliche Situation und deren Reflexion durch einen kurz vor der Jahrhundertwende geborenen Dichter, dessen elementares Grunderlebnis nicht die französische Revolution, sondern der nationale Befreiungskampf gegen Napoleon bildete. Die gravierenden Unterschiede in seiner Bewertung Goethes und Schillers zurückstellend, schrieb Immermann:

> Die Beiden hatten es noch gut, sie konnten sich noch abschließen, und auf das Reingeistige und Ideelle fixiren, während das in unsrer realistisch-politischen Zeit schon ganz und gar nicht mehr möglich ist, und der Dichter immerfort in den praktischen, von dem Poetischen ganz hinwegführenden Strudel gerissen wird. Unsre Zeit ist höchsteigenthümlich, ich fürchte aber, sie kann keinen Dichter im höchsten Sinne des Worts hervorbringen. Die Wirklichkeit hat sich

---

[2] Ebd. S. 686-687.
[3] Karl Immermann: *Werke in fünf Bänden*, Unter Mitarbeit von Hans Asbeck, Helga-Maleen Gerresheim, Helmut J. Schneider, Hartmut Steinecke, hg. von Benno von Wiese. Frankfurt, Wiesbaden 1971-1977. Bd. 2, S. 121. (Künftig zitiert: Werke, Bandzahl, Seitenzahl)
[4] *Briefe* 1. S. 808.

eine große, ungeheure Geltung erworben, die nur der Thor läugnen oder bestreiten kann, und ihre Last liegt auf unsrer Aller Brust.[5]

Immermann reagierte damit auf die tiefgreifenden geschichtlichen Umbrüche und Wandlungen in den zwanziger Jahren des 19. Jahrhunderts, er signalisierte das Ende der klassisch-romantischen Kulturperiode und zugleich die widerspruchsvolle Herausbildung neuer künstlerischer Konzepte. Er erweist sich als enorm sensibler Diagnostiker der Zeitverhältnisse, die bei seinen Bemühungen, unter veränderten gesellschaftlichen Bedingungen eine nationale Literatur und ein Nationaltheater zu schaffen, den Ausgangspunkt bilden. Dabei zeigt sich, daß er, im Hinblick auf seine literarische Praxis weitgehend von der europäischen Romantik geprägt, ein positives Verhältnis zur Weimarer Klassik und ihrer Tradition artikuliert. Diese – sich durchaus wandelnde – Beziehung soll im folgenden im Kontrast zu seiner Auseinandersetzung mit den romantischen Traditionen der europäischen Literatur in ihren Widersprüchen skizziert werden. Dabei ist die literaturgeschichtliche Entwicklung, insbesondere die Überwindung klassischer und romantischer Wahrnehmungen und Gestaltungserfahrungen bewußt zu halten, die den Horizont von Immermanns Weg als Autor markieren.

Es ist schon angedeutet worden, daß das Gefühl des „Epigonalen" Immermanns literarische Entwicklung wesentlich bestimmt hat und daß sich von daher die spezifischen ästhetischen Eigentümlichkeiten seines Schaffens ableiten lassen. Da dies auch seine Stellung zur klassischen Tradition in der Literaturkritik und im poetischen Werk betrifft, seien einige Bemerkungen dazu erlaubt. In den *Epigonen* lesen wir die oft zitierten Sätze:

> Wir sind, um in *einem* Worte das ganze Elend auszusprechen, Epigonen, und tragen an der Last, die jeder Erb- und Nachgeborenschaft anzukleben pflegt. Die große Bewegung im Reiche des Geistes, welche unsre Väter von ihren Hütten und Hüttchen aus unternahmen, hat uns eine Menge von Schätzen zugeführt, welche nun auf allen Markttischen ausliegen.[6]

Die geistigen und künstlerischen Traditionen, die klassischen wie die romantischen, stehen mithin auch und gerade dem in die Literatur eintretenden Autor zur Verfügung, der mit ihnen experimentell umgeht, aus und mit ihnen neue Werke hervorbringt. Und zumal Immermann artikuliert sich als ein Produzent, der sich ständig dem reichhaltig überlieferten „Palladium der Menschheit"[7] verpflichtete, was zur Folge hatte, daß die Forschung an seinen Werken prononciert epigonale Züge registrierte. Zuletzt monierte Peter Ha-

---

[5] Ebd. S. 773.
[6] *Werke* 2. S. 121.
[7] Ebd.

subek an den Lustspielen die „eklektizistische Adaption vorangehender Traditionen und Muster",[8] und Markus Fauser vertrat in einem jüngst erschienenen Forschungsbericht die These von „Immermanns Verfahren der Verknüpfung verschiedener Diskurse"[9] und charakterisierte ihn letztlich nicht als gesellschaftskritischen „Zeitschriftsteller" (was er im Grunde wohl doch war):
„Immermanns Auseinandersetzung mit seiner Zeit ist eine Auseinandersetzung mit der Literatur seiner Zeit."[10]

Für die Erörterung von Immermanns Verhältnis zur klassischen Tradition
bedeutet dies, daß die in seinen Werken, und zwar in allen Gattungen und
Genres, intensive, variationsreiche Integration klassischer Motive, Strukturen, Zitate etc. nicht nur als Ausdruck epigonaler zeitgenössischer Diskursivität zu interpretieren wäre, sondern vor allem im Hinblick auf ihre Funktion
innerhalb eines Traditionsverhältnisses, das zwischen Klassik und Romantik
anhaltend schwankte. Immermann selbst hat sich zu seiner Methode des stän-
digen Ver- und Umarbeitens der vorgefundenen literarischen Traditionen bekannt. Im Exzerpt aus einem Brief an Marianne Niemeyer von 1839 findet
sich so das Bekenntnis:

> Ich habe mich nie vor Mustern gescheut u. vor Reminiscenzen, denn ich war
> mir meines Eigenthums bewußt u. wußte übrigens, daß noch Niemand mit Stie-
> feln u. Sporen aus seiner Mutter Leib gekrochen ist, sondern daß Jeder sich an
> Vorgänger angelehnt hat.[11]

Und diese Maxime bezog er ausdrücklich auch auf seine Beziehungen zu den
Werken Goethes und Schillers.

Wenn wir versuchen, von Immermanns Studienjahren an der Universität
Halle bis zum späten Schaffen in Düsseldorf sein Verhältnis zur klassischen
deutschen Tradition, also nicht zu einzelnen Vertretern und Werken der
Weimarer Klassik, darzustellen, dann unter dem Aspekt, daß es nicht vor-
nehmlich darauf ankommen soll, möglichst umfassend Rezeptionsvorgänge
zu erfassen, sondern vielmehr die entscheidenden ideellen und künstlerischen
Momente, die schließlich die maßgeblichen Tendenzen seiner literarischen
Entwicklung am Beispiel der Traditionsbeziehungen erkennen lassen. Und
diese Genesis führt Immermann im Grunde eben nicht aus der Weimarer
Klassik, die nach dem Tode von Herder, Schiller und Wieland als singuläres

---

[8] Peter Hasubek: „Harlekin im Biedermeier. Zu Immermanns Lustspielen.", in: „*Widerspruch, du Herr der Welt!*" *Neue Studien zu Karl Immermann*, Aus Anlaß des 150. Todes-
tages am 25. August 1990 hg. von Peter Hasubek. Bielefeld 1990. S. 105.
[9] Markus Fauser: „Der epigonale Autor. Neue Forschungen über Karl Immermann.", in:
Euphorion 87 (1993). S. 322.
[10] Ebd. S. 326.
[11] *Briefe* 2. S. 1128.

Ereignis allein von Goethe bis 1832 repräsentiert wurde, zum Vormärz, sondern aus der Romantik. Der hohen Wertschätzung der nationalen deutschen Klassik als überragendem kulturgeschichtlichen Phänomen steht von Anfang an allerdings die weitverzweigte Verwurzelung seines poetischen Werkes in der europäischen Romantik gegenüber.

Diesen sein literarisches Werk konstituierenden Grundgedanken entfaltete Immermann rückblickend in der – von Goethe beeinflußten – Autobiographie *Die Jugend vor fünfundzwanzig Jahren*. Darin werden sowohl die allgemeinen Entwicklungslinien des literarischen Prozesses als auch seine speziellen Beziehungen zu klassischen und romantischen Autoren und ihren Werken hinreichend präzisiert. Den Trend erfaßte Immermann mit folgenden Worten:

> Das Ziel der Entwickelung, von welcher die romantische Schule einen Punkt bildete, scheint noch vorwärts zu liegen. Wir müssen durch das Romantische, welches der Ausdruck eines objektiv-Gültigen sein sollte, aber nicht ward, weil seine Muster und Themen ganz anderen Zeitlagen angehörten, hindurch in das realistisch-pragmatische Element: An diesem kann sich, wenn die Musen günstig sein werden, eine Kunst der deutschen Poesie entwickeln. Es ist ein großes Verdienst, welches sich einige Schriftsteller der jüngsten Gegenwart erworben haben, daß sie auf dieses Element zuerst hingewiesen, sich selbst in ihm hervorbringend versuchten.[12]

Immermann erfaßte damit das allmähliche, gelegentlich auch eruptive Vordringen nicht-klassischer wie nicht-romantischer Gestaltungsimpulse in der deutschen Literatur, zumal in den Jahren nach der Julirevolution von 1830, mit einem politischen und gesellschaftskritischen Gestus. Und er meinte dabei nicht nur die Autoren des Jungen Deutschland, mit denen er bei allen Differenzen sympathisierte, hinzuzufügen wären wohl auch radikale kritische Schriftsteller, in deren Werken sich der literarische Vormärz vehement ankündigte, wie Heinrich Heine, aber auch Christian Dietrich Grabbe. Er selbst indessen rechnete sich wohl eigentlich nicht hinzu, da ihm – auch nach den *Epigonen* und dem *Münchhausen* – die Bindung an die literarischen Traditionen der Klassik und Romantik sehr wichtig blieb, auch wenn sich in diesen Werken das „realistisch-pragmatische Element" partiell durchzusetzen vermochte.

Insbesondere während seiner halleschen Jahre hat er sich, frühzeitig auch für das Theater interessierend, mit ihren Werken auseinandergesetzt. In Halle besuchte er Aufführungen des Weimarer Hoftheaters, die einen tiefen ästhetischen Eindruck hinterließen, der bis in die Düsseldorfer Zeit anhielt und das Projekt der „Musterbühne" nachhaltig prägte. Schon für die Jugendzeit gilt, daß Immermann zwischen klassischer deutscher Literatur, die für ihn bei-

---

[12] *Werke* 4. S. 498.

spielhaft war, und europäischer romantischer Literatur, die ihn faszinierte und bald literarisch stark beeinflussen sollte, unterschied. Einerseits stellte er die – im weitesten Sinn – klassischen Autoren in eine Reihe: Lessing, Klopstock, Voß, Wieland, Herder,

> vor allen jedoch entzündeten Schiller und Goethe, der erste, ein Jahr vor dem Nationalunglücke abgeschieden und im vollsten Nachglanze der untergegangenen Sonne leuchtend, der zweite, lebend und die reifsten Schöpfungen, *Wahlverwandtschaften* und Biographie, in die Furchen der traurigen Zeit aussäend.[13]

Und später schrieb er: „Namentlich sind Goethe und Schiller die beiden Apostel gewesen, an deren Predigt sich das deutsche Volk zu Mut und Hoffnung auferbaute."[14] Akzentuierte Immermann in seiner Autobiographie das große ästhetische Format und die nationale Funktion der aufklärischen Dichtung der Klassik, die als Muster unübertroffen sei und die er, mit allen Einschränkungen im Hinblick auf einzelne Werke, daher als außerordentlich wichtig für die Herausbildung des nationalen Bewußtseins erachtete, so konturierte er zugleich die „große Literatur" der Klassik als eine, die „aus völlig antiromantischen Stimmungen, nach dem Verschwinden des letzten Widerscheins des Mittelalters"[15] hervorgegangen sei. Er verteidigte die klassische Tradition als Höhepunkt der deutschen Kulturgeschichte, und er schätzte an ihr vor allem die humanen Ideale, die durch die Dichtungen ständig in ihrem Widerspruch zum Realen stehend begreifbar, aber zugleich doch zu universeller Geltung gebracht würden. Daß ihm dabei von den „Klassikern" Schiller persönlich angenehmer war als der geradezu olympische Goethe, geht mit anderen zeitgenössischen Urteilen konform: Schiller wurde auch von den leidenschaftlichsten Kritikern der Weimarer Klassik im Umfeld des „Jungen Deutschland" weitgehend aus der Polemik herausgehalten. Und er war auch für Immermann der „größte Jugendschriftsteller der Nation": „Am gewaltigsten unter allen wirkte aber doch Schiller, während Goethe uns mehr ein Gott in unendlichem Abstande blieb."[16] Auch diese Wertung ist zeitsymptomatisch und verweist allgemein auf die besonderen Rezeptionsprobleme vor allem der späten Werke Goethes und auf die große nationale Wirkung Schillers im 19. Jahrhundert.

Andererseits profilierte Immermann im Gegensatz zur antik-klassischen Tradition eine im Mittelalter wurzelnde romantische, die sich zunächst außerhalb Deutschlands entwickelte und für mehrere europäische Nationallite-

---

[13] Ebd. S. 485.
[14] Ebd. S. 491.
[15] Ebd. S. 489.
[16] Ebd. S. 492.

raturen signifikant sei. Er nannte unter anderem Cervantes, Calderón und natürlich Shakespeare, und er hob hervor, daß zwischen den klassischen und den romantischen Dichtungen letztlich ein „Gegensatz des Prinzips"[17] bestehe. Für Immermanns Situation und Perspektive am Beginn seiner Entwicklung als Autor ist nun charakteristisch, daß er die Weimarer Klassik wiederholt lobpreiste und auch gegen Angriffe verteidigte, daß er sich in seinem literarischen Schaffen aber mehr an der Romantik orientierte. Hier galt nicht Goethe als „Muster", sondern Tieck und die durch ihn und seine Freunde vermittelten europäischen romantischen Traditionen. Immermann knüpfte, bei allen klassischen Reminiscenzen in den Texten, poetologisch grundsätzlich an der Romantik an, nicht etwa an Goethe:

> [...] man zollte ihm daher leidenschaftliche Verehrung, während man selbst produktiv oder didaktisch auf diametral entgegengesetzten Mustern und Methoden sich gründete.[18]

Das gilt sowohl für den frühen Roman *Die Papierfenster eines Eremiten* (1822), der sich als romantisierte Adaption des Sturm und Drang-Romans *Die Leiden des jungen Werther* gefällt, als auch für das Lustspiel *Das Auge der Liebe* (1823), das in der Tradition von Shakespeares *Sommernachtstraum* steht und gleichwohl motivisch und im Zitat mannigfalte Assoziationen zur klassischen deutschen Dramatik bietet. Romantik-Rezeption in der Praxis und Anerkennung der kulturgeschichtlichen Leistung der Klassik in der Theorie, bei aller permanenten Ambivalenz im Verhältnis vor allem zu Goethe, stehen in Immermanns literarischer und literaturkritischer Tätigkeit unvermittelt nebeneinander.

So verteidigte er selbstverständlich Goethe im *Brief an einen Freund über die falschen Wanderjahre Wilhelm Meisters und ihre Beilagen* (1822) gegen den dogmatischen Angriff des protestantischen Geistlichen und Schriftstellers Johann Friedrich Wilhelm Pustkuchen-Glanzow, obwohl er sich zur gleichen Zeit an anderer Stelle kritisch mit Goethe auseinandersetzte und dabei keineswegs alle Werke gelten ließ. Im Hinblick auf *Wilhelm Meisters Wanderjahre* bestand Immermann jedenfalls auf der „Wahrheit", der „Schönheit", der „Rechtlichkeit", der „Frömmigkeit" und – insgesamt – auf der „Humanität" des Romans.[19]

Daß der Dichter trotz eines positiven Verhältnisses zur Tradition der Klassik im literarischen Schaffen die von ihr entworfenen antikisierenden Muster und Normen nicht zu akzeptieren vermochte, erhellt in den frühen Jahren vor

---

[17] Ebd. S. 495.
[18] Ebd.
[19] *Werke* 1. S. 534-537.

allem aus dem Aufsatz *Über den rasenden Ajax des Sophokles* (1825), der gegen die aktuelle Rezeption der antik-geschlossenen Dramaturgie in moderner Zeit gerichtet ist.

Immermann begriff darin die Kunst als eine „historische Erscheinung, und bedingt in Form und Wesen durch den Charakter des Volks, sowie durch die individuellen Umstände ihrer Entstehung".[20] Demnach sei die antike Tragödie an ihre Entstehungs- und ursprüngliche Wirkungszeit genauso gebunden wie andere dramatisch-theatralische Formen, z. B. in Spanien und England. Es käme darauf an, unter kritischer Nutzung originärer Vorbilder eine eigenständige nationale Dramaturgie zu entwickeln, was selbst Schiller lediglich in seinen „fünf reiferen Trauerspielen"[21] (gemeint sind wohl *Wallenstein, Maria Stuart, Die Jungfrau von Orleans, Wilhelm Tell* und *Demetrius*) gelungen sei. Demgegenüber hielt er *Die Braut von Messina*, wie übrigens auch Goethes *Iphigenie auf Tauris*, für ein „Produkt falscher Theorien".[22] Unter diesem ästhetischen Aspekt hob Immermann von Goethes Dramen *Götz von Berlichingen* und *Faust* beispielhaft hervor, die jedenfalls in der Tendenz charakteristische Beiträge für ein originäres deutsches Nationaldrama darstellten. Andererseits analysierte er die Dramaturgie der antiken Tragödie, um nachzuweisen, daß ein „unleugbar treffliches Meisterstück des Altertums"[23] in der Gegenwart nicht verwirklicht werden könne und vor allem nicht solle, da es überhaupt nicht den zeitgenössischen nationalen Gegebenheiten und Anforderungen entspräche: „Die Frage, ob Nachahmung der Alten im echten Sinne schon stattgefunden habe, ob sie überhaupt möglich sei? muß demnach verneint werden."[24]

In diesen Jahren entwarf Immermann vielmehr auf der Grundlage der klassischen Dramaturgie Lessings und Schillers einen synthetischen Dramentyp, der strukturelle Erfahrungen einerseits von Calderón und andererseits von Shakespeare integriert und den er in Gestalt einer deutschen Nationaltragödie zu realisieren bestrebt war. *Das Trauerspiel in Tirol* (1826) und *Kaiser Friedrich II.* (1828) dokumentieren diese letztlich allerdings wohl gescheiterten Bemühungen. In der *Vorrede* zum *Trauerspiel in Tirol* definierte er mit Bezug wiederum auf Schillers klassische Dramen (und wiederum mit der Ausnahme *Die Braut von Messina*) einen Stücktyp, der sich gegen das einseitig „Deklamatorische" und „Rhetorische" wendet und eine Verbindung von „Poetischem" und „Charakteristischem" verwirklicht.[25] Die Basis eines

---

[20] Ebd. S. 557.
[21] Ebd. S. 554.
[22] Ebd. S. 557.
[23] Ebd. S. 558.
[24] Ebd. S. 604.
[25] Ebd. S. 627.

theatralischen Kunstwerks bleibt allerdings, wie später im „Musterbühnen"-Projekt, das Drama als literarische Gattung, das vorwiegend über sprachliche Mittel ein charakteristisches nationales Profil erlangen solle. Das „Charakteristische" ergäbe sich demnach allein aus der literarischen Qualität des sprachlichen Kunstwerk Drama, dem das Theater lediglich zu dienen habe, indem es das Literarische szenisch reproduziert. Andererseits darf festgehalten werden, daß sich Immermann bereits in den späten zwanziger Jahren gegen das bloß „Deklamatorische" und „Rhetorische", wandte, das – in der falsch verstandenen Tradition des Weimarer Theaterstils und auch in der Vereinseitigung des rhetorischen Gestaltungselements in Schillers Werken – auf dem zeitgenössischen Theater vorherrschte. Im Unterschied zur relativ klaren ästhetischen Bestimmung des nationalen Trauerspiels in der *Vorrede* gelang es Immermann in beiden Dramen aber nicht, seine dramaturgischen Vorstellungen praktisch umzusetzen, wenn auch im *Trauerspiel in Tirol* noch am ehesten der Versuch einer nicht-epigonalen Anknüpfung an Schillers Dramatik zu erkennen sein dürfte. Das – stofflich romantische Anregungen aufgreifende – Trauerspiel *Kaiser Friedrich II.* ist allzusehr durch dramatisch-poetisch nicht untersetzte Rhetorik gekennzeichnet. Und der eklektizistische motivische und zitatorische Rückgriff sowohl auf klassische wie auf romantische Vorbilder und das letztliche Schwanken zwischen diesen Traditionen verhindert – im Zusammenhang mit allgemeinen dramatischen Gestaltungsdefiziten in Figur und Handlung – die Entstehung einer originären Dramatik, so daß er in den zwanziger Jahren den zeitgenössischen Standard in der Entwicklung der dramatischen Gattung – ebenso wie später – nicht erreichte.

Zwar sind Immermanns Dramen positiv von der Flut der zeitgenössischen Unterhaltungsliteratur abzuheben, und zwar sowohl durch ihre ethischen und ästhetischen Intentionen als auch durch die erreichte literarische Qualität, doch ein Vergleich etwa mit den Werken Christian Dietrich Grabbes und später Georg Büchners (aber andererseits auch Friedrich Hebbels) dokumentiert die Diskrepanz zwischen formuliertem Ideal und realer Umsetzung. Unter dem Gesichtspunkt der Traditionen betrachtet, blieb es dabei, daß des Autors intensive Bindung an Klassik und Romantik den Durchbruch eines realistischen deutschen Geschichtsdramas und Lustspiels mit innovatorischem geistigen und künstlerischen Anspruch letztlich verhinderte.

Diese Feststellung ist im Hinblick auf die Entwicklung des Prosa-Schriftstellers freilich zu relativieren. In der epischen Gattung, vor allem in den späten Romanen, aber auch in anderen Arbeiten der zwanziger und dreißiger Jahre, gewann er jene künstlerische Freiheit, die es ihm erlaubte, sich über die klassischen wie romantischen Traditionen zu erheben, mit ihnen souverän spielerisch umzugehen – bei aller Bindung an sie. Das betraf schon *Tulifänt-chen* (1829), während er gleichzeitig in der gegen August Graf von Platen gerichteten Schrift *Der im Irrgarten der Metrik umhertaumelnde Kavalier* seine Ablehnung der antik-klassischen Poetik, zumal in einer epigonalen Ausformung, wiederholte. Es war die Antwort auf Platens in der Manier des Aristophanes verfaßten Literaturkomödie *Der romantische Ödipus* (1828), in der Immermann als „Hyperromantiker" Nimmermann exemplarisch für die zeitgenössische spätromantische Literatur parodiert wurde.

Auch bei den Versuchen im Genre des Lustspiels wird Immermanns Dilemma deutlich. Einerseits bestand er darauf, daß die antik-klassische Komödie generell nicht geeignet sei, die gegenwärtige Entwicklung der Literatur positiv zu beeinflussen: „Wie fremd ist uns aber die Aristophanische Form, und wie fremd wird sie uns immer bleiben!"[26] Andererseits war er jedoch in Theorie und Praxis außerstande, einen nicht-klassischen Komödientyp, der „unserer Komik" entspräche, anzubieten.

Nach der Juli-Revolution – „Nie hat ein Factum so gewaltig und erschütternd auf mich gewirkt als dieses"[27] schrieb er am 15.8.1830 an Michael Beer – intensivierte sich Immermanns Verhältnis zur deutschen Klassik als ganzheitlich angelegtem kultur- und nationalgeschichtlichen Ereignis allerersten Ranges, das sich zumal im Werk Goethes manifestiert. Im Zusammenhang mit dessen Tod am 22.3.1832 reflektierte er aufs neue seine ambivalenten Beziehungen zum universalen Repräsentanten Weimars, bekannte sich zur klassischen Lebensform und zum Programm einer aufklärerischen kulturellen Tätigkeit für die humane Existenz und Entwicklung der Menschheit, die sich ständig ihrer geistigen und künstlerischen Traditionen zu versichern habe. Nicht im spezifisch ästhetischen oder gar poetologischen, sondern im ethischen Sinn gewann die Weimarer Klassik für Immermann an beispielhafter Bedeutung für die Bildung und Erziehung der Menschen, allerdings – im Unterschied zur Klassik – mit einer undogmatischen preußisch-patriotischen Akzentuierung. Auch Immermann wollte dem „Spektakel" der Revolution – vgl. seinen Brief an Heinrich Heine vom 6.10.1830[28] – begegnen mit einem Appell an die humane Kraft der Menschen, sich ständig zu erneuern und immerfort zu steigern.

Daher drängte er bei der Beurteilung von Goethes Leistung darauf, sich nicht auf die – durchaus notwendige – Kritik einzelner Momente seines Lebens und Schaffens zu beschränken oder diese gar ins Zentrum zu stellen, wie es in der zeitgenössischen Literaturkritik in Mode gekommen war. Vielmehr votierte er für den „Refrain", für die anzustrebende „Ganzheit" in der adäquaten Beurteilung seiner gegenwärtigen und zukünftigen Bedeutung. So schrieb er Ferdinand am 21.6.1833:

---

[26] Ebd. S. 634.
[27] *Briefe* 1. S. 857.
[28] Ebd. S. 878-879.

Gegen den alten Göthe bist Du ja ganz acharnirt. Man kann noch mehr gegen ihn sagen, aber der Refrain wird immer bleiben: daß er denn doch ein Tausendsappermenter ist.[29]

Und wiederum Ferdinand gegenüber, als dieser den von Riemer herausgegebenen *Briefwechsel zwischen Goethe und Zelter* (1833/1834) attackierte, beharrte er auf dem „gränzenlosen Vortheil, den seine Erscheinung uns fortwährend stiftet":

> [...] so gewährt uns sein Gesamtdaseyn den Trost des Alterthums, an dessen Ganzheit wir auch immer wieder unsre Augen stärken, wenn sie die modernen Wirbel u. Confusionen müde gemacht haben.[30]

Diese fundamentalen Einsichten in die Funktion klassischer Dichtung und deren langfristiger Wirkungsmöglichkeiten gelten auch und gerade dann, wenn er Ludwig Tieck anvertraute: „[...] mir scheint es zuweilen, als ob das Gebiet der eigentlichen Poesie im höchsten Sinne erst da beginne, wo Göthe – mit wenigen Ausnahmen – aufhört."[31]

Hier sprach der Romantiker Immermann, für den das poetische Grunderlebnis eben nicht die Klassik, sondern die Romantik (Tieck) gebildet und der – wie die meisten seiner Zeitgenossen – Schwierigkeiten hatte, den objektiven, symbolisch-allegorischen Dichtungsstil des späten Goethe, der auf die Grundgesetzlichkeit allen Daseins und aller Entwicklung zielte, als genuine Poesie zu akzeptieren.

Gleichwohl bewegte sich Immermann mit den beiden Dramen der dreißiger Jahre, *Alexis* (1832) und *Merlin* (1832), ästhetisch und stilistisch selbst in verwandten metaphysischen und mythischen Bahnen. In der Tragödie aus der russischen Geschichte war er bestrebt, die Tragik des Helden nicht so sehr als eine historisch gegebene, sondern als eine metaphysische zu erfassen, wobei er in Struktur und Komposition vornehmlich von Schillers *Wallenstein* beeinflußt wurde. Das mythische Drama *Merlin* thematisiert, verschiedene europäische Traditionen (Wolfram von Eschenbach, Novalis, Dante, Goethe) aufgreifend, in einer durchaus universellen Grundsitution individuelle und gesellschaftliche Existenzfragen im Spannungsfeld von Gott und Teufel, Gut und Böse, Ideellem und Materiellem. In den *Düsseldorfer Anfängen* hat Immermann die Intention dieser Tragödie charakterisiert, die die tatsächliche

---

[29] *Briefe* 2. S. 218.
[30] Ebd. S. 363.
[31] *Briefe* 1. S. 998.

Tendenz menschlicher Entwicklung in ontologischer Fundierung und Deter-
minierung erfasse, welche sonst in seinen Dramen nicht vorhanden sei:

> *Merlin* sollte die Tragödie des Widerspruchs werden. Die göttlichen Dinge,
> wenn sie in Erscheinung treten, zerbrechen, dekomponieren sich an der Er-
> scheinung. Selbst das religiöse Gefühl unterliegt diesem Gesetze.[32]

Nur angemerkt werden soll, daß auch die Klingsor-Gestalt in pointierter
Form Goethes Persönlichkeit in ihrer Universalität erfaßt, seine Entwicklung
vom Sturm und Drang über die Antike-Rezeption in der Weimarer Klassik
der neunziger Jahre bis zu ganzheitlicher Naturbetrachtung und -erkenntnis.

Immermanns Zeitroman *Die Epigonen* steht in der Tradition des klassischen wie des romantischen Bildungs- und Entwicklungsromans, die jeweils
auf spezifische Weise als divergierende dichterische Spiegelungen gesellschaftlicher Wandlungsprozesse zu verstehen sind. Die Forschung, zuletzt
Waltraud Maierhofer in ihrer Dissertation,[33] hat das Verhältnis des Romans
zu seinen Vorbildern eingehend untersucht und dabei die geistige, strukturelle und motivische Affinität zu Goethe im Kontext der zeitgenössischen
Gattungsentwicklung kritisch erörtert. Dem ist hier nichts hinzuzufügen. Nur
soviel: Der Roman gestalte, wie Immermann am 24.4.1830 an Ferdinand
schreibt,

> den Segen und Unsegen des Nachgeborenseyns. Unsre Zeit, die sich auf den
> Schultern der Mühe und des Fleißes unsrer Altvordern erhebt, krankt an einem
> gewißen geistigen Überfluße. Die Erbschaft ihres Erwerbes liegt zu leichtem
> Antritte uns bereit; in diesem Sinne sind wir Epigonen. Daraus ist ein ganz ei-
> genthümliches Sichthum entstanden, welches durch alle Verhältniße hindurch
> darzustellen, die Aufgabe meiner Arbeit ist.[34]

Dieses Erbe, dem Immermann sich grundsätzlich nicht entpflichten wollte, ist
vor allem deswegen für ihn – und wohl nicht nur für ihn – eine nur schwer
oder überhaupt nicht abtragbare Hypothek, weil die perspektivischen intellektuellen Entwürfe der klassischen deutschen Kultur – von der Aufklärung
bis zur Weimarer Klassik – durch die realgeschichtliche Entwicklung nicht
im mindestens als abgegolten gelten durften. Im Gegenteil: die Nachgeborenen hatten die Kluft zwischen den universellen Hervorbringungen und den
deprimierenden Verhältnissen im restaurativen Deutschland der zwanziger
Jahre dichterisch zu verarbeiten und zu bewältigen. Die Diagnose konnte, im

---

[32] *Werke* 4. S. 602.
[33] Waltraud Maierhofer: *„Wilhelm Meisters Wanderjahre" und der Roman des Nebenein-*
ander, Bielefeld 1990. S. 59-116.
[34] *Briefe* 1. S. 836.

Unterschied zumal zu den weitgesteckten humanen Angeboten der deutschen Klassik, in der Tendenz jedenfalls, nur eine dezidiert kritische sein, da es Immermann darum ging, die zeitgenössische Wirklichkeit realistisch abzuspiegeln. Allerdings war er bemüht, den Roman nicht in eine „trübe Lazarethgeschichte"[35] abtriften zu lassen, da er letztlich – bei aller Kritik an deren Ästhetik – im Hinblick auf die Wirkungsabsichten von Literatur ein „positiver", ein klassischer Dichter zu sein beabsichtigte. Denn:

> Der wahre Dichter verfährt nie bloß zerstörend. Wozu die Muse bemühn, wenn es ein reines Nichts gilt? Nicht die Negation; das Positive ist das Element der Kunst.[36]

Dieses Credo, das Immermann von Grabbe und Büchner trennt, verweist auf die angestrebte Orientierung an der humanen Wirkungsstrategie der deutschen Klassik.

Auch das Düsseldorfer Theaterprojekt (1834-1837) ist von den ethischen Intentionen der Weimarer Klassik geistig und künstlerisch geprägt, und Goethes Bemühungen um ein deutsches Nationaltheater bilden – neben anderen schauspielkünstlerischen Anregungen (Ludwig Devrient, August Wilhelm Iffland, Friedrich Ludwig Schröder etc.) – für Immermann das Fundament. Sein Düsseldorfer Experiment ist einer der wenigen großangelegten Versuche des 18. und 19. Jahrhunderts, ein deutsches Nationaltheater zu etablieren. Dabei ist Immermann sich schon der beträchtlichen gesellschaftlichen Schwierigkeiten bewußt. Im Unterschied zum klassischen Altertum, zu Spanien, Frankreich und England waren bislang in deutschen Staaten letztlich alle Bemühungen gescheitert, da es an längerfristiger mentaler und finanzieller Unterstützung durch die Regierenden und die Völker selbst gefehlt hatte. Und hierin war Sachsen-Weimar wohl eine rühmliche Ausnahme, da nicht nur ein bedeutendes Theater entstehen konnte, sondern allgemein eine kulturgeschichtliche Blüte, die Wissenschaften und Künste gleichermaßen einschloß. In einem Brief an Eduard Devrient verweist Immermann auf das Weimarer Vorbild, zugleich die deutschen Zustände geißelnd:

> Unsere Fürsten sind sammt und sonders Barbaren, und nicht ein Einziger meint es *redlich* mit der großen Sache deutschen Geistes, wie es einst Karl August von Weimar that.[37]

---

[35] Ebd.
[36] *Werke* 1. S. 638.
[37] *Briefe* 2. S. 1060.

Hob Immermann hier die „große Sache des deutschen Geistes", der in der Weimarer Klassik als einem einmaligen kulturgeschichtlichen Muster kulminierte, im ganzen hervor, so erblickte er in Goethes Theater das Vorbild für die Düsseldorfer Bühne: „Da ist es mir aber klar geworden, was ein Theater seyn kann u. seyn soll."[38]

Stellt Weimar und sein höfisches Theater auch die wesentliche Anregung dar, so ist zugleich festzuhalten, daß sich Immermann gegen die Nachahmung des „Weimarer Stils" wandte, der damals wenigstens auf den führenden deutschen Bühnen vorherrschte, zumeist allerdings in oberflächlichem Pathos erstarrt war. Die dramatische Literatur bildete natürlich – wie in Weimar – die Grundlage der Düsseldorfer Inszenierungen, doch versuchte Immermann stärker als Goethe, das jeweils charakteristische Profil der Texte theatralisch zu versinnlichen. In seinem Briefwechsel mit Devrient umriß er seine Theaterästhetik am durch die Bühne und speziell durch die Darsteller verkörperten Verhältnis der Elemente des „Mimischen" und des „Recitirenden"[39], die in einer widerspruchsvollen Einheit bei Priorität des „Recitirenden" umgesetzt werden sollten. Immermann war sowohl gegen eine Vorherrschaft des „Recitirenden" – in der epigonalen Nachbildung von Goethes Stil – als auch gegen eine Vorherrschaft des „Mimischen" – wie in vielen Inszenierungen von Unterhaltungsdramatik auf dem zeitgenössischen Theater. Beiden Gefahren müsse man von Anfang an durch eine intensive geistige Auseinandersetzung der Schauspieler mit den Texten entgegenwirken. Der klassischen Ästhetik des deutschen Dramas von Lessing bis Schiller entspricht die letztliche Dominanz des Literarischen gegenüber dem Theatralischen (was etwa in der Tradition des europäischen Volkstheaters und auch des romantischen deutschen Theaters nicht gilt). Die Bühne habe lediglich die Aufgabe, die dramatische Poesie unter möglichst weitgehender Respektierung ihrer ideellen und künstlerischen Absichten adäquat zu reproduzieren. Im Tagebuch hielt Immermann daher fest: „In den Weimarschen Theateraufsätzen und in dem Codex für die Schauspieler viel Brauchbares und manche höchstangenehme Bestätigung meiner Ideen gefunden."[40] Gegenüber Devrient charakterisierte er die zeitgenössische Situation auf den deutschen Bühnen, vor allem im Hinblick auf das in der Inszenierung anzustrebende Verhältnis von Literatur und Theater:

---

[38] *Briefe* 1. S. 655.
[39] *Briefe* 2. S. 684.
[40] Karl Immermann: *Zwischen Poesie und Wirklichkeit. Tagebücher 1831-1840*, Nach den Handschriften unter Mitarbeit von Bodo Fehling hg. von Peter Hasubek. München 1984. S. 120. (Künftig zitiert: Tagebücher, Seitenzahl)

Das mimische Element hat die Ueberhand über das recitirende gewonnen, statt daß es umgekehrt sein sollte, denn die Poesie ist eine Kunst der Rede, das Vehikel also, wodurch die dramatische zur vollen Erscheinung gelangt, muß *primo* die Rede und erst *secundo* das Spiel der Gesichtsmuskeln, der Hände und Füße seyn.[41]

Die Bühne Immermanns strebte ein „poetisches Repertoir"[42] an, um sich auch in dieser Hinsicht vom zeitgenössischen Unterhaltungstheater abzugrenzen, wie es in Düsseldorf vor und übrigens auch nach ihm von Direktor Derossi praktiziert wurde. Natürlich mußte er – wie Goethe in Weimar – von den Erwartungshaltungen, von den ästhetischen Geschmacksgewohnheiten eines höchst differenzierten Publikums ausgehen. Daher dominierten auch in seinem „literarischen" Theater die verschiedenen Genres der zeitgenössischen Unterhaltungsdramatik. Daneben hat er jedoch spielplanpolitisch neue Akzente gesetzt, gerade im Hinblick auf Inszenierungen europäischer und deutscher Klassiker. Soichiro Itoda hat die Spielpläne zwischen 1834 und 1837 systematisch ausgewertet und mit denen von Derossi verglichen.[43] Demnach wurden Shakespeare, Calderón, Goethe und Schiller recht häufig aufgeführt. Bemerkenswert überdies eine Inszenierung von Kleists *Prinz Friedrich von Homburg*. Bei Derossi war allein Schiller vertreten, der unter Immermanns Leitung zum meistgespielten Klassiker avancierte, wobei auffällt, daß er, wie in der Vorrede zum *Trauerspiel in Tirol*, *Wallenstein* und *Maria Stuart* als Belege des „wirklichen, eigentümlichen Kunststils" der Klassik bevorzugte,[44] während er etwa die *Braut von Messina* als ästhetische Fehlleistung wegließ. Von Goethe inszenierte er u.a. *Egmont*, *Stella* und *Faust. Der Tragödie erster Teil*, aber auch die durchaus ungeliebte *Iphigenie auf Tauris*.

Signifikant ist auch, daß Trauerspiele öfter und musikalische Werke seltener im Spielplan standen. Shakespeare als herausragender Vertreter der „modernen" Tragödie, als „Vater der Gattung" und als Schöpfer einer wahrhaft „nationellen Tragödie",[45] so in einem Brief an Michael Beer vom 1.1.1830, wurde – wie Schiller – exemplarisch angeeignet, allerdings in Bearbeitung und Darstellungsstil nicht im Sinn der extremen Rezeption des Sturm und Drangs oder der Romantik, sondern in der moderaten Aneignungsweise Lessings und der Weimarer Klassiker, die nach ihrer frühen ästhetischen Radikalität später eine maßvolle Bereicherung der klassischen Dramaturgie durch Integration Shakespearescher Gestaltungselemente favori-

---

[41] *Briefe* 2. S. 684-685.
[42] Ebd. S. 685.
[43] Soichiro Itoda: *Theorie und Praxis des literarischen Theaters bei Karl Leberecht Immermann in Düsseldorf 1834-1837*, Heidelberg 1990.
[44] *Werke* 1. S. 627.
[45] *Briefe* 1. S. 799.

sierten. Dies entsprach durchaus den Intentionen Immermanns, der im Hinblick auf die vom späten Goethe in der Schrift *Die Tochter der Luft* (1822) reflektierte Alternative Shakespeare oder Calderón eindeutig zugunsten einer konzentrierten, geschlossenen, eben klassischen Dramaturgie votierte:

> Goethe sagt in einem sehr lesenswerthen Aufsatze über Shakespeare und Calderon, der Britte reiche uns die volle Traube vom Stocke, der Spanier dagegen das abgezogne höchst raffinirte Getränk. So weit bin ich mit ihm einverstanden, sofern ich nur hinzusetzen darf: Für die Form unsrer modernen Bühne paßt das abgezogne Getränk besser als die ungekelterte Traube.[46]

Auch hier werden wieder die Inkonsequenzen Immermanns im Verhältnis zur klassischen und zur romantischen Tradition einerseits und zur Durchsetzung des „realistisch-pragmatischen Elements"[47] in der modernen Literatur andererseits deutlich: seine starke innere Verpflichtung gegenüber den „Altvorderen", gegenüber der klassischen Programmatik, besonders in den Schriften und in der Praxis des Düsseldorfer Theaters, gegenüber den romantischen Gestaltungstraditionen im poetischen Werk, aber auch seine Reserviertheit gegenüber echten innovatorischen Experimenten, die etwa die Entwicklung der dramatischen Gattung in den dreißiger Jahren entscheidend mitbefördert hätten. Dies ließe sich für die Düsseldorfer Zeit etwa an Immermanns Beziehungen zu Christian Dietrich Grabbe und dessen episch-dramatischen Theaterstücken erhellen.[48]

Immermann blieb ein Autor, der – wie die Weimarer Klassiker – hoffte, daß durch langfristig angelegte kulturelle Tätigkeit – in Literatur und Kunst sowie auf dem Theater – der desolate Zustand Deutschlands überwunden werden könnte und daß in den angestrebten Wandlungen der „positive" Künstler das gesellschaftliche „Gewissen" verkörpern möge.

An einer der zeitgenössischen literarischen Strömungen, dem Jungen Deutschland, kritisierte Immermann in einem Brief vom 18.10.1838 „das Unruhige, Rasche, Heftige, Factieuse ihres ganzen Tuns und Treibens"[49], das er zugleich als gravierende Tendenz des kulturellen, aber auch des gesellschaftlichen Prozesses insgesamt begriff, den er als konservativer Denker und Schriftsteller in seinem Werk, nicht zuletzt in den *Epigonen* und im *Münchhausen*, genauso skeptisch reflektierte wie der späte Goethe. Angesichts der modernen Entwicklung von Industrie und Kultur, die eine gewaltige Beschleunigung der Zeitabläufe erbrachte, blickte schon der späte Goethe voller

---

[46] *Tagebücher.* S. 527-528.
[47] *Werke* 4. S. 498.
[48] Vgl. Peter Hasubek: „Wechselseitige Anziehung und Abstoßung. Grabbe und Immermann.", in: *Grabbe-Jahrbuch* 1988. Bielefeld 1988. S. 11-34.
[49] *Briefe* 2. S. 901.

Sorge in die Zukunft. Seine Diagnose in *Wilhelm Meisters Wanderjahre*, die Immermann als klassisches Vermächtnis programmatisch verteidigt und kritisch-produktiv angeeignet hat, pointierte er in den „Betrachtungen im Sinne der Wanderer", und zwar nicht nur im Hinblick auf die entstehende bürgerliche Öffentlichkeit und die dabei enorm zunehmende Rolle der Medien: „Für das größte Unheil unserer Zeit, die nichts reif werden läßt, muß ich halten, daß man im nächsten Augenblick den vorhergehenden verspeis't [...] alles veloziferisch."[50]

Der „Wanderer" Immermann, den die „modernen Wirbel u. Confusionen"[51] verunsicherten und ermüdeten, hat diese Sorge des Weimarer Klassikers wohl geteilt.

---

[50] Johann Wolfgang Goethe: *Sämtliche Werke. Briefe, Tagebücher und Gespräche,* Vierzig Bände, I. Abt, *Sämtliche Werke,* Bd. 10, „Wilhelm Meisters Wanderjahre.", hg. von Gerhard Neumann und Hans-Georg Dewitz. Frankfurt am Main 1989. S.563.
[51] *Briefe* 2. S. 363.

Hans-Georg Werner

Büchner und Goethe

In der anschwellenden Büchner-Literatur der letzten Jahrzehnte ist intertextuellen Beziehungen große Aufmerksamkeit zugewandt worden. Die darauf gerichteten Forschungen, die an zum Teil entlegenen Stellen überraschende Funde erbracht haben[1], wurden vor allem zur Vorbereitung der historisch-kritischen Büchner-Ausgabe unternommen und sind sicher auch durch die Einsicht stimuliert worden, die Hubert Gersch in die Feststellung gebracht hat:

> Georg Büchner verfaßte keine Seite, wahrscheinlich keine Zeile, ohne sich von Quellen inspirieren zu lassen. Vom ‚Hessischen Landboten' bis zum ‚Woyzeck' gründete er seine literarische Arbeit ganz wesentlich auf die Verwertung von Fremdtexten. Er war schreibender Leser wie lesender Autor; er machte sich jede Lektüre zum Material für seine ‚reproduktive Phantasie', für sein nachschaffendes und umschaffendes Gestalten.[2]

Die Büchner-Forschung hat auf diese Weise einen Standard erreicht, der ermöglicht und sogar dazu drängt, Büchners Traditionsverhältnis *insgesamt* zum Gegenstand wissenschaftlicher Reflexionen zu machen. Dazu gibt es bisher nur Ansätze. Eine zureichende Darstellung der Goethe-Beziehungen Büchners fehlt zum Beispiel. Dies Faktum ist auffällig, aber nicht unerklärlich. Denn die kontextualen Beziehungen in Büchners Werk sind nicht nur – wie angedeutet – außerordentlich vielfältig, sondern dem Anschein nach auch sehr divergent, und es ließ sich bisher keine Formel finden, die das widersprüchliche Material in eine verständliche Ordnung bringt. Insofern impliziert mein Thema eine doppelte Aufgabenstellung. Auseinanderzuhalten und aufeinander zu beziehen sind zwei Fragenkomplexe: auf einer ersten Projektionsfläche der Stellenwert Goethescher Dichtung in dem verschlungenen Kontext der für Büchner wichtig gewordenen literarischen Traditionsbeziehungen; auf einer anderen Projektionsfläche die poetische Funktion des gesamten in Büchners Texten vergegenständlichten Traditionsmusters. Dieses

---

[1] Vgl. neuerdings Thomas Michael Mayer: „Georg Büchner. Shakespeare-, Goethe- und Follen-Zitate aus dem letzten Schulheft von 1831.", in: *Georg Büchner Jahrbuch* 7 (1988/89). S. 7ff.
[2] Hubert Gersch in Zusammenarbeit mit Stefan Schmalhaus: „Quellenmaterial und ‚reproduktive Phantasie'", in: *Georg Büchner Jahrbuch* 8 (1990-1994). S. 69.

Programm überfordert aber die Darstellungsmöglichkeiten, die ein kurzer Konferenzbeitrag bietet; ich versuche daher nur, einige der für seine Realisierung nötigen Ansatzpunkte zu lokalisieren.

Die Büchner-Forschung hat Konsens darüber erreicht, welche Literaturkomplexe für Büchners literarisches Traditionsverhältnis besonders wichtig geworden sind. Da ist zunächst die revolutionäre bzw. postrevolutionäre und radikaldemokratische Literatur französischer und deutscher Provenienz. Die frühen Arbeiten von Thomas Michael Mayer haben zu ihrer Untersuchung den entscheidenden Anstoß gegeben.[3] Außer Frage stehen auch Büchners literarische Traditionsbeziehungen zur Romantik, und zwar zur französischen wie zur deutschen Romantik. Keine Übereinstimmung gibt es allerdings bei der Beurteilung des Charakters dieser Beziehungen. Eine relativ große Gruppe von Büchner-Forschern hat eigentlich nur im Sinn, das Kritisch-Abweisende in Büchners Haltung gegenüber der Romantik zu verdeutlichen. Selbst eine so fundamentale Arbeit wie die Büchner-Biographie von Jan-Christoph Hauschild behandelt die romantischen Traditionen in *Leonce und Lena* nur als ästhetische Staffage.[4] Auf diese Weise wird von vornherein die Möglichkeit abgewehrt, daß Büchner die von der deutschen Romantik reflektierten Individualitätsprobleme als Symptome eines modernen Existenzbewußtseins literarisch verarbeitet hat; wesentliche Bedeutungsschichten der Büchnerschen Texte können daher nicht zur Geltung gebracht werden. Die „nachromantische Subjektivität" der Büchner-Texte hatte eben auch romantische Voraussetzungen.[5] Anderseits sind aber auch Untersuchungen vorgelegt worden, die auf den für Büchner produktiven Charakter romantischer Anregungen aufmerksam machen.[6] Anscheinend war Büchners Beziehung zur Romantik – und zwar sowohl zur französischen als auch zur deutschen – uneinheitlich, und ihre Differenziertheit bedarf noch weiterer Klärung.

Keine Meinungsverschiedenheit gibt es in der Forschungsliteratur darüber, daß Büchner drei weiteren literarischen Traditionskomplexen verpflichtet war: Shakespeare, Sturm und Drang, deutsches Volkslied. Da sowohl seine

---

[3] Vgl. vor allem Thomas Michael Mayer: „Büchner und Weidig – Frühkommunismus und revolutionäre Demokratie", in: *Text + Kritik. Georg Büchner I/II*, hg. von Heinz Ludwig Arnold. München 1979. S. 16ff.

[4] Vgl. Jan-Christoph Hauschild: *Georg Büchner. Biographie*, Stuttgart, Weimar 1993. S. 532f.

[5] Vgl. Peter Uwe Hohendahl: „Nachromantische Subjektivität. Büchners Dramen", in: *Wege zu Georg Büchner*, hg. von H. Poschmann unter Mitarbeit von Christine Malende. Berlin u.a. 1992. S. 11ff.

[6] Vgl. Hans-Georg Werner: „Zur Verarbeitung romantischer Vorstellungen in ‚Dantons Tod' von Georg Büchner", in: *Theorien, Epochen, Kontakte*, Festschrift Antal Mádl, hg. von János Szabó und Ferenc Szász. Budapest: Loránd-Eötvös-Universität, 1989 (Budapester Beiträge zur Germanistik, 19). I. S. 85ff.

Shakespeare- als auch seine Volkslied-Aufnahme in direktem Zusammenhang mit dem Sturm-und-Drang-Komplex stehen, bedarf vor allem dieser einer Analyse, die ermöglicht, Büchners Verhältnis zum Sturm und Drang als
Beziehung zu einzelnen personalen, poetischen und ideellen Elementen dieser literarischen Bewegung zu bestimmen. Die Erörterung der Goethe-
Beziehungen Büchners sollte dafür Wesentliches leisten können. Denn vorab
ist zu sehen, daß sie auf eine Reihe wichtiger Fragen stoßen muß. Wer ist die
eigentliche Bezugsgestalt Büchners im deutschen Sturm und Drang, Lenz
oder Goethe? Welche Eigenheiten der Autoren bzw. ihrer Texte faszinierten
Büchner? Was verstand er unter der „idealistische[n] Periode"[7] der deutschen
Literatur, die er durch den Mund von Lenz rigoros abqualifizieren ließ? Welche Stellung hat in diesem Zusammenhang Schiller, über dessen Dramen er
ein immer wieder zitiertes abfälliges Urteil gefällt hat? Geradezu grundlegend für jede Interpretation von Büchner-Texten wäre schließlich die Klärung eines Problems, in das die erwähnten Fragen münden, dem sich aber die
Forschung bislang kaum zugewandt hat: Wie verschränkten sich in Büchners
Traditionsverhältnis die Beziehungen zwischen historisch und ideell so di-
vergenten Komplexen wie Sturm und Drang, politisch radikaler Aufklärung
und europäischer Romantik?

$$***$$

Der literarische locus classicus für die Analyse von Büchners Beziehungen
zu Goethe ist der Lenz-Text. Die seine Anlage mitbedingenden Traditions-
verhältnisse sind nicht ohne weiteres einsichtig. Naheliegend war, daß sich
die neuere Büchner-Forschung zunächst für die Identifikationsmöglichkeiten
interessierte, die der historische Lenz und die durch Oberlin vermittelte Lenz-
Figur dem jungen Büchner boten. Dementsprechend ist immer wieder auf den
subjektiven Charakter der Lenz-Schrift hingewiesen worden. Für ihn spra-
chen vor allem folgende Faktoren: Das schon während Büchners erstem
Straßburger Aufenthalt hergestellte, durch enge Bekannte vermittelte und
vertiefte Interesse für den Besuch des wahnsinnig gewordenen Lenz bei
Oberlin und darüber hinaus für die im Elsaß entstandene deutschsprachige
Literatur; Büchners Wertschätzung des sozialen Engagements dieses Sturm-
und-Drang-Autors; seine Sympathie für einen Dichter, den es offenbar dazu
trieb, gegen gesellschaftliche Konventionen und poetologische Normen zu
verstoßen; nicht zuletzt auch psychische Affinitäten – die Trennung von
Minna Jaeglé, ließ Büchner die Verzweiflung des Lenz nach dem Scheitern

---

[7] Georg Büchner: *Lenz.* Studienausgabe, hg. von Hubert Gersch. Stuttgart 1984. S. 14.

seiner Beziehung zu Friederike Brion nachfühlen; der Widerstand des eigenen Vaters gegen seine Bindung an die Straßburger Pastorentochter bot ebenfalls eine Parallele zur Lebenssituation von Lenz; ein weiterer Identifikationsfaktor war wohl Büchners Wissen um die Abgründe der eigenen Natur, vor allem seine Erfahrungen mit Depressionen und Vernichtungsgefühlen, seine mit Angst verbundene Faszination durch den Wahnsinn: „[...] ich fürchte mich vor meiner Stimme und – meinem Spiegel"[8], schrieb er der Braut aus Gießen, und in einem anderen Brief fragte er sie, nachdem er ihr seinen inneren Zustand beschrieben hatte: „Wie gefällt dir mein Bedlam! Will ich etwas Ernstes tun, so komme ich mir vor wie Larifari in der Komödie; will er das Schwert ziehen: so ist's ein Hasenschwanz." Und dann: „Ich wollte, ich hätte geschwiegen. Es überfällt mich eine unsägliche Angst."[9]

Diese Identifizierungsmöglichkeiten mit dem Autor der *Soldaten* und des *Hofmeister* brachten mit sich, daß Büchner dem abschätzigem Urteil Goethes über Lenz, „diesen so talentvollen als seltsamen Menschen"[10] mit starken Vorbehalten begegnete. Hubert Gersch hat das XIII. und XIV. Buch von *Dichtung und Wahrheit*, in denen Goethe seine Beziehungen zu dem Gesellen aus Straßburger Tagen gleichsam abschließend bilanzierte, geradezu als Nebenquelle des Lenz-Textes behandelt.[11] In der Tat bieten die Passagen aus *Dichtung und Wahrheit* so etwas wie eine kontrastierende Folie für die Büchnersche Darstellung, und zwar aus zwei Blickrichtungen. Goethes Lenzcharakteristik bildet sich aus einer Reihe von distanzierten, entschiedenen und scharfen Urteilen, die in ihrer Summe einer charakterologischen Verurteilung gleichkommen. Am Anfang steht eine eher sibyllinische Wertung. Die „Sinnesart" des Lenz sei „whimsical", welches Wort – wie Goethe erläuterte – „gar manche Seltsamkeiten in *einem* Begriff zusammenfaßt"[12]. Dann kommt es knüppelhart. Die Rede ist von „Selbstquälerei", bis zum Exzess getriebener Selbstbeobachtung, verbunden mit der „größten Fahrlässigkeit im Tun", einem aus halber Selbstkenntnis entspringenden Dünkel. Goethe meinte, daß Lenz „alle übrigen Un- oder Halbbeschäftigten, welche ihr Inneres untergruben", übertroffen habe, und ließ, indem er gleichzeitig den Eindruck zu erwecken suchte, daß er die geistig-literarischen Fähigkeiten dieses Mannes durchaus schätze, kaum einen positiven Zug an dessen sozialem Charakter. Er stellte seinen „entschiedenen Hang zur Intrige" heraus

---

[8] Brief an Minna Jaeglé, um den 10. März 1834.

[9] Brief an dieselbe, März 1834.

[10] Johann Wolfgang Goethe: *Dichtung und Wahrheit*. Gedenkausgabe, hg. von Ernst Beutler. Zürich, Stuttgart 1948. Bd. 10, S. 542.

[11] Büchner: *Lenz* [Anm. 7]. S. 73ff.

[12] Goethe: *Dichtung und Wahrheit* [Anm. 10]. S. 542.

und interpretierte sein Verhalten als Resultat eines moralischen Solipsismus. Für ihn war Lenz

> zeitlebens ein Schelm in der Einbildung, seine Liebe wie sein Haß waren imaginär, mit seinen Vorstellungen und Gefühlen verfuhr er willkürlich, damit er immerfort etwas zu tun haben möchte. Durch die verkehrtesten Mittel suchte er seinen Neigungen und Abneigungen Realität zu geben, und vernichtete sein Werk immer wieder selbst; und so hat er niemanden, den er liebte, jemals genützt, niemanden, den er haßte, jemals geschadet, und im ganzen schien er nur zu sündigen, um sich strafen, nur zu intrigieren, um eine neue Fabel auf eine alte pfropfen zu können. [...]
> Seine Tage waren aus lauter Nichts zusammengesetzt, dem er durch seine Rührigkeit eine Bedeutung zu geben wußte [...].[13]

Für Goethe war also Lenz ein Mensch ohne Realitätssinn, damit ohne Verantwortungsbewußtsein und insofern zu produktivem sozialem Handeln unfähig.

Büchner hat gegen die Goethesche Urteilskette opponiert, aber nicht durch widersprechende Meinungen, sondern indem er dem Goetheschen rational deduzierenden Darstellungsverfahren seine phantasiegeleitete, einfühlend induzierende Gestaltung entgegensetzte. *Dichtung und Wahrheit* ist also auch als Darstellungsmuster eine Kontrastfolie zu seinem Lenz-Text. Hubert Gersch erklärte:

> Goethe verharrt [...] darin, vom ,Charakter' des Lenz ,mehr in Resultaten als schildernd' [...] zu sprechen. [...] Dagegen setzt Büchner gerade den Modus der Darstellung ein, den Goethe im Falle von Lenz für ,unmöglich' erklärt hatte. Büchner vergegenwärtigt sich und seinen Lesern nun den Unglücklichen ,schildernd' und ,darstellend', er gestaltet ihn ,anschaulich'.[14]

Das heißt, er gibt der Figur den Schein und damit die Rechtfertigung des Lebens. „Im Zeichen von Betroffenheit und Traditionssuche" entwickelt er „eine Erzählweise, die auf Annäherung und Vergewisserung zielt". Gersch konstatierte also Büchners „Gestaltungsopposition zur Prosa des späten Goethe"[15], die – so wird man folgern dürfen – darauf schließen läßt, daß Büchner die soziale Rolle des alten Goethe zumindest als fremd empfunden hat. Insofern wäre seine Einstellung zu Goethe zeittypisch: ein Vormärz-Symptom. Zwar sind keine kritischen Äußerungen Büchners über Goethes Sozialverhalten bekannt; da aber sein Interesse und seine Sympathie zweifellos den Frondeuren, Außenseitern und sozial Gefährdeten galten, zu denen im weiteren Sinne auch Lenz gehörte, wird man bei ihm einen kräftigen Widerstand

---

[13] Ebd. S. 654-656.
[14] Büchner: *Lenz* [Anm. 7]. S. 73ff.
[15] Ebd.

gegen die besonders vom älteren Goethe postulierten Sozialisierungsregeln voraussetzen können.

Die Argumentation von Gersch scheint die Annahme zu bestätigen, daß sich Büchners positive Beziehung zum Sturm und Drang in erster Linie auf eine „tiefe Affinität"[16] zu Lenz gründete. Dafür scheint auch das poetologische Bekenntnis zu sprechen, das Büchner seiner Lenz-Figur in den Mund gelegt hat. Es heißt da:

> [...] man sprach von Literatur, er war auf seinem Gebiete; die idealistische Periode fing damals an, Kaufmann war ein Anhänger davon, Lenz widersprach heftig. Er sagte: Die Dichter, von denen man sage, sie geben die Wirklichkeit, hätten auch keine Ahnung davon, doch seien sie immer noch erträglicher als die, welche die Wirklichkeit verklären wollten. Er sagte: Der liebe Gott hat die Welt wohl gemacht wie sie sein soll, und wir können wohl nicht was besseres klecksen, unser einziges Bestreben soll sein, ihm ein wenig nachzuschaffen. Ich verlange in allem Leben, Möglichkeit des Daseins, und dann ist's gut; wir haben dann nicht zu fragen, ob es schön, ob es häßlich ist, das Gefühl, das was geschaffen sei, Leben habe, stehe über diesen beiden und sei das einzige Kriterium in Kunstsachen. Übrigens begegne es uns nur selten, in Shakespeare finden wir es und in den Volksliedern tönt es einem ganz, in Goethe manchmal entgegen. Alles übrige kann man ins Feuer werfen.

‚Leben' erscheint hier primär als poetologische Kategorie, und als solche war sie für Büchners ästhetisches Denken grundlegend. Zugleich bringt der Terminus eine dezidierte Sozialeinstellung mit sich. Das Soziale ist zwar im Verhältnis zum Poetologischen eindeutig sekundär, doch – und das ist ebenso eindeutig – von ihm unablöslich. Es wird demzufolge auch in den nächsten Sätzen der poetischen Konfession kräftigst akzentuiert.

> Dieser Idealismus ist die schmählichste Verachtung der menschlichen Natur. Man versuche es einmal und versenke sich in das Leben der Geringsten und gebe es wieder, in den Zuckungen, den Andeutungen, dem ganzen feinen, kaum bemerkten Mienenspiel [...]. Man muß die Menschheit lieben, um in das eigentümliche Wesen jedes einzudringen, es darf einem keiner zu gering, keiner zu häßlich sein, erst dann kann man sie verstehen; das unbedeutendste Gesicht macht einen tiefern Eindruck als die bloße Empfindung des Schönen. [...] Der Dichter und Bildende ist mir der liebste, der mir die Natur am wirklichsten gibt, so daß ich über seinem Gebild fühle, alles übrige stört mich.[17]

Weitgehende Übereinstimmungen dieser Sätze mit persönlichen Äußerungen Büchners lassen keinen Zweifel, daß sie Überzeugungen des Autors durch

---

[16] Vgl. Hans Mayer: „Lenz oder die Alternative", in: *Jakob Michael Reinhold Lenz. Werke und Schriften*, hg. von Britta Tittel und Hellmut Haug. Stuttgart 1967. II, S. 824f.
[17] Büchner: *Lenz* [Anm. 7]. S. 14f.

den Mund einer Figur kundtun. Die Forschung ist sich in diesem Punkte einig. Schwieriger zu entscheiden ist schon, inwieweit die poetische Konfession der Lenz-Figur mit den literarischen Grundsätzen des Sturm-und Drang-
Dichters übereinstimmt. In dem hier zu erörternden Zusammenhang muß diese Frage nicht beantwortet werden. Es genügt eigentlich die Feststellung, daß
Büchners Figur zur Bekräftigung ihrer poetologischen Äußerungen auf die
Dichtungen des historischen Lenz Bezug nimmt und diesem infolgedessen
einen bemerkenswerten poetischen Rang zuspricht. Für Büchners Traditionsverhältnis geradezu entscheidend wäre dann die Frage, ob nach Büchners eigener Erfahrung die im Lenz-Text vorgetragenen poetischen Wertvorstellungen aus den Dichtungen des historischen Lenz hervorgegangen sind. Dann
müßte man folgern – und die Büchnerliteratur bietet dafür Beispiele –, daß
der Autor des *Hofmeister* den zentralen Bezugspunkt Büchners im Traditionskomplex des Sturm und Drang abgegeben habe und daß eine literaturhistorische Voraussetzung des Lenz-Textes die Überzeugung Büchners sei, der
Lenz entgegenstehende Weimarer Goethe repräsentiere die „idealistische Periode" und wäre somit eigentlich – nach den Worten der Lenz-Figur –
„schmählichste[r] Verachtung der menschlichen Natur" zu zeihen. Der
zwangsläufig nächste Gedankenschritt müßte zu dem Standpunkt führen, daß
in der von Shakespeare über die Volkslieder zu Goethe führenden Reihe der
wenigen Dichtungen, die das Gefühl poetischer Lebendigkeit vermitteln, der
Autor des *Hofmeisters* nur deshalb fehle, weil Bescheidenheit der Lenz-Figur
diese Selbst-Nennung verbieten müsse. Wem das poetische Wertgefühl eine
solche Annahme verbietet, müßte fragen, wie Büchner die Lenz-Figur in dem
von ihr selbst skizzierten literarischen Kontext plaziert hat.

Einen neuen Lösungsansatz für dieses Problem bietet eine Arbeit von Andreas Pilger: „Die ‚idealistische Periode' in ihren Konsequenzen. Georg
Büchners kritische Darstellung des Idealismus in der Erzählung ‚Lenz'." [18]
Der Autor faßt „idealistisch" – wie es sich eigentlich von selbst versteht – als
eine Kategorie der Philosophie und erweist durch eine überzeugende Textanalyse, daß sich die existentielle Problematik der Büchnerschen Lenz-Figur
aus ihrer Gefährdung durch eine im Wahnsinn endende, zum Solipsismus als
äußerster Form des Idealismus tendierenden Weltsicht ergibt. Pilger bestätigte damit Dieter Arendts Deutung des Büchnerschen Lenz: „Sein Wahnsinn
ist die potentielle Krankheit des semireligiösen Idealismus, der die Wirklichkeit übersteigend und verlassend, sich verliert ins Nichts."[19] Die strikte poetologische Ablehnung des Idealismus durch die Lenz-Figur wäre dann ein aus
der ursprünglichen Natur des Dichters herrührender Akt ideellen Selbstschut-

---

[18] *Georg Büchner Jahrbuch* 8 (1990-1994). S. 104ff.
[19] *Zweites Internationales Georg-Büchner-Symposion,* hg. von Burghard Dedner u. Günter
Oesterle. Frankfurt am Main 1990. S. 328.

zes, der auf das geistige Gewicht der Gestalt zurückverweist. Diese Lesart –
einmal in textnaher Interpretation exemplifiziert – leuchtet sofort ein und
schafft für die Analyse der Goethe-Beziehung Büchners eine andere Voraussetzung. Zwar wird durch sie nicht in Frage gestellt, daß Büchner der Goetheschen be- und verurteilenden Darstellungsweise seine auf Verstehen eines
besonders schwierigen, unglückseligen Lebens gerichtete Gestaltung entgegensetzte. Wo Goethe Charaktermängel konstatierte, entdeckte Büchner die
seelischen Nöte eines in „die pathologischen Ordnungen" seiner Welt eingekerkerten Menschen.[20] Es wird damit auch deutlich, daß Büchner seinen Lenz
nicht als positive Identifikationsfigur angelegt hat. Henri Poschmann bemerkte zu Recht: Der „Zusammenhang des Gesamttextes" schließe aus, daß
„dem Leser eine Identifikation mit Lenz suggeriert" werde.[21] Büchners Kontrafaktur zu Goethes Charakteristik läßt ein anderes, aber nicht in jeder Hinsicht gegensätzliches Lenz-Bild entstehen. Beim Blick auf das Resultat der
psychischen Entwicklung von Lenz treffen sich die Perspektiven von Goethe
und Büchner in der gleichen Ansicht: Zerstörtheit des Wirklichkeitssinns.
Büchners Lenz-Text kann dann nur als partielle Kontrafaktur zu den Lenz-
Partien in *Dichtung und Wahrheit* gedeutet werden. In gewisser Hinsicht
führt er sogar zu Goethe zurück. Diese Behauptung läßt sich überraschen-
derweise sogar mit einer Bemerkung aus *Dichtung und Wahrheit* parallelisie-
ren. Denn in Goethes Lenz-Charakteristik steht auch der Satz, daß Lenz „im
allgemeinen von der Zeitgesinnung" litt, „welche durch die Schilderung
Werthers abgeschlossen sein sollte"[22]. Das heißt doch, wer etwas über Len-
zens Zeit-Gesinnung und -Leiden erfahren will, sollte sich auch in die *Leiden
des jungen Werther* versenken, ungeachtet der in die zweite Auflage des Romans von 1775 eingefügten Mahnung der Titelgestalt: „Sei ein Mann und
folge mir nicht nach!" (Motto-Verse vor dem II. Buch)

Die zahlreichen Goethe- und insbesondere *Werther*-Reminiszenzen im
Lenz-Text, die Büchner-Forscher nachgewiesen haben[23], sind also möglicherweise mehr als gelegentliche Anleihen oder Symptome zufälliger Anregungen, sondern Zeichen dafür, daß Büchner auf dem Fundament Goethe-

---

[20] Jochen Hörisch: „Pathos und Pathologie: Der Körper und die Zeichen in Büchners
‚Lenz'", in: *Georg Büchner. Ausstellungskatalog*, Basel, Frankfurt am Main 1987. S. 275.
[21] Henri Poschmann: *Georg Büchner. Dichtung der Revolution und Revolution der Dichtung*, Berlin und Weimar 1983. S. 169.
[22] Goethe: *Dichtung und Wahrheit* [Anm. 10]. S. 655.
[23] Vgl. u.a. Walter Hinderer: *Büchner-Kommentar zum dichterischen Text*, München 1977.
S. 158ff.; Hubert Gersch, in: Büchner: *Lenz* [Anm. 7]. S. 76ff.; Georg Büchner: *Leonce
und Lena*, hg. von Burghard Dedner. Frankfurt am Main 1987. S. 171f., 190. Ders.:
„Büchners ‚Lenz'. Rekonstruktion der Textgenese", in: *Georg Büchner Jahrbuch* 8 (1990-
1994). 1995. S. 61f. Inge Diersen: „Büchners ‚Lenz' im Kontext der Entwicklung von Er-
zählprosa im 19. Jahrhundert", ebd. S. 120ff.

scher Jugend-Poesie die literarische Strategie seines Lenz-Textes – inklusive seiner Opposition gegen *Dichtung und Wahrheit* – entwickelt hatte. Der zunächst verblüffend erscheinenden These von Heinrich Anz, daß Büchners „ganze Erzählung" auch als „eine Radikalisierung des Werther"[24] gelesen werden kann, wäre demnach vorbehaltlos zuzustimmen. Denn sind nicht die *Leiden des jungen Werthers* geradezu ein Musterbeispiel für die einfühlende Gestaltung eines durch Zeitbewußtsein und Selbstgefühl in die Katastrophe gedrängten Menschen? Wo sonst konnte Büchner Sätze finden wie die folgenden:

> [...] der Schauplatz des unendlichen Lebens verwandelt sich vor mir in den Abgrund des ewig offnen Grabs. Kannst du sagen: Das ist! da alles vorübergeht, da alles mit der Wetterschnelle vorüber rollt, so selten die ganze Kraft seines Daseyns ausdauert, ach in den Strom fortgerissen, untergetaucht und an Felsen zerschmettert wird. Da ist kein Augenblick, der nicht dich verzehrte und die Deinigen um dich her, kein Augenblick, da du nicht ein Zerstörer bist, seyn mußt. [...] Und so taumele ich beängstiget. Himmel und Erde und all die webenden Kräfte um mich her! Ich sehe nichts, als ein ewig verschlingendes, ewig wiederkäuendes Ungeheur.[25]

Der Zusammenhang zwischen Werther-Roman und Büchners *Lenz* ist in letzter Zeit durch einige Entdeckungen in Büchner-Texten auch biographisch fundiert worden. Thomas Michael Mayer eruierte „Shakespeare-, Goethe und Follen-Zitate aus dem letzten Schulheft von 1831"[26] und konnte dabei zeigen, daß die drei genannten Autoren die Struktur des Traditionsverhältnisses, das sich der Darmstädter Gymnasiast aufgebaut hatte, wesentlich bestimmten. Neben den Shakespare-Dramen hat vor allem Goethes *Faust* den jungen Büchner tief beeindruckt. Dafür gibt es auch sekundäre Zeugnisse. Friedrich Zimmermann erinnerte sich, daß Büchner die „Natur" mit einer „Schwärmerei" geliebt habe, die oft in Andacht gesammelt war. „Kein Werk der deutschen Poesie machte darum auf ihn einen so mächtigen Eindruck, wie der Faust."[27] Thomas Michael Mayer ist dem Charakter der zahlreichen *Faust*-Zitate in *Dantons Tod* und im *Woyzeck* weiter nachgegangen und verdeutlichte dabei – über Zimmermann hinausgehend – auch deren sozial-widersetzliche, sozial-praktische und nicht zuletzt sexuell-aufrührerische Funktion. Gleichsam ein Nebenprodukt seiner Arbeit war der Nachweis, daß die Lektüre des ersten Teils von Goethes *Faust* den jungen Büchner nicht nur tief bewegt hat, sondern in ihm haftende Eindrücke und in seinem Werk deutliche

---

[24] Heinrich Anz: „Leiden sey all mein Gewinnst. Zur Aufnahme und Kritik christlicher Leidenstheologie bei Georg Büchner", in: *Georg Büchner Jahrbuch* 1 (1981, S. 163).

[25] Goethe: *Die Leiden des jungen Werthers* [Anm. 10], 1949. Bd. 4, S. 316.

[26] *Georg Büchner Jahrbuch* 7 [Anm. 1]. S. 9ff.

[27] Zit. Ebd. S. 17.

Spuren hinterließ. Neben und zusammen mit Shakespeares Dramen hatte ihm diese Dichtung ein poetisches Schlüsselerlebnis vermittelt.

An dieser Stelle lohnt es sich, die Aufmerksamkeit nochmals dem Lenz-Text und den dort vorgetragenen Kunstkriterien zuzuwenden. Goethe erscheint da nur einmal: bei der Aufzählung der für die Lenz-Figur poetisch absolut vorbildlichen Phänomene, allerdings nicht an erster Stelle, eher etwas zurückgesetzt, was unschwer aus dem Goethe-Verhältnis des historischen Lenz zu erklären ist. Wichtiger für Büchners Goethe-Beziehung sind die von der Lenz-Figur vorgetragenen poetologischen Maximen.

> Ich verlange in allem Leben, Möglichkeit des Daseins, und dann ist's gut; wir haben dann nicht zu fragen, ob es schön, ob es häßlich ist, das Gefühl, das was geschaffen sei, Leben habe, stehe über diesen beiden und sei das einzige Kriterium in Kunstsachen.

Fragt man sich, welche Dichtungen im Sinne dieser Poetik Büchner derart absolut, wie die Lenz-Figur argumentiert, bestimmt haben können, stellen sich eigentlich nur zwei Namen ein: Shakespeare und Goethe. Das Faszinosum ihrer Dichtungen kam aus dem die Zeiten überdauernden Schein des Lebendigen, worunter Büchner vor allem Lebendigkeit von Figuren verstand. Weder die aufklärerische noch die romantische oder die liberal-vormärzliche Literatur konnten da mithalten. Volkslieder haben auf Büchner sicher starken Eindruck gemacht, waren aber für ihn, der keine Gedichte schrieb, primär von rezeptiver Bedeutung. Anders Shakespeare; der weite geschichtliche Horizont seiner Dramen, die explosive Geballtheit ihrer Konflikte, die Illusionslosigkeit der Figurenpsychogramme, der Reichtum an Gestalten haben dem Dramatiker Büchner stärkste Impulse gegeben. Dennoch kam das, was der Lenz-Text explizit hervorhebt, der Anschein von Lebendigkeit der poetischen Welt, insbesondere ihrer Gestalten, in zumindest gleicher Kraft von Goethe. Diese Art poetischer Qualität war vor allem ein sprachliches Phänomen, das den Sprachkünstler Büchner unmittelbar sinnlich ergriff. Allgemein gilt ja: Den Eindruck der Lebendigkeit kann nur die Form des Kunstwerks vermitteln, und dementsprechend bestimmte die sprachliche Form der Dichtung, was Poesie für Büchner in erster Linie war: etwas lebendig Wirkendes.

***

Zu Recht ist in der Forschungs-Literatur hervorgehoben worden, daß Büchners poetologische Kategorie ‚Leben' primär wirkungsästhetisch strukturiert ist und erst sekundär ihre darstellungsästhetische Funktionalität gewinnt. Camille Desmoulins erbitterter Ausfall gegen den Kunstgeschmack des Publikums macht das sehr deutlich:

Ich sage euch, wenn sie nicht Alles in hölzernen Copien bekommen, verzettelt in Theatern, Conzerten und Kunstausstellungen, so haben sie weder Augen noch Ohren dafür. Schnizt Einer eine Marionette, wo man den Strick hereinhängen sieht, an dem sie gezerrt wird und deren Gelenke bey jedem Schritt in fünffüßigen Jamben krachen, welch ein Character, welche Consequenz! Nimmt Einer ein Gefühlchen, eine Sentenz, einen Begriff und zieht ihm Rock und Hosen an, macht ihm Hände und Füße, färbt ihm das Gesicht und läßt das Ding sich 3 Acte hindurch herumquälen, bis es sich zulezt verheirathet oder sich todtschießt – ein Ideal! Fiedelt Einer eine Oper, welche das Schweben und Senken im menschlichen Gemüth widergiebt wie eine Thonpfeife mit Wasser die Nachtigall – ach die Kunst!

Solcherart „Kunst" verschließe die Sinne der Menschen für die Kraft, die Vielfalt und die Konflikte des Lebens.

Sezt die Leute aus dem Theater auf die Gasse: ach, die erbärmliche Wirklichkeit! Sie vergessen ihren Herrgott über seinen schlechten Copisten. Von der Schöpfung, die glühend, brausend und leuchtend, um und in ihnen, sich jeden Augenblick neu gebiert, hören und sehen sie nichts. Sie gehen in's Theater, lesen Gedichte und Romane, schneiden den Fratzen darin die Gesichter nach und sagen zu Gottes Geschöpfen: wie gewöhnlich![28]

Diese Strafrede nimmt einen für Büchners poetologische Auffassungen bezeichnenden gedanklichen Verlauf. Beginnend mit einer Polemik gegen epigonale, hergebrachten Mustern und Regeln verpflichtete Kunstproduktionen leitet sie zur Charakterisierung eines Publikums über, das solcherart produzierte Kunstwelten für das eigentliche Leben hält und dadurch jeden Sinn für das Ungeheuerlich-Erregende der Wirklichkeit einbüßt. Ästhetisches, Sozialpsychologisches und Philosophisches verbinden sich auf diese Weise. Überhaupt operierte Büchner in den theoretischen Passagen seiner Dichtungen vorzugsweise mit Kategorien synthetischen Charakters; er versuchte im Interesse der Poesie die unendliche Komplexität des Konkreten vor der Einsinnigkeit begrifflicher Rationalität zu bewahren. Letztlich ging es ihm dabei immer um die Realisierung einer Wirkungsbeziehung: zwischen Kunst, Publikum und Welt. Diese Beziehung war für ihn nicht einsinnig kausal bestimmt, sondern gründete sich auf Wechselwirkungen. Auch die im Lenz-Text exponierte Kategorie ‚Wirklichkeit' – gleichsam ein terminologisches Pendant zu „Leben" – ist in diesem Sinne mehrdimensional strukturiert. Es heißt da: Diejenigen Dichter, die sie angeblich darstellen, hätten „keine Ahnung davon". Büchner kam zu diesem Urteil, weil nach seiner Auffassung Wirklichkeit nicht als etwas Festes, Objektives zu begreifen ist, sondern nur

---

[28] Georg Büchner: *Dantons Tod*, Kritische Studienausgabe des Originals mit Quellen, Aufsätzen und Materialien, hg. von Peter von Becker. Frankfurt am Main ²1985.

als ein lebendiges, in sich wirkendes Wechselverhältnis von Naturphänomenen. Infolgedessen verschließe sie sich gegenüber allen fixierenden Abstraktionen, damit auch jeder Darstellung, die von einzelnen Vorstellungen oder Ideen geleitet wird, also tendenziös, moralisierend oder verklärend gerichtet ist. Wirklichkeit in solchem Verständnis öffne sich nur dem Gefühl, der Liebe, die das, was ist, wie es ist, akzeptiert. Dem habe auch der Dichter so nahe wie möglich zu kommen. Diese Ansicht zu legitimieren war Büchner derart wichtig, daß er trotz seiner Glaubensskepsis mehrfach auf die Schöpfungsmetaphorik zurückgriff. Nicht nur in *Dantons Tod* und dem Lenz-Text, auch in seinem Brief an die Familie vom 28. Juli 1835 erklärte er: Der Mensch solle nicht besser machen wollen, was Gott geschaffen hat.

Aus seiner Wirklichkeitsauffassung entwickelte Büchner wiederum eine poetologische, im diesem Falle rezeptionsästhetische Konsequenz. Er erläuterte sie in dem Brief an die Familie vom 28. Juli 1835 am Beispiel der Geschichte, eines für ihn besonders wichtigen Sektors von Wirklichkeit. Der Dichter erschafft „uns die Geschichte zum zweiten Mal", und er versetzt uns „in das Leben einer Zeit hinein". Er macht also „vergangene Zeiten wieder aufleben und die Leute müssen dann daraus lernen, so gut, wie aus dem Studium der Geschichte und der Beobachtung dessen, was im menschlichen Leben um sie herum vorgeht". Büchner, der die soziale Welt als etwas Chaotisches, jedem abstrakten Rationalismus Entzogenes begriff, verlangte also von seinem Publikum, daß es auf seine Dichtungen wie auf die Wirklichkeit reagiere: selbständig, in subjektiver Verantwortung, „mit Abscheu oder Bewunderung". Dichtung solle ihr Publikum in Konflikte bringen und zu individualisierten Entscheidungen drängen. Nur wenn ihr das gelinge, entstehe „das Gefühl, das was geschaffen sei, Leben habe", erhalte die Kunstwelt den ästhetischen Status einer Lebenswelt. Dementsprechend definierte Büchner seine soziale Rolle: „Der Dichter ist kein Lehrer der Moral [...]." Er schloß seinen Gedankengang mit dem lapidaren Satz: „Mit einem Wort, ich halte viel auf Goethe oder Shakspeare, aber sehr wenig auf Schiller."

Das im Lenz-Text entwickelte poetologische Programm stand also für Büchner im Zeichen zweier Namen. Ihre Zusammengehörigkeit ergab sich ihm einerseits aus ihrem dichterischen Rang, zugleich aber auch aus ihrem literaturhistorischen Zusammenhang. Alle Indizien weisen darauf hin, daß Shakespeare für Büchner so etwas wie ein – fern im geschichtlich Offenen und moralisch Freien situierter – Sturm-und-Drang-Dichter war, insofern ein literarischer Verwandter des jungen Goethe, dessen Werk Büchner die poetischen Möglichkeiten der deutschen Dichtungssprache zur Erfahrung gebracht hatte. Dies akzeptierend, wird man die literaturhistorische Ortung Büchners neu vornehmen müssen. Er stand offenbar seiner literarischen Herkunft und poetischen Natur nach der Goethe-Zeit viel näher, als es die bisherige For-

schung und die in der Germanistik eingebürgerten Periodisierungsregeln nahelegen. Mit dieser Behauptung wird nicht infrage gestellt, daß in geistiger,
sozialpolitischer und literaturstrategischer Hinsicht den jungen Büchner
schon eine geschichtliche Welt von der klassischen Kunstperiode zu trennen
scheint; es wird aber dem poetologischen Ausgangspunkt seines literarischen
Schaffens die Bedeutung gegeben, die ihm zukommt. Denn er war richtung-
weisend für Büchners Produktion lebendig erscheinender, sich autonom re-
gulierender Welten und Gestalten, die eine von Konflikten und Kämpfen zer-
rissene historische Welt repräsentieren und in eine solche Welt wiederum
hineinwirken, indem sie dem Publikum selbständige Entscheidungen abfor-
dern.

Dieses poetische Prinzip opponierte vielen Aspekten des Goetheschen
Werkes und konnte sich mit vielen ungoetheschen literarischen Strategien
verbinden. Schon Büchners Interesse für die zum „Großen Lied" der Unbe-
dingten führende politisch-literarische Traditionslinie sprengte die geistige
Welt Goethes. Die im Lenz-Text mehrfach hervortretende Aufmerksamkeit
für „das Leben der Geringsten", für das gewöhnliche Leben der prosaischen
Menschen akzentuierte Büchners poetisches Prinzip derart, daß es der Haltung zumindest des klassischen Goethe zuwiderging. Büchners literarische
Produktivität war eben von vornherein subversiv, nicht wie die Goethes sozial konstruktiv. Goethe glaubte im Hellen, Hohen das Rettende finden zu können. Büchner richtete den Blick in die Tiefe, die sozialen und psychischen,
auch die geistigen Abgründe.

***

Nur im Wissen um diese Differenz läßt sich eine Vorstellung von der dichterischen Innovationskraft Büchners gewinnen. Sein Rückgriff auf die vom
jungen Goethe gegründete poetische Tradition hatte poetische, geistige und
historische Erfahrungsbarrieren zu durchstoßen, die sich in mehr als zwei
Generationen aufgeschichtet hatten. Er konnte nur deshalb zur Triebkraft einer modern-innovativen Literaturproduktion werden, weil Büchners Dichtungen mit der Differenz der Zeitebenen auch die von ihnen eingeschlossenen
Zeiterfahrungen in sich aufnahmen. Zwar waren schon Götz, Faust, Werther,
Egmont, in gewissem Maße selbst Tasso, poetische Figuren, die sich mit der
Welt, in der sie lebten, nicht abfinden und als „Selbsthelfer" in für sie mehr
oder weniger widrigen Zeiten gegen ihnen willkürlich scheinende Verhal-
tensregeln rebellieren und dabei zugrunde gehen; aber sie scheitern nicht an
der Einrichtung der Welt, sondern an mehr oder weniger legitimierten sozial-
historischen Bedingungen oder den Schwierigkeiten des eigenen Charakters,

so daß die Möglichkeit einer tragischen Interpretation ihres Handelns und Wesens blieb. Für Büchner stellten sich nach Revolution und Restauration, durch den Zusammenbruch des Aufklärungsoptimismus, mit dem Aufkommen unübersehbarer Antinomien im Leben der „gebildete[n] und wohlhabende[n] Minorität"[29], zu der sich Büchner selbst rechnen mußte, die Konflikte härter und schärfer dar. Ließ Goethe seinen Egmont in der Nacht vor der Hinrichtung mit dem Gefühl „innerer Harmonie" entschlummern und am Schlusse seines Lebensweges in stolzem Selbstbewußtsein erklären: „[...] ich schreite einem ehrenvollen Tode [...] entgegen"[30], bleibt dem auf dem Schafott stehenden Danton nur ein zynischer Spaß – „Die Guillotine ist der beste Arzt" – und seine verächtlich-verzweifelte Schelte des Henkers.[31] Da ist keine Hoffnung auf Versöhnung. Der Riß durch die Welt, den Goethe noch heilbar erscheinen ließ, eröffnet in Büchners Dichtungen einen Abgrund. Dementsprechend ist in ihnen die Lebensproblematik der Figuren heillos verschärft. Ein Textbeispiel kann diese Differenz anschaulich machen.[32]

In der zweiten Szene des zweiten Aufzugs, als Egmont sich einem Schicksal überlassen hat, das ihn in den Tod führen wird, faßt er seine Existenzproblematik in ein grandioses Bild.

> Wie von unsichtbaren Geistern gepeitscht, gehen die Sonnenpferde der Zeit mit unsers Schicksals leichtem Wagen durch; und uns bleibt nichts, als mutig gefaßt die Zügel festzuhalten, und bald rechts bald links, vom Steine hier, vom Sturze da, die Räder wegzulenken. Wohin es geht, wer weiß es? Erinnert er sich doch kaum, woher er kam.

Und danach bringt Egmont seinen Lebenswillen in die Worte:

> Ich stehe hoch und kann und muß noch höher steigen, ich fühle mir Hoffnung, Mut und Kraft. Noch hab ich meines Wachstums Gipfel nicht erreicht, und steh ich droben einst, so will ich fest, nicht ängstlich stehen. Soll ich fallen, so mag ein Donnerschlag, ein Sturmwind, ja ein selbst verfehlter Schritt mich abwärts in die Tiefe stürzen – da lieg ich mit viel Tausenden.[33]

Das klingt heroisch und rückt die schicksalhafte Tragik des Helden in strahlenden Glanz. Ein Kontrastbild dazu bietet die Szene „Ein Zimmer" am Ende

---

[29] Brief an Gutzkow, 1836.
[30] Goethe: *Egmont* [Anm. 10], 1954. Bd. 6, S. 101.
[31] Büchner: *Dantons Tod* [Anm. 28]. S. 71.
[32] Vgl. zum folgenden Reinhold Grimm: „Danton's Death: A ‚Counter-Conception' to Goethe's Egmont?", in: R. G.: *Love, Lust, and Rebellion. New Approaches to Georg Büchner*, Madison 1985. S. 139ff.
[33] Goethe: *Egmont* [Anm. 30]. S. 42 f.

des 2. Aktes von *Dantons Tod*, in der Büchners Danton seiner Existenzsituation durch ein Traumbild nicht weniger grandiosen Ausdruck gibt:

> [...] ich träumte [...] Unter mir keuchte die Erdkugel in ihrem Schwung, ich hatte sie wie ein wildes Roß gepackt, mit riesigen Gliedern wühl' ich in ihrer Mähne und preßt' ich ihre Rippen, das Haupt abwärts gewandt, die Haare flatternd über dem Abgrund. So ward ich geschleift. Da schrie ich in der Angst, und ich erwachte.[34]

Hat der Goethesche Freiheitsheld noch den Glanz eines mythischen Halbgottes, besitzt der Büchnersche Ex-Revolutionär das Format eines dämonischen Giganten, und während Egmont den Schicksalswagen in seiner rasenden Fahrt wenigstens noch lenken kann, sieht sich Danton einem kosmischen Verhängnis ausgesetzt, das ihm nur die Möglichkeit läßt, sich, solange seine Kraft reicht, an den wüsten Erdball zu klammern. Für ihn gibt es keine Hoffnung auf Rettung. Er weiß sich dem Weltchaos ausgeliefert.

Diese Situation ist die Voraussetzung dafür, daß der Danton-Gestalt – wie übrigens allen Figuren Büchners, in die sich ihr Autor einfühlen konnte – Züge dunkel-romantischen Selbst- und Weltbewußtseins eingefügt sind: das Erschrecken über die Fremdbestimmtheit des Ich, das Gefühl einer existentiellen Schuld, die Angst, sinnlos zu leben, die Erfahrung der Langeweile, die Vorstellung einer verkehrten, mörderischen Welt, die Neigung zu einem wilden Anarchismus. Insofern ist Büchners Traditionsverhältnis eine Kontamination von Beziehungen zum jungen Goethe und zur deutschen Romantik, eines wirkungsästhetischen Prinzips: Kunst solle erscheinen wie das Leben, und eines ideellen Axioms: Die Welt ist nicht die vernünftige Schöpfung eines menschenliebenden Gottes; sie ist gottlos, vom Standpunkt des Menschen aus eine verkehrte Welt.

Büchners Frauen-Gestalten zeigen die Eigenart dieses Traditionsverhältnisses besonders deutlich. Die Lucile in *Dantons Tod* und die „Marie" im *Woyzeck* sind ohne den literaturhistorischen Hintergrund von Ophelia, Gretchen, Klärchen nicht denkbar, und selbst Julie ist ohne die Figuren der Elisabeth und Maria aus dem *Götz* kaum vorzustellen. Aber diese Vergleiche lassen auch erkennen, daß Büchner die psychisch-sozialen Konflikte seiner Frauengestalten ins Existentiell-Ausweglose vertieft hat. Goethes Klärchen zeigt noch Züge einer Tragödien-Figur. Sie ruft die Bürger von Brüssel zur Befreiung ihres eingekerkerten Geliebten auf. Doch ihre Kraftanstrengung geht ins Leere. Die „Stimme der Vernunft" erhebt sich gegen sie. Sie muß sich gegen den Verdacht wehren, „wahnsinnig" zu sein. Innerlich zerstört, gibt sie schließlich ihren Verzweiflungsakt auf. Ihre letzten Worte sind:

---

[34] Büchner: *Dantons Tod* [Anm. 28]. S. 45f.

„Komm, Brackenburg, nach Hause! Weißt du, wo meine Heimat ist?"[35] Aber
sie wird doch wenigstens „nach Hause" geführt, was auch immer das bedeuten mag. Und Egmont kann sie in seinem letzten Gespräch vor dem Tode dem
Schutz des Ferdinand empfehlen.

Der Schluß von *Dantons Tod* ist um vieles härter. Julie bleibt nur der Sui-
cid, poetisch verschönt dadurch, daß sie die Giftphiole mit den Worten zur
Hand nimmt: „Komm, liebster Priester, dessen Amen uns zu Bette gehn
macht"[36], aber in seiner ästhetischen Wirkung vielleicht deshalb um so peini-
gender. Lucile kann gar nicht mehr den Versuch machen, den geliebten Mann
zu befreien. Ihre äußerste Anstrengung gilt dem Versuch, die Welt durch einen Todesschrei aus ihrer Lethargie aufschrecken zu können, und sie muß
einsehen: „Da hilft nichts [...]. Wir müssen's wohl leiden."[37] Der letzte Satz
weist offensichtlich auf das von Brentano neu gestaltete *Wunderhorn*-Lied *Es
ist ein Schnitter, der heißt Tod* voraus, von dem Lucile in der Schlußszene
des Dramas einige Zeilen singt; aber er hat auch eine, vielleicht sogar wichti-
gere Beziehung auf Goethe. Im *Wunderhorn* heißt die Verszeile: „Wir müssens nur leiden".[38] Lucile aber sagt – und daraus spricht nicht mehr das Erge-
benheitsbewußtsein des „Katholischen Kirchenlieds" –: „Wir müssens wohl
leiden." Ihr Satz drückt aus, daß sie etwas innerlich Unakzeptables gezwun-
genermaßen als unverständliches Geschick hinnimmt; und das entspricht –
zwar nicht in der Sprachform, aber in der geistigen Haltung – den Verszeilen
aus Goethes *Heideröslein*: „Half ihm doch kein Weh und Ach, / Mußt es eben
leiden."

Luciles gequälter Verstand flieht schließlich in den Wahnsinn und findet
hier die Stimme einer – irrsinnigen – Vernunft. Mit den Worten „Es lebe der
König!" stellt sie sich einer Revolutionspatrouille entgegen und erreicht so,
was ihr als letzter Lebenssinn erscheint: dem hingerichteten Geliebten auf eine seinem Sterben vergleichbare Weise in den Tod zu folgen. „Im Namen der
Republik" geschieht ihr der Wille. Mit dem Sinn von Widersinn endet
Büchners Drama, aufstörend, das Entsetzliche dem Urteil des Publikums un-
terbreitend.

Auch Woyzecks Marie, auf deren literarische Verwandtschaft mit Gretchen
in der Büchner-Literatur mehrfach hingewiesen worden ist,[39] durchstößt die
Geschmacks- und Konventionsbarrieren, die Goethe bei seinem Publikum

---

[35] Goethe: *Egmont* [Anm. 30]. S. 83.
[36] Büchner: *Dantons Tod* [Anm. 28]. S. 70.
[37] Ebd. S. 71.
[38] Clemens Brentano: *Sämtliche Werke und Briefe*. Bd VI. *Des Knaben Wunderhorn*, Teil I,
hg. von Heinz Rölleke. Stuttgart 1975. S. 51.
[39] Vgl. Jan-Christoph Hauschild: *Georg Büchner in Selbstzeugnissen und Bilddokumenten*,
Reinbek 1992. S. 120.

voraussetzte und bei sich selbst respektierte. Die Widersprüche ihres Wesens
– zwischen der rücksichtslosen Sinnlichkeit einer Hure und dem verständnis-
vollen Mitgefühl einer liebenden Frau, von Härte und Angst, zwischen reli-
giösem Bedürfnis und seelischer Erstarrung – sind kaum noch durch Vernunft und Toleranz auszugleichen, können schon gar nicht in ein Erlösungs-
bild umstilisiert werden. In der *Bibel* blätternd, bittet sie, beten zu können,
und muß doch am Ende erfahren, daß in ihr das Leben erstorben ist. Aber zugleich hat diese Gestalt die ästhetische Aura lebendiger Natur, die sie als
dichterische Verwandte Goethescher Frauenfiguren erscheinen läßt. Insofern
steht sie gleichrangig neben Woyzeck, einer Gestalt, die ebenfalls den poetischen Prämissen des jungen Goethe Grundlegendes verdankt, wenn sie auch
allenfalls in dem skizzenhaften Umriß des Bauernburschen aus dem *Werther*
ein Pendant besitzt. Mit Marie und Woyzeck haben die Geringsten der modernen Gesellschaft poetisches Leben bekommen – zwar nicht, wie manchmal behauptet wurde – in Form einer revolutionären Gegenmacht, aber, was
dichtungs- und geistesgeschichtlich vielleicht noch bedeutungsvoller ist, als
Zeichen für die Bewegtheit der Gefühls- und Gedankenwelt derer, die unter
der gebildeten und besitzenden Klasse existieren müssen.

Diese Einsicht kann die Aufmerksamkeit auf einen weiteren Aspekt des
Büchnerschen Goethe-Verhältnisses lenken. Es ist doch bemerkenswert, daß
der Autor des *Woyzeck* dem dritten Strang seines Traditionsverhältnisses –
der Beziehung zum aufklärerischen Radikalismus von Robespierre bis Karl
Follen, Karl Ludwig Weidig und Wilhelm Schulz – in seinem dichterischen
Text keinen direkt politischen Ausdruck gegeben hat. Sein radikaler, sich an
sozialen Konflikten geistig abarbeitender Demokratismus durchwirkt zwar
das Fundament der Gestaltenwelt aller seiner Dichtungen, er tritt in privaten
Äußerungen entschieden hervor, bestimmt auch offen die Anlage des *Hessischen Landboten*, aber schon in Büchners Revolutionsdrama scheint seine
geschichts- und gesellschaftsbestimmende Kraft durch eine Form des politischen Skeptizismus gebrochen. Politische Ideologie bestimmt zwar viele Figurenäußerungen, u.a. der Dantonisten, Robespierres, St. Justs; aber bis zu
welchem Grade diese den Überzeugungen des Autors entsprechen, ist fraglich. So kontrovers die Figuren argumentieren und agieren, sie haben alle ihr
Recht, aber infolgedessen hat auch keine *das* Recht. Oder anders ausgedrückt: Immer bleibt unsicher, wie das, was in einer konkreten Situation als
ethisches Recht erscheint, zum praktischen Recht gemacht werden kann. In
Büchners Dichtungen ist der aufklärerische Vernunftglaube nicht mehr ideell
dominant.

Das widersprüchlich-komplexe Verhältnis von Poesie und politischer
Ideologie in Büchners Werk ergab sich aus seinem Verständnis von Politik
ebenso wie aus seinem Verständnis von Poesie. Philosophische Überzeu-

gung, ethische Einstellung und soziale Erfahrung hatten ihn zum Anschluß an die von Baboeuf und Buonarotti ausgehende Aufklärungsrichtung gedrängt, die ihr intellektuelles Interesse auf die sozialen Konflikte der modernen Gesellschaft konzentrierte. Den jungen Büchner ließen theoretische Debatten über eine zweckmäßige, mehr oder weniger gerechte Verteilung der politischen Macht vergleichsweise kalt. Was ihm ans Herz rührte, war das materielle und geistige Elend außerhalb der bürgerlichen Gesellschaft lebender Menschen, und gegen dieses Elend wußte er keine vernünftige Remedur, sondern nur die durch Verzweiflung und Fanatismus gespeiste Gewalt, die er für notwendig hielt, deren Voraussetzung, Bedingung und Folge – materielles Elend, geistige Dumpfheit, psychische Verwilderung – ihm aber auch widerstrebten. Büchners soziales Engagement äußerte sich daher in seinen Dichtungen nicht durch Begründung oder Vermittlung politischer Postulate, die für ihn nur in ihrer radikalsten Form geistig diskutabel waren, ihm aber in dieser Form auch wieder doktrinär erschienen, sondern als poetische Zuwendung zu der Welt Verzweifelter, Gequälter und Ausgegrenzter.

Damit entsprach er zugleich seinen poetologischen Grundsätzen; denn auf diese Weise konnte er das Prinzip „Lebendigkeit der Darstellung" und die sich daran schließende wirkungsästhetische Maxime realisieren, daß sein Publikum auf Dichtung reagieren solle wie auf Wirklichkeit: selbständig, den eigenen Erfahrungen, Interessen und Überzeugungen entsprechend, nicht aber nur den Impulsen anderer nachgebend. Die Umsetzung seiner politischen Überzeugung in literarische Wirkung basierte also auf dem poetologischen Konzept, das der Lenz-Text entwickelt, und damit – so paradox das klingen mag – auf einem Kunst-Prinzip der Goethe-Zeit. Die daraus resultierenden literarischen Techniken ermöglichten Büchner einerseits die derzeit einmalige geistig-moralische Rigorosität seiner Menschendarstellung sowie sein entschiedenes Beharren auf „einem absoluten *Rechts*grundsatz"[40] in sozialen Dingen und schützten anderseits seine Dichtungen vor Doktrinarismus und Fanatismus.

***

Möglicherweise signalisieren späte Texte und Äußerungen Büchners die Notwendigkeit einer poetologische Umorientierung. In seinem letzten Lebensjahr hatte Büchner dem literarischen Mitstreiter Gutzkow geschrieben:

---

[40] Brief an Gutzkow, 1836.

> Ich glaube, man muß in sozialen Dingen von einem absoluten *Rechts*grundsatz
> ausgehen, die Bildung eines neuen geistigen Lebens im *Volk* suchen und die
> abgelebte moderne Gesellschaft zum Teufel gehen lassen. Zu was soll ein Ding
> wie diese zwischen Himmel und Erde herumlaufen? Das ganze Leben dersel-
> ben besteht nur in Versuchen, sich die entsetzlichste Langeweile zu vertreiben.
> Sie mag aussterben, das ist das einzig Neue, was sie noch erleben kann.[41]

Diese Sätze, immer wieder als Beleg für Büchners soziale Einstellung zitiert,
haben auch eine poetologische Bedeutung, die bislang in der Büchner-
Literatur kaum reflektiert ist. Sie verweisen auf ein dichterisches Dilemma.
Denn der gebildeten und wohlhabenden Minorität der modernen Gesellschaft, die nach dem zitierten Urteil dabei war, ihre menschliche Existenzbe-
rechtigung zu verlieren, wußte sich Büchner – zumindest in kultureller Hinsicht – selbst zugehörig, und dieser illusionsfeindliche Dichter machte sich
nicht vor, daß er wenigstens auf eine poetische Verbindung mit dem Volke
hoffen könne. Wilhelm Schulz, der wohl vertrauteste Freund Büchners in
dessen letzter Lebenszeit, berichtete:

> Vor allen erkannte und fühlte er aufs Schmerzlichste jene Kluft, welche die
> Menschen, mögen sie immerhin derselben Nation angehören, in allen Gebieten
> unserer sogenannten Zivilisation *in zwei Völker* spaltet, von denen keines das
> andere versteht; in Reiche und Arme, in Gebildete und Ungebildete. [...] Er
> wußte es, daß wir uns die glatte, gestriegelte Haut an der harten Rinde des
> Volkslebens eher abschinden, als aus dieser Haut herausspringen und mit dem
> Volke Volk sein können.[42]

Diese Einsicht führt an eine Wegscheide heran, an der Büchner eigentlich
nicht anders konnte, als sich auch poetisch-poetologisch von Goethe abzu-
wenden. Dessen Vertrauen in das Lebendige war ethisch-philosophisch ge-
stützt. Goethe hat den „Haß gegen das Bestehende"[43] bis in sein hohes Alter
hinein als Form einer schöpfungswidrigen Destruktivität von sich abgewehrt
und sein positives Weltverhältnis bis an sein Lebensende trotz gelegentlicher
Anfälle von Verzweiflung an der Welt, die auch ihn überfielen, nicht in Frage
gestellt. Er rettete sich in die Maxime: „Das Sicherste bleibt immer, daß wir
alles, was in und an uns ist, in That zu verwandeln suchen [...]".[44]
    Büchners Vertrauen auf das Lebendige war in viel stärkerem Maße sozio-
logisch gegründet, und je mehr er sich davon überzeugen zu müssen glaubte,
daß der Riß zwischen ‚abgelebt' und ‚lebendig' in der modernen Gesellschaft

---

[41] Ebd.
[42] Zit. b. Walter Grab: *Ein Mann, der Marx Ideen gab. Wilhelm Schulz*, Düsseldorf 1979. S.
153.
[43] Brief an Zelter, 24. August 1824.
[44] Brief an denselben, 30. Oktober 1828.

entlang der Grenze zwischen ‚reich' und ‚gebildet' einerseits, ‚arm' und ‚ungebildet' anderseits verlief, und je weiter er die Auswirkungen der eigenen Situiertheit in dieser Gesellschaft bedachte, um so unsicherer mußte ihm sein Anspruch auf eine lebendig wirkende Darstellung der eigenen Welt werden. In *Leonce und Lena* scheint sich diese Problematik poetisch anzukündigen.[45] Darüber läßt sich zwar in Anbetracht des abrupten Endes von Büchners Leben und Schaffen nur in hypothetischer Form urteilen, aber einige Indizien sind doch bemerkenswert.

Das Lustspiel hat im Œuvre Büchners eine Sonderstellung. Auffällig sind: die scheinbar exzessive und zumindest teilweise ironische Verarbeitung vorgeformten poetischen Materials aus dem Fundus der europäischen Romantik; die Konzentration auf die Darstellung einer bis zum Komischen abgelebten Hofwelt, innerhalb derer aber auch Büchnersche Existenz-Probleme zur Sprache kommen; die überwiegend indirekte Form der literarischen Auseinandersetzung mit politischen, geistigen und moralischen Gravamina in der dargestellten Welt. Diese Besonderheiten lassen verständlich werden, daß Hans Mayer seine Erörterung des Lustspiels unter die Überschrift „Romantisch-ironisches Zwischenspiel"[46] stellte, was spätere Kritiker immer wieder zu Polemiken und Einwänden herausforderte, ohne daß es ihnen aber gelang, *Leonce und Lena* im Gesamtschaffen Büchners überzeugend zu orten.

Dafür lassen sich aber einige Fixpunkte sichern. 1. Das Lustspiel ist nicht weniger sozial-politisch subversiv als *Dantons Tod* und *Woyzeck*. Jedoch drücken sich die moralischen Beweggründe des Autors – Haß, Wut, Verachtung – meist nicht unmittelbar in den Figurenäußerungen aus; sie machen sich vor allem indirekt bemerkbar, da sie in erster Linie die Struktur der dargestellten Welt bestimmen. 2. *Leonce und Lena* läßt aus Elementen des zeitgenössischen Lebens ein geschlossenes Geflecht von Figurenbeziehungen erstehen, die vornehme Gesellschaftsverhältnisse – zwischen König, Leonce, Valerio, Lena, der Gouvernante, dem Hofmeister etc. – konstituieren. Amoralisches, Banales, Albernes, Widersinniges sind scheinbar selbstverständliche Elemente dieser Welt. Romantische – wirklichkeittranszendierende – Poesie, Witz, Ulk, Absurdität, Satire und Zynismus geben ihr eine ungemeine artistische Lebendigkeit, die den dürftigen Lebensgehalt der Figuren suggestiv verschönt. 3. Die dargestellte Gesellschaft erscheint als ein von realen menschlichen Beziehungen entleertes Konstrukt, als zwar gefährliche, aber gekünstelte, zynisch strukturierte, spekulativ verkommene, abgelebte Zivili-

---

[45] Vgl. Hans-Georg Werner: „„Meine Herren, meine Herren, wißt ihr auch, was Caligula und Nero waren? Ich weiß es.' Die Funktionsveränderung romantischer Thematik und Motivik in Büchners ‚Leonce und Lena'", in: *Romantik im Vormärz*, hg. von Burghard Dedner und Ulla Hofstaetter. Marburg 1992 (Marburger Studien zur Literatur, 4). S. 91ff.

[46] Hans Mayer: *Georg Büchner und seine Zeit*, Frankfurt am Main 1972. S. 307.

sationsform, die nach Büchners Meinung eigentlich zum Teufel gehen sollte, sich aber ihre scheinhafte Existenz automatisch perpetuiert. Nur in Gestalt der zur Hochzeitsfeier kommandierten, hungernden und frierenden Bauern ragt das wirkliche Leben in sie hinein. Einzig die diesen Vorgang darstellende Szene ist offen aggressiv: moralisch fordernd, satirisch anprangernd, sarkastisch darstellend; sie nimmt dadurch der im Zentrum der Darstellung stehenden vornehmen Gesellschaft ihre ethische Existenzberchtigung und sprengt somit auch für einen theatralischen Augenblick die bislang hermetisch geschlossene Lustspielwelt. Doch die Komödie und die von ihr implizierte scheinhafte Existenzsphäre der vornehmen Gesellschaft stellen sich gleich wieder her. Der Schein triumphiert über das Sein. 4. Das Lustspiel hat keinen positiven Schluß. Indem es zu Ende geht, läuft es ins Leere, zu Leonces Ankündigung einer durch und durch künstlich-illusionären Lebensordnung und der schönklingenden, verlogen-unsinnigen Schlaraffenland-Utopie Valerios. Das Happy-End ist eine raffinierte Täuschung. Erst im Nachhinein zerfällt der schöne Schein der Komödie. Sie gibt keine Aussicht auf eine natürliche, menschliche Sozialisationsform. Dargestellt ist eine absurde Struktur ohne Leben, – um mit Büchner zu sprechen: eine „schöne Leiche" [47]. Seiner geistigen Form bietet der Text eine ins Komisch-Zynische verkehrte Leichenrede. Das poetische Prinzip Lebendigkeit ist an eine soziale Grenze gestoßen, die das Ende seines Geltungsbereichs signalisiert.

* * *

Die angestellten Überlegungen führen auf drei allgemeine Sätze: Büchners literarisches Werk war tiefer in der deutsch-literarischen Tradition verwurzelt als meist angenommen – beim jungen Goethe. Es basiert auf einem Traditionsgefüge, in dem sich unter dem Druck historischer Veränderungen und infolge dadurch motivierter Erfahrungsverschiebungen heterogene Überlieferungsschichten einander überlagert und miteinander verschränkt haben, aber auch gegeneinander konkurrierten. Diese Traditionsverschränkungen und -umschichtungen sind für die geistige Energie signifikant, mit der Büchner die ihm von Herkunft und Natur gegebenen Gestaltungsmöglichkeiten an ihre jeweiligen Grenzen brachte.

---

[47] Georg Büchner: *Leonce und Lena* [Anm. 23]. S. 66.

Lars Lambrecht

Karl Nauwercks Rezeption
der politischen Aufklärungsphilosophie

Bei einem internationalen Symposion in Weimar über „Vormärz und Klassik"
dürfte es wohl hinsichtlich der hier versammelten großen Namen der deutschen Literatur und Literaturwissenschaft fehl am Platze sein, Marginalien
zur vormärzlichen Rezeption klassischer politisch-philosophischer Ansätze
vorzutragen. Denn in drei-, vielleicht vierfacher Hinsicht begegnet man im
folgenden vielleicht Marginalem, sicher aber Unbekanntem: 1. einem sog.
'Kleinen Meister'[1] wie Karl Nauwerck, einem sog. Junghegelianer, falls
überhaupt bekannt, dann als der Politiker unter jenen; 2. geht es um dessen
philosophiehistorische Materialien aus dem literarischen und persönlichen
Nachlaß,[2] zu denen ergänzend auch seine gedruckten politiktheoretischen
und -historischen Arbeiten zu skizzieren sind; 3. gilt es, Nauwercks ideengeschichtliche Verortung kritisch zu prüfen, da er in die 'großen Heerstraßen'
der bisherigen Forschung als Junghegelianer und in die kontextuale Konstellation des Vormärz sowohl sozialhistorisch wie geistesgeschichtlich so gar
nicht passen mag. Denn das, was die herkömmliche Forschung kommode
sich angewöhnt hatte, als Junghegelianer zu bezeichnen, dürfte Karl Nauwerck und er als pars pro toto nicht gewesen sein – wie außerdem mit Nauwerck der Beweis geführt werden kann, daß es dieses Ganze überhaupt – *der*
Junghegelianismus – ist, das in Zukunft zu prüfen sein wird;[3] dasselbe dürfte
auch für andere Ganzheiten zutreffen, wie z.B. *den* Vormärz. 4. ist womöglich ungewohnt oder unpassend, was hier von eher wissenschaftstheoretischer
und methodenkritischer Natur vorgetragen wird: Wenn von Unbekannten,
kleinen Meistern etc. die Rede ist, dann wird damit nicht dem Zeitgeist und
seinem triumphalistischen Gerede vom Ende der Großen Theorien oder

---

[1] Diese kategoriale Bezeichnung hat Henrich mit seiner 'Konstellationen'-Forschung am
Beispiel der Jeneser Klassiker Ende des 18. Jh. eingeführt (vgl. D. Henrich: *Konstellatio-
nen. Probleme und Debatten am Ursprung der idealistischen Philosophie* (1789-1795),
Stuttgart 1991).

[2] Dem Verf. gelang es, Nauwercks Nachlaß samt eines gewichtigen Teiles seiner Korrespondenz in Privatbesitz (Karl-Nauwerck-Familienarchiv, KNFA) ausfindig zu machen
und bearbeiten zu dürfen.

[3] *Philosophie, Literatur und Politik vor den Revolutionen von 1848. Zur Herausbildung
der demokratischen Bewegungen in Europa*, hg. von Lars Lambrecht. Frankfurt/ M., Bern,
New York 1996. Ders.: „Von vielen Unbekannten eine: Karl Nauwerck. Ein Forschungs-
(zwischen)bericht.", in: Ebd. S. 367-381.

Ideologien oder gar der Geschichte gefrönt. Zu folgen ist allerdings einer zeitgenössischen Forschungstendenz, die zunehmend wieder empirisch vorgeht, Archivalien präsentiert, aber gegen jegliche, wie man umgangssprachlich zu sagen pflegt, Faktenhuberei, Erbsenzählerei und jeden Sykophantismus gleichwohl mit Kant und den neueren wissenschaftstheoretischen Standards reklamiert, daß alle Empirie ohne Theorie ebenso blind ist, wie jegliche Philosophie und Wissenschaftstheorie ohne historische Forschung leer.

Die Intention dieser Studie ist nun keineswegs, Karl Nauwerck als einen 'in Wirklichkeit' Großen ehrenzuretten und alle Welt eines Bildungsmangels zu überführen; es soll seine 'eigentliche' Größe nicht mit Ausführungen erschlichen werden, wie die, daß z.B. sein Vater mit Goethe bekannt war, daß er selbst persönlich mit Hoffmann v. Fallersleben und Herwegh, mit C. Vogt, Moleschott (R. Wagner womöglich) etc.pp. verkehrt hatte – von den zeitgenössischen 'kleineren' Lichtern wie A. Ruge oder K. Marx usw. ganz zu schweigen – und z.T. mit all diesen sogar befreundet war. Diese Studie ist nicht als eine Rache der Kleinen, Enterbten, Leidenden, als Geschichte von unten etc. zu verstehen, sondern dient im Sinne W. Benjamins dem 'Gedächtnis', sich der traditionellen Geschichte als Geschichte der Sieger zu verweigern, die zwar die Namen der Verlierer vergessen machen kann, sich aber auch nicht scheut, die Ruhe selbst der Toten zu stören.

Karl Nauwerck – Vita im Telegrammstil

Karl Ludwig Nauwerck wurde 1810 in Salem bei Ratzeburg unehelich geboren; sein Vater hatte dieselben Vornamen und war Kammersekretär bei der mecklenburgisch-strelitzschen Regierung, zugleich Dichter und Maler, der als einer der ersten den Goetheischen *Faust* illustriert hatte. Der Sohn wuchs in Ratzeburg bei den Großeltern seiner natürlichen Mutter, Maurersleuten, auf und besuchte die gymnasiale Domschule bis zum Abitur. Dann studierte er Theologie in Berlin vom 28.10. 1828 bis zum Sommersemester 1830 und vom 27. 10. 1830 bis zum Sommersemester 1831 (einschließlich) an der Bonner Universität. Er wurde dann 1834 mit der *Dissertatio philosophico-historica De progressibus generis humani*[4] in Halle zum Dr. phil. promoviert.

---

[4] Zur Demonstration seiner geschichtsphilosophischen Ansichten ein Beispiel aus seiner „Großen Aphorismensammlung" (Nr. 3201): „Die *Philosophie der Geschichte* ist in weit höherem Maße die Lehrerin der Menschen, als die Geschichte selbst, welche durch den ungeheuren Reichthum an Einzelheiten, durch die oft unlösbare Verwickelung der Ereignisse und besonderen Thatsachen leicht das Urtheil verwirrt. Die Geschichte im Einzelnen giebt Beispiele für Alles, Begierden und Verbrechen: jeder glaubt sich das herauszunehmen, was

Bereits im Dezember 1835 reichte er in Berlin sein Habilitationsgesuch ein; am 19. März 1836 fanden „Colloquium und Habilitation nach der Probevorlesung über Philosophie der Geschichte"5 statt und am 23. April folgte die Antrittsrede „in der Aula: de ratione tractandi historiam philosophiae". Damit erhielt er auf der Basis seiner beiden Habilitationsschriften *De Stratone Lampsaceno philosopho disquisitis* (Berlin 1836) und *Notiz über das Arabische Buch Thôset ichwân asszafa, d.h. Gabe der aufrichtigen Freunde, nebst Proben desselben,* Arabisch und Deutsch (Berlin 1837) die Lehrbefugnis für Arabisch und Geschichte der Philosophie an der Berliner Universität.

Nun begann das, was man Nauwercks 'junghegelianische Laufbahn' nennen könnte: Von seiner vermuteten Teilnahme am ursprünglichen B. Bauer'schen 'Doktorklub' über seine aktive Mitarbeit (auch redaktionell) an K. Riedels *Athenäum,* Ruges *Hallischen/ Deutschen Jahrbüchern* und *Anekdota,* Herweghs *Einundzwanzigbogen,* an der *Mannheimer Abendzeitung* wie in der *Rheinischen Zeitung* bis hin zur *Wigandschen Vierteljahresschrift* und sogar zu den *Deutsch-Französischen Jahrbüchern,* für die er wenigstens anfangs als Mitherausgeber vorgesehen war (woraus dann aber nichts wurde). Er gab in dieser Zeit auch eine eigene Zeitschriften heraus (*Berliner Blätter*) und versuchte, eine *Monatsschrift für Politik* zu publizieren, die von der Zensur verboten wurde.

Nauwerck erregte durch seine „erste politische Vorlesung" im Wintersemester 1843/ 44, nämlich über *Geschichte der wichtigsten Systeme der philosophischen Staatslehre* (Vorlesungsverzeichnis) seit dem 8.11.1843 endgültig den Zorn seines Königs:

> Lösen Sie mir, schrieb Friedrich Wilhelm IV. seinem Staatsminister Thile, das Räthsel, wie der p. Nauwerck, ein bekannter patentirter Revolutionär hier an der Universität Privatdocent geworden ist, und wie man ihm den größten Hörsaal, d.h. Schelling's und Savigny's Katheder einräumt!!!!!!! Ich bin tief betrübt über diesen *entsetzlichen* Mißgriff, der den werdenden guten Geist der Studenten wieder sehr gefährdet. Es *muß endlich* in *meinem* Geist verfahren werden.

Der Kultusminister Eichhorn wurde angewiesen, Nauwerck die „ferneren Vorlesungen über Politik und Geschichte [zu] untersag[en]", und dieser wurde somit gezwungen, am 1.3.1844 auf seine venia docendi zu verzichten, was einen beträchtlichen Skandal an der Universität und in der Öffentlichkeit auslöste.

---

seinen Meinungen schmeichelt, und was ihm Warnung sein sollte, wird ihm Reizung und Verführung."

5 Lt. Archiv der Humboldt-Universität: „Die wissenschaftliche Begründung des Begriffs einer Philosophie der Geschichte".

Danach wirkte Nauwerck als freier Publizist und beteiligte sich am „Verein
für das Wohl der arbeitenden Klassen", der als eine regierungsamtliche In-
stitution in Reaktion auf die oberschlesischen Weberaufstände 1844 geplant
war. 1845 erwarb er das Berliner Bürgerrecht; für die Wahlperiode 1847/48
wurde er am 12.6. 1847 zum Berliner Stadtverordneten gewählt. Am 1. bzw.
10. Mai 1848 erfolgte seine „Wahl zum Abgeordneten für das deutsche Parlament". Im Frankfurter Parlament war Nauwerck auf der 'entschiedenen
Linken' und dann in der Fraktion *Deutscher Hof* organisiert. 1849 nach der
Auflösung der ersten deutschen verfassunggebenden Frankfurter Versammlung folgte Nauwerck dem übriggebliebenen und standhaften Rest der Abgeordneten nach Stuttgart, zum sog. Rumpfparlament. Den gegen dieses einge-
setzten preußischen Bajonetten entzog sich der nunmehr neununddreißigjäh-
rige Nauwerck durch Flucht in die Schweiz und wurde 1850 in Abwesenheit
auf Antrag des Staatsanwalts zum Tode durch das Rad verurteilt. Den Rest
seines Lebens verbrachte er hauptsächlich in Zürich – unermüdlich schrift-
stellerisch und politisch tätig, etwa im Hilfsverein für die deutschen Exilier-
ten, in der Auslandsorganisation des Deutschen Nationalvereins, im Demokratischen Club, im Solidaritätsverein für Schleswig-Holstein usw. Ohne je
wieder seinen Wohnsitz in Deutschland genommen zu haben, ist er dort 1891
gestorben.

Diese Biographie mit ihren Hauptstationen Berlin – Frankfurt – Zürich, bei
denen allerdings die Verweildauer so auffallend ungleich gewichtet war, beschreibt eine europäische Dimension der Demokratie, der Freiheit und des
Exils; nicht eine Freiheit und Demokratie des Exils, sondern der Exilierung
von Freiheit und Demokratie in der deutschen Geschichte, als deren
'Sinnbild' Karl Nauwerck im Vorgriff auf die deutsche Geschichte im 20 Jh.
zu werten ist.

Nauwercks philosophiehistorische Rezeption
der politischen Theorieklassiker und sein Nachlaß

Nauwerck war kein Schreiber großer, streng systematischer Bücher, sondern
ein Stilist der 'kleinen Form', unendlich vieler Zeitungsartikel, Essays, Anekdoten und eben Aphorismen; – was aber nicht heißen soll, er wäre kein theoretischer Kopf und nur der praktische Politiker gewesen – ein nicht immer
lobend gemeinter Irrtum, den die künftige Forschung ausräumen wird. Seiner
eigenen Zählung[6] nach brachte er es auf 18 Titel, am wenigsten 'echte' Bücher, mehr Broschüren, und das meiste in der zeitüblichen Flugschriftengröße
von 20-40 Druckseiten. Davon sind für das vorliegende Thema zweifelsohne

6   Vgl. seine handschriftliche „Chronik von K.N. (seit 1840 mit Familie.)", in: KNFA.

zwei Publikationen einschlägig, die eigentlich eine Arbeit ausmachen (nämlich seine berüchtigte Vorlesung über die philosophischen Staatslehren). Diese Vorlesung erschien 1. als Einleitung zur Vorlesung unter dem Titel: *Ueber die Theilnahme am Staate*[7], und 2. die ganze übrige Vorlesung dann als Artikelserie in *Wigand's Vierteljahrsschrift*.[8]

Ueber die Theilnahme am Staate[9] enthält Nauwercks politisch-theoretisch noch am konzisesten formulierte Grundansicht, seinen verfassungshistorischen Grundsatz. Hervorzuheben sind sein Theorie-Praxis-Verständnis und die Zielorientierung dieser „politischen Theorie oder [...] Staatslehre" (5). Unter der Überschrift „Die Theorie nimmt die Spitze der Praxis" stellt er fest, „daß die Theorie immer der Praxis voraus ist, namentlich in den Lebensangelegenheiten der Gesellschaft. Allerdings gibt es großartige Katastrophen und Krisen in der Weltgeschichte, welche ihrerseits der Theorie Zuwachs, Macht und Vertiefung bringen, zum Danke für die Wirksamkeit der Theorie. So z.B. die Amerikanische Unabhängigkeit und die Französische Revolution" (6f). Gleichzeitig aber relativiert er den Theorieprimat dadurch, daß er die „Gegenwart berechtigter als die Vergangenheit" sieht und mit der inhaltlichen Begründung, daß kein Volk für „alle Zukunft [...] seine Verfassung machen" kann (9). Philosophisch ist seine politische Theorie durch die Prämissen der gesellschaftlichen Natur des Menschen und der „Ursprünglichkeit der Freiheit" determiniert, weshalb er sich mit der entsprechenden Position des Aristoteles (vgl. 16) gegen sämtliche Formen der bürgerlichen Vertragstheorie ausspricht:

> Es „läßt sich behaupten, daß vom Hause aus der Mensch nicht von seines Gleichen sei beherrscht worden [...] Also die Freiheit war früher, als Unterwürfigkeit und Knechtschaft jeder Art. Die Freiheit und Selbstbestimmung ist einfach, naturgemäß und selbstverstanden [...] Dagegen die Knechtschaft und Abhängigkeit ist vielnamig und unnatürlich" (12ff, 16f).

Die systematische Verklammerung gibt Nauwerck mit Blick auf die griechische Bundesversammlung – mit deutlichem Bezug auf seine Gegenwart: „Da der Mensch Selbstbewußtsein hat, so besteht sein innerstes Wesen in der Selbstbestimmung, der Selbstregierung" (*Wigand's Vierteljahrsschrift* 276).

Im Anschluß an die vorangegangenen staatstheoretischen Prämissen trug Nauwerck eine mehr kompilative denn analytisch-systematische Übersicht

---

[7] Karl Nauwerck: *Ueber die Theilnahme am Staate*, Leipzig 1844.

[8] Karl Nauwerck: „Vorlesungen über Geschichte der philosophischen Staatslehre.", in: *Wigands Vierteljahrsschrift*, 1. Jg. Bd. 1, S. 1-17; Bd. 2, S. 91-133; Bd. 3, S. 178-215; Bd. 4, S. 268-302; 1845, 2. Jg. Bd. 1, S. 9-73.

[9] Die folgenden Ziffern in runden Klammern beziehen sich auf die Seitenzahlen dieses Drucks.

über Theoretiker vor, die die Entwicklung des Staates von der herrschafts-
freien Urgesellschaft an behandeln, mit Moses beginnend bis zu Platon und
Aristoteles, denen er „einen gleichen kernigen Inhalt" attestiert: „das gedie-
gene Ergebniß beider ist Vernunftmäßigkeit und gerechte Freiheit des
Staatslebens" (215). Es folgen hellenistische Autoren und die Römer, Cicero
und Tacitus, womit die Darstellung einzelner Theoretiker samt Institutionen-
kunde abbricht. Erstaunlich ist der fast durchgehende Mangel an Bezügen auf
neuzeitliche Staatstheorien; außerdem verzichtete Nauwerck offenbar darauf,
die differentia specifica des Staatszwecks, des Glücks (Aristoteles) und der
Freiheit (Hegel) herauszuarbeiten.

Mit dem zwölften Abschnitt beginnt Nauwerck allerdings eine allgemeine-
re Betrachtung; er vertritt zunächst hinsichtlich des Nutzens antiker Staatstheorien für die Gegenwart die These, daß Staatstheorien immer dann auftreten, wenn die bestehende politische Ordnung zerfällt, wie in Europa seit dem
18. Jh. – für ihn „ein Beweis, daß die Revolution noch lange nicht das letzte
Wort der Menschheit war" (22); zugleich benennt er das Kriterium dafür,
„den erreichten Grad der Civilisation, der ächten Gesittung in Sinn und That,
des reinen Menschenthums zu beurtheilen": „die Lage der untersten Klassen
des Volkes". Unter diesem Maßstab erscheint für ihn als der „dürre Abschluß" der gegenwärtigen Entwicklung:

> [...] der moderne Staat hält die unteren Klassen ebenfalls an der Kette, wie der
> antike und der mittelalterliche; bloß ist die Kette etwas länger. Mehr Freiheit
> als Sklaven und Leibeigene haben unsere Proletarier; aber das Wichtigste da-
> von ist die vergrößerte Freiheit zu darben (27f).

Das mittelalterliche Christentum und eine Auseinandersetzung mit dem
„christlichen Staat" der Gegenwart bilden den Abschluß, wo er zumeist sein
Verständnis über das Verhältnis von Religion und Philosophie wiederholt;
seine letzte „gehaltene" Vorlesung schließt er mit dem Motto: „Die 'gott-
vergessene, gottlose' Revolution ist noch nicht aus. Der fünfte Akt wird allem Anschein nach in den drei leitenden Ländern Europas und in Nordamerika zugleich aufgeführt werden" (53f).

Die These seiner Staatstheorie „Der Staat muß als menschliche Arbeit in
Angriff genommen und beurtheilt werden" (52) ist hervorzuheben, da sie
(zwar ohne expliziten Bezug auf Nauwerck, aber politisch-philosophisch ver-
allgemeinert) bis in die heutige Gegenwart heftig diskutiert wird. Besonders
aktuell wirkt sie zudem, da sie auch Nauwercks Vision einer „menschlichen
Staatsgesellschaft" begründet, in der er im abschließenden Ausblick seine
Gesamtdarstellung gipfeln läßt:

> *Der Staat der Zukunft ist der wahrhaft gesellschaftliche* [...]. Der Staat [...] wird sich in die *freie und gerechte Gesellschaft* verwandeln, wo statt der Knechtschaft die Freiheit ist, statt des Ständeunterschiedes die Gleichheit, statt der Menschenarmuth das edle menschliche Dasein (72f).

Dieses alles konnte bisher wissen, wer sich dafür interessierte, und es wurde auch teilweise in der Forschung wenigstens am Rande behandelt. Doch zentral soll hier eine erste Auswertung seines aufgefundenen Nachlasses sein, der insgesamt aus ca. 5.000 Stücken besteht, von denen seine Aphorismen-Sammlungen (5 Manuskripte) am wichtigsten sind; die größte und originale dieser Sammlungen, von der die anderen nur an Zahl verringerte Abschriften darstellen, ist das „Große Sammlung" genannte Manuskript „Allerlei. Eigenes und Fremdes" aus dem Jahre 1885.[10] Das Überraschende dieses literarischen Nachlaß-Hauptstückes liegt in den dort verwahrten Überresten seiner originalen Manuskripte aus allen Phasen seines produktiven literarischen Schaffens. Das Herz dieser Überreste wiederum sind zweifellos ca. 10 Konvolute seiner Vorlesung zur Geschichte der Philosophie, die er zwar mit 1837 datierte, aber laut Vorlesungsverzeichnis der Berliner Friedrich-Wilhelm-Universität frühestens im Sommersemester 1839 oder im WS 39/40 gehalten hat. Was oben bezüglich des Kompilationscharakters seiner Geschichte der antiken Staatstheorien gesagt wurde, gilt nun auch generell für Nauwercks frühere Vorlesungen zur griechisch-römischen (politischen) Philosophiegeschichte. Zwar hatte er laut Vorlesungsverzeichnis auch über neuzeitliche Philosophie gelesen (und zwar im WS 1837/38: Geschichte der neueren Philosophie seit Baco und Descartes) sowie insbesondere auch über den Skeptizismus im WS 1838/39, wie er in seinen nachgelassenen Aphorismen notierte, und das dürfte sich nicht nur auf den antiken Skeptizismus bezogen haben, aber beide Vorlesungen sind noch nicht wiedergefunden. Außerdem gilt nicht nur für sein gedrucktes Oeuvre, sondern auch für seinen literarischen Nachlaß, daß man von Nauwerck a) weder eine originale politische Philosophie à la Kant oder Hegel etc. erwarten darf noch b) eine Analyse irgendeines mo-

---

[10] Die Widmungsvorbemerkung lautet: „Meiner lieben Frau und meinen lieben Kindern und Enkeln widme ich dies Sammelbuch 'Allerlei', welches in Aphorismen und Aufsätzen meine geistige Quintessenz enthält als bescheidenes Vermächtnis. Es dient nicht zum Lesen, sondern zum gelegentlichen Blättern und Nachdenken. Dieses mehrfache Tausendundeins besteht aus Eigenem und Fremden, Ernstem und Heiterem. Es ist meist aus meinen Tagebuchblättern, Briefen, Druckschriften, Zeitungen, Universitätsvorträgen geschöpft und kann vielfach als Spiegelbild der nächsten Vergangenheit und meines Lebens betrachtet werden, da es die Zeitgeschichte von mehr als einem halben Jahrhundert umfaßt, abgesehen von ältern Zeiten. Man findet darin die Prüfungen, Kämpfe, Leiden und Freuden manchen Volkes und mancher Person.

Obgleich oder weil ursprünglich Theolog, bin ich von jeher Freidenker und Republikaner, immerdar aber auch ein guter deutscher Patriot gewesen."

dernen politischen Theoretikers, wie sie heutigen politikwissenschaftlichen Standards genügen würde; d.h., es gibt keine Auseinandersetzung Nauwercks nach dem Motto: 'Der Staat bei Hobbes' oder 'die Demokratievorstellung Rousseaus' o. dgl. Deswegen war und bleibt auch die Analyse seines gedruckten Werkes im Hinblick auf die partiellen und meist nur summativen Erwähnungen einiger großer Namen unbefriedigend. Gleichwohl lassen sich aus seinen Aphorismen Elemente seiner theoriegeschichtlichen Rezeption eruieren, die hier allerdings nur exemplarisch angeführt werden kann.

Den Großmeister aller neuzeitlich-bürgerlichen politischen Theorie, Hobbes, beurteilt Nauwerck noch nach einer Lesart, die der modernen Forschung kaum gerecht wird, nämlich als Vertreter des Absolutismus. Sein Aphorismus Nr. 2921 aus der „Großen Sammlung" lautete: „Der beste *Staat* des Absolutisten *Hobbes* ist der Staat für Bestien." Im übrigen kann Nauwerck Hobbes nur verspotten, daß dieser zwar „das Dasein des Geistes überhaupt leugnete", sich dann aber „vor Geistern oder Gespenstern" gefürchtet habe (Nr. 1189).

Demgegenüber scheint Nauwerck trotz seiner tiefen Verehrung für Friedrich den Großen Macchiavelli, wenn auch im einzelnen schwankend, grundsätzlich positiv zugewandt gewesen zu sein. Über Macchiavelli verfaßte er nicht nur eines seiner ersten überlieferten Manuskripte[11], sondern dieser Theoretiker erfährt auch in seinen Aphorismen unter allen großen Namen der politischen Geschichte die meisten Nennungen (abgesehen von Vertretern der Literatur, etwa Goethe). Zwei Gesichtspunkte waren es wohl vor allem, die das günstige Urteil über Macchiavelli bedingten: Nauwercks tiefe Abneigung gegen „Hierarchien", gegen den traditionalen Staat und politische Herrschaft generell und gegen die Hierarchien der Kirchen aller Religionen, insbesondere aber gegen die der christlichen Sekten und gegen die christliche Theologie; dafür nur zwei Belege: Im Aphorismus Nr. 2664 zitiert er Macchiavelli: „Die *List* ist nichts anderes, als die Ergänzung der Macht",[12] und weiter in Nr. 2980:

> Vom *Christenthum* dachte der große Staatsmann *Macchiavelli* gering; er fand bloß Leiden und Entsagung darin. In seinen 'Discorsi' äußerte er: die christliche Ansicht und Lebensweise habe die Welt schwach gemacht und in die Hände der Frevler gegeben. Die Kirche und das Papsthum betrachtete er als Quelle der Zerrüttung und Auflösung Italiens. Dieser Charakter von antikem Stoffe konnte nicht anders denken.

---

[11] [K. Nauwerck]: *Nachricht von einem neu aufgefundenen Manuscript Nicolo Macchiavellis*, handschriftl. ca. 1835.
[12] Zu dieser politischen Kritik gehören auch die Aphorismus-Nr. 2708: „Aus seinen Räthen erkennt man den *Fürsten. Macchiavelli*" und Nr. 2709: „Ein *Fürst* muß sich vor Schmeichlern hüten und seine gescheidten Vertreter freiwillig reden lassen."

Kritisch gegen Macchiavelli meinte Nauwerck – und damit in guter Kantischer Moraltradition seine eigene Position markierend –, daß jener in „seinem 'Fürsten' sagte [...], was Regenten thun, nicht aber, was sie thun sollten" (Nr. 2925).

Eine besondere Kombination von Aufklärung *und* Romantik, von revolutionär-optimistischer Gewißheit und pessimistisch-kritischer Skepsis stellt in der ersten Hälfte des 19. Jh. die Rezeption Rousseaus dar. Davon kann man einen typischen Vertreter auch in Nauwerck erkennen. Für ihn überwiegt allerdings offenbar die optimistische Variante der Rousseau-Rezeption; er zitiert Rousseau zustimmend: „Der *Despotismus* führt immer zur Freiheit" (Aphorismus, Nr. 914), oder: „Die *Freiheit* will erobert, nicht erbettelt sein" (Aphorismus, Nr. 1036). „In dem Ausdruck 'Recht des Stärkeren!' wird anerkannt, daß die Stärke kein Recht ist" (Aphorismus, Nr. 2953). Eine solche widersprüchliche Akzentuierung belegt einen für das 19. Jh. in Deutschland typischen Zwiespalt, kämpferisch für die demokratische Freiheit einzustehen, wenn auch Nauwerck an anderen Orten sich noch mehrfach gegen die Moral der 'Sieger' und für die der (historischen) 'Verlierer' und Unterlegenen einsetzt.

Denselben moralischen Rigorismus kennzeichnet zunächst Nauwercks Kant-Rezeption: „Wer wie ein *Wurm* sich krümmt, verdient, daß er mit Füßen getreten wird" (Aphorismus, Nr. 637). Wichtiger aber war Nauwerck offenbar Kants religionskritische Intention: „Über den Mißbrauch des *Religionsunterrichts* erhob *Kant* die Klage: 'Kaum ist das Kind in diese Welt eingetreten, so plagt man *es schon mit jener Welt*'" (Aphorismus, Nr. 1344), oder: „*Kant* bemerkte sehr richtig: 'Der Tod der *Dogmen* ist die Geburt der *Moral*'" (Aphorismus, Nr. 1355). Insgesamt aber favorisierte Nauwerck den kantischen antimetaphysischen Realismus: „Mit wenigen Ausnahmen, wie *Spinoza* und *Kant*, muß man von den *Philosophen* sagen: 'viel Gescheer und wenig Wolle'" (Aphorismus, Nr. 1187).

Nach alledem kann nicht überraschen, daß Montesquieu für Nauwerck einer der vorrangigen Zeugen parlamentarisch-demokratischer Opposition gegen feudalstaatliche Verhältnisse war. So zitierte Nauwerck immer wieder Montesquieus Kritik an der Privilegienwirtschaft der feudalstaatlichen höfischen Vertreter: „Der Charakter der *Hofleute* ist gewöhnlich Hochmuth und Niedertracht" (Aphorismus, Nr. 2717), oder:

> *Montesquieu* bezeichnet als Charakter der *Hofschranzen*: den Ehrgeiz im Müßiggang, die Gemeinheit im Hochmuth, das Verlangen, sich ohne Arbeit zu bereichern, die Abneigung gegen die Wahrheit, die Schmeichelei, den Verrath, die Treulosigkeit, das Nichterfüllen aller ihrer Verbindlichkeiten, die Verachtung der Bürgerpflichten, die Furcht vor der Tugend des Fürsten, die Hoffnung

auf seine Schwäche und, mehr als alles das, das beständige Lächerlichmachen der Tugend (Aphorismus, Nr. 2929; vgl. Nr. 799).

Dasselbe gilt für die Kritik an den feudalstaatlichen Institutionen, exemplarisch etwa: „Der Geist der *Monarchie* ist der Krieg und die Vergrößerung, der Geist der *Republik* ist der Friede und die Mäßigung" (Aphorismus, Nr. 2938), oder: „In der *Republik* und der *Despotie* sind alle Menschen gleich: in der erstern, weil sie alles sind, in der andern, weil sie nichts sind" (Aphorismus, Nr. 2947).

Im Vergleich mit dem realistischen Rationalismus der bisherigen Referenzen stellt die Rezeption Herders bei Nauwerck ein durchaus irritierendes, aber hier noch nicht tiefer zu interpretierendes Moment dar, dem im 19. Jh. keineswegs durchgehend aufklärerisch-fortschrittliche Funktionen zukamen, sondern das seine Wirkungen auch in der kritischen Romantik hatte. Als Motto dafür könnte das Montesquieu-Zitat aus einem fremden Zeitungsbericht stehen, den Nauwerck aufgehoben hat: „Die Freiheit sagt der französische Montesquieu, diese schöne Sache, ist in den deutschen Wäldern erfunden worden" (Aphorismus, Nr. 3548). An Herder scheint Nauwerck dessen Kritik an der historischen 'Rückständigkeit' der bürgerlich-demokratischen Bewegung in Deutschland im Vergleich zu den Franzosen fasziniert zu haben: „Von den *Deutschen* sagte vor hundert Jahren *Herder*: gleichgültige Gutmüthigkeit, d.i. duldsamträge Eselei, ist unser Grundfehler" (Aphorismus, Nr. 1578, vgl. 1569: „1846. *Herder* gab „unzeitige Geduld und Sklavensinn als Eigenschaften des *deutschen Volkes* an"). Darüber hinaus scheint Nauwerck besonders Herders Sicht von der frühgeschichtlichen Freiheit des 'Volkes', vor allem des germanisch-deutschen Volkes, geteilt zu haben – eine 'ursprüngliche' Freiheit, die Nauwerck aber in durchaus demokratischer Intention gegen die zeitgenössischen Restaurationspolitik und die scheinbar 'unreifen' deutschen Verhältnisse reklamierte.

Zur ideengeschichtlichen Einordnung Nauwercks – ein „Junghegelianer"?

Wie sich unschwer abschätzen läßt, bieten die vorangegangenen Materialien zur theoretischen Rezeption Nauwercks Hinweise darauf, wo Nauwerck ideengeschichtlich einzuordnen ist. Bis hierher beabsichtigte die Darstellung, eine gewissermaßen statistisch-objektivistische Erhebung für die Nauwercksche Rezeption der politisch-philosophischen Quellen und Standards zu geben, ohne ideengeschichtlich-vergleichende Zuordnung und interpretative Bewertung. Nach dieser faktologischen Bestandsaufnahme ist nun zu fragen, wo dieses Material einzuordnen ist, welcher sein politisch-philosophischer Standort ist bzw. welche Tradition diesen kennzeichnet? In der bisherigen

Forschung galt Nauwerck unbesehen als Hegelianer, genauer Junghegelianer. Um diese Ansicht zu prüfen, bieten sich zunächst biographische Quellen und Autobiographisches an, um zu sehen, wo sich Nauwerck selbst verortete. Nauwercks unmittelbare Beziehungen zu Hegel lassen sich an einer Hand abzählen. 1. Während seines Theologiestudiums in Berlin hatte er bei Hegel gehört. In seiner Vita zur Habilitation schrieb Nauwerck: „De logica aliisque philosophiae diciplinis lectionibus interfui virorum Ill. Hegel et H. Ritter".[13] 2. Auf jeden Fall existiert ein kürzlich aufgefundener Autograph Hegels, und zwar der von ihm ausgestellte Hörer-Zulassungsschein: „Für Herrn Nauwerk | Zur Logik | Hegel 6 / 5 [18]30".[14] 3. Wie Nauwerck in seiner Tagebuch-Chronik notierte, hat er wahrscheinlich im Wintersemester, auf jeden Fall während Hegels Rektorat 1830 „[e]inen Universitätspreis von 20 Thlrn für [seine Arbeit]: de Anaximandro philosopho bekommen". (Die Arbeit ist noch nicht wieder aufgefunden; nicht ausgeschlossen, daß sie aus dem Kontext, möglicherweise sogar durch Anregung in Hegels Vorlesung zur Geschichte der Philosophie vom Wintersemester 1829/30 entstanden ist.) [15] 4. Für seinen Universitätswechsel nach Bonn erhielt Nauwerck das von Hegel am 21. August 1830 in seiner Eigenschaft als Universitätsrektor unterzeichnete Leu-

---

[13] Dieselbe Bemerkung machte Nauwerck zuvor auch in seiner Vita zur Promotion, allerdings ohne den Namen Hegels! Deshalb ist aus dem Verweis auf die Logik-Vorlesung nicht zwingend auf die von Hegel zu schließen, solange es nicht aus den Hörer-Verzeichnissen nachgewiesen werden kann. Logik hatte Hegel in den SoSe 1829, 30, 31, Nauwercks 2., 4. u. 6. Semester, gelesen; da er aber vom 27. 10. 1830 bis zum Sommersemester (einschließlich) an der Bonner Universität immatrikuliert war, kommt Hegels 1831er Vorlesung nicht in Frage.

[14] Erstveröffentlichung dieses Hörerscheins: Lambrecht [Anm. 3]. S. 380; zu den bekannten Hörer-Zulassungsscheinen Hegels vgl. F. Nicolin (Hg.), / 81; *Briefe von und an Hegel*, hg. v. J. Hoffmeister. Bd. 4, Teil 1: Dokumente und Materialien zur Biographie, Hamburg. S. 125f.

[15] Hegel schätzte Anaximander allerdings überhaupt nicht: „Seine philosophischen Gedanken sind von wenig Umfang und gehen nicht zur Bestimmung fort"; Anaximanders Bestimmung des Unendlichen als Werden u. dgl. bemäkelt Hegel mit: „Das hat einen ganz orientalischen Ton" – eine verächtliche Beurteilung des meist Gehaßten, was das Hegelsche Denken kennt; verallgemeinernd zu Anaximander dann: „Dies sind jedoch arme Bestimmungen, die nur das Bedürfnis zeigen, vom Unbestimmten zum bestimmten überzugehen; dies geschieht aber hier auf unbefriedigende Weise" (HW 10/ 210, 212). Nauwercks eigene Qualifikation Anaximanders in seinen philosophiehistorischen Vorlesungen 1837-1840: Aphorismus-Nr. 3214 [p.] 941: „Der alte griechische Philosoph *Anaximandros* legte dem *Urwesen* Unendlichkeit und Unbegrenztheit bei und bezeichnete es als Mischung aller verschiedenen Stoffe, welche sich durch ewige Bewegung und Entgegensetzung ausscheiden; das Urwesen ist nicht bloß Urstoff, sondern auch Urkraft. – Die Thiere entstanden aus dem Urschlamm, der Mensch erschien zuerst als Fisch, weil er unter allen Thieren die meiste und längste Pflege und Hülfsleistung verlangt. – *Anaximander* führte alles auf die Luft als Urwesen zurück."

mundszeugnis, daß der Universität eine Mitgliedschaft Nauwercks in „verbotenen Verbindungen", etwa der Burschenschaft, nicht bekannt sei. Mehr ist zu den persönlichen Hegel-Beziehungen Nauwercks z.Zt. nicht zu dokumentieren.

Das den Selbstzeugnissen und dem Biographischen nächste Material, Nauwercks nachgelassene Aphorismen, enthalten nicht mehr als nur fünf Nennungen Hegels, d.h. bei insgesamt 4.186 Aphorismen der Großen Sammlung auf 1.637 Originalseiten und ca. 800 Maschinenschriftseiten nicht gerade ein Beweis für eine große intellektuelle Nähe zu Hegel oder gar Abhängigkeit von ihm. Das wird noch deutlicher bei der ironischen Intention der Hegel betreffenden Aphorismen, Nr. 232:

> *Philosophische Klarheit.* Der große Philosoph *Hegel* erklärte das Gewitter, wie folgt: Die vollständige Erscheinung des Processes der sich entzündenden Verzehrung des versuchten unterschiedenen Bestehens der Momente der Entgegensetzung, wodurch ihre wesentliche Verknüpfung sich herstellt. [für antihegelische Germanisten – ein fünffacher Genitiv!];

Nr. 1287: „Gewisse dicke gelehrte *Bücher* kann man eher schreiben als lesen. *Hegel*, – in Selbstvergessenheit." Die übrigen Hinweise bestehen aus Hegel-Zitaten und einem ebenfalls ironisierenden Aphorismus seines Vaters Ludwig Nauwerck. Philosophisch explizit gegen Hegel gerichtet, wenn auch ohne seinen Namen zu nennen, ist der Aphorismus Nr: 3202:

> Gegen die Ansicht, daß die *Weltgeschichte* eine Entwickelung des absoluten Geistes, ein sich Ausleben, eine Offenbarung Gottes sei: Nach ihr erstarrt die Gottheit wie ein Stümper, komödienhaft; mit ihrem Vollkommenheitsbegriff liegt in Widerstreit das Mangelhafte, Unvollkommene in der Geschichte, die Schwankungen, Umwege, Rückschritte und Verstrickungen von Völkern und Individuen. Der Ansicht, daß die Geschichte eine Gottheitsentfaltung sei, steht auch der unvollkommene, rohe, barbarische Anfang aller Völker entgegen; wenigstens so weit die hier einzig kompetente Geschichtsforschung zu sehen vermag, hat der Mensch von unten auf, nicht von oben herab, seine Geschichte gemacht. Das Paradies. Der Sündenfall. Schon früh fordert das fromme Bedürfniß der Menschen eine Anknüpfung ihres Ursprungs an Gott selbst.

Das ganze gedruckte Œuvre Nauwercks endlich weist zwar kaum mehr als vielleicht 20 Nennungen Hegels aus, aber zumeist nur als summativ-kursorisches Name-dropping und keine einzige inhaltliche philosophische oder politiktheoretische Auseinandersetzung. Allerdings gibt es eine der im gesamten nachgelassenen und veröffentlichen Werk Nauwercks äußerst seltenen Stellen, wo sich der Verfasser über sich selbst und seine Orientierung äußert, in der er sich nun explizit gegen Hegel, besser: gegen einen Hegelianismus als System ausspricht, und zwar anläßlich einer Rezension über *Staat und Kirche* von Karl Riedel, den er – allerdings irrtümlich – als Hegelianer bezeichnete:

> Hr. Dr. Riedel ist Anhänger der Hegelschen Philosophie. [...] Ref. bekennt sich zu keinem System als solchem, als einem geschlossenen Gedankenstaate, meint aber, daß alle Formen, sobald nur etwas Tüchtiges in ihnen ist, ihren Zweck erfüllen. Man kann ja an Vasen verschiedenen Styles Geschmack finden.[16]

Nauwerck – also bestenfalls ein 'Bündnispartner' (sit venia verbo) der (Jung)Hegelianer! Damit ist zwar noch nichts Endgültiges über die Wirkung und Rezeption des Hegelschen Denkens bei Nauwerck gesagt, aber ein Ansatz für die inhaltliche ideengeschichtliche Nachforschung benannt. Wie immer sind auch diese quantitativen Hinweise von nur bedingter Aussagekraft – und dieses um so mehr, als die Vergleichszahlen hier nicht ausgeführt werden können. So könnte man aber bei Nauwerck eine ähnlich geringe Zitation etwa Kants, (oder früher) Hobbes', Lockes, Macchiavellis, Montesquieus, Rousseaus e tutti quanti nachweisen. Es hilft nur eine qualitative, philologisch-ideengeschichtliche Analyse. Bevor darauf aber näher eingegangen wird, sei noch auf eine erste so gut wie autobiographische Spur verwiesen.

In seiner bereits zitierten Vita zur Habilitation hatte Nauwerck Hegel zwar unter anderen genannt, aber viel deutlicher wird er dort zu einem seiner weiteren Lehrer, und zwar ausgerechnet zu dem bekanntesten Intimfeind Hegels: Schleiermacher, den Nauwerck mit: „cuius aeternam grato animo conservato memoriam" näher bezeichnete. Dieselbe Formulierung aber enthält auch Nauwercks weitgehend identische Vita zu seiner Dissertation in Halle von 1834. Dort aber fehlt der Hinweis auf sein Studium bei Hegel gänzlich. Die Deutung dieser Differenz legt nahe, daß sich Nauwerck mit seiner Würdigung in Halle offenbar als Schleiermacher-Schüler empfehlen wollte, da Schleiermacher selbst an der dortigen theologischen Fakultät studiert und später seine erste Professur ausgeübt hatte.

Obwohl noch nicht geklärt ist, warum Nauwerck in Halle promovierte, obwohl er dort gar nicht studiert hatte, gibt es dafür ein Indiz, nämlich daß er dort zum Doktor der Philosophie promoviert wurde: Denn nachdem Nauwerck im Herbst 1831 aus Bonn nach Berlin zurückgekehrt war, hatte er sich

---

[16] K. Nauwerck: [Rez. zu:] Staat und Kirche [...] von Karl Riedel, in: *Hallisch/Deutsche Jahrbücher*, hg. v. A. Ruge. 4. Jg, Nr.76, 1841. S. 304. Diese pluralistische Freiheit gegenüber den philosophischen Systemen brachte Nauwerck deutlich zum Ausdruck, wenn er wenig pietätvoll ausgerechnet die seinerzeit zum reaktionären Regierungsorgan avancierte „Literarische Zeitung" sogar „als wäre sie eine Hegelianerin" ironisierte: K. Nauwerck: *Anmerkungen zur Literarischen Zeitung*, Zürich/ Winterthur 1843. S. 40; vgl. Aphorismus-Nr. 2220.

von Ostern 1832 bis Ostern 1834 als Hauslehrer verdungen, d.h., an eine unmittelbar an sein Studium anschließende Dissertation war offenbar nicht zu
denken gewesen (zudem war inzwischen Hegel bekanntlich am 14. 11. 1831
gestorben), oder, was im Augenblick zumindest denkbar erscheint: Nauwerck
hatte sogar auf eine Dissertation bei Schleiermacher spekuliert, wobei diesen
möglicherweise nur der christlich-theologische Abschluß gestört haben
mochte.[17] Aber dann war auch Schleiermacher am 12.2.1834 gestorben, so
daß sich die eventuelle Promotionsabsicht zerschlug. Da aber die Philosophie
in Berlin (abgesehen von dem vakanten Lehrstuhl Hegels) fast nur von He-
gel-Schülern (einschließlich der Privatdozenten) vertreten wurde[18], kann
Nauwercks Wahl der Hallenser Universität als Promotionsort eigentlich nur
als Entscheidung gegen die Hegel-Schule verstanden werden. Doch vorbe-
haltlich einer endgültigen Klärung wird aus alledem doch soviel klar: Ein
kämpferischer Hegel-Bekenner dürfte Nauwerck in seiner Studienzeit nicht
gewesen sein. Umgekehrt kann dann die Nennung Hegels in seiner Habilitati-
ons-Vita wohl auch nur der taktischen Erwägung geschuldet gewesen sein,
für die Erlangung der venia in Philosophiegeschichte und hier vor allem an
der von der Hegel-Schule dominierten Berliner Universität eine einschlägige
philosophische Ausbildung nachzuweisen.

Geht man sodann auf diese autobiographische Indizien-Spur ideengeschichtlich und inhaltsanalytisch näher ein, dann zeigen sich für Nauwerck
doch bedeutend mehr sachliche Anknüpfungspunkte an den des philosophischen Pantheismus geziehenen Schleiermacher als an den des Atheismus ver-
dächtigten Hegel. Zunächst wieder quantitativ aus seiner Aphorismen-
Sammlung: Auf Schleiermacher kommen drei Eintragungen, ebenso viel wie
auf Schelling und damit nur jeweils zwei Punkte weniger als auf Hegel. Von
allen möglichen inhaltlichen Berührungspunkten seien nur zwei zitiert:

1. 'Persönlichkeit' bei Schleiermacher und bei Nauwerck. Da über die
Schleiermachersche Anschauung als eine der ganz großen Positionen in der
deutschen Geistesgeschichte einschlägig geforscht ist, soll hier zum Vergleich des Bekannten dem 'kleinen Meister' dokumentarischer Vorrang ein-
geräumt werden:

> Der unbelebte Körper hat seinen Schwerpunkt; man kann ihn seine Seele oder
> die Kraftäußerung seiner Seele nennen. Die Gesammtheit aller Körper strebt
> fortwährend nach Einem Mittelpunkt. Sollte die so unendlich vollkommene
> Welt der Geister bloß bestimmt sein, unendlich viele Mittelpunkte zu behaup-

---

[17] Lt. Auskunft der Preußisch-Brandburgischen Akademie der Wissenschaften und der
Editoren der wissenschaftlich-kritischen Schleiermacherausgabe finden sich allerdings weder im Schleiermacher-Briefwechsel noch -Nachlaß Hinweise auf Nauwerck.
[18] Das betrifft natürlich nicht die theoretische Philosophie, sondern nur die historische
Abteilung, für die sich Nauwerck ja schon mit seiner Dissertation qualifiziert hatte.

ten? Sobald zugegeben wird, daß die Menschen alle zu Einer Gattung gehören, so folgt mit Nothwendigkeit, daß ihre Bestrebungen auf ein letztes und höchstes gemeinschaftliches *Centrum* gerichtet sind. Die Natur dieses Centrums zu finden, ist der höchste Gegenstand der *Philosophie der Geschichte*. Ein besseres, wahrers, in der Natur des Einzelmenschen begründetes Centrum, als die *freie Persönlichkeit*, ist noch nicht erfunden worden. Dies allgemeinste Gesetz der Entwickelung ist ein formmales, folglich ins Unendliche und für eine unendliche Fülle von Fällen anwendbares. Dem Inidividuum kommt eine doppelte und doch dem Sinne nach einheitliche Bewegung zu: die um seine eigene Axe und die um das gemeinschaftliche Centrum. (Aphorismus Nr. 3204).

Die meisten philosophischen Systeme, sogar die pantheistischen, haben ihre wahre Basis im *Individualismus*. Das Recht auf Persönlichkeit, auf persönliche Freiheit und Unabhängigkeit, ist z.B. dem System *Spinozas*, welcher doch alles für Eine Substanz erklärt, aufs entschiedendste anerkannt, wohl gerade deßhalb, weil ein jedes Individuum Theil hat an der göttlichen Natur der Einen Substanz. (Aphorismus Nr. 3205).

Das *Individuum* ist offenbar nicht geschaffen um der Natur oder der Menschheit willen, sondern der Staat ist um des Individuums willen vorhanden. Freilich nicht für ein einziges Individuum, wie der theologische Jurist *Göschel* meinte: daß die Totalität des Staatslebens sich in Einem Individuum, dem Monarchen, koncentrire! (Aphorismus Nr. 3206).

Ein hier nicht zu vertiefender Vergleich zwischen der Persönlichkeits- und Subjekttheorie Schleiermachers und der Nauwercks könnte unschwer auf vielerlei Übereinstimmungen verweisen. Aber das könnte man vielleicht auch für eine Übereinstimmung Nauwercks mit Hegel bei gehöriger Auswahl belegen. Denn Subjekt-, oder vulgo: individualphilosophisch waren sie alle, die Kants, Fichtes, Schellings und Hegels, aber was ist deren differentia specifica? Exemplarisch vielleicht: Schleiermacher – Hegel. Hegels System-Ansatz ist entgegen einiger moderner Reinterpretationsversuche (V. Hösle) letztendlich nicht als intersubjektiv zu verstehen, sondern er ist individualsubjektabsolutistisch. Dies lehrt auch im Vergleich zur 'klassischen' Position Hegels dessen Rezeption, etwa epigonal-kongenial-rechtsliberal B. Bauer oder ebenso, aber mehr links-liberal-anarchistisch, M. Stirner.

2. Dagegen ist der Schleiermachersche Ansatz nur intersubjektiv zu verstehen, gegebenenfalls mit der Habermas'schen Hermeneutiktradition auch geradezu kommuniktionstheoretisch. Diesem Gesichtspunkt entspricht jedoch sehr direkt Nauwerck bis hin zu dessen expliziter Schleiermacher-Zitation:

Schleiermacher entwickelt sein „Princip der *Eigenthümlichkeit*" auf *Fichte*scher Grundlage beruhend, besonders scharf in den „Monologen". Eine Stelle lautet: so ist mir aufgegangen, was jetzt meine höchste Anschauung ist, es ist mir klar geworden, daß jeder Mensch auf eigene Art die Menschheit darstellen soll, in einer eignen Mischung ihrer Elemente, damit auf jede Weise sie sich offenbare und wirklich werde in der Fülle der Unendlichkeit alles, was aus ihrem Schoße hervorgehen kann pp. (Aphorismus Nr. 3207).

Zum Beleg dieser intersubjektiven Intention wären weitere Einlassungen Nauwercks aus politik- und gesellschaftstheoretischen Zusammenhängen anzuführen, für die aber auf eine geplante Biographie zu verweisen ist. Deshalb sei hier nun auf einen Aspekt verwiesen, der die besondere Nähe Nauwercks zu Schleiermacher anzeigen könnte, und zwar Schleiermachers Übersetzungen und Deutungen Platons sowie Nauwercks Platon-Kritik in seiner philosophiehistorischen Vorlesung Ende der 1830er Jahre betreffend:

Das Platonische Ideal leidet an manchen Einseitigkeiten und Mängeln, ungeschichtliche[n] „Hirngespinste[n]" und „verrückte[n] Theorien"; und doch, wie mancher Staat, der wirklich bestanden hat, ist viel verrückter gewesen[.] Wenn d[er] Plat[onische]. Staat eine Fabel ist, so mangelt ihm wenigstens eine sehr gewichtige Moral, die theils in der Staatsansicht, theils in der Platonischen Ethik und Psychologie ihren Grund haben. In letzterer Hinsicht findet sich beim Platon oft ein greller Zweispalt zwischen Ideal und Wirklichkeit; die Vernachläßigung des Wirklichen und Gegebenen ist überhaupt eine der schwächsten Seiten seiner ganzen Philosophie. Das erstere betreffend, so ist, wie den Alten überhaupt, auch dem Platon der Staat dasjenige, auf welches sich alles in der menschlichen Gesellschaft bezieht; der Staat verschlingt außer den politischen alle bürgerlichen und häuslichen Verhältnisse. Der Staat als Inbegriff der substantiellen Sittlichkeit hebt die *besondere* Freiheit der Persönlichkeit auf; daher kein Privateigenthum und keine Familie, die beiden Grundbedingungen desjenigen Staates, welcher die Persönlichkeiten sich frei entwickeln läßt. Der Staat ist nicht ein Mittel, eine Form zur Verwirklichung der Humanität; er ist der Zweck und das Ziel der menschlichen Gesellschaft, er ist Eins mit dem Guten, dem Ziel der Tugend. Dem Staate gehört Alles an, was die bürgerliche Gesellschaft besitzt, Verstand und Erfahrung, Arbeit, Vermögen, Weib und Kind. So wird das Individuum seiner Eigenschaft als Mensch und seiner Individualität so gut wie gänzlich beraubt, die Familie hört auf; Jeder ist Bürger des Staates, um welche Angel sich Alles dreht.

Selbstverständlich hält eine solche Interpretation Platons einer historisch-philologischen und philosophischen Kritik heute nicht stand; gleichwohl zeigt sie sehr gut die ureigensten Anliegen Nauwercks, in dem man einen der ersten echten Vorläufer der modernen Politikwissenschaft sehen könnte: die auch auf Platon übertragene radikale Kritik an der spätfeudalen und konservativen Auffassung von der Staatsabsolutheit und das Eintreten für das Individualsubjekt auch und gerade in politischen Verhältnissen unter demokratischen Bedingungen, d. h. für eine eigenverantwortliche, selbständige und tätige Bürgerschaft, wie sie etwa die nordamerikanische Geschichte beweist.[19]

Methodenkritisches Resümee

Der Befund dieser Studie lautet: Die Zeit des Vormärz, die Epoche 'nach Hegel' oder 'nach Goethe' etc. pp., ist neu zu vermessen.[20] Nauwerck steht exemplarisch für einen engagierten Demokratismus vor 1848, für eine Tradition also, deren Erforschung nach den Worten des ehemaligen Bundespräsidenten G. Heinemann immer noch Desiderat ist. Die meisten Zitationen in Nauwercks privaten und öffentlichen Äußerungen – quantitativ wie inhaltlich – betreffen Goethe, Rahel, Börne (mehr als:) Heine, Lichtenberg, Seume und Lessing. Nauwerck war Gegner aller einseitigen Nationalismen, sogar Frankreichs (Napoleon III.), aber in erster Linie Rußlands, Preußens und Österreichs. Er war ein Feind der Diplomatie, des Militarismus, der Jesuiten, des frömmelnden Protestantismus: „Papst, Czar, Sultan" sind ihm eine beliebte Sammeladresse seiner bissigsten Aphorismen. Papst und Zar stehen im Verlauf seines Lebens stellvertretend für religiösen Fanatismus und Cäsarismus, Bonapartismus oder Totalitarismus. Das Stichwort Sultan ist, da Nauwerck ja auch Arabist war, stellvertretend für Fundamentalismus bzw. Islamismus, wobei sich Nauwerck anders als seine Zeitgenossen wie Schopenhauer oder Köppen nicht etwa einer 'Magie des Orients', 'alternativer Esoterik' zuwandte. Nauwerck war ein Freund der Emanzipation der Juden (nicht nur im Sinne der bürgerlichen Gleichstellung) und des Proletariats (im Sinne der modernen sozialstaatlichen Regelungen).

Biographie – das horribile dictu gestrenger Philosophen – erweist sich für die wissenschaftliche Forschung in mehrfacher Hinsicht als fruchtbar:
1. Ganz simpel hinsichtlich des absolut normalen Geschäftes aller wissenschaftlichen Arbeit, nämlich hinsichtlich der Entdeckung bislang unbekannter Quellen und Überreste, die nicht nur aus den öffentlichen Archiven systematisch erfaßt und zusammengestellt werden können (hier muß sich nur jemand dafür interessieren), sondern vor allem auch im Vollzug der genealogischen Fragestellung die Auffindung von Archivalien im Privatbesitz, D. Henrichs Petitum der sog. Nachlaßforschung; dabei sind derartige privatei-

---

[19] Nauwerck zitierte Schleiermacher noch explizit in seinen Vorlesungen über die Geschichte der philosophischen Staatslehre, in: *Wigands Vierteljahrsschrift* [Anm. 8]. 2. Jg., Bd. 1, 1845. S.65. Darüber hinaus gibt es noch eine Fülle weiterer Berührungspunkte, die Nauwerck für Schleiermacher eingenommen haben dürften, wie z. B., daß dieser mit Henriette Herz, der Frau des Arztes und Kant-Schülers Dr. Marcus Herz, befreundet war und sich in den Kreisen von Humboldt und Rahel Levin Varnhagen bewegte.
[20] Vgl. Lambrecht [Anm. 3].

gentümlichen Bestände – der berühmte Koffer des Urahnen auf dem Dachboden – wegen ihrer höchstgradigen Gefährdung, als nichtsnutziger Krempel beim alljährlichen Frühjahrsputz oder beim Wohnsitzwechsel durch die ahnungslosen Nachkommen entsorgt zu werden, nicht nur besonders dringlich, sondern immer auch ein Glücksfall.

2. Derartig neu aufgefundene Materialien – auch dieses ist die wenig aufregende Alltagsaufgabe aller wirklichen Forschung – falsifizieren oder verifizieren überkommene Urteile; sie präzisieren in jedem Fall und bereichern vor allem das Wissen über eine Person, ein Denken, eine Epoche etc. pp.

3. Weniger quantitativ als vielmehr bereits theorie- und methodenkritisch bestätigt diese Studie zu Nauwerck Henrichs Konstellationen-Kriterium der 'kleinen Meister'. Denn hier geht es um den berühmten 'Blick' in der Forschung, ihren Sehepunkt und auch Blickwinkel. Bei den 'Kleinen Meistern' handelt es sich nicht um eine Variation des Mottos 'Kleinvieh macht auch Mist', sondern um den Blick weg von den 'Großen' der Geistes-, Gesellschafts- und Politikgeschichte und vor allem weg von den ausgetretenen Pfaden oder 'großen Heerstraßen' der bisherigen Forschung und die Wendung hin zum 'Umfeld', zu den 'Beziehungen' und ihren Netzwerken, hin zu den Strukturen und Konstellationen, – all dies hat tatsächlich neuartige Erkenntnisse zur Folge; wenn man so will, geht es hier um das berühmte μεταξυ des Aristoteles, um das, was zwischen den großen Polen liegt, was ihre Beziehungen bestimmt, was zwischen dem Früher und dem Später tradiert, was zwischen dem Oben und dem Unten vermittelt, z.B. die sog. Popularisierung oder Veröffentlichung oder Verbreitung bestimmter Erkenntnisse, eines bestimmten Denkens, worum sich die 'Großen' gewöhnlich nicht kümmern. Hier ist das fruchtbare Feld der 'Schulen', der 'Schüler' der großen Meister, der Acker der kleinen Repetitoren, der kleinen Lehrer, Journalisten und last but not least der Frauen etc. pp. Sie alle kannten einmal persönlich, wie es dann immer so schön heißt, 'den alten Goethe' oder Hegel, waren durch sie erzogen worden oder auch nur inspiriert, hatten eine Vorlesung oder einen Vortrag von jenen gehört, sie standen mit jenen in Beziehung, hatten von ihnen ein Buch erhalten oder einen Autographen u. dgl. m. und berichten dieses der staunenden Öffentlichkeit. Neben viel Tratsch, der dabei auch immer passiert, klären diese Vermittlungsinstanzen aber auch über interne Beziehungen, Ab- und Zuneigungen, Feindschaften u. dgl. auf, sowohl zwischen den Großen untereinander als auch zu den Umfeldern. Es werden 'verborgene' und/ oder vergessene Traditions- und/ oder Bruchlinien sichtbar.

Hinsichtlich der Neuvermessung des Junghegelianismus steht Nauwerck schließlich exemplarisch für den Befund: Es ist nicht weit her mit dem Hegelianismus der Junghegelianer. Das Schema, die Rasterung oder Gleichung à la Lukács unseligen Angedenkens: Vernunft (ratio) = Aufklärung = progressiv = hegelianisch = marxistisch versus Subjektphilosophie = Fichteanismus = Romantik= Irrationalismus = Nietzsche und grosso modo = Faschismus ist passé. Was die künftige empiriegestützte Forschung des Vormärz braucht, ist eine Theorie, die differenzierungsfähig ist und dabei begründen und zeigen kann, wie ein bestimmtes (und welches) Maß an 'Klassizität' nicht nur reaktionär ausbeutbar, sondern entgegengesetzt auch progressiv nutzbar ist, wie zugleich ein bestimmtes Maß an scheinbar Rückwärtsgewandtem (etwa die Romantik) durchaus progressive Elemente beinhaltet. Gerade dafür steht auch die 'Klassiker'-Rezeption Nauwercks.

Nauwerck war einer der in der deutschen Geschichte ganz wenigen Fälle einer konsequent demokratischen politischen Option, und zwar sein Leben lang, und nicht wie die große Heerschar, die bis zum 30. Lebensjahr sich zwar lauthals 'revolutionär' gebärdete, nachher aber nicht dumm sein wollte und sich konservativ oder wenigstens national-liberal wendete.

Ralf Schnell

Heine und der Junghegelianismus

I.

Heine und der Junghegelianismus: „Es ist", so möchte man mit Heine sagen, „eine alte Geschichte" (I, 91).[1] Sie beginnt, noch zu Lebzeiten Heines, mit den Diskussionen, die Zeitgenossen wie Arnold Ruge, Ludwig Börne und Moses Heß über Heines Verhältnis zu Theorie und Praxis der Revolution oder David Friedrich Strauß und Friedrich Theodor Vischer über sein Verhältnis zu Religion und Philosophie geführt haben. Sie schreibt sich fort, diese „alte Geschichte", in der philosophie- und literaturgeschichtlichen Diskussion in Gestalt eines emphatischen Für und Wider, das sich – exemplarisch bei Wolfgang Harich[2] – an Heines Verhältnis zu Karl Marx entzündet oder – ebenso exemplarisch in den Positionen Manfred Windfuhrs[3] und Dolf Sternbergers[4] – anläßlich von Heines Hegel-Erbe. Und sie hat ihre Fortsetzung gefunden, die „alte Geschichte" von Heines Verhältnis zum Junghegelianismus, bis in die jüngste Zeit, in Urteilen, die Heine dezidiert eine Art „Vorläuferschaft" zur prominenten Schar der Hegelschüler bescheinigen, so schon in den 60er Jahren Horst Stuke[5], so noch Ende der 80er Jahre Heinz Pepperle.[6] Gerhard Höhn hat diesen Aspekt der „Vorläuferschaft" in seinem *Heine-Handbuch* mit der Feststellung pointiert: „Der Junghegelianismus beginnt mit Heines Philosophiegeschichte"[7], um sie 1996, anläßlich eines Junghegelia-

---

[1] Heines Schriften werden zitiert nach der von Klaus Briegleb besorgten Ausgabe: Heinrich Heine: *Sämtliche Werke*, München 1968 ff. (Band- und Seitenzahl).
[2] Wolfgang Harich: „Heinrich Heine und das Schulgeheimnis der deutschen Philosophie.", in: *Sinn und Form*, 8. Jg. (1956). H. 1-3. S. 27-59.
[3] Manfred Windfuhr: „Heine und Hegel." *Internationaler Heine-Kongreß 1972. Referate und Diskussionen,* hg. von Manfred Windfuhr. Hamburg 1973. S. 276 ff.
[4] Dolf Sternberger: *Heinrich Heine und die Abschaffung der Sünde*, Hamburg und Düsseldorf 1972. S. 259 ff.
[5] Horst Stuke: *Philosophie der Tat*, Stuttgart 1963. – Zu Heine vgl. S. 58 ff.
[6] Vgl. Heinz Pepperle: „Heinrich Heine als Philosoph.", in: *Heinrich Heine. Ästhetisch-philosophische Profile*, hg. von Gerhard Höhn. Frankfurt am Main 1991. S. 155 ff.
[7] Gerhard Höhn: *Heine-Handbuch. Zeit, Person, Werk*, Stuttgart 1987. S. 289. – Eine ähnliche Einschätzung findet sich schon bei Georg Lukács: *Deutsche Literatur in zwei Jahrhunderten. Werke*, Bd. 7, Neuwied / Berlin 1964. S. 309 ff.

nismus-Symposions, um eine originelle Variante zu bereichern. Er spricht nun von Heine als „Vorbeiläufer"[8] des Junghegelianismus.

Eine „alte Geschichte" also in jeder Hinsicht. Man hat in ihr über mehr als anderthalb Jahrhunderte hinweg vielerlei Perspektiven und Erzählelemente zusammengetragen.[9] Leitmotivisch dominieren jene, die Heines spannungsreiches und widerspruchsvolles Verhältnis zu Hegel und seine Stellung zur philosophischen Tradition problematisieren. Sie werden begleitet von thematischen Aspekten wie Religionskritik und Geschichtsphilosophie, politischen Positionsbestimmungen und intelligenzsoziologischen Einschätzungen. Und nicht zuletzt hat man Heines Verhältnis zum Junghegelianismus über die Frage nach der Generationenidentität und über gruppensoziologische Spezifika zu klären versucht.[10]

Nun gehört Heine zwar, wenn man großzügig rechnet, der gleichen Generation an wie Arnold Ruge oder Ludwig Feuerbach, Max Stirner oder David Strauß, Bruno Bauer oder Moses Heß. Zwar teilt Heine mit manchen von ihnen – und ebenso mit den jüngeren Karl Marx und Friedrich Engels – das prekäre Schicksal des Exils wie den problematischen Beruf des marktabhängigen Publizisten und Schriftstellers. Zwar kämpft auch er, wie seine Mitstreiter aus der Hegel-Schule, gegen Reaktion und Restauration in Deutschland, und auch Heine plädiert für die Einheit von „Gedanke" und „Tat". Diese Traditionslinie seines politischen Denkens erhält sich bis zu Heines Bekenntnis von 1844, er habe das „Schulgeheimnis" (V, 195) der deutschen Philosophie ausgeplaudert, indem er ihren „letzten Gedanken verraten habe, der allen diesen Systemen zu Grunde liegt, und der eben das Gegenteil ist von allem was wir bisher Gottesfurcht nannten" (V, 195). Eine Formulierung, die auch die späten *Geständnisse* des Jahres 1854 noch einmal mit der polemischen Wendung aufnehmen,

> daß die deutsche Philosophie just das Gegenteil ist von dem, was wir bisher Frömmigkeit und Gottesfurcht nannten, und daß unsre modernsten Philosophen den vollständigsten Atheismus als das letzte Wort unsrer deutschen Philosophie proklamierten. Sie rissen schonungslos und mit bacchantischer Lebenslust den blauen Vorhang vom deutschen Himmel, und riefen: sehet, alle Gottheiten sind entflohen, und dort oben sitzt nur noch eine alte Jungfer mit bleiernen Händen und traurigem Herzen: die Notwendigkeit. (VI/1, 466)

---

[8] Gerhard Höhn: „Heine – ein junghegelianisches Ärgernis", in: *Philosophie, Literatur und Politik vor den Revolutionen von 1848: Zur Herausbildung der demokratischen Bewegungen in Europa*, hg. von Lars Lambrecht. Frankfurt am Main u.a. 1996. S. 154.
[9] Vgl. den Überblick bei Höhn [Anm. 7]. S. 295 ff.
[10] Vgl. Wolfgang Eßbach: *Die Junghegelianer. Soziologie einer Intellektuellengruppe*, München 1988.

Kein Zweifel schließlich, daß Gedanken aus Heines Essay *Zur Geschichte der Religion und Philosophie in Deutschland* und aus anderen seiner Schriften sich in den Frühschriften von Karl Marx wiederfinden. Ebenso lassen Heines fragmentarische *Briefe über Deutschland* von 1844 (V, 191-202, vor allem 195-198) eine deutliche Nähe zu programmatischen Formulierungen von Marx in dessen *Kritik der Hegelschen Rechtsphilosophie* erkennen.[11] Und Marx' berühmte Formel von der Religion als „Opium des Volks"[12] findet sich, um nur an ein bekanntes Beispiel zu erinnern, in der *Börne-Denkschrift* vorgeprägt durch Heines Formulierung, Religion sei „geistiges Opium" für das „leidende Menschengeschlecht" (IV, 111).

Vielfältige Übereinstimmungen also mit Elementen junghegelianischen Denkens. Ihnen stehen, andererseits, ebenso vielfältige Differenzen gegenüber. Nicht nur tritt Heines Preußen-Kritik um vieles früher und schärfer in Erscheinung als die eines Arnold Ruge. Nicht nur schreckt seine scharfe, ein Jahr vor David Friedrich Strauß' *Das Leben Jesu* veröffentlichte Religionskritik vor der Position eines radikalen Atheismus zurück, wie Bruno Bauer und Ludwig Feuerbach sie etwa seit 1841/42 einnehmen. Nicht nur ist Heine frühzeitig gegenüber Hegel auf Distanz gegangen, dem er 1832, nur ein Jahr nach des Philosophen Tod, attestierte, dieser sei gezwungen gewesen, „durch Verrat an Vernunft und Gott, sich öffentlich zu entehren" (III, 97). Sondern Heine hat darüber hinaus auch die Schwierigkeiten der Vermittlung zwischen philosophischer Revolution und politischer Revolution, zwischen revolutionärer Theorie und revolutionärer Praxis zum Anlaß einer radikalen Problematisierung des Hegelschen Fortschrittsdenkens in der Tradition des Junghegelianismus genommen. Sie besteht geschichtsphilosophisch auf dem utopischen Charakter des sozialrevolutionären Erlösungsgedankens, weil sie der Praxis der Revolution mißtraut – auch jener, deren Theorie sich von den „gottlosen Selbstgöttern" des Junghegelianismus, vor allem aber von „meinem noch viel verstockteren Freunde Marx" (VI/1, 479) herleitet.

Ich will es bei der Aufzählung dieser Übereinstimmungen und Differenzen belassen. Sie sind im wesentlichen bekannt und aufgearbeitet und bedürfen an dieser Stelle nicht notwendig einer Modifizierung im Detail. Der Anspruch meines Referats ist bescheidener und umfassender zugleich. Ich möchte fragen, warum diese „alte Geschichte" eigentlich „immer neu" geblieben ist, warum sie immer wieder, immer aufs neue Gegenstand kontroverser Diskussionen werden konnte. Diese Frage läßt sich, so meine ich, nur dann

---

[11] Vgl. Karl Marx: „Zur Kritik der Hegelschen Rechtsphilosophie.", in: *Frühe Schriften. Erster Band,* hg. von Hans-Joachim Lieber und Peter Furth. Stuttgart 1962. S. 488-505.
[12] Ebd. S. 488.

beantworten, wenn man nach den Voraussetzungen fragt, vor deren Hintergrund Heine seine politischen wie seine religionsgeschichtlichen und zeitkritischen Reflexionen und Maximen ins geschichtsphilosophische Spiel bringt. Es sind – so lautet meine These – nicht in erster Linie politische, religionsgeschichtliche oder zeitkritische Voraussetzungen, von denen Heine ausgeht. Sondern es sind ästhetische, im engeren Sinne: rhetorische und literarische Traditionen, denen er verpflichtet ist, auch in seinen geschichtsphilosophisch orientierten Arbeiten. Ich möchte diese These im folgenden anhand von Heines in den Jahren 1833/34 entstandenem Essay *Zur Geschichte der Religion und Philosophie in Deutschland* erläutern, der für Heines Verhältnis zum Junghegelianismus als beispielhaft gilt. Daß dieser Essay über ein im engeren Sinne philosophiegeschichtliches und literarhistorisches Interesse hinaus auch für heutige Leser eine ebenso fesselnde wie erhellende Lektüre sein kann, läßt sich, so meine ich, weder mit der Schreibintention des Autors noch mit den genannten inhaltlichen Topoi hinlänglich erklären. Vielmehr entspringt die überraschende Modernität und Lebendigkeit dieses Textes der spezifischen textstrategischen Form, in welcher der Autor seine vielfältigen religions- und philosophiegeschichtlichen Materialien verarbeitet hat.

Da diese „Überschau deutscher Geistesvorgänge" (III, 507) zu den bekanntesten Arbeiten Heines zählt, sehe ich von einer Inhaltswiedergabe ab. Ich verzichte zudem auf eine Einordnung in den zeit- und publikationsgeschichtlichen Zusammenhang, um mich auf die Pointierung einiger weniger Thesen konzentrieren zu können. Anhand dreier typologisch zu verstehender Aspekte werde ich im folgenden meine Position verdeutlichen. Ich nenne sie „Diskursanalyse", „Stilkritik", „Dialektik".[13]

II.

Von entscheidender Bedeutung für Heines literarische Strategie ist zunächst sein Entschluß, seinen wertenden Standpunkt hinter dem zu verhandelnden Gegenstand nicht im geringsten zu verbergen. Im Gegenteil: Heine nimmt ausdrücklich Stellung, er ist entschieden Partei. Deshalb bezieht er seine „eigenen Verdeutlichungsmittel" (III, 514) reflektierend in die Darstellung ein, denn: „Was helfen dem Volke die verschlossenen Kornkammern, wozu es keine Schlüssel hat? Das Volk hungert nach Wissen und dankt mir für das Stückchen Geistesbrot, das ich ehrlich mit ihm teile." (III, 514)

---

[13] Vgl. zu der hier angeschnittenen Thematik ausführlich Ralf Schnell: *Heinrich Heine zur Einführung,* Hamburg 1996. S. 119 ff.

Der Autor problematisiert deshalb gleich zu Beginn seines Essays die Schwierigkeit, „von den großen Fragen zu handeln, die in der deutschen Gottesgelahrtheit und Weltweisheit zur Sprache kommen" (III, 514). Ihm liegt in seinem Aufriß der bedeutenden religiösen und philosophischen Strömungen in Deutschland nicht nur daran, deren „soziale Wichtigkeit zu beleuchten", sondern ebenso daran, „die Ausdrücke einer Schulsprache zu vermeiden" (III, 514). Heine sieht den Erfolg seines Unternehmens mithin in unmittelbarer Abhängigkeit von der Sprache, in die er seine religions- und philosophiegeschichtliche Entwicklungsskizze in revolutionstheoretischer Absicht zu kleiden vermag. Seine literarische Arbeit soll ihn unterscheiden von der „unverständlichen" Darstellungsform der „meisten deutschen Gelehrten" und ihrer „Scheu vor den Resultaten ihres eigenen Denkens, die sie nicht wagen, dem Volke mitzuteilen" (III, 515):

> Ich, ich habe nicht diese Scheu, denn ich bin kein Gelehrter, ich selber bin Volk. Ich bin kein Gelehrter, ich gehöre nicht zu den siebenhundert Weisen Deutschlands. Ich stehe mit dem großen Haufen vor den Pforten ihrer Weisheit, und ist da irgendeine Wahrheit durchgeschlüpft, und ist diese Wahrheit bis zu mir gelangt, dann ist sie weit genug: – ich schreibe sie mit hübschen Buchstaben auf Papier und gebe sie dem Setzer; der setzt sie in Blei und gibt sie dem Drucker; dieser druckt sie und sie gehört dann der ganzen Welt. (III, 515)

Dies ist, in der Rhetorik des ironischen *understatement*, das Selbstverständnis und Selbstbekenntnis eines radikalen Aufklärers, der alles andere als naiv ist. Heine weist seine Arbeit aus als eine Vermittlung von „Wahrheit" in aufklärerischer Tradition, die sich sowohl über ihre Gegenstände wie über die Form der Vermittlung Rechenschaft ablegt. Man kann deshalb sagen, Heines „Intention, die Subjektivität reflektierend ins eigene Verfahren hineinzunehmen", entspreche der „Zeitdiagnose der Philosophie-Schrift, die ihrerseits unter dem Signum von Subjektivität und Skepsis steht".[14] Dieser Intention entspringt die Souveränität, mit der Heine in kritischer Absicht über Jahrhundertzusammenhänge und Epochenschwellen, Autoren und Werke, Denkschulen und Theoreme, lebensgeschichtliche und zeitgeschichtliche Bezüge verfügt. Man könnte, mit einem jüngeren literaturwissenschaftlichen Begriff, von einer Art angewandter Diskurstheorie sprechen. Heine setzt sich in eine perspektivierende Beziehung zu seinen Materialien und bringt diese miteinander ins Spiel. In einem bunten Wirbel präsentiert er die vielfältigen Gegensätze und Widersprüche der Systeme und Lehrmeinungen, um hinter dem

---

[14] Martin Bollacher: „>Aufgeklärter Pantheismus<. Die Deutung der Geschichte in Heines Schrift >Zur Geschichte der Religion und Philosophie in Deutschland<.", *DVjs* 49, 1975. S. 285.

wechselvollen Streit der Moden und Methoden auf lakonische Weise die identische Struktur der einander befehdenden Richtungen hervortreten zu lassen:

> Plato und Aristoteles! Das sind nicht bloß die zwei Systeme, sondern auch die Typen zweier verschiedener Menschennaturen, die sich, seit undenklicher Zeit, unter allen Kostümen, mehr oder minder feindselig entgegenstehen. Vorzüglich das ganze Mittelalter hindurch, bis auf den heutigen Tag, wurde solchermaßen gekämpft, und dieser Kampf ist der wesentlichste Inhalt der christlichen Kirchengeschichte. Von Plato und Aristoteles ist immer die Rede, wenn auch unter anderem Namen. Schwärmerische, mystische, platonische Naturen offenbaren aus den Abgründen ihres Gemütes die christlichen Ideen und die entsprechenden Symbole. Praktische, ordnende, aristotelische Naturen bauen aus diesen Ideen und Symbolen ein festes System, eine Dogmatik und einen Kultus. Die Kirche umschließt endlich beide Naturen, wovon die einen sich meistens im Klerus, und die anderen im Mönchstum verschanzen, aber sich unablässig befehden. (III, 560 f.)

Wie hier am Exempel theologischer Dogmatisierungsprozesse zeigt Heine auch an anderen Beispielen philosophischer Paradigmenwechsel das Identische hinter der Differenz, die Traditionsanleihe, die im Gewand der Innovation auftritt. So, wenn er in Form einer Metonymie erzählt,

> wie Kant eine neue Bahn betritt, Fichte ihm nachfolgt, Herr Schelling wieder in Fichtes Fußstapfen weiterschreitet, und durch das Walddunkel der Naturphilosophie umherirrend, endlich dem großen Standbilde Spinozas, Angesicht zu Angesicht, gegenübersteht (III, 565).

So auch, wenn er die Differenzen zwischen Spiritualismus und Sensualismus einer begriffsgeschichtlichen Analyse unterzieht (III, 555 ff.), wenn er schildert, „wie die verschiedensten Parteien gegen Spinoza gekämpft" (III, 571 f.), wenn er „die Streitigkeiten der protestantischen Theologen, seit dem Dreißigjährigen Krieg" (III, 575 ff.) oder den Streit der Rationalisten mit den Pietisten und den Orthodoxen (III, 579) wiedergibt, wenn er Parallelentwicklungen in Deutschland und Frankreich skizziert (III, 590) oder wenn er die philosophischen Eskapaden der naturphilosophischen Nachfolger Schellings karikiert:

> Wie freigelassene Schulknaben, die den ganzen Tag in engen Sälen unter der Last der Vokabeln und Chiffern geseufzt, so stürmten die Schüler des Herrn Schelling hinaus in die Natur, in das duftende, sonnige Reale, und jauchzten, und schlugen Burzelbäume, und machten einen großen Spektakel (III, 630).

Daß Heine dem Naturphilosophen und seiner Schule in seinem Essay nicht gerecht geworden ist, hat Manfred Frank nachgewiesen.[15] Darum geht es aber gar nicht. Heine geht es darum, seine Karikatur der diskurskritischen Strategie einzugliedern, die seinem Text insgesamt zugrundeliegt. Diese Strategie findet sich in der zuletzt zitierten Textpassage in Form einer metaphorischen Transformation, die mit dem spannungsreichen Verhältnis von Identität und Differenz spielt. „Um diese Spannung zutagezufördern", so hat Paul Ricœur in seiner Untersuchung *Die lebendige Metapher* betont, „muß man ein ‚ist nicht' zur Erscheinung bringen, das selbst in der unmöglichen wörtlichen Interpretation enthalten, jedoch in dem metaphorischen ‚ist' zwischen den Zeilen vorhanden ist. Die Spannung bestünde dann zwischen einem ‚ist' und einem ‚ist nicht'."[16] Heine exponiert das „ist nicht" der Schelling-Schule, sehr bewußt und vordergründig banal, mit der poetischen Evozierung einer infantilen Realität. „Zwischen den Zeilen" spricht er so dem „ist" der theorielastigen naturphilosophischen Schule Schellings sein ironisches Urteil. Was daran „subjektiv" erscheinen mag, ist kein Mangel des Textes, sondern gehört zu seiner Struktur. Ein Vergleich von Heines poetischer Schelling-Deutung mit der philosophischen Bedeutung Schellings – und sei er noch so seriös und überzeugend geleistet – muß die Textstrategie Heines in dem Maße verfehlen, in dem er sich auf dessen ästhetische Dimensionen nicht einläßt.

III.

Den Maßstab für Heines souveräne Verfügung über die Entwicklungsprozesse von Religion und Philosophie in Deutschland bildet erklärtermaßen die „soziale Wichtigkeit". Diesen Maßstab seinerseits mißt der Dichter jedoch nicht zuallererst an den jeweils mitgeteilten Inhalten der großen Systementwürfe und Lehrgebäude, sondern – an der jeweils praktizierten „Schreibart", dem „Stil". „Mein Verbrechen war nicht der Gedanke, sondern die Schreibart, der Stil", schreibt Heine 1854 an seinen Verleger Campe (VI/2, 123). Stil: Das ist für Heine mehr als nur die Äußerlichkeit einer geglückten oder mißlungenen Ausdrucksweise. Heine zitiert Buffon: „Le style, c'est l'homme même" – „Der Stil ist der Mensch selber!" (III, 587) Auf dem *même*, auf der Gesamtpersönlichkeit eines Menschen, die in seinem Stil zutagetritt, liegt der Akzent des Zitats. Immer wieder kommt Heine im Gang seiner Darstellung deshalb auf Widersprüche zwischen Werk und Leben, Denkentwurf und Per-

---

[15] Manfred Frank: „Heine und Schelling." *Internationale Heine-Konferenz* [Anm. 3]. S. 281-306.
[16] Paul Ricœur: *Die lebendige Metapher*, 2. Aufl., München 1991. S. 240.

sönlichkeit bedeutender Gelehrter und Schriftsteller zu sprechen, immer wieder übt er Stilkritik an den großen Philosophen, an Kant und Fichte, Schelling und Hegel. Mehr noch: Seine kritische Würdigung ihrer Werke setzt bewußt und gezielt mit einer Analyse ihrer Sprachformen und Stilfiguren ein.

So kritisiert er, bei aller Hochachtung für die „zerstörenden, weltzermalmenden Gedanken" (III, 595) der *Kritik der reinen Vernunft*, an Kant den „grauen, trockenen Packpapierstil" (III, 596). Kant, so Heine, „kleidete seine Gedanken in eine hofmännisch abgekältete Kanzleisprache". An der Sprache aber erkenne man den Menschen, der sich im revolutionären Philosophen verberge: „Hier zeigt sich ganz der Philister." (III, 597) Wie Robespierre zeichne auch Kant die Tugend der „Ehrlichkeit" und das Talent des Mißtrauens" aus, und wie der französische Revolutionär repräsentiere auch Kant den „Typus des Spießbürgertums" (III, 595). In vergleichbarer Weise verfährt Heine mit der Philosophie Fichtes, deren „eigentümliche Schwierigkeiten [...] nicht bloß den Inhalt, sondern auch die Form und die Methode" (III, 607) beträfen. Es ist die Fichtesche „Subjektivität" (III, 607), die „wie in seinem System selbst, so [...] auch in seinem Vortrag" (III, 607 f.) herrsche, die zutiefst „antipoetisch" sei und eben deshalb Heine „zuwider" (III, 622) ist. Bei allen Differenzierungen im Blick auf Fichtes Philosophie und bei allem persönlichen Respekt vor den politischen Konsequenzen, die der im Jenaer Atheismus-Streit 1799 gedemütigte und aus dem Professorenamt vertriebene „starrsinnige Mann" (III, 627) zu tragen hatte – seine Philosophie habe „keine große Bedeutung", da sie „der Gesellschaft keine Resultate geliefert hat" (III, 608). Wie Kant mit Robespierre, so könne man Fichte mit Napoleon vergleichen:

> Napoleon und Fichte repräsentieren das große unerbittliche Ich, bei welchem Gedanke und Tat eins sind, und die kolossalen Gebäude, welche beide zu konstruieren wissen, zeugen von einem kolossalen Willen. Aber durch die Schrankenlosigkeit dieses Willens gehen jene Gebäude gleich wieder zu Grunde, und die Wissenschaftslehre, wie das Kaiserreich, zerfallen und verschwinden eben so schnell, wie sie entstanden. (III, 610)

Schon in der *Einleitung zu: Kahldorf über den Adel* hatte Heine 1831 die „Geschichte der französischen Revolution mit der Geschichte der deutschen Philosophie" verglichen und festgestellt: „Kant war unser Robespierre – Nachher kam Fichte mit seinem Ich, der Napoleon der Philosophie" (II, 653), ein Vergleich, den Heine in Hegels Geschichte der Philosophie vorgeprägt gefunden hatte:

> Kantische, Fichtesche und Schellingsche Philosophie. In diesen Philosophien ist die Revolution als in der Form des Gedankens niedergelegt und ausgespro-

chen, zu welcher der Geist in der letzteren Zeit in Deutschland fortgeschritten ist; ihre Folge enthält den Gang, welchen das Denken genommen hat. An dieser großen Epoche in der Weltgeschichte, deren innerstes Wesen begriffen wird in der Weltgeschichte, haben nur diese zwei Völker teilgenommen, das deutsche und das französische Volk [...]. In Deutschland ist dies Prinzip als Gedanke, Geist, Begriff, in Frankreich in die Wirklichkeit hinausgestürmt.[17]

Daß Heine in dieser Weise Persönlichkeit und Werk mit Politik und Geschichte zusammensieht, daß er in seinen Vergleich auch Schelling (Restauration) und Hegel selber (Louis Philippe) einbezieht (II, 654) daß er eines im anderen spiegelt und beides aneinander mißt, ist keineswegs eine bloße Attitüde. Vielmehr verbirgt sich darin jene philosophische Überzeugung Heines, die seinen revolutionstheoretischen Gedanken zugrundeliegt und den Gang seiner Darstellung insgesamt leitet: die Überzeugung, daß Person und Werk, Philosophie und Tat, Denken und Handeln eine Einheit bilden müssen. In seinem Essay *Zur Geschichte der Religion und Philosophie in Deutschland* macht Heine diese Überzeugung zum Kriterium geschichtlicher und kultureller Entwicklungen, wohl wissend, daß er damit den Anspruch auf historische Objektivität preisgibt. Doch diese Tatsache erscheint ihm, wie er 1838 in seinem Essay über *Shakespeares Mädchen und Frauen* schreibt, nicht als Mangel:

Die sogenannte Objektivität, wovon heute viel die Rede, ist nichts als eine trockene Lüge; es ist nicht möglich, die Vergangenheit zu schildern, ohne ihr die Färbung unserer eigenen Gefühle zu verleihen. Ja, da der sogenannte objektive Geschichtsschreiber doch immer sein Wort an die Gegenwart richtet, so schreibt er unwillkürlich im Geiste seiner eigenen Zeit, und dieser Zeitgeist wird in seinen Schriften sichtbar sein [...]. Jene sogenannte Objektivität, die, mit ihrer Leblosigkeit sich brüstend, auf der Schädelstätte der Tatsachen thront, ist schon deshalb als unwahr verwerflich, weil zur geschichtlichen Wahrheit nicht bloß die genauen Angaben des Faktums, sondern auch gewisse Mitteilungen über den Eindruck, den jenes Faktum auf seine Zeitgenossen hervorgebracht hat, notwendig sind. Diese Mitteilungen sind aber die schwierigste Aufgabe; denn es gehört dazu nicht bloß eine gewöhnliche Notizenkunde, sondern auch das Anschauungsvermögen des Dichters, dem, wie Shakespeare sagt, „das Wesen und der Körper verschollener Zeiten" sichtbar geworden sind. (IV, 179)

IV.

---

[17] G. W. F. Hegel: „Vorlesungen über die Geschichte der Philosophie III.", Theorie Werkausgabe, Bd. 20, Frankfurt am Main 1971. S. 314.

Zu den strategischen Komponenten von Heines Text zählt nicht zuletzt sein dreigliedriger Aufbau, der einem dreistufig gedachten Revolutionsprozeß entspricht. Das Erste Buch widmet sich Luther und der Reformation, einer Zeit epochaler Umwälzungen, die Deutschland zur „größten Denkfreiheit" (III, 544) geführt habe. Das Zweite Buch befaßt sich mit dem Beginn der „philosophischen Revolution" (III, 553) in Deutschland, die sich mit Descartes und Spinoza herausgebildet habe und durch Lessing zur „Befreiung" (III, 589) des Geistes vom „tyrannischen Buchstaben" (III, 589) einer dogmatisch erstarrten Bibeltradition geführt worden sei. Das Dritte Buch befaßt sich mit der intellektuellen Physiognomie der „philosophischen Revolution". Deren bedeutendsten Repräsentanten sieht Heine in Kant – doch „Hegel hat ihren großen Kreis geschlossen" (III, 636).

Nicht nur der – freilich sehr knappe – Verweis auf Hegel am Ende des Essays könnte den Gedanken nahelegen, Heine habe sich bei seinem dreigliedrigen Aufbau an einer Vorstellung von Dialektik orientiert, die einem formalisierten Schema von These-Antithese-Synthese in hegelianischer Tradition Rechnung trägt. Auch inhaltlich liegt, zumindest auf den ersten Blick, der Bezug zu Hegel zutage: Der Essay *Zur Geschichte der Religion und Philosophie in Deutschland* scheint Ausdruck eines hegelianisch gedachten Fortschrittsdenkens zu sein, dessen dritte Stufe schließlich in die als Praxis gedachte Synthese einer deutschen Revolution mündet. In der Tat steht dieser Gedanke am Ende des Werks, Ausdruck von Heines Überzeugung, „daß wir erst unsere Philosophie und hernach unsere Revolution ausarbeiten mußten" (III, 638). Doch die Gestalt, die Heine dieser deutschen Revolution zuschreibt, hat nichts gemein mit jenem Fortschrittsoptimismus, der dem dialektischen Schema generell unterlegt wird. Wie in anderen seiner Dichtungen, etwa in dem triadisch konzipierten Spätwerk *Romanzero*[18], ließe sich auch im Hinblick auf den Essay von 1835 allenfalls von einer negativen Dialektik sprechen. Denn es ist die Gestalt der Apokalypse, die Heine am Ende heraufziehen sieht, und er verbindet ihre Skizze mit einer eindringlichen Warnung an die Franzosen:

> Nehmt Euch in acht! Ich meine es gut mit Euch, und deshalb sage ich Euch die bittere Wahrheit. Ihr habt von dem befreiten Deutschland mehr zu befürchten, als von der ganzen heiligen Allianz mitsamt allen Kroaten und Kosaken. (III, 640)

Diese Warnung hat zu vielerlei Fragen und Spekulationen über Heines Revolutionsverständnis Anlaß gegeben. Sie lassen sich wohl nur dann zufrie-

---

[18] Vgl. Ralf Schnell: *Die verkehrte Welt. Literarische Ironie im 19. Jahrhundert*, Stuttgart 1989. S. 77 ff.

denstellend beantworten, wenn man den widerspruchsvollen Zusammenklang
zwischen Heines persönlichen politischen Überzeugungen und seiner ästhetischen Souveränität wahrnimmt. Die letztere organisiert und steuert Prozessualität und Struktur seiner Texte. Pointiert ließe sich von einer doppelten
Optik Heines sprechen. Der verschiedentlich bei Heine und auch in seinem
Essay sich findende Widerspruch zwischen Fortschrittsgläubigkeit einerseits
und Geschichtspessimismus andererseits erweist sich bei näherem Zusehen
als einer zwischen dem politisch-parteilich teilnehmenden Zeitgenossen und
dem künstlerisch distanzierten Beobachter, als Widerspruch zwischen dem
politischen Menschen, der in der Geschichte steht und philosophisch reflektiert, und dem ästhetischen Dichter-Subjekt, das alle Geschichte als Material
behandelt. Nicht ohne Grund spricht Heine ausdrücklich davon, die Geschichte der philosophischen Revolution in Deutschland „erzählen" (III, 553)
zu wollen. Das heißt: Er hat jenen Widerspruch nicht spekulativ aufgelöst,
sondern ästhetisch inszeniert. Insoweit erweist sich der Dichter als der eigentliche, der „wahre" Historiker: Worauf es ankommt, ist, „die Wahrheit zur
Poesie zu erheben" (IV, 179). Der enigmatische Schluß seines Textes, der
rätselhafte Ausblick auf den spezifisch „deutschen" Charakter einer kommenden, philosophisch inspirierten, „donnernden" Revolution löst diesen
Anspruch ein. Er gehört mit seiner negativen Dialektik, der eindringlichen
Warnung an das geliebte Frankreich, und mit dem bildkräftigen Hinweis auf
die bewaffnete „Göttin der Weisheit" (III, 641) in das poetische Arsenal des
offenen Endes.

V.

Mein Referat ist, aus literaturwissenschaftlicher Sicht, ein Plädoyer dafür, die
Übereinstimmungen und Differenzen Heines mit dem Junghegelianismus
nicht den jeweils verhandelten Inhalten, den je früher oder später, radikaler
oder zurückhaltender vorgetragenen Argumenten abzulesen. So sinnvoll ein
solches Unternehmen unter sozialgeschichtlichen Aspekten auch sein mag –
es taugt letztlich doch nur zu einer Erhebung empirischer Daten, die für Heines Essay Stoffcharakter besitzen. Heines Werk ist keine politische Pro-
grammschrift, keine religionskritische Abhandlung, keine sozialwissen-
schaftliche Analyse. Zwar bilden Politik, Religion, Gesellschaft sein notwen-
diges Material. Seinen Überschuß aber, seinen historischen Mehrwert im
Vergleich zu den Schriften von Ruge, Bauer, Feuerbach oder Heß bezieht
dieses Werk aus seiner ästhetischen Organisation. Zu deren strukturbestim-
menden Elementen zählen Subjektivität, Reflexivität und rhetorische Struktur, Formkonstituenten mithin, die seit der Ästhetik der Frühromantik zum

Traditionsbestand der Moderne gehören. Sie sichern ihm jene Dignität, die noch jeden Programmdiskurs der Revolution überdauert hat. Mit einem letzten, bekannten Zitat will ich meine These verdeutlichen:

> Das große Wort der Revolution, das Saint-Just ausgesprochen: le pain est le droit du peuple, lautet bei uns: le pain est le droit divin de l'homme. Wir kämpfen nicht für die Menschenrechte des Volks, sondern für die Gottesrechte des Menschen. Hierin, und noch in manchen andern Dingen, unterscheiden wir uns von den Männern der Revolution. Wir wollen keine Sansculotten sein, keine frugale Bürger, keine wohlfeile Präsidenten: wir stiften eine Demokratie gleichherrlicher, gleichheiliger, gleichbeseligter Götter. Ihr verlangt einfache Trachten, enthaltsame Sitten und ungewürzte Genüsse; wir hingegen verlangen Nektar und Ambrosia, Purpurmäntel, lachenden Nymphentanz, Musik und Komödien – Seid deshalb nicht ungehalten, Ihr tugendhaften Republikaner! Auf Eure zensorischen Vorwürfe entgegnen wir Euch, was schon ein Narr des Shakespeare sagte: meinst du, weil du tugendhaft bist, solle es auf dieser Erde keine angenehmen Torten und keinen süßen Sekt mehr geben? (III, 570).

Kein Zweifel, daß der Saint-Simonismus das materielle Substrat, den Stoffgehalt der zitierten Passage darstellt. Doch ihr Leben bezieht diese hinreißende Prosa-Eloge aus dem rhetorisch-literarischen Feuerwerk, das Heine in ihr entfacht. Heine arbeitet hier mit einer Rhetorik der Oppositionen, die dem Muster der rhetorischen Überbietung folgt. Ihre Grundfigur bildet der Widerspruch von „Menschenrechte des Volks" und „Gottesrechte des Menschen". Dem dreifachen anaphorischen Unisono der Negation („keine... keine... keine") folgt mit Vokalassonanz die dreifach widersprechende Position („gleich... gleich ... gleich"), dem Postulat der Askese („einfach... enthaltsam... ungewürzt") das vervielfachte Überbietungsprogramm der Sinnenfreude („Nektar... Ambrosia... Purpurmäntel... Nymphentanz... Musik... Komödien"), und den Vorwürfen des Zensors antwortet der Spott des Narren, der die Wahrheit spricht.

Es ist, mit einem Wort, ein virtuoses literarisches Spiel, das Heine hier spielt, ein Spiel mit Parolen und Programmen, Topoi und Emblemen aus dem Arsenal der Geschichte und Rhetorik der Revolution. Ein intertextuelles Spiel, auch im engeren Sinne, wie das Zitat des Narren aus Shakespeares *Was ihr wollt* oder das berühmte Wort des Saint-Just zeigen. Doch es wäre mißverstanden und verkürzt, dieses Spiel, ja es wäre um seine Substanz und seine Identität gebracht, wollte man es in Parteipositionen rückübersetzen oder in eine ideologische Programmatik auflösen. Schon in seinem Fragment gebliebenen Text *Verschiedenartige Geschichtsauffassung* hatte Heine den berühmten französischen Revolutionär zitiert: „Le pain est le droit du peuple, sagte Saint-Just, und das ist das größte Wort, das in der ganzen Revolution gesprochen worden" (III, 23) Karl Heinz Bohrer hat mit Recht darauf hingewiesen, daß dieser Satz Heines nicht eine „soziale Tatsache", sondern ein „Phantasma der Revolution" repräsentiert und eben darin seine Qualität, seine Dignität und seine genuine historische Bedeutung besitzt: „Diese Transformation einer sozialen Forderung in eine Imagination hat die revolutionäre Tradition gesichert, solange solch ein Satz verstanden wurde."[19] Die Wendung, die das intertextuelle Spiel Heines in seinem Essay jenem Satz Saint-Justs gibt, die Überbietung durch das revolutionäre Phantasma „Gottesrechte des Menschen" verdeutlicht als Spiel, worum es geht: im poetischen Bild zu retten, was die Wirklichkeit des Tages verlieren wird.

Deshalb kann man sagen: Heine ist kein „Vorläufer", er ist auch kein „Vorbeiläufer" des Jungeheglianismus, und schon gar nicht kann man ihn als dessen „Vertreter" reklamieren. Heine bewegt sich in einem anderen, einem schlechthin inkommensurablen Medium, der Literatur.[20] Heines Werk insgesamt ist zur Philosophie hin offen. Diese Tatsache verbindet es, wie das Werk Kleists auch, mit der Literatur des 18. Jahrhunderts. Sein Autor ist ein „theoretischer", ein theoretisch reflektierter und reflektierender Autor, ein Charakteristikum, das Heine mit den bedeutenden Schriftstellern des 20. Jahrhunderts verbindet. Aber eben sein Medium, die Literatur und deren spezifische Modernität, grenzt ihn ab von den Junghegelianern und hebt seinen Essay heraus aus der Flut ihrer Programm- und Parteischriften. Dies ist der Grund dafür, warum Heines Geschichte, die Geschichte, die Heines Text erzählt, nicht nur „eine alte Geschichte", sondern warum sie auch „immer neu" geblieben ist.

---

[19] Karl Heinz Bohrer: „Am Ende des Erhabenen. Niedergang und Renaissance einer Kategorie.", in: *Merkur* 43, 1989, H. 9/10. S. 738.

[20] Karl Löwith hat diese Differenz von Literatur und politischer Philosophie auf subtile Weise ausgedrückt, indem er in seiner Dokumentation *Die Hegelsche Linke* (Stuttgart – Bad Cannstatt 1962) den junghegelianischen Texten zwar das offene Ende von Heines Essay vorangestellt, den Autor aber in seinen entwicklungsgeschichtlichen Kommentar zum Problemgehalt der „Hegelschen Linken" nicht einbezogen hat. Heine findet in Löwiths Einleitung, von einer Randbemerkung (S. 14) abgesehen, keine Erwähnung.

Rainer Rosenberg

Eine „neue Literatur" am „Ende der Kunst"?

Hegels Diktum vom Ende der Kunst lag die Auffassung zu Grunde, daß der Vergegenständlichungsprozeß des Geistes in jeder Epoche der Menschheitsentwicklung drei Phasen durchläuft: Die erste Phase sei dadurch gekennzeichnet, daß der Geist des Volkes bzw. des Teils der Menschheit, der in der betreffenden Epoche zum Träger der weltgeschichtlichen Entwicklung aufsteigt, wesentlich *handele*, sich in Recht, Moral, Sittlichkeit objektiviere. Ist diese Stufe erreicht, trete eine Phase ein, in der der Geist des Volkes mit der von ihm geschaffenen Ordnung übereinstimme, sich in seinem Werk genieße, und diese Phase der Geschichte eines Volkes sei – Hegel erörtert in diesem Zusammenhang die Geschichte des antiken Griechenland – auch die Blütezeit seiner Kunst. In der dritten Phase, dem „Reflexionszeitalter", beginne der Geist schließlich sein Werk zu erkennen, sich damit auch der Unvollkommenheit der geschaffenen Ordnung bewußt zu werden. Der Gedanke stehe auf, untersuche die Verfassungen: Er „bringt heraus, was das Bessere sei, und verlangt, daß das, was er dafür anerkennt, an die Stelle des Vorhandenen trete."[1]

Dieses Entwicklungsschema wurde in abgewandelter Form im Vormärz von Heine ebenso wie von Gervinus und Prutz auf die jüngste Epoche der Menschheitsgeschichte angewandt, als deren Beginn man, wiederum mit Hegel, die Reformation ansah. Der „Fortschritt im Bewußtsein der Freiheit", den die Menschheit nach Hegel mit der Reformation erlangt hat, wurde als ein noch andauernder Prozeß aufgefaßt, in dem das „Prinzip der Vernunft", das mit der Reformation in die Welt getreten sei, sich zunächst der Religion, dann der Kunst eingeprägt habe und erst jetzt im Begriffe sei, das politische Leben zu erfassen. Jede Stufe hat nach dieser Geschichtskonzeption ihre Zeit: Das Zeitalter Goethes bzw. die Epoche seit dem Anfang des 18. Jahrhunderts wird in dieser Konzeption zur „Kunstperiode" (Heine) bzw. zur „ästhetischen Periode" (Prutz) der neueren Geschichte. Mit der politischen Bewegung, die die Julirevolution in Deutschland auslöste, und der großen Generationsablösung, die um 1830 in der deutschen Literatur und Kunst eintrat, erscheint diese Periode als beendet.

Gervinus, der Historiker, war der einzige, der damit die Geschichte der deutschen Literatur überhaupt für – vorerst – beendet erklärt hat, weil man, ehe das „Staatsleben" in Deutschland reformiert sei, „vergebens auf eine gro-

---

[1] Vgl. *Georg Wilhelm Friedrich Hegels Werke,* Vollständige Ausgabe durch einen Verein von Freunden des Verewigten, Bd. 9, ²Berlin 1840. S. 91-98 und S. 326.

ße Zeit in irgend einer Richtung (werde) warten dürfen". Und der den Zeitgenossen daher den Rat gab, sich für die nächste Zukunft ein anderes Ziel zu stecken, nämlich die politischen Aufgaben zu erfüllen, für die die Zeit reif sei.[2] Unter den Schriftstellern verbreitete sich stattdessen der Ruf nach einer „neuen Literatur", nach einer Literatur, die mit dem zeitgenössischen „Leben" enger verbunden war als die Literatur der „Kunstperiode" und die damit auch zu einem Faktor oder gar zum Motor der anstehenden gesellschaftlichen Veränderungen werden sollte. Die programmatischen Verfechter der „neuen Literatur" waren Parteigänger des Fortschritts und praktizierten vorzugsweise im Medium der periodischen Presse.

Hier steht nicht zur Debatte, inwieweit es der Hegelschen Konstruktion bedurfte, um das – vorläufige – Ende der Kunst zu proklamieren (Gervinus war kein Hegelianer) oder zumindest das Prinzip der Kunstautonomie als unzeitgemäß zu verabschieden. Jedenfalls eignete sie sich – wie Heine vorgeführt hat[3] – zur geschichtsphilosophischen Legitimierung einer Literatur, die etwas anderes sein wollte als die „selbstgenügsame", „objektive" Kunst der Goethe-Zeit und es ja auch war. Die Intention, es radikal anders zu machen und damit historisch im Recht zu sein, ist in den Selbstreflexionen der Schriftsteller explizit ausgesprochen, wenngleich auch die Vermutung des Vorläufigen, Transitorischen der zeitgenössischen Produktion mit ihrer „ungezügeltsten Subjektivität" mitunter – z.B. bei Heine[4] – auftaucht.

Die Wissenschaft hat erst gegen Ende der 60er Jahre angefangen, die literarische Revolution des jungen Deutschland (womit ich hier ausdrücklich die gesamte Bewegung von Börne bis Gutzkow meine) ernsthaft unter dem Gesichtspunkt zu befragen, inwieweit in ihr – ihren das traditionelle Gattungsgefüge durchbrechenden formalen Experimenten und ihrer Verlagerung des Schwerpunkts ihrer Produktion in die Zeitung – Innovationen enthalten waren, die den definitiven strukturellen Wandel des gesamten Literatursystems ankündigten. Eine Fragestellung, die die schon Anfang der 40er Jahre des 19. Jahrhunderts einsetzende, nach 1849 dominierende Gegenbewegung für die Literaturhistoriker bis dahin erübrigt zu haben schien. Also die Frage nach der Angemessenheit des Selbstverständnisses der Vormärzschriftsteller oder: Wie neu war die „neue Literatur"?

---

[2] Vgl. Georg Gottfried Gervinus: *Geschichte der deutschen Dichtung*, 4. Auflage der Geschichte der poetischen Nationalliteratur der Deutschen, Leipzig 1853. Bd. 1, S. 9 und S. 666.
[3] Vgl. Heinrich Heine: „Die romantische Schule" und „Zur Geschichte der Religion und Philosophie in Deutschland.", in: Heinrich Heine: *Werke und Briefe*, hg. von Hans Kaufmann. Berlin (-Ost) 1961-1965. Bd. 5, S. 7-164 und S. 165-308.
[4] Vgl. Heinrich Heine: „Französische Maler.", ebd. Bd. 4, S. 344.

Die Frage wurde, so meine ich, wie meist auch in der Wissenschaft von Gegenwartsinteressen diktiert. Die Vormärzforschung der DDR stellte das Phänomen der Politisierung der Literatur in den Vordergrund. Sie blieb dabei jedoch nicht stehen, sondern suchte nach sozialgeschichtlichen, ökonomischen und technologischen Äquivalenten für die Veränderung der „Literaturverhältnisse", auf die sie die Genreentwicklung zurückbezog – in meinem Band von 1973 unter den Kapitelüberschriften „Experimentelle Prosa", „Materialistische Dramaturgie" und „Politische Lyrik" beschrieben.[5] Zweifellos bildete aber die Rehabilitierung der literarischen „Zweckformen" ein kulturpolitisch erwünschtes Nebenergebnis, weil die offizielle ästhetische Doktrin in Gestalt der Realismus-Theorie dafür keine Handhabe gab. Der Neuansatz der Vormärzforschung in der Bundesrepublik erfolgte im Zuge der 68er Bewegung und stand gleichfalls im Zusammenhang mit der Problematisierung der Autonomie-Konzeption, die hier in einen Prozeß der Dekanonisierung (des Textcorpus der immanenten Interpretation) und der Neubestimmung des Literaturbegriffs überging. Ausgangspunkt war hier jedoch vielfach die im Lichte der Kritischen Theorie gesehene Moderne: Auf der Suche nach deren Anfängen wurde die Vormärz-Literatur neu entdeckt. Unter dem Gesichtspunkt ihrer Modernität ist diese Literatur auch in den 80er und 90er Jahren von der Mehrzahl der Vormärz-Forscher vorgestellt worden – ungeachtet des Monumentalwerks, in dem Friedrich Sengle ihr Verhaftetsein im 18. Jahrhundert und seiner Rhetorik-Tradition festschreiben wollte.[6]

Die Vormärz-Literatur der Anfang der Moderne? Weniger Sengles *Biedermeierzeit* als das in den 80er Jahren neuaufkommende Interesse an der deutschen Romantik und die Reklamierung des Modernitätsanspruchs der Romantik-Forschung für ihren Gegenstand haben m.E. relativierend auf die Beantwortung dieser Frage eingewirkt. Denn es läßt sich ja nicht leugnen, daß die von den Jungdeutschen betriebene Auflösung der tradierten Erzähl- und Handlungsformen, ihre Entdifferenzierung der Diskurse und Fragmentarisierung der Texte bereits von den deutschen Frühromantikern vorgeführt worden war, so daß die Auffassung, es handele sich hierbei um eine Wendung der romantischen Universalisierungs- und Entgrenzungsstrategien ins Politisch-Gesellschaftliche, nicht völlig von der Hand zu weisen war. Nun hat ein Beiträger zum ersten Jahrbuch des Forums Vormärz Forschung, Gustav

---

[5] Vgl. Rainer Rosenberg: *Literaturverhältnisse im deutschen Vormärz,* Berlin (-Ost) und München 1975.
[6] Vgl. Friedrich Sengle: *Biedermeierzeit. Deutsche Literatur im Spannungsfeld zwischen Restauration und Revolution 1815-1848,* Bd. I-III, Stuttgart 1971-1980.

Frank, eine Sicht auf diese Literatur geboten, die deren Modernitätsanspruch in anderer, aber nicht minder folgenreicher Weise relativiert.[7]

Wollte man die heutige Forschungssituation beschreiben, dann könnte man wohl sagen, daß die Sicht auf die deutsche Literatur von 1830 bis 1848 nicht mehr von den politischen Richtungskämpfen bestimmt wird, die sie durchziehen und an deren Fronten sich noch in den 70er Jahren unseres Jahrhunderts der Streit um die Periodenbezeichnung – „Vormärz" contra „Biedermeierzeit" – festgemacht hat. Die Einsicht, daß nicht nur politische Parteigänger des Metternich-Regimes, indem sie sich derselben literarischen Mittel bedienten, genau so „modern" waren wie die Wortführer der Opposition, sondern daß auch „unpolitische" Schriftsteller auf ihre Weise den Zeitenwandel reflektieren konnten, scheint heute überall auf. Wenn in der Mehrzahl der Fälle dennoch von „Vormärz-Literatur", nicht von der „Literatur der Restaurationsepoche" oder der „Biedermeierzeit" gesprochen wird, ist also meist die gesamte Literatur dieses Zeitraums gemeint und mit dieser Rede auch keine Privilegierung einer bestimmten Strömung mehr vorauszusetzen. Aufgerufen wird zumeist die Vorstellung eines Literatursystems, das in den 30er und 40er Jahren des 19. Jahrhunderts grundlegende strukturelle Veränderungen erfuhr, von denen auch die spätromantischen Traditionen verhafteten und am Konzept der Kunstautonomie festhaltenden Schriftsteller nicht unberührt blieben.

Frank schlägt vor, diese Strukturveränderungen nicht nur – wie bisher üblich – als Folge der ökonomischen und technologischen Entwicklung des medialen Sektors, der Herausbildung des kapitalistischen Literaturmarkts, zu sehen und zu den sozialen Umbrüchen und zu der politischen Repression in Beziehung zu setzen, sondern auch mit dem Zusammenbruch des tradierten Diskurssystems des deutschen Idealismus in Verbindung zu bringen. Er will die Entdifferenzierung, speziell die Reintegration des philosophischen Diskurses in die Literatur, im Licht der Tatsache betrachtet wissen, daß die Literatur in diesen Jahren die sozialen, psychologischen und politischen Fragen aufgreift, auf die die idealistische deutsche Philosophie keine zeitgemäßen Antworten mehr hat oder für deren Diskussion die entsprechenden Fachdiskurse noch nicht ausgebildet sind. Mir scheint diese Sichtweise vor allem deswegen interessant, weil sie möglicherweise weiterführt als der bloße Rekurs auf den aufklärerisch-emanzipatorischen Impetus und die politischen Wirkungsabsichten vieler Schriftsteller. Vor allem aber wäre man dann bei der Erörterung der Frage, warum etliche dieser Autoren in den 50er Jahren –

---

[7] Vgl. Gustav Frank: „Romane als Journal: System- und Umweltreferenzen als Voraussetzung der Entdifferenzierung und Ausdifferenzierung von 'Literatur' im Vormärz.", in: *Journalliteratur im Vormärz. Jahrbuch 1995*, Redaktion: Rainer Rosenberg und Detlev Kopp. Bielefeld 1996. S. 15-47.

vielfach ohne ihre liberalen oder demokratischen Positionen aufzugeben – zu traditionellen Literaturmustern zurückkehren, nicht mehr nur auf die enttäuschten Revolutionserwartungen angewiesen, die zur Erklärung des veränderten Gesamterscheinungsbildes der deutschen Literatur dieser Jahre kaum ausreichen.

Denn allgemeiner gefaßt läßt sich die These von der Entdifferenzierung infolge des Zusammenbruchs des idealistischen Diskurssystems auf die Formel bringen: Was nicht anders gesagt werden kann, weil es nicht mehr oder noch nicht anders gesagt werden kann oder gesagt werden darf, sagt die Literatur. Danach hätte es sich in den 30er Jahren des 19. Jahrhunderts zunächst lediglich um eine zeitweilige Funktionserweiterung der deutschen Literatur gehandelt, wie sie auch später wieder vorkommen konnte. Man denke an die DDR-Literatur und deren Funktionsverlust, die Orientierungsschwierigkeiten vieler Schriftsteller aus der DDR nach dem Wegfall dieses Staates. Und wenn es in der DDR vornehmlich die politischen Repressionen waren, die die öffentliche Meinung in die Literatur getrieben haben, dann gilt das, denke ich immer noch, wohl auch für den Vormärz. Aber Frank hat zweifellos recht, daß das Philosophieren in subjektiver essayistischer Form, wie es die Schriftsteller des jungen Deutschland unternahmen, nicht nur aus der politischen Repression und als Popularisierungseffekt erklärt werden kann, sondern auch mit Verunsicherung in bezug auf die gewußten Wahrheiten, Zweifeln an deren Ojektivität, zu tun haben dürfte.

Die Analogie zur DDR-Literatur führt freilich schon deswegen nicht sehr weit, weil deren Prestige nicht in erster Linie auf ihrer formalen Avanciertheit beruhte und weil die Literatur, auf die es hier ankommt, sich auf die Autonomie der Kunst berief: diese benötigte sie zur Abwehr ihrer Indienstnahme durch die Herrschenden und als Schutzraum für ihre Funktion als Ersatzöffentlichkeit. Zeitgenössische westdeutsche Kritiker hat das mitunter irritiert. Und nach 1989 wurden die Gewissensträgerrolle der Intelligentia in den sozialistischen Ländern, die gesellschaftliche Wertschätzung der Dichter als moralischer Instanz vielfach als signifikant für den vormodernen Zustand dieser Gesellschaften angesehen. Dennoch scheint mir die Analogie gerade deswegen aufschlußreich, weil sie ja auch zeigt, daß die Erweiterung ihres Funktionsradius – systemtheoretisch gesprochen: ihrer Leistungen für die Gesellschaft – an und für sich noch kein Maßstab für die Modernität einer Literatur sein kann.

Folgte man Franks Ansatz, dann verböte sich also die pauschale Gleichsetzung der jungdeutschen Experimente mit „Modernität" überhaupt, wäre folglich auch das Selbstverständnis der Vormärz-Schriftsteller in bezug auf die Neuheit der „neuen Literatur" zu relativieren, ebenso wie es uns erspart bliebe, die Wiederausgliederung des philosophischen und politischen Diskurses

aus der Literatur und das Einschwenken auf die geschlossenen Formen realistischen Erzählens lediglich als Rückschritt ansehen zu müssen. Die Schlußfolgerung, daß die Experimente des Jungen Deutschland mit der neuerlichen
„Ausdifferenzierung" der Diskurse in der zweiten Jahrhunderthälfte sich gewissermaßen erledigt, die Jungdeutschen damit nichts weiter als ein folgenlo-
ses Zwischenspiel in der deutschen Literaturgeschichte geboten hätten, ergibt
sich daraus noch keinesfalls und wäre wohl auch nicht in Franks Sinn.

Denn es bleibt die Frage, ob und inwieweit in diesen Experimenten etwas
zur Erscheinung kam, das das Attribut des Modernen insofern für sich beanspruchen kann, als es Neuerungen einleitete, die Bestand hatten, oder Vor-
griffe auf spätere Entwicklungen enthielt. Dabei kann man zunächst als empirisch gesichert voraussetzen, daß der Zeitraum von den endzwanziger Jahren
bis zur Jahrhundertmitte die Phase bildete, in der das literarische Kommuni-
kationssystem die für das spätere 19. Jahrhundert und bis zur Einführung der
audiovisuellen Medien charakteristischen Strukturen annahm. Daß dieser
Strukturwandel, zu dessen hervorstechenden Merkmalen die Neuaufteilung
des Literaturmarkts zwischen Buch und Zeitung gehörte, im Gefolge der Einstellung der Schriftsteller auf die „Zeitbedürfnisse" und die Möglichkeiten
und Erfordernisse des journalistischen Mediums auch Auswirkungen auf die
Genre-Entwicklung hatte, ist ebenfalls nachgewiesen und in den Forschungs-
beiträgen von Helga Brandes, Martina Lauster und Michael Vogt zum
Schwerpunkt „Journalliteratur" des Vormärz-Jahrbuchs wieder veranschaulicht worden.[8] Natürlich brachte der Strukturwandel des Kommunikationssy-
stems die neuen literarischen Formen nicht fertig ausgebildet mit. Man kann
beobachten, wie gerade bei der Entwicklung der neuen Genres der Zeitungs-
korrespondenz auf romantische und vorromantische Formen der Brief- und
Reiseliteratur zurückgegriffen und die Anpassung an die neuen Bedingungen
eines beschleunigten Zeittakts versucht wurde. Dabei wird deutlich, daß auch
einige der formalen Experimente scheiterten, einige der „neueren Genres",
die die Vormärzforschung beschreibt, ihre heutige journalistische Gestalt erst
in einem Prozeß der Ablösung von ihrem literarischen Umfeld erlangten, was
in der Regel gleichbedeutend mit deren Übergang aus der Verantwortung des
„Literaten" in die des (Sach-)Berichterstatters war. Andere wiederum blieben
nicht auf das journalistische Medium beschränkt: So entwickelte sich der Essay zu einem selbständigen literarischen Genre (als welches ihn die Autono-

---

[8] Vgl.: Helga Brandes: „Journalkritik und neuere Genres in den Zeitschriften des Jungen
Deutschland.", ebd. S. 49-58; Martina Lauster: „Moden und Modi des Modernen. Der frühe Gutzkow als Essayist.", ebd. S. 59-95; Michael Vogt: „Unsere Leser werden sich erinnern, daß wir den edlen Ritter in Spanien verließen.-" Zur Lektüre des ersten deutschen
Feuilletonromans, Georg Weerths Leben und Thaten des berühmten Ritters Schnapphahnski, in der *Neuen Rheinischen Zeitung*, ebd. S. 97-106.

mieästhetik freilich nicht erkennen und anerkennen konnte) und bildete sich mit ihm zugleich eine neue Diskursform aus, deren sich selbst die Philosophie bediente (von Nietzsche bis Bloch) und die auch auf die moderne Erzählliteratur übergriff. Daß auch die Anpassung der Erzählstrukturen an die Zeitungspublikation keine ephemere Erscheinung war, ließe sich für die deutsche Literatur am besten wahrscheinlich an der Massenliteratur zeigen (wenn man davon ausgeht, daß die short story als genuin journalliterarisches Erzählgenre ihren Ursprung in den USA hat).

Mir geht es hier nicht um eine Auflistung des Innovationspotentials, das ich in der deutschen Vormärz-Literatur sehe. Ich sehe es auch nicht allein in jenen Veränderungen der Schreibweisen, die mit dem Medienwechsel zusammenhingen, sondern hätte natürlich vor allem auf Büchner hinzuweisen. Und andererseits auch darauf, daß der Rückzug aus der Öffentlichkeit, das Ausweichen in die Provinz als Literatur- und Lebensraum im Vormärz, gleichfalls ein modernes Phänomen war. Ich wollte nur einige Anhaltspunkte für meine unveränderte Auffassung benennen, daß viele in dieser Literatur vorhandene Ansätze, selbst wenn sie uns – im Unterschied zu Büchner – ästhetisch nicht mehr berühren, in ihrer literarhistorischen Relevanz doch über ihre Zeit hinausweisen.

Ein großer Teil dieser Ansätze ist zweifellos an den Medienwechsel gebunden. Dennoch hielte ich, wie schon gesagt, die ausschließliche Bewertung dieser Ansätze unter dem Aspekt der Überführung der Literatur in den Journalismus – gleichgültig, ob sie unter positivem oder negativem Vorzeichen geschieht – für verfehlt. Denn nicht nur Büchner, sondern auch Heine und Gutzkow sahen den Ort der „neuen Literatur" keineswegs jenseits der Sphäre der ästhetischen Aneignung, wo die Journalliteratur letzten Endes ankam. Wenn Heine einer „neuen Literatur", nicht einer neuen Dicht-„Kunst" seinen Zuspruch gegeben hatte, dann meinte er – wie der Kontext unmißverständlich zeigt – nicht, daß diese Literatur „kunstlos" sein, sondern daß sie einer neuen Ästhetik folgen sollte, die andere Prämissen setzte als die Ästhetik der „Kunstperiode". Bei Büchner erscheinen uns heute die Konturen dieser neuen Ästhetik – ich würde schon sagen: einer Ästhetik der Moderne, die auch die Postmoderne noch für sich in Anspruch nehmen kann, am deutlichsten. Doch auch die Modernität Heines und der anderen Auguren des Zeitenwechsels läßt sich m.E. nicht so einfach auf die Romantik zurückrechnen. Auch die Texte der jungdeutschen Schriftsteller gewannen eine eigene ästhetische Dimension aus dem Bewußtsein des Eintritts in das Zeitalter der Industrie und der Technik, der politischen und sozialen Massenbewegungen, der globalen Expansion und Beschleunigung des Verkehrs.

Hartmut Steinecke

„Reisende waren wir beide"

Pückler-Muskau und Heine, London, Frühjahr 1827. Aspekte der Reiseliteratur vor der Julirevolution

Am 23. August 1854 unterzeichnete Heine seinen Zueignungsbrief „An Seine Durchlaucht, den Fürsten Pückler-Muskau", den er seinem Buch *Lutezia. Berichte über Politik, Kunst und Volksleben* voranstellte. Heine berichtet eingangs von dem Brauch, daß Reisende ihre Namen und Daten an einen „denkwürdigen Ort [...] inscribieren" und miteinander verbinden. Spätere Besucher wunderten sich manchmal darüber und

> machen dabey die tiefsinnige Bemerkung, daß jene Beiden also einander nicht fremd gewesen, daß sie wenigstens einmal auf derselben Stelle einander nahe gestanden, daß sie sich im Raum wie in der Zeit zusammengefunden, sie, die so gut zusammen paßten.[1]

Heine bezeichnet die Widmung seines Buches an einen „wahlverwandten Zeitgenossen" als eine derartige Inschrift.

> Ja, Reisende waren wir beide auf diesem Erdball, das war unsre irdische Spezialität, und diejenigen, welche nach uns kommen, und in diesem Buche den Kranz sehen, womit ich unsre beiden Namen umschlungen, gewinnen wenigstens ein authentisches Datum unseres zeitlichen Zusammentreffens, und sie mögen nach Belieben darüber glossiren, in wie weit der Verfasser der Briefe eines Verstorbenen und der Berichterstatter der Lutezia zusammen paßten.[2]

Ich will im folgenden eine solche imaginäre Inschrift – „London, Frühjahr 1827" – zum Anlaß nehmen, die beiden berühmtesten deutschen Reisenden und Reiseschriftsteller im Jahrzehnt vor der Julirevolution zu „glossiren".

1. Pückler brach im September 1826 zu der fast dreijährigen Reise nach England auf, die er in dem von Heine erwähnten Werk *Briefe eines Verstorbenen*[3] beschreibt. Hermann von Pückler-Muskau[4] hatte 1819 Lucie von Har-

---

[1] Heinrich Heine: *Historisch-kritische Gesamtausgabe der Werke im Auftrag der Landeshauptstadt Düsseldorf,* hg. von Manfred Windfuhr. Hamburg 1973-97 [zitiert als DHA]. Bd. 13/1: *Lutezia I.* Text, Apparat 1.-10. Artikel, bearbeitet von Volkmar Hansen, 1988. S. 15-21. Zitate, S. 15.
[2] DHA 13/1. S. 15f.
[3] Hermann von Pückler-Muskau: *Briefe eines Verstorbenen,* Bd. 1, *Ein fragmentarisches Tagebuch aus England, Wales, Irland und Frankreich, geschrieben in den Jahren 1828 und 1829;* Bd. 2: *Ein fragmentarisches Tagebuch aus Deutschland, Holland und England,*

denberg geheiratet, die geschiedene Tochter des preußischen Reichskanzlers, der dafür sorgte, daß der Graf 1822 zum Fürsten und damit zum Mitglied des Hochadels erhoben wurde. Doch zu diesem Zeitpunkt hatte der Aristokrat bereits durch sein Hobby, die Landschaftsgärtnerei, sowohl das ererbte als auch das erheiratete Vermögen durchgebracht und riesige Schulden angehäuft. Das Ehepaar beschloß, sich formal scheiden zu lassen, damit der Fürst durch die Heirat mit einer reichen englischen Erbin die Mittel zur Wiederherstellung des Wohlstandes und zur Fortsetzung der Finanzierung seiner Leidenschaft erhielte. Weimar war die erste Station auf dem Weg nach England, der Landesherr Karl August empfing ihn überaus freundlich, denn Pückler-Muskau war in den Freiheitskriegen sein Generaladjutant gewesen.

Natürlich wurde Pückler auch – wie schon bei früheren Gelegenheiten – von Goethe empfangen. Dieser zeigte sich durchaus beeindruckt von dem gewandten und charmanten Plauderer, der kenntnisreich über vielerlei Themen literarischer und politischer Art zu reden wußte, nicht zuletzt über England und seine von Goethe so geschätzten Dichter Byron und Scott.

Während Goethe dies kommentarlos in sein Tagebuch eintrug[5], schrieb Pückler einen ausführlichen Bericht über diesen Besuch an seine ‚geschiedene Ehefrau' Lucie – unterhaltsam, teilweise spöttisch, teilweise ehrerbietig, die Tonlage öfter von Satz zu Satz ändernd:

> Er empfing mich in einer dämmernd erleuchteten Stube, deren Clair obscur nicht ohne einige künstlerische Koketterie arrangiert war. Auch nahm sich der schöne Greis mit seinem Jupitersantlitz gar sittlich darin aus. Das Alter hat ihn

---

geschrieben in den Jahren 1826, 1827 und 1828, hg. von Therese Erler. Berlin 1987 [zitiert als *Briefe*].

[4] Im folgenden verweise ich auf neuere Forschungsliteratur zu Pückler-Muskau [Anm. 10 u. 26]: Brigitte Bender: *Ästhetische Strukturen der literarischen Landschaftsbeschreibung in den Reisewerken des Fürsten Pückler-Muskau,* Frankfurt/Main, Bern u.a. 1982. – Bettina und Lars Clausen: *Zu allem fähig. Versuch einer Sozio-Biographie zum Verständnis des Dichters Leopold Schefer,* 2 Bde, Frankfurt/Main 1985. – Cordula Jelaffke: *Fürst Pückler. Biographie,* Berlin 1993. – Klaus Günther Just: *Fürst Hermann von Pückler-Muskau. Leben und Werk,* Mit einer Auswahl aus Pücklers Nachlaß, Würzburg 1962. – Gerhard Krebs: „Der Lebendigste aller Verstorbenen – Zum wiedererwachten Interesse an Fürst von Pückler-Muskau.", in: *Jahrbuch für finnisch-deutsche Literaturbeziehungen* 27 (1995). S. 193-202. – Heinz Ohff: *Der grüne Fürst. Das abenteuerliche Leben des Hermann Pückler-Muskau,* München u.a. 1991. – Inge Rippmann: „Fürst-Pückler, ein Physiognomist zwischen Ancien régime und Jungem Deutschland.", in: *Physiognomie und Pathognomie. Zur literarischen Darstellung von Individualität,* Festschrift für Karl Pestalozzi, hg. von Wolfram Groddeck und Ulrich Stadler. Berlin, New York 1994. S. 265-282.

[5] Vgl. Johann Wolfgang Goethe: *Die letzten Jahre. Briefe, Tagebücher und Gespräche von 1823 bis zu Goethes Tod,* Teil I, Von 1823 bis zum Tode Carl Augusts 1828. (*Sämtliche Werke. Briefe, Tagebücher und Gespräche,* 40 Bde, hg. von Karl Eibl u.a.) Frankfurt/Main 1993. Bd. 2/10 (37), S. 990.

nur verändert, kaum geschwächt, er ist vielleicht weniger lebhaft als sonst, aber desto gleicher und milder [...]. Ich [...] äußerte scherzend, wie froh es mich mache, unsern Geisterkönig immer gleich majestätisch und wohlauf zu finden. „Oh, Sie sind zu *gnädig*", sagte er mit seiner immer noch nicht verwischten süddeutschen Weise und lächelte norddeutsch, satyrisch dazu, „mir einen solchen Namen zu geben." – „Nein", erwiderte ich, wahrlich aus vollem Herzen, „nicht nur König, sondern sogar Despot, denn Sie reißen ja ganz Europa gewaltsam mit sich fort."[6]

Ein detaillierter – vor allem auch sprachlich-stilistischer – Vergleich mit Heines Schilderungen seines Besuchs bei Goethe (die Pückler nicht kennen konnte) wäre interessant.

2. Während der Reise schrieb Pückler-Muskau fast regelmäßig an seine geschiedene Ehefrau, die meisten Briefe enthalten die Aufzeichnungen mehrerer Tage auf 10, 20 und mehr Seiten – insgesamt dürfte die Korrespondenz mehr als 1.000 Seiten umfaßt haben.[7] Pückler schreibt sehr persönlich und subjektiv: Er schildert und glossiert seine Erlebnisse und seine Alltagsbeschäftigungen, Beobachtungen und Gesellschaftsklatsch, Visiten und Feste vor allem bei Standesgenossen, Besuche von Theatern und Museen, berichtet von Besichtigungen – vor allem immer wieder: Landschaftsparks – und Spaziergängen, historischen Gebäuden, aktuellen Ereignissen, Moden, Skandalen, auch von einigen längeren Reisen bis nach Wales, Irland und Schottland, der Landschaft, den Menschen, der Politik – obwohl kein einziges Thema ausführlich oder gar systematisch behandelt wird, ergibt sich ein Mosaik des englischen Lebens, des Denkens und Fühlens, der gesellschaftlichen Verhältnisse, lückenhaft und subjektiv, aber in sehr großer Vielfalt. Das alles schildert er Lucie, überwiegend im Plauderton, oft witzig und pointiert, ironisch und spöttisch, voller „esprit", gelegentlich etwas frivol und zynisch, nicht selten assoziativ und sprunghaft.

Es ist bislang nicht völlig geklärt, ob Pückler von Beginn an eine Veröffentlichung dieser Briefe ins Auge gefaßt hat. Er hat dies später verneint, und die meisten Biographen und Forscher hielten die Frage damit für geklärt. Das ist natürlich keineswegs der Fall, denn der Fürst liebte – wie die *Briefe* und viele spätere Werke zeigen – das Spiel mit Masken und Rollen.[8] Wie auch

---

[6] *Briefe*. Bd. 2, S. 27.
[7] Hermann von Pückler-Muskau: *Briefwechsel und Tagebücher des Fürsten Hermann von Pückler-Muskau. Aus dem Nachlaß des Fürsten Pückler-Muskau*, hg. von Ludmilla Assing-Grimelli. 9 Bde, Bern 1971. Nachdruck der Ausgabe Hamburg 1873 und Berlin 1874-76.
[8] Siehe Pückler am 14.4.1832 an Bettina von Arnim: „Beurtheile mich auch nicht nach meinem Buche, dort bin ich durch und durch Komödiant, und habe höhnisch gelacht, daß man die Natürlichkeit als schönstes an ihm pries, da es von Anfang bis zu Ende die fortgesetzteste Täuschung enthält." (Ebd. Bd. 1, S. 101).

immer: Es gelang ihm, Varnhagen von Ense – einen der besten Literaturkenner und rührigsten Literaturförderer Berlins und Deutschlands – als Berater, Helfer und Agenten für die Publikation zu gewinnen. Varnhagen und seine Frau Rahel (bekanntlich eine der bedeutendsten Briefschreiberinnen und damit Schriftstellerinnen der Epoche) hielten beste Kontakte nach vielen Seiten, zur etablierten wie zur jungen Literatur; Rahels Salon war ein Zentrum der Goethe-Verehrung und spielte bei Heines Weg zum Ruhm eine wesentliche Rolle.

Varnhagen bearbeitete das Briefkonvolut – über Auswahl, Kürzung, redaktionelle Eingriffe ist im einzelnen nur wenig bekannt[9] – und machte es druckreif. Im Juli 1830 erschienen – ohne Verfasserangabe – die *Briefe eines Verstorbenen. Ein fragmentarisches Tagebuch aus England, Wales, Irland und Frankreich, geschrieben in den Jahren 1828 und 1829.*[10] Genauer: Es er-

---

[9] Varnhagen und Rahel hielten sich im Juli/August 1828 in Muskau auf. Varnhagen notierte in seine „Tageblätter" am 4.8.1828: „Die Fürstin von Pückler liest Rahel'n und mir eine Anzahl Briefe des Fürsten, die er aus England an sie geschrieben, vertraulich vor; [...] wir sind alle entzückt davon." (Karl August Varnhagen von Ense: *Werke in 5 Bänden*, hg. von Konrad Feilchenfeldt. Frankfurt 1987-94. Bd. 5, S. 182.) Die Briefe wurden später teilweise veröffentlicht (von Varnhagens Nichte Ludmilla Assing; [Anm. 7] Bd. 6, S. 359-453); dabei werden Auslassungen (v.a. Hinweise auf das ‚Reisemotiv' der reichen Heirat), Straffungen und leichte sprachliche und sachliche Überarbeitungen der Buchfassung deutlich (aus der Adressatin Lucie wird durchgehend eine „Julie"). Es ist unklar, in welchem Maße die Eingriffe von Pückler oder Varnhagen stammen (oder von Lucie oder Rahel), und es ist unbekannt, wie getreu die Drucke der Briefe sind. – Varnhagens Mitwirkung an den beiden 1830 erschienenen Bänden scheint mir sehr fraglich zu sein; seine Mitarbeit an den 1831 publizierten Teilen 1 und 2 hingegen ist durch einen Brief Pücklers an Lucie vom 14.10.1830 belegt (*Briefwechsel* [Anm. 7] Bd. 7, S. 206 f.).

[10] Für die *Briefe eines Verstorbenen* verweise ich außer auf die Anm. 4 und Anm. 26 genannten Titel auf: Rainer Gruenter: „Der reisende Fürst Hermann Pückler-Muskau in England.", in: *„Der curieuse Passagier". Deutsche Englandreisende des achtzehnten Jahrhunderts als Vermittler kultureller und technologischer Anregungen*, Colloquium der Arbeitsstelle 18. Jahrhundert, Gesamthochschule Wuppertal/Universität Münster. Heidelberg 1983. S. 119-137. – Jost Hermand: „Einleitung zum Nachdruck der Briefe eines Verstorbenen", Bd. 1, New York, London 1968. S. III-LXXIV. – Reiner Marx: „Ein liberaler deutscher Adeliger sieht Englands Metropole. Die Wahrnehmung Londons in Pückler-Muskaus ‚Briefen eines Verstorbenen'.", in: *Rom – Paris – London. Erfahrung und Selbsterfahrung deutscher Schriftsteller und Künstler in den fremden Metropolen*, Ein Symposion, hg. von Conrad Wiedemann. Stuttgart 1988. S. 595-609. – Inge Rippmann: „Tradition und Fortschritt. Das frühindustrielle England aus der Perspektive eines aristokratischen Individualisten, Fürst Pückler-Muskau.", in: *Recherches Germaniques* 25 (1995). S. 159-179. – Konrad Paul: „Nachwort." [Anm. 3]. 2. Bd, S. 665-685. – Günter J. Vaupel: „Nachwort." Hermann von Pückler-Muskau: *Briefe eines Verstorbenen. Ein fragmentarisches Tagebuch*, hg. von Günter J. Vaupel. Frankfurt/Main 1990. Bd. 2, S. 696-722. – Wulf Wülfing: „Reiseliteratur und Realitäten im Vormärz. Vorüberlegungen zu Schemata und Wirklichkeitsfindung im frühen 19. Jahrhundert.", in: *Reise und soziale Realität am Ende des 18.*

schienen zunächst die Bände 3 und 4, beginnend mit Brief 25. Bereits das Stichwort „Fragment" im Titel, die Vorrede des anonymen Herausgebers, der die Edition des Werkes eines mittlerweile verstorbenen Autors und den Beginn mit den beiden Schlußbänden entschuldigend begründet – das alles verweist auf Spielformen der Romantik, auf die Literarisierung der Briefe zu „Reisebüchern" und damit auch auf den Autor, der dieses Genre in den zurückliegenden Jahren berühmt gemacht hatte: Heine. Ob Pückler dessen *Reisebilder* kannte, ist ungeklärt[11]; genau belegt hingegen ist, daß Varnhagen die Entstehung von Heines *Reisebildern* von Beginn an sehr genau verfolgte und stets zu den ersten und enthusiastischsten Rezensenten gehörte. Da Heine für Varnhagen in diesem Genre das bewunderte Muster war, liegt es nahe, daß dies für seine Beratungs- und Redaktionstätigkeit nicht ohne Bedeutung blieb.

Für Pücklers *Briefe* setzte Varnhagen eine Propagandamaschinerie in Bewegung, die sehr modern anmutet. Zunächst schrieb er – natürlich ohne seine Beziehung zu dem Verfasser zu enthüllen – selbst eine umfangreiche rühmende Rezension, die noch vor dem Messetermin Herbst 1830 erschien.[12] Der nächste Schritt war eher ungewöhnlich: Er schickte ein Exemplar an Goethe, der sich der Bitte eines seiner treuesten und rührigsten Anhänger nicht entzog und auf der Stelle eine Rezension schrieb – solche Starthilfe für ein Erstlingswerk eines Unbekannten durch den über 80jährigen Doyen der europäischen Literatur war natürlich eine unschätzbare Hilfe. Und Goethe wußte, was Varnhagen von ihm erwartete. Seinen eher allgemeinen, nach verschiedenen Seiten schweifenden Reflexionen stellte er einen zitierfähigen Satz voran: „Ein für Deutschlands Literatur bedeutendes Werk."[13] Die Berechnung ging auf. Es dürfte in den über 150 Jahren seither kaum ein Beitrag über Pücklers Reisewerk erschienen sein ohne dieses Goethe-Zitat.

Während Goethes Urteil eher für die älteren Leser und den klassischen Geschmack wichtig war, schien Varnhagen Heine am geeignetsten, für das Buch

---

Jahrhunderts, hg. von Wolfgang Griep und Hans-Wolf Jäger. Heidelberg 1983. S. 371-394.

[11] Der erste Band von Heines *Reisebildern* mit der *Harzreise* erschien im Mai 1826, Varnhagen rezensierte das Werk im Juni. Ob Pückler das Werk oder die Rezension kannte, ist unbekannt. Noch eher möglich wäre, daß er von dem im Januar/Februar in Fortsetzungen im Berliner *Gesellschafter* erfolgten Vorabdruck Kenntnis hatte, denn er war öfter in Berlin, wo sich ja Heine seit 1821 ebenfalls mehrfach aufhielt, und – wie Pückler – u.a. in Varnhagens Kreis verkehrte.

[12] In: *Jahrbücher für wissenschaftliche Kritik* 56-59 (September 1830). Sp. 446-468.

[13] Goethes Rezension erschien in: *Jahrbücher für wissenschaftliche Kritik* 59 (1830). Zit. n. Johann Wolfgang Goethe: *Sämtliche Werke nach Epochen seines Schaffens*, Münchner Ausgabe, Bd. 18/2: Letzte Jahre 1827-1832, hg. von Johannes John u.a. München 1996. S. 194-199. Zitat 194.

bei den jüngeren Lesern und den Anhängern der ‚modernen' Literatur zu
werben. So bat er Heine dezidiert, „dieses Buches mit Wärme zu erwähnen".[14] Auch Heine reagierte sofort und fügte im Vorwort des vierten (und
damit letzten) Bandes der Reisebilder, das er eben schrieb, unter dem Datum
des 15.11.1830 einen enthusiastischen Hinweis auf das Werk an: Es gebe
„gewiß kein Buch über England, das uns die dortigen Zustände besser veran-
schaulichen könnte" als das auch „in mancher andere[r] Hinsicht vortreffliche
[...] Buch" *Briefe eines Verstorbenen*, das „in vollem Maße das Lob" verdiene, „das ihm Göthe und Varnhagen v. Ense [...] gespendet haben".[15]

Heine nimmt Züge gewisser moderner Kritiker vorweg, da er sein flam-
mendes Lob schrieb, ohne das Buch selbst zu kennen. Immerhin war Heine
neugierig auf das Werk geworden, er las es und stellte in einem Brief an
Varnhagen, zweifellos etwas erleichtert und selbstironisch, fest: er sei nach
der Lektüre mit seinem „eignen Lobe ganz einverstanden".[16] Das auf diese
Weise ins öffentliche Gespräch gebrachte Werk wurde zum großen Bucher-
folg, die Goethe und Heine in der Tat noch unbekannte, bald darauf aufge-
deckte Verfasserschaft des skandalumwitterten Fürsten tat ein übriges: Werk
und Autor wurden berühmt. Auch die von Varnhagen verpflichteten Lobred-
ner rückten nicht von ihrem Urteil ab, nachdem der Verfasser bekannt wurde.
Goethe war zunächst zwar etwas verstimmt, als er Ende 1831 Band 1 erhielt,
in dem die eingangs erwähnte ironische Schilderung des Besuchs bei ihm zu
finden war, aber er berichtet noch in den letzten Lebensmonaten zweimal in
positiver Weise über seine Lektüre des Werkes.[17] Und Heine, sonst bekanntlich alles andere als ein Aristokratenfreund, stand mit Pückler-Muskau seit
1834 in freundlichem Kontakt, lange bevor sich dieser durch seinen Einsatz
in Heines Erbschaftsangelegenheiten die Dankbarkeit des Dichters erwarb.[18]

---

[14] Varnhagen an Heine vom 21.9.1830, *Säkularausgabe*, hg. von den Nationalen For-
schungs- und Gedenkstätten der klassischen deutschen Literatur in Weimar und dem Centre National de la Recherche Scientifique in Paris. Bd. 24: Briefe an Heine 1823-1836, bearbeitet von Renate Francke. Berlin, Paris 1974. S. 62 [zitiert als HSA].

[15] DHA 7/1: *Reisebilder III/IV. Text*, bearbeitet von Alfred Opitz. 1986. S. 155f.

[16] Brief vom 19.11.1830, HSA 20: Briefe 1815-1831, bearbeitet von Fritz H. Eisner. 1970.
S. 423.

[17] Goethe [Anm. 5]. Teil II, Vom Dornburger Aufenthalt 1828 bis zum Tode, Bd. 2/11
(38), S. 503-505 und 530.

[18] Vgl. HSA 21: Briefe 1831-1841, bearbeitet von Fritz H. Eisner. 1970. S. 89f.:
„Wahrlich, ich hätte gern gewünscht Sie von Angesicht zu Angesicht zu sehen, leiblich,
nicht bloß als Geist, als Verstorbener! [...] wie Sie mit Ihren Federn so gut schreiben können, ist mir unbegreiflich!"

So kann man denn sagen, daß Varnhagen mit gutem Literaturinstinkt das Richtige tat: Er warb nachdrücklich für ein Buch, das er für wichtig hielt, vor allem brachte er es zu den einflußreichsten Rezensenten der Zeit.

Natürlich rühmten Goethe und Heine das Buch nicht nur, weil Varnhagen sie darum bat. Sie hätten sich sicher nicht in dieser Weise dazu geäußert, wenn sie darin nicht für sie selbst wesentliche Gedanken und ansprechende Schreibweisen gefunden hätten.

Das Goethe Faszinierende war offensichtlich der enge Zeitbezug zur Julirevolution: Die Nachrichten von der Revolution erreichten ihn Anfang August und beschäftigten ihn intensiv in den folgenden Tagen, in denen er Pücklers *Briefe* erhielt und seine Rezension schrieb. Da Wulf Wülfing in einem Aufsatz überzeugend und detailliert auf diese Zusammenhänge eingegangen ist, kann ich es bei diesem Hinweis belassen. Natürlich las Goethe aus den Briefen das heraus, was er finden wollte. Goethe rühmt vor allem „das Schickliche" „als In- und Oberbegriff für alles ‚richtige' Verhalten, nicht zuletzt das öffentliche".[19] Damit wird ein Begriff verwendet, der zugleich im Bereich der Moral wie dem der Ästhetik seinen Platz hat: der aristokratische Verfasser ist durch seine Herkunft prädestiniert dafür, „sich immer anständig zu halten"[20] (diese Wendung hätte Goethe sicher nach Kenntnis des Autors nicht verwendet) und dem Chaos, wie es sich in der Julirevolution dokumentiere, zu wehren.

Auch für Heine ergab sich ein augenfälliger Bezug des Pücklerschen Werkes zur Julirevolution. Bekanntlich war Heine, als die Nachrichten aus Paris eintrafen, auf Helgoland, und es ist nicht geklärt und wohl auch nicht klärbar, ob und inwieweit die revolutionsbegeisterten Briefe aus Helgoland, die er zehn Jahre später im *Börne*-Buch veröffentlichte, auf authentische Aufzeichnungen zurückgehen. Die Briefe der folgenden Wochen zeigen andere Interessenschwerpunkte.[21] Im gleichen Brief an Varnhagen mit der ersten Stellungnahme zu den Briefen Pücklers geht Heine auch erstmals ausführlicher darauf ein, wie die Julirevolution auf ihn gewirkt hat: „Ich [...] konnte nichts treiben als Revoluzionsgeschichte, Tag und Nacht." und: „Ich weiß sehr gut, daß die Revoluzion alle sozialen Interessen umfaßt [...]".[22] Das Zusammentreffen beider Berichte in *einem* Brief (jeweils einige Monate *nach* dem Ereignis) kann Zufall sein; es kann aber auch sein, daß Heine eine Verbindung

---

[19] Siehe Wülfing [Anm. 10]. S. 375.
[20] Goethe [Anm. 13]. S. 195.
[21] Am 28.10.1830 schreibt Heine an Kobbe: „Ich lebe ganz isolirt, fast gespenstisch abgeschnitten von den Interessen meiner Umgebung." (HSA 20, S. 419.)
[22] HSA 20, S. 422.

sah, eine Bestätigung seiner Sicht der Zeitereignisse.[23] Jedenfalls steht diese Reaktion auf die Briefe in einem denkbar großen Gegensatz zu der Börnes einige Wochen später, der gerade die Kluft zwischen der (noch) begeistert gefeierten Revolution und der „aristokratischen" Weltsicht dieses Werkes betont.[24]

Für seine Sympathiebekundungen gegenüber dem Aristokraten wurde Heine schon von seinen zeitgenössischen Anhängern heftig getadelt, und bis heute herrscht in der mehr politisch als ästhetisch interessierten Heine-Literatur eher ein Kopfschütteln oder leichter Tadel über solche aristokratische Verirrung.

Bereits der einflußreichste Kritiker in der Mitte des 19. Jahrhunderts, Julian Schmidt, betonte die großen Gegensätze in Perspektive und Wertung, wenn er aus bürgerlicher Sicht festhielt: Wer die Menschen auf der Straße aus der „Carosse" betrachte, sehe sie anders als derjenige, der „sich auf den Straßen schieben und stoßen [...] lassen" müsse.[25] Dieses Bild ist eingängig, auf den ersten Blick überzeugend, gibt allerdings auf den zweiten Blick doch vielleicht nur eine halbe Wahrheit.

3. Es hätte durchaus sein können, daß die beiden von Julian Schmidt beschriebenen Szenen auf *einem* Bild erschienen wären, und zwar im Frühjahr 1827 in London. Die britische Metropole übte auf deutsche Reisende bereits im 18. Jahrhundert große Faszination aus, die durch ihre Reiseberichte verstärkt wurde:[26] In Lichtenbergs London-Schilderungen sind bereits wesentli-

---

[23] Vgl. zum Aspekt „soziale Revoluzion" folgendes Heine-Zitat aus dem gleichen Brief: „Wie es Vögel giebt, die irgend eine physische Revoluzion, etwa Gewitter, Erdbeben, Ueberschwemmungen etc vorausahnen, so giebts Menschen, denen die sozialen Revoluzionen sich im Gemüthe voraus ankündigen, und denen es dabey lähmend betäubend und seltsam stockend zu Muthe wird." (HSA 20, S. 421.)

[24] Siehe Ludwig Börne: *Briefe aus Paris*, Brief vom 3.2.1831 (*Sämtliche Schriften,* Neu bearbeitet und hg. von Inge und Peter Rippmann. 5 Bde, Düsseldorf 1964. Bd. 3, S. 163ff.) Zum Kontext dieser publizierten Äußerungen Börnes [Anm. 39].

[25] Julian Schmidt: „Fürst-Pückler-Muskau.", in: *Westermann's Illustrirte Deutsche Monatshefte* 39 (1875). S. 27. Vgl. auch: Julian Schmidt: *Geschichte der deutschen Litteratur von Leibniz bis auf unsere Zeit,* Bd. 5: 1814-1866, Berlin 1896. S. 195-203.

[26] Zu Literatur über deutsche London-Reisen verweise ich v.a. auf Michael Maurer: „Skizzen aus dem sozialen und politischen Leben der Briten. Deutsche Englandreiseberichte des 19. Jahrhunderts.", in: *Der Reisebericht. Die Entwicklung einer Gattung in der deutschen Literatur,* hg. von Peter J. Brenner. Frankfurt/Main 1989. S. 406-433. – Wulf Wülfing: „Medien der Moderne: Londons Straßen in den Reiseberichten von Johanna Schopenhauer bis Theodor Fontane.", in: *Reisen im Diskurs. Modelle der literarischen Fremderfahrung von den Pilgerberichten bis zur Postmoderne,* Tagungsakten des internationalen Symposions zur Reiseliteratur. University College Dublin vom 10.-12. März 1994, hg. von Anne Fuchs und Theo Harden. Mitarb. Eva Juhl. Heidelberg 1995. S. 470-492. – Helmuth Nürnberger: „Fontane und London.", in: Wiedemann [Anm. 10]. S. 648-661. –

che Elemente der deutschen London-Bilder des 19. Jahrhunderts vorweggenommen: Dies ist die Hauptstadt der modernen Welt, in ihr lassen sich die Zeichen der Zukunft – begeistert und erschreckt – deutlicher als andernorts erkennen. Die wesentliche Signatur, die London der Welt zeigt, ist im beginnenden 19. Jahrhundert immer deutlicher: die Herrschaft des Geldes, dadurch bedingt: die allgemeine Hetze, die Rücksichtslosigkeit der dem Geld Nachjagenden gegeneinander. Das erfahren auch die London-Reisenden Pückler und Heine.

Im Frühjahr 1827 hielt sich Fürst Pückler bereits seit einigen Monaten in der Hauptstadt der modernen Welt auf und berichtet nicht selten in seinen Briefen nach Hause von Kutschfahrten durch die dreckigen Straßen und das Menschengewimmel rundum. Die „ungeheure Stadt" ist

> voller Schmutz und Nebel und die makadamisierten Straßen einer ausgefahrenen Landstraße ähnlich, denn das alte Pflaster ist in diesen herausgerissen worden und durch Granitstückchen, mit Kies ausgefüllt, ersetzt, die zwar ein sanfteres Fahren gewähren und den Lärm dämpfen, im Winter aber auch die Stadt in einen halben Sumpf verwandeln. Ohne die vortrefflichen Trottoirs müßte man [...] auf Stelzen gehen. Auch tragen die gemeinen Engländerinnen etwas Ähnliches von Eisen an ihren großen Füßen.[27]

Auf dem Weg von der Börse nach dem Strand hätte Pückler an der Ecke von Cheapside erleben können, wie ein „armer deutscher Poet" vor einem Bilderladen stehend, von den rennenden und hastenden Engländern, „God damn!" rufend, unsanft zur Seite gestoßen und niedergetrampelt wurde.[28] So schildert Heine – seit April 1827 in London – seinen ersten Eindruck in dem berühmten Artikel *London*, der 1828 in Cottas *Morgenblatt* erschien und dann, wenig später, abermals in den *Englischen Fragmenten* im letzten Band der *Reisebilder* (und damit einige wenige Seiten hinter dem Lob auf Pücklers England-Buch).

Als der arme deutsche Poet sich aufrappelt, blickt er vom Bürgersteig wieder „auf die tosende Straße [...], wo ein buntscheckiger Knäul von Männern, Weibern, Kindern, Pferden, Postkutschen, darunter auch ein Leichenzug, sich brausend, schreyend, ächzend und knarrend dahinwälzte".[29] Der sprachliche und stilistische Duktus der Beschreibung des Gewimmels wird bestimmt

---

Fritz Wahrenburg: „Georg Weerths Londonbild im Kontext seiner industriellen Städtephysiognomien.", in: Wiedemann [Anm. 10]. S. 611-634. – Fritz Wefelmeyer: „Bei den money-makern am Themsefluß. Theodor Fontanes Reise in die moderne Kultur im Jahre 1852.", in: *Theodor Fontane* (Sonderband Text + Kritik.), hg. von Heinz Ludwig Arnold. München 1989. S. 55-70.

[27] *Briefe*. Bd. 2, S. 52.
[28] DHA 7/1. S. 214.
[29] Ebd.

durch die Auftürmung und Häufung des Aufgezählten, die effektvolle Reihung des Heterogenen, garniert mit ironischen und spöttischen Seitenhieben.

Das Ich, der „arme deutsche Poet" – der seinen Bericht mit der Wendung beginnt „Ich habe das Merkwürdigste gesehen, was die Welt dem staunenden Geiste zeigen kann [...] London"[30] – ist Heine. Aber selbstverständlich schildert hier nicht ein Reisender Anekdoten und Begebnisse, die ihm begegnet sind, sondern ein Wirkungseffekte kalkulierender Schriftsteller sucht, findet oder erfindet das Symptomatische im Einzelnen und hebt es effektsicher hervor. Alles, was der Ich-Erzähler in Heines „London"-Kapitel an Komischem, Lustigem, Skurrilem, Groteskem berichtet, hat einen roten Faden, der schon durch die Ortsbezeichnungen „Börse" und „Strand" signalisiert wird: Das Eilen und Hasten, das Niederstoßen des träumerischen Poeten – alles ist Zeichen der Kraft, die London bewegt: des Geldes und der Jagd nach dem Geld. Dies ist in einigen eindrucksvollen detaillierten Studien der letzten Jahre genauer gezeigt worden.[31]

Weniger bekannt ist, daß in den London-Briefen Pücklers dieses Leitmotiv ebenfalls, wenngleich meistens an anderen Beispielen, auftritt: Viele Menschen, die Pückler schildert, werden unter anderem durch den Umfang ihres Vermögens charakterisiert – nicht nur die potentiellen Heiratskandidatinnen, bei denen dieses Detail ja von existentiellem Interesse ist, sondern auch zahlreiche Menschen aus den verschiedenen Schichten bis hin zu den Handwerkern und Fabrikarbeitern.

Für beide Reisende gab es einen biographischen Ausgangspunkt dafür, daß dieses Thema sie so intensiv auf der England-Fahrt begleitete: Der Fürst kam, wie erwähnt, mit immensen Schulden, aber er mußte selbstverständlich standesgemäß – und das heißt auf großem Fuße – leben, um gesellschaftlich anerkannt zu bleiben, und vergrößerte damit den Schuldenberg von Tag zu Tag. Heine kam nur deshalb nicht mit größeren Schulden, weil niemand ihm Geld geborgt hätte. Der reiche Onkel Salomon, der Hamburger Bankier, wollte ihm immerhin Gesellschaftsfähigkeit bescheinigen und in der Weise des neuen bürgerlichen Zeitalters hieß das: Kreditfähigkeit. Daher gab er ihm einen Kreditbrief an Baron Rothschild mit, den berühmten, mit ihm befreundeten Bankier – selbstverständlich nur zum Vorzeigen. Er hätte seinen Neffen besser kennen müssen. Dieser löste den Brief natürlich sofort ein und bestritt damit die Monate seines England-Aufenthaltes.

Heine hat seinen Besuch bei Rothschild nicht geschildert, klugerweise, denn sein Onkel machte ihm natürlich ohnehin die heftigsten Vorwürfe.

---

[30] DHA 7/1. S. 213.
[31] Vgl. Albrecht Betz: *Ästhetik und Politik. Heinrich Heines Prosa.* München 1971 und Heinz Brüggemann: *„Aber schickt keinen Poeten nach London!". Großstadt und literarische Wahrnehmung im 18. und 19. Jahrhundert,* Texte und Interpretationen, Reinbek 1985.

Wenn Heine Rothschild selbst gesprochen haben sollte, könnte die Begegnung durchaus so verlaufen sein, wie er das im gleichen Band der *Reisebilder* den kleinen Juden Hirsch-Hyazinth über ein Zusammentreffen mit Salomon Rothschild berichten läßt: „er behandelte mich ganz wie seines Gleichen, ganz famillionär"[32]. Auch Pückler-Muskau hatte sich wenige Tage nach seiner Ankunft in London zu Baron Rothschild begeben, um ihm seinen Kreditbrief zu überreichen. Der Baron ist für ihn „der geniale Selbstherrscher der City"[33], der mächtigste Kapitalist Europas, Pückler-Muskau plaudert mit ihm, zunächst über Alltägliches, dann auch über „politische Gegenstände"[34], er beschreibt ihn in einer Mischung von Hochachtung und leichter Ironie.

Ein weiterer vergleichender Blick soll der Schilderung der Börse gelten, des Zentrums dieser Welt des Geldes. Bei Pückler-Muskau beginnt die entsprechende Passage: „An anderen Orten hat die Börse gewöhnlich nur ein kaufmännisches Ansehen, hier durchaus ein historisches." Die Statuen der englischen Herrscher erwecken in ihm

> poetische Gefühle, denen der Gedanke eines so unermeßlichen Welthandels, dessen Hauptplatz London ist, eine noch tiefere Bedeutung gibt. Die Menschen jedoch, die das Gemälde beleben, ziehen einen bald wieder in das Reich des Alltäglichen hinab, denn hier leuchtet Eigennutz und Interesse zu lebhaft aus jedem Auge, so daß in dieser Hinsicht der Ort, wie die ganze City, einen fast unheimlichen Anblick darbietet, der dem rast- und trostlosen Gewühle verdammter Geister nicht ganz unähnlich erscheint.
>
> Der große Hof der Börse wird von bedeckten Arkaden umgeben, wo Inschriften den Kaufleuten aller Nationen ihren Versammlungsort anweisen. In der Mitte des Hofs steht eine Statue Karl[s] II., der den Palast erbaute.[35]

Es folgt eine längere, teilweise „witzige" Beschreibung der Statuen der älteren englischen Herrscher.

Heine geht von einer ähnlichen Beobachtung aus:

> Unter den Bogengängen der Londoner Börse hat jede Nazion ihren angewiesenen Platz, und auf hochgesteckten Täfelchen liest man die Namen: Russen, Spanier, Schweden, Deutsche, Malteser, Juden, Hanseaten, Türken u.s.w. Vormals stand jeder Kaufmann unter dem Täfelchen, worauf der Name seiner Nazion geschrieben. Jetzt aber würde man ihn vergebens dort suchen; die Menschen sind fortgerückt, wo einst Spanier standen, stehen jetzt Holländer [...], sogar die Deutschen sind weiter gekommen.[36]

---

[32] DHA 7/1. S. 112.
[33] *Briefe*. Bd. 2, S. 68.
[34] *Briefe*. Bd. 2, S. 69.
[35] *Briefe*. Bd. 2, S. 63f.
[36] DHA 7/1. S. 218.

An die letzten Hinweise knüpfen sich dann weitere Bemerkungen über die Veränderungen in der modernen Welt an.

Bei Heine erfahren wir also wenig über das Gebäude, noch weniger über seine Geschichte. Aber die Börse ist in den Beschreibungen Londons fast ein Leitmotiv, sie wird mehrfach erwähnt: die Straße, die von der Börse nach Downing Street führt, sei „die Pulsader der Welt".[37] Der Londoner hetze bei Tag und Nacht dem Geld nach, er „rennt und läuft, ohne sich viel umzusehen, vom Hafen nach der Börse, von der Börse nach dem Strand [...]".[38] In Heines London-Schilderung prägt die Börse mithin nicht nur das Leben, sondern auch das Denken und Fühlen, die Mentalitäten der Engländer. Bei Pückler-Muskau, so könnte man verkürzt sagen, wird ein Gebäude registriert und wirtschaftliche Macht konstatiert, bei Heine wird dies analysiert und in seinen Auswirkungen auf die Menschen geschildert.

Die beiden Passagen über die Börse zeigen ebenso wie die Begegnung der beiden Reisenden mit Rothschild und ihre Begegnungen mit Goethe, daß hier unterschiedliche Welten aufeinandertreffen: Die soziale Herkunft und die Erziehung führen nicht nur dazu, daß beide in sehr unterschiedlichen Kreisen verkehren und in sehr unterschiedlicher Weise mit Menschen umgehen, sondern natürlich auch zu erheblich unterschiedlichen Sichtweisen und politischen Anschauungen. Das sollte man nicht verwischen, selbst wenn man einige liberale Züge in Leben und Gesinnungen Pückler-Muskaus erkennen kann oder von aristokratischen Neigungen bei Heine spricht – derlei Charakterisierungen wären eher metaphorisch als konkret politisch zu nennen.

4. Bei allen deutlichen Differenzen überrascht es, daß nicht wenige zeitgenössische Kritiker – und gerade die ‚fortschrittlichen' unter ihnen, die Jungdeutschen – eine Reihe von Gemeinsamkeiten zwischen beiden Reisenden feststellten. (Gelegentlich wurde sogar Heine als der anonyme Verfasser der *Briefe* in Erwägung gezogen.)[39] Man sollte diese Beobachtung nicht von

---

[37] DHA 7/1. S. 214.

[38] Ebd.

[39] Zu den zeitgenössischen Lesern, die in Heine den Verfasser der *Briefe eines Verstorbenen* vermuteten, gehörte auch Börnes Freundin Jeanette Wohl. Sie riet Börne Ende 1830 wiederholt, seine geplanten Berichte aus Paris in Briefform, wie Heines *Reisebilder,* abzufassen: „Diese Form ist jetzt die beliebteste und mit Recht, da sie die passendste für die rasche Zeit ist." ([Anm. 24]. Bd. 5, S. 851.) Wichtigstes Beispiel dafür sind ihr die *Briefe eines Verstorbenen:* sie seien „außerordentlich schön [...] von höchster dichterischer Schönheit [...]. Ich behaupte, das Buch ist von Heine, wenn wirklich, so steht er auf weit höherer Stufe als früher und – es wird Ihnen schwer werden, ihn zu erreichen." (24.12.1830; ebd.) Auf diesen wenig schmeichelhaften Vergleich antwortete Börne etwas pikiert: „Sie gute Seele scheinen für mich neidisch zu sein, wenn der Heine besser schreibt als ich. Sie zu beruhigen kann ich Ihnen sagen, daß die bewußten Briefe *nicht* von Heine sind. Dr. Koreff nannte mir den Verfasser. Es ist ein Graf Bidbus oder Kitbus, oder auch ganz anders – so

vornherein als unangemessen abwehren, wie man das bislang aufgrund der
großen gesellschaftlichen und ideologischen Differenzen sowie der künstlerischen Rangunterschiede zwischen Pückler und Heine – bewußt oder unbewußt – getan hat. Es sei an die dialektische Einsicht erinnert, daß der Gewinn
des Vergleichens in der differenzierteren Sicht der Unterschiede liegt.

Genauer betrachtet beziehen sich die Hinweise auf Verwandtschaften oder
Gemeinsamkeiten in erster Linie auf Sprache und Stil beider Autoren. Das
soll zunächst an Heinrich Laube gezeigt werden, der als erster der jungen
Autoren Heine in mehreren Rezensionen der Jahre 1833/34 als bedeutendsten
Schriftsteller der beginnenden Moderne feierte. In seinem kritischen
Hauptwerk *Moderne Charakteristiken* (1835) – das unausgesprochen (da
Laube nach seiner Haftzeit Vorsicht über Bekennermut stellte) auf Heine in
dieser Rolle zuläuft – findet man ein ausführliches Porträt von Pückler-
Muskau und ebenso ein Kapitel „Der Stil", in dem Laube den Kern der
„modernen Prosa unsrer Zeit" sieht.[40] Heine wird aus dem genannten Grund
zwar nur am Schluß als Beispiel genannt („Heine schreibt glänzend"[41]), ist
jedoch das große Vorbild. Auch im Kapitel über Pückler bildet Heine als
„Führer dieser Schule" (der Moderne) den Bezugspunkt. Hier heißt es durch-

---

ohngefähr heißt er." (29.12.1830; Bd. 4, S. 1254.) Erst am 3.2.1831 äußerte er sich ausführlicher über die *Briefe* (im Gegensatz zu den vorher zitierten nahm er diese Stelle in die
veröffentlichten *Briefe aus Paris* auf). Von Heine sei „kein Atemzug" darin, „von dichterischer Kunst keine Spur"; der Hauptangriffspunkt ist für ihn das „Aristokratische" des Verstorbenen, seine Attacke gilt in erster Linie dem sozialen Stand und den daraus abgeleiteten
Eigenschaften (Bd. 3, S. 163ff.). Jeanette Wohl protestierte postwendend (11.2.1831) gegen die völlig einseitige Darstellung: „Mir gefällt alles und unbedingt, und Sie tadeln alles,
und wie mir scheint, ungerecht. Das Buch ist schön, gehaltvoll, ob es ein Adliger oder Bürgerlicher geschrieben" (Bd. 5, S. 853f.). Börne verteidigte sich (und auch diese Passage
veröffentlichte er später): „Freilich hätte ich das Gute im Buche stärker loben können; aber
wozu? Es ist eben Krieg, und da kann man keine Rücksicht darauf nehmen, was das für ein
Mann ist, der uns gegenübersteht. Er steht uns gegenüber und ist unser Feind. Puff!"
(15.2.1831; Bd. 3, S. 177.) In einer nicht veröffentlichten Passage des Briefes vom
22.2.1831 fügte er, deutlich verärgert, hinzu: „haben Sie sich denn ganz vernarrt in die
Briefe des Verstorbenen, daß Sie sie so unaufhörlich gegen mich in Schutz nehmen?" (Bd.
4, S. 1323.) – Die zitierten Stellen aus den Briefen Jeanette Wohls und die von Börne nicht
in die Veröffentlichung aufgenommenen Formulierungen seiner Antwortbriefe zeigen die
Hintergründe von Börnes scharfer Attacke [Anm. 24], seinen Ärger über den Vergleich
(der noch dazu zu seinen Ungunsten ausging) sowie über die Hartnäckigkeit des Urteils der
sonst so geschätzten Freundin. Später, in *Menzel der Franzosenfresser* (1837), ging Börne
noch einmal ausführlich auf Pückler-Muskau ein, den er als Inbegriff des „aristokratischen"
Schreibens abermals scharf angriff (Bd. 3, S. 875ff.).
[40] Heinrich Laube: „Der Stil." *Moderne Charakteristiken*, Mannheim 1835. Bd. 2, S. 214-
237. Zitat 227.
[41] Ebd. S. 235.

aus auch kritisch, im ganzen aber aus der Haltung eines Schriftstellers heraus, der sich selbst der neuen Schule zugehörig fühlt: Pückler-Muskaus Werke seien

> in jenem leichten, legèren, modernen Tone geschrieben, welcher so sicher macht, welcher sich über die ärgsten Dinge nicht unerfahren altväterisch verwundert, welcher kein Handwerkzeug in Händen hat, und doch das Nöthige leistet, in jenem verführerischen Dilettantentone, welcher durch nichts Officielles einschüchtert. [...]
> Der in Rede stehende Verfasser ist mit vielen Fasern der modernen Schreibeweise anhängig, und jener Vorwurf trifft ihn vielfach, wie er dieser mehr oder minder gemacht wird. Mit Recht oder mit Unrecht? Gewiß nicht ganz mit Unrecht: es ist etwas von künstlich zusammengesuchtem, Forcirtem, Gefallsüchtigem, Frappirlüstigem in dieser Schreibart, und Heinrich Heine hat den Ton dazu angegeben. Dies mag zum Theil daher rühren, daß man nicht an eine ächte, unerschütterliche Theilnahme des Publikums an der Lektüre glaubt, der Schriftsteller fühlt eine gährende Welt in sich, und setzt sie bei seinen Lesern voraus, eine Welt, welche bei ihren tausendfachen Interessen nicht immer Zeit, Theilnahme, Aufmerksamkeit genug für diese oder jene Kleinigkeit gestattet. Dagegen kämpft er an durch kleine Ueberraschungen, durch manche unerwartete Wendung, durch ein spannendes Einleiten und Vorbereiten, wo das wirkliche Objekt oder Resultat nicht im Verhältniß steht zu der Wichtigkeit, mit welcher es angekündigt worden ist. Sonst in der alten Welt war es anders: Alles war in Ordnung, man hatte für nichts zu sorgen oder zu denken als für das, was eben besprochen wurde, die Maschine war im Gange, es war nur auf kleine Aenderungen und Ausbesserungen zu denken. [...] Sein Stil, seine Diktion gilt für leicht und gefällig, ist aber im Grunde nicht von der prägnanten, fesselnden Art, wie sie bei den Führern dieser Schule gefunden wird. [...] Freilich besteht ein Reiz vieler Dinge nur in der Bewegung, im schnellen Kommen und Gehen, sie sind aber die Boten des Neuen, der Mode, des Modernen, nicht das Moderne selbst, wie wir es hier in unserm Begriffskreise verstehen. Das Neue kann nicht bleiben, sonst wird es alt. [...] er hat, wenn er erzählt, einen glücklichen Anekdotenstil, dessen Hände wie die des gewandtesten Taschenspielers überall herumgreifen, er hat jenen modernen Ansatz zum Witze, welcher neckt, spannt, unterhält, auch wenn er es selbst niemals zum Witze bringt, er hat eine durchgebildete, moderne Anschauungsweise, denn sein Geist ist kühn und gesund. [...] Seine Schriften sind eine gedruckte Conversation, und somit ebenfalls geeignet, Mancherlei zu emancipiren; er ist kein Muster, aber doch in vielen Dingen ein Wegweiser.[42]

Das ausführliche Zitat charakterisiert nicht nur Pückler-Muskaus Stil im Vergleich mit dem Heines recht gut; es ist selbst zugleich ein Zeichen dafür, wie sich diese „moderne Schreibart" unter den jungdeutschen Autoren ausbreitet

---

[42] Heinrich Laube: „Pückler-Muskau" [Anm. 40]. S. 305-319. Zitate 312, 314-319. – Teile des Artikels sind übernommen aus der Rezension: „Fürst Pückler", in: *Zeitung für die elegante Welt,* 13.3.1834. S. 201-204.

– mit vielen der Tugenden, die sie von Heine gelernt und mit den meisten der Gefahren, die sie an Pückler-Muskau gesehen und analysiert haben. Das kann auch eine zweite zeitgenössische Stimme aus dem Kreis des Jungen Deutschland zeigen: Theodor Mundt. Er geht in seinem Werk *Die Kunst der deutschen Prosa* (1837) im Kapitel „Verhältniß der Prosa zur Weltbildung und den gesellschaftlichen Bedürfnissen" unter anderem ausführlich auf Pückler-Muskau ein (auch diese Schrift endet mit dem Hinweis auf Heine, in dem die „neue Schreibart" kulminiere). Mundt hebt die breite „Grundlage der Zeitbeziehungen" und „der Gesellschaftsverhältnisse" hervor:

> Der vornehme Cynismus des Verstorbenen redet die Sprache einer bestimmten sociellen Sphäre, die sich darin abdrückt, die Sprache der exclusiven Gesellschaft, wie sie in ihrer bevorzugten Nonchalance sorglos und doch mit einer gewissen gemessenen Haltung sich gebärdet. [...] Pückler zeigt eine größere Individualität [als Thümmel] in seiner im Einzelnen vernachlässigteren Schreibart. An Unschuld und Durchtriebenheit, Ironie und Zartgefühl hält sich der Genius beider Schriftsteller vielleicht die Wagschale, aber Pückler stellt charakteristischer und an bestimmten Gesellschaftszuständen dar, was Thümmel allgemeiner in den Regionen der Phantasie schweben läßt. [...] Thümmel und Pückler bewahren den Anstand in ihren Ausdrucksformen oder corrigiren seine innere Verletzung durch die äußere Grazie. [...] Thümmel will oft glänzen, Pückler durch stimulirende Mittel reizen [...].[43]

Bei anderen zeitgenössischen Kritikern[44] finden sich ähnliche Charakterisierungen des Stils von Pückler, allerdings nicht selten mit negativeren Wertungen. Öfter ist von „Aristokraten-Frivolität" und „Rokoko-Witz" die Rede – Bezeichnungen, die sich (ohne die auf Pücklers Herkunft gemünzten Wortbestandteile) auch in Heine-Kritiken (und noch in späteren Beiträgen der Forschungsliteratur) finden.[45] Was unterscheidet die stilistisch-rhetorisch gesehen nicht selten recht ähnlichen Schreibweisen? Die Antwort könnte in dem liegen, was die jungdeutschen Kritiker „Schreibart" nannten und vor allem in Heine verkörpert sahen: Der Begriff ist – wie an anderer Stelle ausführlicher

---

[43] Theodor Mundt: *Die Kunst der deutschen Prosa. Aesthetisch, literargeschichtlich, gesellschaftlich*, Berlin 1837. S. 375f. (Nachdruck: Göttingen 1969).

[44] Gutzkow z.B. spricht Pückler „Esprit" zu und „ungemeine Empfänglichkeit für Tages- und Jahrhundertfragen" („Der Fürst Pückler-Muskau.", in: *Phönix. Frühlings-Zeitung für Deutschland. Literatur-Blatt* 4, 28.1.1835. S. 93-95. Zitat 93; gekürzt in: *Beiträge zur Geschichte der neuesten Literatur*, Stuttgart 1836. Bd. 1, S. 52-57. Nachdruck: Frankfurt/M. 1973).

[45] Vgl. Günter Oesterle: *Integration und Konflikt. Die Prosa Heinrich Heines im Kontext oppositioneller Literatur der Restaurationsepoche*, Stuttgart 1972; bes. Tl. III., S. 91ff., Kap. 4: „Frivoler Esprit und jakobinische Unerbittlichkeit. Zur Tradition frivolen Schreibens". S. 98ff. (hier auch ein Vergleich mit Pücklers Frivolität. S. 99f.) sowie Kap. 5: „Frivolität gegen repressive Moral". S. 105ff.

gezeigt[46] – wesentlich umfassender als der des Stils und umgreift auch das Dargestellte, die Thematik, die Gesinnung. Hier liegt der entscheidende Unterschied zu beliebig verfügbaren rhetorischen Mitteln, die handwerklich erlernt und angewendet, ja Selbstzweck werden können. Dieses Ineinandergreifen von Sprachstil und Inhalt unter dem Stichwort der „neuen Schreibart" bildet sich bei Heine im Laufe der Arbeit an den *Reisebildern* immer stärker heraus. Bereits in der *Harzreise* ist sie erkennbar, allerdings noch öfter untermischt mit etwas mechanischem Gebrauch des Witzig-Rhetorischen. Man könnte etwas überpointiert sagen: Pückler-Muskau ist weitgehend auf dem Standpunkt der Technik *dieses* Werkes stehengeblieben (das im Übrigen das einzige ist, das er vor Beginn seiner England-Reise gekannt haben könnte).[47]

5. Die Reiseliteratur Heines, Börnes und der Jungdeutschen gilt seit langem als Übergang zur Belletristik des Vormärz. Seit man Reiseliteratur nicht mehr als Vorstufe der Belletristik, sondern als ihren Teil betrachtet, muß der Sachverhalt so formuliert werden: Reiseliteratur steht am Beginn der „modernen" Literatur „nach der Kunstperiode". Für Heines Reisebilder ist diese Initialfunktion oft betont und gezeigt worden. Sie gilt jedoch auch für andere Reiseschriftsteller, die gleichzeitig mit Heine (und wohl ohne Kenntnis seiner Werke) schrieben, wie Pückler-Muskau. Ein gemeinsamer Aspekt ist die gewachsene ‚Politisierung' des Genres: Diese Reisebücher werden von zeitgenössischen Lesern und Kritikern zum Teil auch als ‚Vordeutung' auf die Julirevolution 1830 gelesen.

Die Julirevolution spielt für diesen Einsatz der neuen Literatur allerdings nur eine begrenzte Rolle. Denn während die politische Revolution im Juli 1830 in Paris ihren sichtbaren Ausdruck fand, hatte die grundlegendere soziale Revolution bereits in den Jahren zuvor in London begonnen, ihre Auswirkungen auf Denken und Fühlen der Menschen, ihre Träume und Ängste waren hier genauer zu beobachten. London als erste Millionenstadt der Welt und als Hauptstadt des Geldes ließ die Symptome der Moderne eher und deutlicher erkennen als andere Reiseorte. Das zeigen auch Reiseberichte deutscher Reisender vor 1830. Die neue Thematik des Sozialen, die wachsende Herrschaft des Geldes und die Reaktion der Menschen auf diese Veränderungen sind wesentliche neue Inhalte solcher Reiseliteratur. Heine ist ihr wichtigster Repräsentant, aber auch Pückler-Muskau zeigt fast gleichzeitig

---

[46] Vgl. Vf. „Heines ‚neue Schreibart'. Eigenarten – Bedeutung – Wirkung.", in: *Theorien, Epochen, Kontakte. Festschrift [...] Antal Mádl*, hg. von János Szabó und Ferenc Szász. Budapest: Lehrstuhl für deutsche Sprache und Literatur der Loránd-Eötvös-Universität, 1989. Tl. 1, S. 95-113.
[47] Vgl. [Anm. 11].

eine Reihe ihrer Symptome. (Auch Sealsfield ließe sich in den „Kranz" mit der Inschrift „London, Frühjahr 1827" einschreiben.)[48]
Reiseliteratur wurde lange Zeit primär unter inhaltlichen Aspekten gelesen und bewertet. Dann trat das Interesse an ihr als Dokument sozialer Realität hinzu, schließlich, seit den achtziger Jahren, fand sie als mentalitätsgeschichtliches Zeugnis neue Beachtung. Ihre Bilder des Anderen, des Fremden, wurden als unmittelbare Zeugnisse auch von Erfahrungswandel neu gelesen und geschätzt. Dieser Zugang hat der Beschäftigung mit Reiseliteratur zu Recht großen Auftrieb gegeben. Als notwendige Ergänzung zu solcher Sichtweise ist jedoch daran zu erinnern, daß es *literarische* Werke, *literarische* Berichte vom Anderen sind, also Zeugnisse *indirekter* Natur, bereits durch ihre Ausdrucksformen – Sprache, Stil, „Schreibart" – geprägt von den erfahrenen Bildern des Anderen, Neuen. Daß Reisebilder literarische Bilder sind und literarisierte Erfahrung enthalten – das gilt nicht nur für den Artisten Heine. Auch bei Pückler-Muskau zeigen erste Blicke in die kürzlich entdeckten Tage- und Skizzenbücher der England-Reise, daß bereits die angeblich spontanen und privaten Briefe an Lucie zumindest ansatzweise effektvoll arrangierte Kunst-Werke sind[49] – ‚literarische' Briefe wie die Börnes aus Paris.
Heine und Pückler-Muskau gehören zu den verbreitetsten, am meisten gelesenen Autoren des Vormärz. Ihre Reisebücher stehen zugleich – in durch-

---

[48] Karl Postl lebt seit November 1826 (und bis Juni 1827) in London, unter verschiedenen Pseudonymen; das wenige Geld, das er besitzt, sind Vorschüsse, die ihm der Stuttgarter Verleger Cotta gezahlt hat, in dessen *Morgenblatt* (in dem wenig später auch Heines London-Berichte erscheinen) 1827 mehrere Artikel über die Vereinigten Staaten erscheinen, Vorabdrucke aus einem Buch, das er unter dem Namen Charles Sidons veröffentlicht. Cotta ist einer der wenigen, die zu dieser Zeit das bekanntere Pseudonym „Sealsfield" bereits kennen. Als sich die Bemühungen des Autors um eine englische Übersetzung des Amerika-Werkes hinziehen, ist auch in seinen Briefen immer dringlicher und häufiger von Geld die Rede. Sein feudales Quartier in Pimlico verläßt er allerdings trotz sich häufender Schulden nicht, da sein Renommee den englischen Verlegern gegenüber darauf beruht, daß er in quasi diplomatischer Mission reist – eine Camouflage, die nicht ganz vergeblich ist, denn er erhält den Auftrag zu einem Insider-Reisebericht über die Habsburger Monarchie. Dieses Werk schreibt er 1827 in London, es erscheint noch im gleichen Jahr dort unter dem Titel *Austria as it is.* (Da wir nur das englische Original kennen, läßt sich ein sprachlich-stilistischer Vergleich nicht anstellen.)
[49] Rainer Schöwerling, der die Reisetagebücher einsehen konnte, beschreibt sie: „vier Bände in Großfolio (Elefanto-Format)", gebunden, mit dem Titel „Erinnerung's Bilder", „mit Kupferstichen, Zeichnungen, persönlichen Reminiszenzen, Abbildungen und handschriftlichen Notizen Pücklers" („Pücklers große Reise nach England - die ‚Briefe eines Verstorbenen' und sein höchst lebendiger Lebensatlas". *Kolloquium 150 Jahre Branitzer Park. Garten-Kunst-Werk. Wandel und Bewahrung,* Berlin 1998. S. 269-286. Zitat 282). Eine Auswertung könnte genaueren Aufschluß über die Entstehung der *Briefe* geben.

aus unterschiedlichem Maße – für innovative Schreibweisen und Gattungen, gelten bereits den Zeitgenossen als „modern". Pückler variierte in der Folgezeit das erfolgreiche Muster, mit eher begrenztem Geschick[50]; Heine erkannte, daß diese Prosaform eine wichtige Gattung der Moderne war, aber daß sich die neue Schreibart auch in anderen Formen verwirklichen ließ. Daß Heine in diesen anderen Formen ebenfalls Werke von großer Bedeutung (und teilweise von größerer) schrieb, brachte ihm zu Recht einen weit angeseheneren Platz in der Geschichte der deutschen Prosa des Vormärz. Aber Pückler-Muskaus Werk ist doch wohl mehr als eine Randbemerkung in dieser Geschichte wert. Heine hat das in seiner Würdigung von 1854 so gesehen, und es ist Zeit, daß die Literaturgeschichtsschreibung ihm darin (wieder) folgt.

---

[50] Sealsfield betonte die narrativen Elemente der Reisebilder stärker und entwickelte das Genre in Richtung auf den Reiseroman weiter. Daß dies für ihn (zumindest anfangs, vor 1830) mehr eine terminologische Frage war, zeigen verschiedene Äußerungen, z.B. gegenüber seinem Verleger Cotta. Das Amerika-Werk führt den Titel *Die Vereinigten Staaten von Nordamerika, nach ihrem politischen, religiösen und gesellschaftlichen Verhältnisse betrachtet* (1827); seinen ersten Roman *Tokeah* charakterisiert Sealsfield in einem Brief an Cotta vom 3.1.1828 als Darstellung der „häuslichen politischen religiösen Verhältniße der westlichen Bewohner der V. St." und fügt hinzu: „das ganze ist in einen Roman [...] eingekleidet." (Zit. nach Eduard Castle: *Der große Unbekannte. Das Leben von Charles Sealsfield (Karl Postl),* Wien, München 1952. S. 238.)

Bernd Füllner

„Nur Unruhe! Unruhe! sonst bin ich verloren."
Georg Weerth und die „Göttin der Langeweile".

„Die Langeweile begann in den vierziger Jahren epidemisch empfunden zu werden", diagnostiziert Walter Benjamin im *Passagenwerk* das Gefühl der Langeweile in der ersten Hälfte des 19. Jahrhunderts, und der französische Publizist Auguste Jal beschreibt in den frühen dreißiger Jahren das Treiben der *Parthei der Gelangweilten*[1] in Paris.

Der 1822 in Detmold geborene Kaufmann und Schriftsteller Georg Weerth, „unter den vielen problematischen und Genienaturen der Zeit eine der liebenswertesten Gestalten"[2], hat während seines Englandaufenthalts 1844 bis 1846 die „Langeweile" kennengelernt und ihr einige Jahre später als „personifizierte Langeweile" ein Denkmal gesetzt in seinem Feuilleton *Die Langeweile, der Spleen und die Seekrankheit*. Weerths Charakterisierung fällt zwiespältig aus, denn einerseits wird die Langeweile als verführerische Freundin und angebetete „Göttin der Langeweile" vorgestellt, andererseits aber als kalte, unerreichbare Herrscherin, als

> eine jener hohen, kalten, schlankgewachsenen Engländerinnen, von denen man nicht weiß, ob sie eben erst aus Marmor geworden, oder ob sie gleich zu Marmor werden sollen. Schneeweißer Teint, himmelblaue Augen, blondes Haar, rothe Lippen und vortreffliche Zähne. Das schönste Modell von einem weiblichen Wesen, das ich je gesehen habe. [...]

> Die weißatlassene, lange Dame, mit ihrem himmlisch schönen, aber regungslos nichtssagenden Gesichte, war Niemand anders als die personifizirte „lange Weile".[3]

In der folgenden Untersuchung soll zum einen gezeigt werden, inwiefern das Moment der Bewegung/Unruhe/Revolution bei Weerth Movens literarischer Produktion ist, und zum anderen, wie das Motiv der Langeweile als Ausdruck innerer Unzufriedenheit, in seinen Texten als literarisches Thema Signum der

---

[1] Auguste Jal: „Die Parthei der Gelangweilten.", in: *Paris oder das Buch der Hundert und Ein*, Aus d. Franz. übers. v. Th. Hell. 5. Bd, Potsdam 1833. S. 265.

[2] Joseph A. Kruse: *Zeitromane. Deutsche Literaturgeschichte. Eine Sozialgeschichte*, hg. von H. A. Glaser. Bd. 6, Vormärz, Hamburg 1980. S. 169.

[3] Georg Weerth: *Sämtliche Werke in fünf Bänden*, hg. von B. Kaiser. Berlin 1956/57. Band IV, S. 188 (im folgenden abgekürzt: SW). *Neue Rheinische Zeitung (NRhZ), Nr. 238 vom 6. März 1849*. Die Zitate aus diesem Feuilleton folgen der *NRhZ*-Fassung, zusätzlich wurde verwiesen auf den Abdruck in: Georg Weerth: *Sämtliche Werke in fünf Bänden*.

Restauration, der reaktionären Kräfte wird.

Die Langeweile zeigt sich im Vormärz als seelischer bzw. Bewußtseinszu-
stand, in dem sich ein subjektives Zeitempfinden artikuliert und als äußerer
Zustand, geprägt von politischer Stagnation, staatlicher Repression und Restauration. Dies spiegelt sich in den literarischen Werken und Briefen zahl-
reicher Autoren der ersten Hälfte des 19. Jahrhunderts wieder. Weerths be-
rühmter Zeitgenosse Heinrich Heine z.B. bezeichnet in den *Französischen
Zuständen* die sich an die Pariser Julirevolution von 1830 anschließenden
Jahre als die „langweilige *juste milieu* Zeit."[4] Darstellungen von Langeweile
in oder an der Zeit finden sich bekanntermaßen in Georg Büchners *Leonce
und Lena* und im *Lenz*. Daß bei Heine die Langeweile eine große Rolle spielt,
hat vor kurzem Ursula Hofstaetter in einer breit angelegten Untersuchung[5]
eindrucksvoll gezeigt.

Die politischen Bewegungen in der ersten Hälfte des 19. Jahrhunderts gehen von Frankreich aus, das Zentrum der ökonomischen Entwicklungen hingegen liegt in Großbritannien. In den vierziger Jahren führt die industrielle
Revolution auch im deutschsprachigen Raum zu einem raschen ökonomischen und sozialen Wandel. Die dadurch entstehenden sozialen Spannungen
verleihen, so Witte, „der unterdrückten Emanzipationsbewegung neue Dyna-
mik [...] und [lassen] sie schließlich in der Revolution von 1848 zum offenen
Ausbruch kommen."[6]

Neben der allgemeinen Bewegung auf politischem und ökonomischem
Gebiet findet nach 1840 eine andere „Bewegung" besondere Aufmerksamkeit: der Bau und Ausbau der Eisenbahn und ihres Schienennetzes bringt un-
erwartete Veränderungen der modernen Kommunikationsmittel mit sich. Die
Eisenbahn ist nicht nur „Wegbereiter wirtschaftlichen Wachstums", sie verändert auch den „Erfahrungsraum und die Erfahrungsmöglichkeiten der mit
ihr konfrontierten Menschen".[7]

Von Paris aus kommentiert Heine am 5. Mai 1843 das Entstehen der modernen Kommunikationsmittel, indem er auf die damit einhergehenden
Schwankungen der „Elementarbegriffe von Zeit und Raum" hinweist: „Durch
die Eisenbahnen wird der Raum getödtet, und es bleibt [...] nur noch die Zeit
übrig". Heines Schlußvision in diesem Zusammenhang ist bekannt: „Mir ist
als kämen die Berge und Wälder aller Länder auf Paris angerückt. Ich rieche

---

[4] Heinrich Heine: „Französische Zustände.", Historisch-kritische Gesamtausgabe der Werke, Band XII, hg. von M. Windfuhr. Hamburg 1980. S. 94 (DHA).
[5] Ursula Hostaetter: *Langeweile bei Heinrich Heine,* Heidelberg 1990.
[6] B. Witte: *Einleitung. Deutsche Literaturgeschichte.* [...], hg. von H. A. Glaser [Anm. 2].
S. 7.
[7] D. Blasius: *Epoche – sozialgeschichtlicher Abriß. Deutsche Literaturgeschichte.* [...], hg.
vom H. A. Glaser [Anm. 2]. S. 24.

schon den Duft der deutschen Linden; vor meiner Thüre brandet die Nordsee."[8]

Nach Georg Weerths erster Reise nach London im September 1843 beschreibt er seiner Mutter die neuen Eindrücke der ungeheuren Geschwindigkeit der Fortbewegung:

> Im Fluge besah ich ganz Belgien, schiffte mich in Antwerpen auf dem Dampfschiff ‚Wilberforce' [...] ein und langte nach einer raschen und sonnigen Seefahrt auf dem englischen Boden an. – Die Blackwell-Eisenbahn führte uns in einigen Minuten über die Dächer der Häuser hinweg bis in die Mitte der ungeheuern Stadt.[9]

Die auffällig zahlreichen Stellen in den Werken und mehr noch in den Briefen Georg Weerths, in denen von Langeweile, Leere, Monotonie und Alleinsein die Rede ist, weisen darauf hin, daß es sich hierbei nicht um ein zufälliges Motiv oder nebensächliches individuelles Problem handelt. Georg Weerth beschreibt immer wieder langweilige Personen und Situationen: in Städten, auf Reisen, in Hotels, bei Bällen oder in Wirtshäusern. Dabei spielen seine 1843 bis 1845 in der *Kölnischen Zeitung* erschienenen Reisebeschreibungen aus England eine wichtige Rolle.

Das Englandbild in Deutschland ist seit der Aufklärung überwiegend positiv, die gesamte deutsche Presse berichtet spätestens seit den zwanziger Jahren ausführlich und häufig über das Thema England, eine große Zahl englischer Reisebeschreibungen und Übersetzungen aus dem Englischen (Byron, Scott, Dickens u. Bulwer-Lytton) sorgen für die Verbreitung englischer Literatur.[10] Georg Weerth liest die *Briefe eines Verstorbenen* von Hermann Fürst von Pückler-Muskau mit Gewinn; Friedrich von Raumers, wie Weerth schreibt, „langweilige Briefe"[11] über *England im Jahr 1835* freilich gefallen ihm ebensowenig wie Heinrich Heine, der sich in *Ludwig Börne. Eine Denkschrift* abfällig darüber äußert. Spätestens seit Schlegels Übersetzung gibt es in Deutschland eine Shakespeare-Renaissance; Heine beschäftigt sich mit *Shakespeares Mädchen und Frauen,* und Weerth behauptet, das „erste englische Buch", das er las, sei „der Shakespeare"[12] gewesen, zahlreiche Werk- und Briefzitate zeugen immerhin von einer intensiveren Lektüre.

Das positive Vorurteil gegenüber England wird jedoch sowohl bei Heine als auch bei Weerth durch die eigenen Erfahrungen revidiert, weicht bei bei-

---

[8] H. Heine: „Lutezia II.", DHA XIV, S. 58.
[9] G. Weerth: *Sämtliche Briefe,* hg. von Jürgen-Wolfgang Goette u. Mitw. von Jan Gielkens. Frankfurt/ New York 1989. Bd. I, S. 208. (Brief an die Mutter vom 16./17. Oktober 1843) Im folgenden abgekürzt als SB I.
[10] Vgl. DHA VII, S. 1658 u. 1682f.
[11] „Der Esel von Hatton Garden.", in: *Kölnische Zeitung,* Nr. 203 vom 22. Juli 1845.
[12] SW III, S. 59.

den aber nicht einer völlig undifferenzierten Ablehnung. Heine sieht ein, daß er von falschen Voraussetzungen ausging, wenn er „Erheiterung bey einem Volke [suchte], das selber nur im Strudel der politischen und merkantilischen Thätigkeit seine Langeweile zu tödten weiß"[13], und Weerth weiß sehr wohl zu unterscheiden zwischen London, „wo sich alles überrollt und überpurzelt" (SW III, S. 45), und den Industriedistrikten, wo „alle Kultur ein Ende hat" und wo man „mitten unter die Barbaren" (SW III, S. 119) geraten ist.

Infolgedessen besteht in Weerths Englandbeschreibungen ähnlich wie bei Heine eine Ambivalenz. Auf der einen Seite sind sie bestimmt von Hast, Hektik, „Getöse", von „rasselnden Wagen" (SW III, S. 45f.), „vom Schnurren von Millionen Spindeln" (SW III, S. 120f.), vom „geschäftigen" Handel, auf der anderen Seite wirkt alles grau, neblig, „öde und leer" (SW III, S. 122), die Menschen „stumm", „still und kalt", völlig unkommunikativ.

Einförmigkeit und Langeweile können auch durch beständigen Wechsel hervorgerufen werden, auch eine permanente Reizüberflutung kann zur Langeweile führen. Vielleicht hat Georg Weerth für London nicht genug Ausdauer, mit Sicherheit sind ihm die zweieinhalb Jahre in Bradford schon zu lang, was zuweilen dazu führt, daß er seinen inneren Zustand der Langeweile auf die Briten ganz allgemein überträgt. So schlagen sich die „langweiligen Briten" mit dem „Spleen" (SW III, S. 166) herum, die „gräulich hohen Warenhäuser, [sind] voll [...] von langweiligem Thee" (SW III, S. 423), die Engländer „können weder singen noch spielen" (SW III, S. 131), die Fabrikanten langweilten sich – nach Weerth – so sehr, daß kulturelle Abwechslungen, wie der Besuch eines Konzerts nur dann ihre Begeisterung hervorriefen, wenn „Trommeln und Bässe des Orchesters geradeso rumorten wie die Dampfkessel der Fabriken" (SW III, S. 173), in der Fabrikstadt Bradford ist es zumeist „sehr langweilig [...] auf der Straße, man sah nur Häuser und Policeidiener"[14], und selbst die walisischen Druiden sind „langweilige Kerle [...] sprechen schlecht Französisch und lassen sich todt schlagen".[15]

So kann es schließlich nicht weiter verwundern, daß sich Weerths „Göttin der Langeweile" aus dem schon oben erwähnten Feuilleton von „den frivolen Franzosen" und den „Revolutionen des Kontinents" vertrieben, nach England zurückziehen will, „auf diesen konstitutionellen Kreidefelsen, auf diesen Hort der Ruhe und der gesetzlichen Ordnung" (*NRhZ*, Nr. 241 vom 9. März 1849[16]).

---

[13] DHA V, S. 227/ *Florentinische Nächte*, 2. Nacht.
[14] Georg Weerth: „Der Esel von Hatton Garden.", in: *Kölnische Zeitung*, Nr. 203 vom 22. Juli 1845.
[15] Ebd.
[16] Vgl. SW IV, S. 198.

Die erste von Georg Weerths Reisebeschreibungen, *Von Köln nach London*, erscheint Ende Oktober 1843 in der *Kölnischen Zeitung* und ist sehr stark vom unmittelbaren Erlebnis seiner ersten Eisenbahn- und Dampfschiffreise geprägt. In der 1847/48 für die zu Lebzeiten unveröffentlichten *Skizzen aus dem sozialen und politischen Leben der Briten* überarbeiteten Fassung spiegelt sich die Gewohnheit ständiger Reisetätigkeit, ja bisweilen der Überdruß an Hotelaufenthalten wieder. Das Gefühl der Langeweile manifestiert sich hier zusätzlich an mehreren Stellen. So wird die Beschreibung der Bahnfahrt nach Antwerpen bei der Durchreise durch die Grenzstation Aachen um eine Hommage an Heine erweitert. Aachen, so heißt es bei Weerth, ist „ein unbekannter Ort, der kürzlich erst durch Heinrich Heine entdeckt und in dem unvergleichlichen ‚Wintermärchen' nach Verdienst besungen wurde". (SW III, S. 17) Seitdem weiß man, so Weerth, „womit sich die Hunde, die armen, langweiligen Hunde, in Aachen beschäftigen und amüsieren." (SW III, S. 17)

Und kaum ist die Grenze passiert, „wehen die letzten deutschen Eichen und Linden, [und] die letzte deutsche Lerche steigt mit langweiligem Getriller in die blaue Luft empor" (SW III, S. 24), so wird auch die Natur zu etwas sich immer Wiederholendem, „langweiligem".

Auf den Herbst 1845 läßt sich nach Eigenaussage Weerths der Übergang hin zu einer theoretischen Beschäftigung mit den gesellschaftlichen und sozialen Problemen seiner Zeit festlegen. Dieses Datum nennt er jedenfalls am 18. November 1846 seinem Bruder Wilhelm:

Womit also die überflüssige Zeit ausfüllen? Bisher, d.h. in Deutschland und die erste Zeit in England, geschah dies dadurch, daß ich Gedichte machte. Aber das hörte bald auf. Die praktischen Sachen bekamen bald die Oberhand, und in den letzten 14 Monaten trieb ich in England nur Ökonomie und Geschichte. (SB I, S. 385)

In einem unveröffentlichten Gedicht, das vor dem Sommer 1845 entstanden sein muß, schließt Weerth endgültig mit der Phase seiner romantischen Wein- und Liebeslieder ab und wendet sich der Gegenwart zu:

Das war daheim ein ewiger Gesang
Von Roß und Panzer und von güldnen Tressen
Die deutschen Dichter sangen Jahre lang
Von Drachen nur, von Elfen und Prinzessen.

[...]
Gottlob mit der Romantik ist es aus
Satt ist die Welt des mährchenhaften Plunders
In's junge Leben sehnt sie sich hinaus

[...]
Sagt lebewohl jetzt den phantast'schen Affen
Und lauscht dem Werk, das unsre Tage schaffen.

Während seines Englandaufenthalts kommt bei Georg Weerth, etwa seit der Bekanntschaft mit Friedrich Engels in Manchester im Frühjahr 1844, zur Lektüre der neuerscheinenden Werke Heines und der gefeierten politischen Vormärzdichter von Herwegh bis Dingelstedt die Beschäftigung mit politischer Theorie und Nationalökonomie hinzu. Dies bewirkt eine neue Ausrichtung seiner literarischen Produktion hin zur sozialen Reportage und zur Lyrik der *Lieder aus Lancashire* (1845).

Insgesamt gesehen entspricht so Weerths Reaktion in Bradford auf die dortige Einförmigkeit und Langeweile im beständigen Wechsel mit geschäftiger Hektik der „Pendeltheorie der Langeweile", nach der man vor dem

> fortdauernden Pendeln zwischen Unruhe und Langeweile [...] wieder in die Rastlosigkeit flieht [...]. Der Mensch kann sich nicht befriedigt zurücklehnen und in Ruhe verharren, weil ihn sonst die Langeweile vor den Abgrund seiner gottverlassenen Nichtigkeit führt.[17]

Georg Weerth will konsequenterweise nicht in Bradford bleiben, im April 1846 zieht er nach Brüssel, wo er eine Handelsvertretung für Belgien, Holland und Frankreich übernommen hat. In Brüssel freundet er sich mit Marx an und wird in die dortige Gemeinde des Bundes der Kommunisten aufgenommen.

Seit Ende Januar 1847[18] schreibt Georg Weerth für die im Sommer von Marx, Engels und Wilhelm Wolff (Lupus) zu einem Publikationsorgan des Bundes der Kommunisten in Brüssel umfunktionierten *Deutschen-Brüsseler-Zeitung*, für die er in der Folge humoristisch-satirische Gedichte und Feuilletons und politische Beiträge verfaßt. In dieser Zeit ändert sich seine literarische Produktion strukturell. Die – allenfalls humoristischen – Reisebeschreibungen, wie die *Scherzhaften Reisen* (Juli 1845), die soziale Lyrik und die sozialen Reportagen, wie *Die Armen in der Senne* (Dezember 1844), werden abgelöst von Satire. Dargestellt werden nun jene Personengruppen, die für den attackierten Antagonismus von arm und reich verantwortlich sind, und jene gesellschaftlichen Einrichtungen und moralisch-sittlichen Instanzen, die das Fortbestehen der restaurativen Elemente in Staat und Gesellschaft sichern helfen. Satirisch überhöht verwendet Weerth auch weiterhin das Motiv der „Langeweile", doch setzt er es nun funktional-politisch ein, als Signum des

---

[17] Martin Doehlemann: *Langeweile? Deutung eines verbreiteten Phänomens,* Frankfurt a. M. 1991. S. 63.
[18] „Das ist das Haus am schwarzen Moor.", in: *Deutsche-Brüsseler-Zeitung,* 1. Jg., vom 31. Januar 1847.

zu überwindenden restaurativen Systems, während es in den drei anfangs genannten Reiseberichten in erster Linie zur Darstellung innerer Unzufriedenheit und äußerer Vorbehalte gegen die Engländer diente.

In Brüssel befindet sich Weerth mitten in einem Zentrum der politischen Bewegung seiner Zeit. Infolge der Welthandelskrise von 1847 ist die ökonomische Progression ins Stocken geraten, was sich auch auf Weerths Geschäfte negativ auswirkt. In dieser Zeit wird aus dem Kaufmann und Schriftsteller Georg Weerth der politische Tagesjournalist und Verfasser satirischer Feuilletons. Die nach dem Rückgang des Handels größeren zeitlichen Freiräume nutzt er zu journalistischen Arbeiten. Ende November 1847 informiert er seine Mutter über die Lage des Handels und seine eigenen neuen Aktivitäten:

> Ich habe in den letzten Tagen ein Langes und Breites über diese sonderbaren Sachen [gemeint ist die englische Geldkrise] geschrieben; ich habe wirklich die Zeit dazu, denn meine Bradforder Freunde hatten mir aufgetragen, mich gar nicht mehr um Geschäfte zu bemühen. (SB I, 435)

Kurz zuvor, am 18. September, war er über Nacht durch eine auch international vielbeachtete Rede auf dem „Brüsseler Freihandelskongreß" ins öffentliche Interesse gerückt. Die freie Zeit, besonders in den letzten Monaten reichlich vorhanden, wird ihm nun nicht mehr lang, es geht „keine Minute mehr unbenutzt vorüber", denn er wird „von allen Seiten in Anspruch" genommen". (SB I, 436) Einen weiteren ungeahnten Vorteil bringt die unverhoffte Publizität für Weerth, denn „seit die englische Tory-Presse erklärt hat, daß [er] mehr über England wüßte, als das Parlamentsmitglied, der Dr. Bowring, da lassen sie alles von [ihm] drucken". (SB I, 436)

Im Revolutionsjahr 1848 wurde

> ‚Bewegung' [...] zum vorherrschenden Merkmal [...], ‚Kräfte' wurden freigesetzt, ‚Spannungen' lösten sich, ‚Unruhen' brachen aus, ‚Mobilität' und ‚Fortschritt' trafen auf ‚Beharrung', Dämme brachen, Staus ‚entluden' sich – alle diese bildhaften Wendungen sind aus Revolutionsdarstellungen vertraut.[19]

Die politischen Ereignisse mit ihrer schnellen Aufeinanderfolge geben dem Journalismus einen neuen Stellenwert. Sofort nach der Februarrevolution veröffentlicht Weerth innerhalb von fünf Wochen zahlreiche Korrespondenzen aus London, Paris, Brüssel und Köln für die *Kölnische* und die *Deutsche Zeitung*. Arbeiterbewegung, Volksbewegung, revolutionäre Bewegung sind nun die neuen Schlagwörter; Ruhe, Schlaf, Traum, Gemütlichkeit und natürlich „Langeweile" sind Etiketten des ewig Gestrigen, der Reaktion. Die chronische Unruhe, von der Georg Weerth getrieben wird, findet ihr Pendant in

---

[19] Wolfram Siemann: *Die deutsche Revolution von 1848/49*, Frankfurt a. M. 1985. S. 175.

der „bewegten" Zeit; und ihre Erfüllung im Tagesjournalismus, ja schließlich in der Stellung des Feuilletonredakteurs der *Neuen Rheinischen Zeitung.*

„Die Revolution war seine Muse"[20] schreibt Franz Mehring in seiner *Geschichte der deutschen Sozialdemokratie* (1897/ 98) rückschauend und trifft damit den Punkt.

Georg Weerth läßt zwischen dem 1. Juni 1848, dem Erscheinungsdatum der ersten Ausgabe der *Neuen Rheinischen Zeitung* und dem 21. Januar 1849, an dem die letzte Folge des Feuilletonromans *Leben und Thaten des berühmten Ritters Schnapphahnski* erschien, seine Geschäfte nahezu völlig ruhen und konzentriert sich voll auf den Journalismus, dabei immer in einem ambivalenten Verhältnis von operativer Literatur und literarischem Anspruch. Der Adel und mehr noch die Bourgeoisie mit all ihren unterschiedlichen Vertretern vom Fabrikanten bis hin zum kleinbürgerlichen Spießer rükken in das Zentrum seiner satirischen Angriffe. Das Programm seiner Redaktionsarbeit hat Weerth im Oktober 1848 so zusammengefaßt:

> Kein schöner Ding ist auf der Welt,
> Als seine Feinde zu beißen,
> Als über all die plumpen Gesell'n
> Seine lustigen Witze zu reißen. (SW I, S. 269)

Im Artikel vom 30. Dezember 1848 über den Londoner *Punch* benennt Weerth ein allgemeines Angriffsziel des „Organs der Demokratie":

> Es gibt kein langweiligeres Geschöpf als einen Bourgeois. (Interessant sind nur Aristokraten und Proletarier. Nur die aristokratische Presse hat Witz – und die revolutionäre.) (SW IV, S. 169)

Reaktionäre Verhaltensweisen bürgerlicher Spießer aus den unterschiedlichsten Berufssparten stellt Weerth in seinem dreiteiligen Feuilleton *Aus dem Tagebuch eines Heulers* (21. u. 23. Juli u. 2. August 1848) dar. Zu diesem Zweck begibt er sich – was er zweifelsohne auch realiter gern tat – in eine Kölner Schenke. Die dortige Stammtischrunde besteht u.a. aus einem Advokaten, einem Steuerkontrolleur, einem Professor, einem Holzhändler, einem Maler, einem Literaten und einem Rentner (SW IV, S. 56).

„Rentner Dürr", so heißt es bei der Vorstellung einzelner Stammtischgäste,

> weiß viel zu erzählen. Er ist in der Geographie bewandert wie eine Posttaube; er kennt die ganze Erde und sehnt sich daher bisweilen nach dem Himmel. Seine Hauptbeschäftigung besteht darin, daß er sich entsetzlich langweilt. Er schnupft. (SW IV, S. 54f.)

---

[20] F. Mehring: *Geschichte der deutschen Sozialdemokratie*, Bd. I, Berlin 1960. S. 269.

Nach ganz vertraulichen Mitteilungen an den Autor soll der „Maler Pinsel" gesagt haben, die „Menschen ennuyierten ihn allmählich; er werde sich auf die Tiere legen; es sei dies der beste Übergang vom Menschen aus". (SW IV, S. 55)

Diese Stammtischrunde stimmt in der Ablehnung von Unruhen und Revolutionen überein, wehrhaft will sie sein und zusammenstehen gegen „die Laster des Jahrhunderts, gegen Revolution und Anarchie, gegen Kommunisten und Republikaner". (SW IV, S. 57f.)

Nachrichten, wie sie der „Literat Warze" seinen Freunden von der französischen Revolution überbringt, sorgen dafür, daß „die ganze Gesellschaft [...] aus der Lethargie" erwacht. (SW IV, S. 59), und müssen in einem solchen Kreis natürlich als großes Unglück angesehen werden. Die Folge dieser Ereignisse für die Stadt Köln liegt auf der Hand: es kommt zu Aktionen, sofort beginnt „der wühlerische Pöbel sein entsetzliches Treiben" (SW IV, S. 64).

Während der Frankfurter Septemberunruhen hatte sich die Kraftprobe zwischen Revolution und Militär zugunsten des letzteren entschieden. „Die Kluft zwischen konstitutionellem und demokratischem Bürgertum hatte sich vertieft"[21], die reaktionären Kräfte waren auf dem Vormarsch.

Mit dem Erscheinen der letzten Folge des Feuilletonromans *Leben und Thaten des berühmten Ritters Schnapphahnski* am 21. Januar 1849 schließt Weerth eine für ihn ungewöhnlich lange und intensive Beschäftigung mit einem literarischen Thema ab. Wenige Tage später nimmt er seine Kaufmannstätigkeit wieder auf, und beides, der Sieg der Reaktion und die Unruhe des Geschäftsreisenden, läßt die alltägliche Arbeit in der Feuilletonredaktion vorübergehend in den Hintergrund treten.

Weerth verbringt die folgenden zwei Wochen in Hamburg, von wo er seine Mutter am 30. Januar 1849 über seine neue/alte „Bewegung" informiert:

> Aus einem Redakteur der ‚Neuen Rheinischen Zeitung' bin ich plötzlich wieder ein Mensch geworden, dessen Name in dem großen Buch der Hamburger Börse angeschrieben steht – so habe ich Veränderung genug. [...] Köln mit all seinem Gestank und mit aller seiner Politik liegt hinter mir, und die Bewegung bekommt mir vortrefflich. (SB I, 462)

Weitere zwei Wochen verbringt Weerth in England, um neue und alte geschäftliche Verbindungen zu aktivieren, und kehrt gegen Ende Februar 1849 nach Köln zurück, wo ihn nun nach dieser ersten längeren Geschäftsreise nach anderthalb Jahren Unterbrechung wieder einmal die journalistische Arbeit gefangennimmt, die allemal „erfrischend [ist] in dem mehr oder weniger langweiligen Handel" (SB I, 473), wie er im April seiner Mutter schreibt.

---

[21] W. Siemann [Anm. 19]. S. 164f.

Im Anschluß an diese Reise läßt Georg Weerth im März 1849 in seinem siebenteiligen Feuilleton, „Die Langeweile, der Spleen und die Seekrankheit"[22] die „personifizierte Langeweile" – wenn auch als Traumgebilde – leibhaftig auftreten.

> Es träumte mir, ich hätte das beste Diner bestellt, das man für so und so viele Pfund Sterling in London haben kann. [...] Meine Gäste hatten sich gesetzt. Ich saß der weißen Dame gegenüber. (*NRhZ*, Nr. 238 vom 6. März 1849[23])

Bei der weißen Dame handelt es sich um die eingangs schon charakterisierte „Göttin der Langeweile". Im vorliegenden Text reflektiert Georg Weerth sein Verhältnis zur „Langeweile" und setzt sich ausführlich mit ihrer Rolle in Vergangenheit und Gegenwart auseinander. Die „Göttin der Langeweile" hält zu Beginn einen längeren Monolog, in dem sie ihre eigene Genealogie und ihre Rolle in der Menschheitsgeschichte von der Erschaffung der Welt bis in die Gegenwart darlegt.

Die blasphemische Bemerkung, „Gott habe den Menschen nur aus Langeweile geschaffen", ist nicht ganz ungewöhnlich für die erste Hälfte des 19. Jahrhunderts[24], man denke nur an die *Nachtwachen des Bonaventura* [25] oder an die entsprechende Stelle in Büchners *Leonce und Lena*.[26] Auch Kierkegaard stellt eine solche Genealogie der Langeweile in *Entweder/Oder. Ein Lebensfragment* auf:

> Die Götter langweilten sich, darum schufen sie die Menschen. Adam langweilte sich, weil er allein war, darum wurde Eva geschaffen. Von dem Augenblick an kam die Langeweile in die Welt und wuchs an Größe in genauem Verhältnis zu dem Wachstum der Volksmenge.[27]

---

[22] Auf dem Georg-Weerth-Kolloquium vom 14./14.2.1997 widmet Florian Vaßen diesem Feuilleton, das bisher in der Forschung kaum Beachtung fand, eine längere Untersuchung.

[23] Vgl. SW IV, S. 187.

[24] M. Doehlemann [Anm. 17]. S. 59.

[25] Bonaventura (Pseud.): *Nachtwachen*, hg. von R. Steinert. Potsdam 1920. In der *Neunte Nachtwache*, im *„Monolog des wahnsinnigen Weltschöpfers"* heißt es: „[...] als ich es geschaffen hatte, sagte ich zwar der Sonderbarkeit wegen es sei gut – übereilt war das freilich, indeß ich hatte nun einmal meine gute Laune, und alles Neue ist hier oben in der langen Ewigkeit willkommen, wo es gar keinen Zeitvertreib giebt." (S. 161)

[26] VALERIO. Ich weiß nicht, was Ihr wollt, [...] Die Erde und das Wasser da unten sind wie ein Tisch auf dem Wein verschüttet ist und wir liegen darauf wie Spielkarten, mit denen Gott und der Teufel aus Lange[r]weile eine Partie machen und Ihr seid [der] Kartenkönig und ich bin ein Kartenbube [...]; in: G. Büchner: „Leonce und Lena." II, 2 /Werke und Briefe, hg. von W. R. Lehmann. München 1981. S. 107

[27] S. Kierkegaard: *Entweder/Oder. Ein Lebensfragment*, hg. von H. Diem u. W. Rest. 1960. S. 331 u.ö.

Bei Georg Weerth beginnt die „Göttin der Langeweile" ihren Monolog, wie folgt:

> Groß ist das Reich, das ich beherrsche. [...] Aelter bin ich, als der älteste der lebenden Menschen; älter als der älteste Kirchthurm, als die älteste Pyramide, als die Arche Noäh, ja mit Adam wohnte ich schon im Paradiese, ehe ihm Gott sein Weib geschaffen, zu unendlichem Vergnügen- ja mit Gott selbst stand ich auf vertrautem Fuße, ehe er aus lauter langer Weile die Welt erschuf und Alles was darinnen ist. (*NRhZ*, Nr 241 vom 9. März 1849[28])

Ihre Herrschaft überwog in grauer Vorzeit und im Paradies; wohingegen sie in den „fröhlichen Jahrhunderten der Griechen" und während des „Waffenlärms der Römer" kaum mehr Bedeutung hatte. Dies ändert sich in der folgenden „christlichen Zeit", zur Zeit der „feisten Mönche, denen [sie] in stiller Zelle gern Gesellschaft leistete" und mehr noch im Mittelalter, „ihrer Glanzperiode". Im öffentlichen Leben Deutschlands, in Kunst, Literatur und Pressewesen fühlt sie sich am „heimischsten", und ihr Geist offenbart sich in „Germaniens denkwürdigsten Kunstschöpfungen. Wie begeisterte ich nicht den unerreichten Klopstock"[29], mit dessen *Messias* bekanntlich auch Heinrich Heine im dritten Pyreneen-Artikel seine „leibhaftige Göttin der Langeweile, das Haupt gehüllt in eine bleyerne Kapuze"[30] durch die Straßen von Barèges wandeln läßt.

Der Einfluß von Weerths „Göttin" reicht bis in die Gegenwart:

> Wie hat nicht Platen mich in die weichsten Formen zu bannen gewußt! Aber auch den neueren Autoren wandte ich mich gerne zu. Sind nicht die Gutzkow'schen Dramen wahre Meisterwerke der langen Weile? Wer ist nicht schon einmal bei den lyrischen Ergüssen der jüngeren rheinischen Dichter selig zusammengeschlummert! Doch auch in der Journalistik bin ich vertreten. Die Kölnische Zeitung wurde mein Central-Organ. (*NRhZ*, Nr 241 vom 9. März 1849[31])

Die politische Entwicklung im nachmärzlichen Deutschland, und dabei vor allem das „Lächerlichwerden der frankfurter Versammlung" wie Weerth im August 1848 schreibt[32], begeistert die „Göttin der Langeweile":

---

[28] Vgl. SW IV, S. 195.
[29] Alle Zitate aus *NRhZ*, Nr 241 vom 9. März 1849 (vgl. SW IV, S. 196f.).
[30] H. Heine: „Aus den Pyreneen. III." (20. August 1846), DHA XIV, S. 126. – Als männliches Pendant zu Weerths „Göttin" begegnen einem bei Heine in den „Florentinischen Nächten" bezeichnenderweise die Engländer: „Es sind die Götter der Langeweile, die, in blanklakirten Wagen, mit Extrapost durch alle Länder jagen, und überall eine graue Staubwolke der Traurigkeit hinter sich lassen". (DHA V, S. 226).
[31] SW IV, S. 197f.
[32] G. Weerth: „Das Domfest von 1848.", in: *Neue Rheinische Zeitung*, Nr. 79-83 vom 18.-20. u. 22./23 August 1848.

> Auf eine erfreuliche Weise zieht sich bei Ihnen wiederum Alles in die Länge.
> Aber das kommt, weil ich mit den besten Rednern der Paulskirche auf ein und
> derselben Bank saß. (*NRhZ*, Nr 241 vom 9. März 1849[33])

Aufwecken konnte das Parlament mit all seinen langweiligen Debatten nur
die literarische Produktion des Autors selbst:

> O, nur ein einziges Mal ist man in Frankfurt aus der Rolle der Langenweile ge-
> fallen: als man den Verfasser des Schnapphahnski gerichtlich verfolgen ließ!
> (*NRhZ*, Nr. 241 vom 9. März 1849[34])

Dem Angriff auf das Frankfurter Parlament, einer Einrichtung, die ihre Entstehung der Märzrevolution schuldet, die aber die in sie gesetzten Hoffnungen zu keiner Zeit erfüllen konnte, folgt in Weerths Text die Abrechnung mit
dem irischen Agitator und Chartistenführer Feargus O'Connor. Anfang 1848
noch stellt er im Aufsatz über die *Geschichte der Chartisten von 1832 bis
1848*, einem unveröffentlichten Kapitel der *Skizzen aus dem sozialen und politischen Leben der Briten* und in der England-Korrespondenz die *Repeal-
Motion* in der *Kölnischen Zeitung* vom 7. Januar 1848 O'Connor weitgehend
positiv dar, als Mann, „der sich durch seine Rechtlichkeit, durch seine Uner-
schrockenheit und durch seinen eisernen Fleiß verdienter um die Sache des
Volkes als tausend andere gemacht hat" und dem keiner gleichkommt an
„jenen schönsten und wichtigsten Eigenschaften eines Agitators". (SW III, S.
309)

Weerths Einschätzung O'Connors hat sich allerdings nach den Ereignissen
in London am 10. April 1848 auf Kennington Common grundlegend gewandelt. An diesem Tag fand eine große Versammlung der englischen Chartisten
statt, und ihr Führer O'Connor hätte nach Weerths Ansicht den Impetus der
revolutionären Bewegungen auf dem Kontinent für die Chartistenbewegung
in Großbritannien nutzen müssen. Noch ein Jahr später erinnert Weerth in
seinem letzten politischen Artikel, *Großbritannien*, vom 19. Mai 1849 an die
verpaßte Chance vom 10. April 1848:

> Es wäre damals für die Chartisten der Moment gewesen, ihre Bewegung zu ei-
> nem Resultate zu bringen und dadurch der französischen Revolution jene Be-
> deutung zu geben, die durch das Fehlschlagen des Meetings vom 10. April auf
> Kennington Common verlorenging. (SW IV, S. 278)

Die reaktionäre Wende im Verhalten des irischen Agitators Feargus
O'Connor, der in seinem Hausorgan, dem *Northern Star* erklärte, „daß er nie
wieder eine Nacht ruhig in seinem Bette schlafen würde, wenn ein einziger

---

[33] Vgl. SW IV, S. 198.
[34] Ebd.

Arbeiter durch die von ihm angefachte Bewegung um's Leben komme"[35], ist für Weerth besonders enttäuschend. „O'Connor hat aufgehört da draußen Triumphe zu feiern, und mit seinen Triumphen im Parlamente ist es für ewig zu Ende". Er hatte nicht „jenen offenen Kampf gewagt", so freut sich Weerths „Göttin der Langeweile", „ohne den keine Bewegung der Welt zu einem Resultat zu bringen ist". Für sie ist deshalb nur eine Schlußfolgerung möglich: „O, dieser O'Connor ist mir verfallen! Er hörte auf revolutionär zu sein, und er wurde langweilig – da haben Sie das ganze Geständniß!"

In seiner „aphoristischen Plauderei"[36] sieht Georg Weerth – ähnlich wie Heine, der in seinen *Englischen Fragmenten* „religiöse Heucheley", den „Puritanismus" und „Pietismus"[37] zu einem Lieblingsthema macht – im rückständigen Sitten- und Moralkodex der englischen Bourgeoisie weitere Angriffspunkte. Er „plaudert" mit der „Göttin der Langeweile" über das „Schlafen im englischen Gottesdienst" sowie über die Ehe allgemein und im besonderen in England.

Langweilige Predigten hatten schon 250 Jahre vorher Jonathan Swift zu seiner bissigen Satire *Über das Schlafen in der Kirche* [38] inspiriert, in der es heißt:

> Unter allen Arten der Mißachtung des Predigens ist aber keine so unheilvoll wie das Schlafen im Gotteshaus.[39] (Swift, Bd. I, 550)
> Wir wissen, daß es als sehr schlechtes Benehmen angesehen wird, in einer privaten Gesellschaft zu schlafen, wo es vielleicht wegen der ermüdenden Belanglosigkeit vieler Schwätzer doch wenigstens ebenso verzeihlich wäre wie bei der langweiligsten Predigt. (Swift, Bd. I, 552f.)

In Weerths Text hebt die „personifizierte Langeweile" ihre herausragende Rolle im englischen Gottesdienst weidlich hervor:

> Den heitern Präliminarien folgt endlich die langweilige Predigt. Sie können sich gar nicht denken, wie mächtig ich in der Rede eines englischen Geistlichen

---

[35] Dieses und die folgenden Zitate aus *NRhZ*, Nr. 255 vom 25. März 1849 (vgl. SW IV, S. 230f.).

[36] W. Büttner: „Das Feuilleton der *Neuen Rheinischen Zeitung*", in: *Jahrbuch für Geschichte*, Bd. 22/ 1981, Berlin. S. 7-50, hier: S. 46. Dieser Aufsatz liefert die bis heute beste Untersuchung zu diesem Thema.

[37] Vgl. Heine: „Englische Fragmente." DHA VII, S. 220f.

[38] Möglicherweise kannte Weerth diese Satire Swifts. In „Punch, Harlequin und Henneschen" (*Neue Rheinische Zeitung* vom 30. 12 1848) weist Weerth im Zusammenhang mit der Charakterisierung der in Deutschland unbekannten Autoren des Punch auf den „Humor eines Swift" (SW IV, S. 164) hin. Auch im *Schnapphahnski*-Kapitel vom 15.12.1848 findet sich ein Hinweis auf Swift (SW IV, S. 408).

[39] Jonathan Swift: *Ausgewählte Werke. Bd. I. Satiren und Zeitkommentare*, Frankfurt a. M. 1972. S. 544-553.

bin. Schon nach den ersten zwanzig Phrasen bringe ich die Leute, trotz ihres festen Vorsatzes wach zu bleiben, zum leisen Einnicken und ist der Redner gar bis in das Herz seines Gegenstandes vorgedrungen, da dominire ich total und es passirt nicht selten, daß der sprechende Pastor und ich selbst die einzigen Wesen sind, welche von vielen Tausenden die Augen offen behalten. (*NRhZ*, Nr. 243 vom 11. März 1849 [40])

Als zweites Thema, mit dem Moralvorstellungen des Bürgertums verspottet werden sollen, „plaudert" der Autor über die Ehe, das Heiraten. Das Sakrament der Ehe wird dabei diskreditiert und auf den einen einseitigen Nutz- bzw. Unterhaltungswert reduziert:

Es ist am besten, daß sie heirathet. Sie trägt Ihnen daher ihr Herz und ihre Hand an, und es wird ihr jedenfalls lieb sein, wenn Sie sich bald entschließen wollen, denn das Alleinsein ist langweilig, und der Mann findet den besten Komfort in seinem geliebten Weibe - (*NRhZ*, Nr 249 [i.e. 250] vom 20. März 1849[41])

Der Soziologe Martin Doehlemann stellt in seiner Studie über die Langeweile fest, daß „ein Grund situativer Langeweile Alleinsein"[42] ist. Georg Weerths eigene Erfahrungen entstammen seiner Bradforder Zeit und beziehen sich auf seine isolierte Stellung in England. Die „Göttin der Langeweile" behauptet hingegen, daß die Gründe für die Eheschließung abhängig von der Klassenzugehörigkeit sind:

Die Aristokratie verheiratet sich in England, um ihre Raçe fortzupflanzen; die Mittelklasse sucht ein Zinsengeschäft zu machen und der Arbeiter nimmt ein Weib, damit ein gleichgestimmtes Wesen seine Noth und seine Langeweile theile, denn man langweilt sich jedenfalls weniger zu zweit als allein. (*NRhZ*, Nr. 251 vom 21. März 1849[43])

Aussagen, in denen die Ehe als Mittel angesehen wird, mit dem man die „Langeweile" vertreiben oder zumindest halbieren kann, finden sich auch in Weerths satirischem Feuilletonroman *Leben und Thaten des berühmten Ritters Schnapphahnski*, wo der Titelheld nach zahlreichen mißglückten Liebesabenteuern schließlich seinem unbefriedigenden Junggesellendasein ein Ende bereiten möchte. So heißt es im Kapitel „Die Nordsee":

[...] heirathen! welch' eine Idee! Uebrigens wäre die Geschichte doch nicht so übel, dachte der Graf. In der Ehe langweilt man sich wenigstens nicht mehr ganz allein: man langweilt sich zu zweit; und dies ist schon ein großer Vor-

---

[40] Vgl. SW IV, S. 203.
[41] Vgl. SW IV, S. 210f.
[42] M. Doehlemann [Anm. 17]. S. 136.
[43] Vgl. SW IV, S. 214.

zug! O, himmlicher Vater, du weißt es, wozu die Langeweile einen Menschen verleiten kann – [44]

Weerth selbst zieht seine „Unruhe" der „Gemütlichkeit" und dem „Komfort" der Ehe vor, und so heißt es in einem Brief aus Hamburg vom 28. März 1851 mit ironischem Unterton an Engels:

> [...] das gemütliche Leben bringt mich hier um allen Verstand; und ich möchte gern einmal das amerikanische Geschäft versuchen – nur Unruhe! Unruhe! sonst bin ich verloren und verheirate mich gar; zwei Heiratsanträge habe ich schon gehabt, aber siegreich widerstanden. (SB II, 589)

Am 19. Mai 1849 erscheint die letzte Ausgabe der *Neuen Rheinischen Zeitung*, für die Georg Weerth seit dem 1. Juni 1848 über 90 Feuilletonserien, Artikel und Lückenbüßer verfaßt hat, ohne damit freilich das relativ kurze Leben des „Organs der Demokratie" auch nur um einen Tag verlängern zu können. Mit dem Ende der *Neuen Rheinischen Zeitung* steht für Weerth die Möglichkeit literarischer Produktion zur Disposition. Zum einen verliert er seine bezahlte Stelle als Feuilletonredakteur, die es ihm seit knapp einem Jahr ermöglicht hatte, seine ganze „Unruhe" in die Zeitungsarbeit einzubringen, und ihn, wie Mehring es formuliert, zum „eigentlichen Beherrscher des Feuilletons" machte, dem

> lustigen König eines lustigen Reiches. Kein Spaßmacher und Witzereißer des bürgerlichen Schlages, aber ein Prinz aus Genieland, leicht einherschreitend in funkelnder Rüstung und mit blitzendem Schwerte. [45]

Zugleich damit geht ihm auch ein nahezu ideales Publikationsforum verloren, die Voraussetzung für seine humoristisch-satirische Art feuilletonistischer Literatur, in der er es inzwischen zu einer gewissen Perfektion gebracht hat. Seine „geistreichen Leser", wie er sie seiner Mutter gegenüber am 1. Juni 1849[46] lobt, werden ihm sehr fehlen.

Zwischen Ende Januar und dem Tag der letzten Ausgabe der *Neuen Rheinischen Zeitung* hält sich Georg Weerth nur noch vier Wochen in der Kölner Redaktion auf, die übrige Zeit befindet er sich auf Geschäftsreisen u.a. in Hamburg, Bradford, Manchester und London, denn angesichts des sich schon seit September 1848 immer deutlicher abzeichnenden Sieges der reaktionären Kräfte, sieht er sich allmählich mit dem Scheitern seiner propagandistischen

---

[44] Georg Weerth: *Leben und Thaten des berühmten Ritters Schnapphahnski*, Hamburg 1849. S. 133 (vgl. SW IV, S. 384). Das Kapitel „Die Nordsee" fehlt in der Feuilletonfassung der *Neuen Rheinischen Zeitung* und wurde erst in die 1849 bei Hoffmann und Campe erschienenen Buchfassung eingefügt.
[45] Franz Mehring: *Geschichte der deutschen Sozialdemokratie*, Bd. I, Berlin 1960. S. 477.
[46] Weerth an die Mutter; 1. Juni 1849 (SB I, S. 481).

Bemühungen konfrontiert. „Nach dem Scheitern der politischen Arbeit verlegt Georg Weerth das Bewegungsmoment nicht in die Literatur zurück, sondern findet es [...] wieder in der Ökonomie[47], was sich schon seit längerem andeutete und mit dem 19. Mai unumkehrbar wird.

Die chronische „Unruhe" treibt Weerth hinaus aus „Köln [...] mit aller seiner Politik" (SB I, 462); Geschäftsreisen nach England Spanien, Portugal und später dann nach Mittel- und Südamerika bestimmen seine weitere Biographie. In einem Brief vom 3. Mai 1851 umreißt er sein neues (=altes) Betätigungsfeld: „Der Handel ist für mich das weiteste Leben, die höchste Poesie." (SB I, 606) Auf wiederholte Anfragen von Karl Marx, Wilhelm Weydemeyer u. a. nach neuen Beiträgen bzw. „Feuilletons" für verschiedene neue Zeitschriftenprojekte antwortet er Marx am 28. April 1851 abschlägig:

> Ich habe in der letzten Zeit allerlei geschrieben, aber nichts beendigt, denn ich sehe gar keinen Zweck, kein Ziel bei der Schriftstellerei. Wenn *Du* etwas über Nationalökonomie schreibst, so hat das Sinn und Verstand. Aber *ich*? Dürftige Witze, schlechte Späße reißen, um den vaterländischen Fratzen ein blödes Lächeln abzulocken – wahrhaftig, ich kenne nichts Erbärmlicheres! Meine schriftstellerische Tätigkeit ging entschieden mit der „Neuen Rheinischen Zeitung" zugrunde. [...] (SB II, S. 600)

In den „praktischen Sachen" (SB I, S.385) von Marx, in seinen Arbeiten über Nationalökonomie sieht er durchaus noch Sinn; er selbst jedoch möchte nicht so enden wie die zeitgenössischen Literaten, über deren romantizistisches Schreiben er Heinrich Heine in Paris am 12. April 1851 informiert:

> Ja, die Literaten haben wieder Chance! Denn die deutschen Frauenzimmer, die bis gestern noch Politik trieben und für Gagern schwärmten und für Herrn Soiron: greifen wieder zu den Strickstrümpfen und wollen Romane lesen und zärtliche Geschichten. [...]
> Eine Schar von mittelmäßigen Eseln sprengt in die deutsche Hausmannsküche, und wenn Sie glauben, die Zeit der Romantik sei vorüber, so irren Sie sich sehr [...]
> So hat z. B. ein Herr Putlitz dieser Tage eine Kleinigkeit [...] erscheinen lassen, zu der er etwas Bachgemurmel aus Schwab, etwas Mondschein aus Eichendorff und bunte Blumen aus allen Romantikern stahl. (SB II, 593f.)

Auch wenn „Die Literaten [...] wieder Chance" haben, wie er am 28. März 1851 an Engels schreibt, und man „kein besseres Geschäft machen [könnte], als Liebeslieder zu schreiben und sie unter einem gräflichen Namen drucken lassen" (SB I, 589), seine Leser „langweilen" oder für die eben erwähnten

---

[47] Jürgen Fohrmann: „Die Lyrik Georg Weerths.", in: *Georg Weerth (1822-1856). Referate des I. Internationalen Georg-Weerth-Colloquiums 1992*, Bielefeld 1993. S. 68.

„deutschen Frauenzimmer" möchte er nicht schreiben, zumal seine „Göttin der Langeweile" ihn schon vor einiger Zeit durchaus ernsthaft gemahnt hatte:

> Ueberall zeigt sich mein stilles Walten und auch Sie, theuerster Freund, werden vielleicht meinen heilsamen Einfluß spüren, wenn Sie nach Ihrer Rückkehr aus England, wiederum der Krankheit schriftstellerischer Versuche anheimfallen. (*NRhZ*, Nr 241 vom 9. März 1849[48]).

---

[48] SW IV, S. 198.

Wulf Wülfing

Gleichzeitigkeit als „Unendlichkeit".
Zur Darstellung von Raum- und Zeiterfahrungen in Texten des Vormärz

In den *Englischen Fragmenten* macht Heinrich Heine 1828 Walter Scott den Vorwurf, er habe „nichts aus jenen schönen Bildern" gelernt, „die den Kaiser in der Umgebung seiner Generale und Staatsleute darstellen, während doch jeder, der sie unbefangen betrachtet, tief betroffen wird von der *tragischen Ruhe* und *antiken Gemessenheit* jener Gesichtszüge, die gegen die *modern aufgeregten*, pittoresken *Tagsgesichter* so schauerlich *erhaben* kontrastiren, und etwas herabgestiegen *Göttliches* bekunden".[1]

Heine ‚entdeckt' also anläßlich der Darstellungen Napoleons auf der Ebene der Physiognomien einen ‚Kontrast', durch den zwei thematische Pole symbolisch repräsentiert zu sein scheinen: Auf der einen Seite liest Heine in den „Gesichtszügen" Napoleons ‚erhabene' „Ruhe und antike Gemessenheit", also Klassik; auf der anderen Seite stehen vor diesen Gemälden die „aufgeregten [...] Tagsgesichter", also der Vormärz.

1. Bewegung

Daß *Aufgeregtheit* ein Merkmal des Vormärz ist, wird bereits im Vormärz selbst als Charakteristikum dieser, der ausdrücklich so genannten *neuen Zeit* – einer ‚Neuzeit' also – beschrieben. Als die Brockhaus-Macher 1834 den 4. Band des bezeichnenderweise so betitelten *Conversations-Lexikons der neuesten Zeit und Literatur* vorlegen, beginnen sie das *Nachwort* mit dem Satz:

> In einer *aufgeregten* Zeit, welche die Bedeutung und das Ziel ihres Strebens erkannt hat, aber im Sturme der Ereignisse oft die Richtung der Bahn aus dem Auge verliert, ist es für den besonnenen Betrachter eine würdige, wiewohl schwierige Aufgabe, den *raschen Wechsel* der *neuen* Gestaltungen aufzufassen, während er rings um von ihnen umgeben ist.[2]

---

[1] Heinrich Heine: Historisch-kritische Gesamtausgabe der *Werke* (Düsseldorfer Ausgabe [DHA]), hg. von Manfred Windfuhr. Bd. I: „Reisebilder III/IV.", Text bearb. v. Alfred Opitz, Hamburg 1986. S. 225 („Englische Fragmente") [Hervorhebungen hier und im folgenden, wenn nicht anders angegeben, von mir, W. W.].
[2] *Conversations=Lexikon der neuesten Zeit und Literatur. In vier Bänden*, Bd. 4, Leipzig 1834. S. V.

Das Bewußtsein vom *raschen Wechsel*, der auch während der ‚Autopsie‘[3] nicht stillgestellt werden kann, gehört also um 1830 bereits zum *zeitgenössischen* Wissen. Oder genauer: In einer für den vormärzlichen Liberalismus glücklichen Stunde gelingt es Artikelschreibern wie Theodor Mundt, Arnold Ruge oder Karl August Varnhagen von Ense,[4] ihre, wie sie sagen, den „Zeitbedürfnissen"[5] entsprechende Weltsicht zu einem *Konversationswissen* zu erklären, das durch immer rascher aufeinander folgende Auflagen auf den jeweils *neuesten* Stand gebracht und von denjenigen, die auf der Höhe der *Zeit* sein wollen, rezipiert werden müsse. Das neue Lexikon soll nämlich – so hatte es bereits in dessen *Ankündigung* geheißen – dem „Bedürfniß" der Besitzer der bisherigen Brockhaus-Lexika entgegenkommen, „bei den *raschen Fortschritten* in der *Entwickelung* des gesellschaftlichen Zustandes, die der Charakter der *Gegenwart* sind, [...] mit den *wechselnden* Zeitverhältnissen *gleichen* Schritt" zu halten.[6] Die Artikelschreiber verstehen sich dabei „als *Zuschauer* des *bewegten* Lebens der *Gegenwart*",[7] als dessen Aktanten – wie im Sprachgebrauch der Liberalen üblich[8] – die personifizierten Instanzen *Zeit* und *Gegenwart* ausgegeben werden. In diesem Zusammenhang wird mit überaus dynamischen Sinnzuschreibungen operiert, z.B. mit dem Moment ‚Unaufhaltsamkeit‘.[9] So werden die „über 100" Mitarbeiter des Lexikons – im nachhinein – auf ein „Band der Einheit" verpflichtet, auf einen Liberalismusbegriff nämlich, dem ausdrücklich jede Polysemie entzogen wird:

> Für die erkannten und durch keine Gegenstrebung zurückzudrängenden Foderungen der Zeit und der höhern Civilisation wollte Jeder [der Beiträger; W.W.] das Wort führen [...]. Die Richtung dieses Werkes, überall wo es die großen Zeitfragen berührt, ist daher liberal im besten Sinne – und es gibt ja im

---

[3] Vgl. Wulf Wülfing: „,Autopsie'. Bemerkungen zum ‚Selbst-Schauen' in Texten Georg Büchners.", in: *Wege zu Georg Büchner. Internationales Kolloquium der Akademie der Wissenschaften (*Berlin-Ost*)*, hg. von Henri Poschmann unter Mitarb. v. Christine Malende. Bern, Berlin, Frankfurt a.M., New York, Paris, Wien 1992. S. 45-60.

[4] Vgl. *Conversations=Lexikon der neuesten Zeit und Literatur*, Bd. 4 [Anm. 2], S. VIII.

[5] Ebd. S. V.

[6] Zit. ebd.

[7] Ebd. S. VI.

[8] Vgl. Wulf Wülfing: *Schlagworte des Jungen Deutschland. Mit einer Einführung in die Schlagwortforschung*, Berlin 1982 (Philologische Studien u. Quellen. H. 106). S. 124-271.

[9] „Die Zeit läßt sich nicht hemmen", schreibt Eduard Beurmann angesichts der Eisenbahnen (Eduard Beurmann: *Brüssel und Paris*, 1837. S. 111. Zit. n. Manfred Riedel: „Vom Biedermeier zum Maschinenzeitalter. Zur Kulturgeschichte der ersten Eisenbahnen in Deutschland [1961].", in: *Technik in der Literatur. Ein Forschungsüberblick und zwölf Aufsätze*, hg. von Harro Segeberg. Frankfurt a.M. 1987. S. 102-131, hier: S. 107).

Grunde nur *einen* Sinn dieses Wortes –, wie es in der ursprünglichen Absicht und in den nothwendigen Foderungen der Gegenwart liegt.[10]

Neben das Moment ‚Unaufhaltsamkeit' tritt mithin der apodiktische Modus ‚Notwendigkeit': Danach ist „der Ablauf der Geschichte, ihre Morphologie, also vorgegeben und festgelegt".[11]

In dem ungewöhnlicherweise so genannten Artikel *Bewegung und Reaction* desselben Lexikons wird das für die *Gegenwart* als charakteristisch behauptete Moment ‚Beschleunigung' explizit eingeführt: Zum „Ziele" der „bürgerlichen Freiheit" habe „die Menschheit *von jeher* gestrebt, aber in der *neuern Zeit* ist die *Bewegung unendlich rascher* und *mächtiger* geworden".[12] Und dann folgt der für die hier interessierende Thematik signifikante Satz:

> Wer den Zustand der Welt, wie er vor 50 Jahren war, mit dem *gegenwärtigen vergleichen* kann und unbefangen *vergleichen* will, wird sich nicht verbergen können, daß in den meisten Ländern Europas in den Gesinnungen und Meinungen eine viel größere *Veränderung* vorgegangen ist als vielleicht in den nächstvorhergehenden zwei Jahrhunderten zusammengenommen.[13]

2. Aufregung

Die *Aufregung*, von der das Lexikon spricht, beginnt natürlich nicht erst 1830. Jener – im Anfangszitat von Heine auf die ‚Klassik'-Seite beorderte – Napoleon z.B., der schon zu Lebzeiten als personifizierte Schnelligkeit galt, ist selbst eine ganz entscheidende Ursache für diese *Aufregung*. 1838 schreibt der Brockhaus-Autor Ruge in identifikatorischer Weise: „Die *neue Zeit* und ihre *Bewegung* knüpft sich, wie Heine's Jugend selbst, an Frankreich und an den *Mann des Jahrhunderts*, der uns dazu *aufgeregt*".[14]

Diese Napoleon-*Aufregung* ist keineswegs beschränkt auf jene Autoren um 1830, die dem Liberalismus zugerechnet werden können. Hölderlin hatte bereits 1797 den 28jährigen Bonaparte als einen ‚Halbgott' besungen, durch den ein neues Geschwindigkeitsparadigma auf die Erde gekommen sei:

---

[10] *Conversations=Lexikon der neuesten Zeit und Literatur*, Bd. 4 [Anm. 2], S. VII [Hervorhebung im Text].
[11] Hans Blumenberg: *Lebenszeit und Weltzeit*, 3. Aufl., Frankfurt a.M. 1986. S. 244.
[12] *Conversations=Lexikon der neuesten Zeit und Literatur* [Anm. 2], Bd. 1 (1832), S. 246.
[13] Ebd.
[14] Arnold Ruge: *Heinrich Heine, charakterisirt nach seinen Schriften* [1838], zit. n.: *Heine in Deutschland. Dokumente seiner Rezeption 1830 -1956*, Mit einer Einl. hg. v. Karl Theodor Kleinknecht. Tübingen 1976 (Deutsche Texte 36). S. 28-43, hier: S. 31.

Heilige Gefäße sind die Dichter,
Worinn des Lebens Wein, der Geist
Der Helden sich aufbewahrt,

Aber der Geist dieses Jünglings
Der schnelle müßt' er es nicht zersprengen
Wo es ihn fassen wollte, das Gefäß
Der Dichter laß ihn unberührt
wie den Geist der Natur,
An solchem Stoffe
wird zum Knaben
der Meister
Er kann im Gedichte
nicht leben und bleiben
Er lebt und bleibt
in der Welt.[15]

Aber nicht nur das ‚Erscheinen', sondern zumindest ebensosehr das ‚Verschwinden' dieses – von Anfang an ins Mythische transkribierten – „Kometen" sorgt für *Aufregung.* Goethe z.B. übersetzt 1822 Manzoni wie folgt:

Ihn wetterstrahlend auf dem Thron
Erblickte die Muse schweigend,
[...]
Jungfräulich [...]
[...]
Erhebt sie sich plötzlich *aufgeregt,*
Da solche Strahlen schwinden,
Die Urne kränzend mit Gesang
Der wohl *nicht sterben* möchte.[16]

Und knapp ein Jahrzehnt nach Napoleons Tod knüpft sich die *Aufregung* wiederum an Frankreich; und wiederum sind es nicht nur die Liberalen, die affiziert werden: Unter dem 2. August 1830 notiert Johann Peter Eckermann:

---

[15] Friedrich Hölderlin: „Buonaparte", in: Ders.: *Sämtliche* Werke. *„Frankfurter Ausgabe",* Historisch-kritische Ausgabe, hg. von Dietrich E. Sattler [...]. Bd. 5: Oden II, hg. v. dems. u. Michael Knaupp. Frankfurt a.M. 1984. S. 418. – Vgl. Wulf Wülfing: „„Heiland' und ‚Höllensohn'. Zum Napoleon-Mythos im Deutschland des 19. Jahrhunderts.", in: *Mythos und Nation. Studien zur Entwicklung des kollektiven Bewußtseins in der Neuzeit 3,* hg. vonHelmut Berding. Frankfurt a.M. 1996. S. 164-184, bes. S. 164-167.
[16] *Goethes Werke,* hg. im Auftrage der Großherzogin Sophie von Sachsen. Bd. 3, Weimar 1890. S. 204 f.

Die Nachrichten von der begonnenen Julirevolution gelangten heute nach Weimar und setzten alles in *Aufregung*. Ich ging im Laufe des Nachmittags zu Goethe. „Nun?" rief er mir entgegen, „was denken Sie von dieser großen Begebenheit? Der Vulkan ist zum Ausbruch gekommen; alles steht in Flammen, und es ist nicht ferner eine Verhandlung bei geschlossenen Türen!"

„Eine furchtbare Geschichte!" erwiderte ich. „Aber was ließ sich bei den bekannten Zuständen und bei einem solchen Ministerium anderes erwarten, als daß man mit der Vertreibung der bisherigen königlichen Familie endigen würde."

„Wir scheinen uns nicht zu verstehen, mein Allerbester," erwiderte Goethe. „Ich rede gar nicht von jenen Leuten; es handelt sich bei mir um ganz andere Dinge! Ich rede von dem in der Akademie zum öffentlichen Ausbruch gekommenen, für die Wissenschaft so höchst bedeutenden Streit zwischen *Cuvier* und *Geoffroy de Saint-Hilaire!*"[17]

Auch Goethe ist von der *Aufregung*, die von Paris ausgeht, erfaßt; so sehr erfaßt, daß er sie verschiebt: von den politischen Auseinandersetzungen auf den Pariser Straßen auf die wissenschaftlichen in der Pariser Akademie.[18]

3. Sausen, Schweben, Fliegen

In der *Allgemeinen Encyclopädie der Wissenschaften und Künste* heißt es 1822: „Von jedem Vermögen der Sele, das man zu irgend einer Thätigkeit *aufgeregt* hat, wird gesagt, daß man es in *Bewegung* gesetzt habe".[19] Der Satz ist gedruckt in einem Jahrzehnt, da – auch in der deutschsprachigen Provinz – die *psychische* Bewegung in bisher nie gekanntem Maße durch die *physische* Bewegung gesteigert wird; und zwar durch – nun auch für breitere Kreise sichtbare und zugleich benutzbare – Maschinen; wie z.B. 1828 in Willibald Alexis' *Herbstreise durch Scandinavien* nachzulesen.[20] Von diesen Maschinen werden die Menschen – in wörtlichem Sinne – erfaßt. Die erwachsenen

---

[17] Johann Peter Eckermann: *Gespräche mit Goethe in den letzten Jahren seines Lebens 1823-1832*, hg. von Eduard Castle. Bd. 2, Berlin, Leipzig, Wien, Stuttgart 1916. S. 190 [Hervorhebungen im Text].

[18] Im Rückblick nennt auch Heine die Julirevolution eine „allzugroße Aufregung" (DHA [Anm. 1]. Bd. 12/1: „Französische Maler. Französische Zustände. Über die französische Bühne.", Text bearb. v. Jean-René Derré/Christiane Giesen. Hamburg 1980. S. 53 [„Französische Maler. Nachtrag"]).

[19] *Allgemeine Encyclopädie der Wissenschaften und Künste in alphabetischer Folge von genannten Schriftstellern*, hg. von J.S. Ersch/J.G. Gruber, Professoren zu Halle. Neunter Theil mit Kupfern und Charten: BENE – BIBEH, Leipzig 1822. S.378.

[20] Vgl. Wulf Wülfing: „Reiseliteratur.", in: *Vormärz: Biedermeier, Junges Deutschland, Demokraten 1815-1848*, hg. von Bernd Witte. Reinbek 1980 (*Deutsche Literatur. Eine Sozialgeschichte*, hg. von Horst Albert Glaser. Bd. 6). S. 180-194, hier: S. 186ff.

Zeitgenossen können diesem Jahrhundertereignis der maschinengetriebenen Mobilisierung mit Abstand begegnen, sofern sie das wollen. Es wächst aber erstmalig eine Generation heran, die eine solche Distanz nicht haben kann und deswegen – wie manche meinen – besonders gefährdet ist. Am 6. Juni 1825 schreibt Goethe an Karl Friedrich Zelter:

> Junge Leute werden viel zu früh *aufgeregt* und dann im *Zeitstrudel* fortgerissen [...]; *Eisenbahnen*, Schnellposten, *Dampfschiffe* und alle möglichen Fazilitäten der *Kommunikation* sind es worauf die gebildete Welt ausgeht, sich zu *überbieten*, zu überbilden [...].[21]

Es ist sicherlich das herausragende Charakteristikum der Vormärzliteratur – und zwar nicht nur der liberalen –, daß ihr zum Mittel, das „Vermögen der Sele [...] in Bewegung" zu setzen, die Bewegung selbst wird; und dies – wie Goethe erkennt – im Modus der *Überbietung*. So heißt es z.B. in einem zeitgenössischen Text:

> Die Industrie mit ihren großen Hebeln, mit ihren *Eisenbahnen* und *Dampfmaschinen* ist die Liebe, das Gespräch, der Traum und das Werk *dieser Zeit*. Sie wird von der *Zeit* bewundert als eine hohe *Zauberin*, die auf *Eisenbahnen sausend* durch die Länder *fliegt*, die am Ruder der *Dampfschiffe* feiernd *schwebt* [...]. So ist sie eine holde, lichte *Zauberin*, warum denn nicht eine *Göttin*? Sie ist die Poesie *dieser Zeit*, wie beinahe denn ihre *Religion*.

Ein exzellenter Text vom August 1835, aus einer Zeit also, da die erste Eisenbahnstrecke auf deutschem Boden noch nicht eröffnet ist: Die Sprache bekommt angesichts der Bewegungsmaschinen, die in die von Stillstand gezeichnete Restaurationszeit einzubrechen beginnen, gleichsam Flügel. Verwundern könnte lediglich der Publikationsort des Textes: Es ist die *Evangelische Kirchenzeitung*; und sein Autor ist jener Ernst Wilhelm Hengstenberg, der mit diesem seinem Artikel *Über die Rehabilitation des Fleisches* – bekanntlich noch *vor* Wolfgang Menzels ominöser *Wally*-Rezension – jene Angriffsserie gegen Heine und die Jungdeutschen eröffnet,[22] an deren Ende das Bundestagsverbot des sog. Jungen Deutschland stehen wird.

Wie hinsichtlich Napoleons und der Julirevolution gilt also auch hinsichtlich der diskursiven Ereignisse Napoleon, Dampfboot und Eisenbahn: Sie regen nicht nur die Liberalen auf; und das verwundert nicht. Schlagworte,

---

[21] Zit. n. *Literatur im technischen Zeitalter I. Eine Ausstellung des Deutschen Literaturarchivs im Schiller-Nationalmuseum Marbach am Neckar,* Ausstellung und Katalog: Peter-Paul Schneider u.a. 2., durchges. Aufl., Marbach 1987 (Marbacher Kataloge 42/1). S. 69.

[22] [Ernst Wilhelm Hengstenberg:] „Über die Rehabilitation des Fleisches.", in: *Politische Avantgarde 1830-1840. Eine Dokumentation zum „ Jungen Deutschland",* hg. von Alfred Estermann. Bd. 1., Frankfurt a.M. 1972. S. 195-235, hier: S. 198.

Kollektivsymbole und Mythen sind jeweils nicht nur ‚Besitz' einer einzigen ‚Partei', sondern allgemein zugängliche Spielmarken. Der Streit geht ‚lediglich' darum, wie diese Spielmarken wirkungsvoll von wem semantisch besetzt werden dürfen. Und so billigt denn auch der aggressiv orthodoxe Hengstenberg den von ihm dann mit dem Ausdruck „Dogma von der Industrie" noch einmal explizit in den religiösen Diskurs überführten neuen Phänomenen lediglich den „*Schein* der Wahrheit" zu.[23]

4. Gleichzeitigkeit

Das Bewegungspotential einer als *neu* empfundenen Ära wird für die Zeitgenossen am eindrucksvollsten dadurch er-fahr-bar, daß man sich selbst in Bewegung setzt, also durch Reisen. Diese sind dementsprechend besonders dann *aufregend*, wenn sie mit einer jener Geschwindigkeitsmaschinen unternommen werden, die man in England seit 1812 baut und von denen 1823 dort bereits mehr als 160 Exemplare benutzbar sind:[24] mit dem „Dämpfer", wie Theodor Fontane noch 1850 schreiben wird.[25] Auf einem solchen nähert sich 1828 – wie er in den anfangs angeführten *Englischen Fragmenten* berichtet – Heine London; wiederum auf die Physiognomien achtend:[26]

> Auf dem Wasser nahm jetzt das Gewühl der Schiffe immer zu, und ich wunderte mich, wie geschickt diese großen Fahrzeuge sich einander ausweichen. Da grüßt im Begegnen manch ernsthaft freundliches *Gesicht*, das man *nie gesehen* hat, und vielleicht auch *nie wieder sehen* wird. Man fährt sich so nahe *vorbey*, daß man sich die Hände reichen könnte zum Willkomm und Abschied *zu gleicher Zeit*.[27]

---

[23] Ebd.

[24] Vgl. *Meyers Großes Konversations-Lexikon. Ein Nachschlagewerk des allgemeinen Wissens*, 6., gänzl. neubearb. u. verm. Aufl., Bd. 4., Leipzig, Wien 1905. S. 467.

[25] Theodor Fontane: „Von Gravesend bis London.", in: Ders.: *Sämtliche Werke*, Bd. XVII: „Aus England und Schottland. Ein Sommer in London.", unter Mitw. v. Kurt Schreinert hg. v. Charlotte Jolles. München 1963. S. 7-9, hier: S. 7.

[26] Auch Eichendorff beobachtet, wie die Geschwindigkeit der „Dampffahrten" die „Physiognomie" verändert, und zwar die der „Landschaften": Die Welt werde durcheinandergerüttelt „wie ein *Kaleidoskop*, wo die *vorüberjagenden* Landschaften, ehe man noch irgend eine *Physiognomie* gefaßt, immer neue *Gesichter* schneiden" (Joseph Freiherr von Eichendorff: „Tröst-Einsamkeit <Einsiedler-Novelle>. <Vorwort>.", in: Ders.: *Werke* in sechs Bänden, hg. von Wolfgang Frühwald/Brigitte Schillbach/Hartwig Schultz. Bd. 5: „Tagebücher. Autobiographische Dichtungen. Historische u. politische Schriften.", hg. von H. Sch. Mit einem Essay von W. F. Frankfurt a.M. 1993 [Bibl. deutscher Klassiker 96]. S. 381; zur Datierung [„Arbeitsphase vor 1844"] vgl. ebd. S. 1047.

[27] DHA. Bd. 7/1 [Anm. 1]. S. 212f. („Englische Fragmente"). – Vgl. auch die Verse aus dem *Romanzero*:

Und dann drechselt Heine – wie so oft an für ihn wichtigen Stellen – eine – meist als ‚Kalauer' diffamierte – Paronomasie: „Das Herz *schwillt* beim Anblick so vieler *schwellender* Segel und wird *wunderbar aufgeregt*, wenn vom Ufer her das verworrene Summen und die ferne Tanzmusik wie der dumpfe Matrosenlerm herandröhnt".[28]

Die Sensationen, zu denen das „Dampfboot" verhilft, sind optischer und akustischer Art und führen zu einer *Aufregung*, die als *wunderbar* genossen wird. Hier, bei Heines Sesenheim auf der Themse, schnurrt die von der Maschine geregelte Zeit auf einen einzigen Moment zusammen, in dem alles koinzidiert, z.b. das ‚nie Vorher' mit dem ‚nie Wieder' und die Nähe mit der Ferne: Der Augenblick der Möglichkeit größter *Kommunikation* aller mit allen ist *zugleich* der Augenblick ihrer größten Unmöglichkeit; der Potentialis wird nämlich – wie später bei Fontanes Bericht über seine Dampferfahrt auf der Themse –[29] fast zum Irrealis: „Man fährt so nahe vorbey, daß man sich die Hände reichen *könnte*". Wozu? Zum „Willkomm und Abschied *zu gleicher Zeit*"; *Gleichzeitigkeit* als Faszinosum also.[30]

Ach! der Kuß des Willkomms wurde
Auch *zugleich* der Kuß des Scheidens,
Und so leerten sie den Kelch
Höchster Lust und tiefsten Leidens.

(Bd. 3/1: „Romanzero. Gedichte. 1853 und 1854. Lyrischer Nachlaß.", Text bearb. v. Frauke Bartelt [Überlieferung und Lesarten]/Alberto Destro [kommentierende Teile]. Hamburg 1992. S. 47 [„Geoffroy Rudèl und Melisande von Tripoli"]).

[28] DHA. Bd. 7/1 [Anm. 1]. S. 212f. („Englische Fragmente").

[29] Vgl. Wulf Wülfing: „Medien der Moderne: Londons Straßen in den Reiseberichten von Johanna Schopenhauer bis Theodor Fontane.", in: *Reisen im Diskurs: Modelle literarischer Fremderfahrung von den Pilgerberichten bis zur Postmoderne. Tagungsakten des internationalen Symposions zur Reiseliteratur. University College Dublin v. 10.-12. März 1994,* hg. von Anne Fuchs/Theo Harden, unter Mitarb. v. Eva Juhl. Heidelberg 1995 (Neue Bremer Beiträge 8). S. 470-492, hier: S. 485.

[30] Gleichzeitigkeits-Erlebnisse haben auch die ersten Eisenbahnreisenden, und dies noch vor Fahrtantritt: „Hat jedermann seinen Platz und sind *sofort* sämtliche Wagen der Reihe nach *aneinander* befestigt, so stößt der erste Kondukteur in die Trompete, und dieses Signal wird *alsbald* von allen wiederholt; *im selben Augenblick* dreht jeder vordere Kondukteur eine mit dem Rad *korrespondierende* Schraube mittelst eines neben ihm befindlichen Handgriffs auf" („Dampfwagenbericht." *Morgenblatt für gebildete Stände,* 1833. Nr. 157. S. 625f.. Zit. n. Riedel [Anm. 9]. S. 105).

4.1 Geschichtsschreibung unter dem Aspekt der Gleichzeitigkeit

Das Faszinosum *Gleichzeitigkeit*, von dem der körperlich er-fahrene Blick auf die Gegenwart überwältigt wird, ist jedoch keineswegs ausschließlich an diese gebunden, sondern wird in gleicher Weise in der Vergangenheit gesucht. Bei Heine sind es vor allem die großen Leitgestalten, die *gleichzeitig* Extreme in sich vereinigen. So heißt es z.b. über Luther:

> Er war *zugleich* ein träumerischer Mystiker und ein praktischer Mann in der That. Seine Gedanken hatten nicht bloß Flügel sondern auch Hände; er sprach und handelte. Er war nicht bloß die Zunge, sondern auch das Schwert seiner Zeit. Auch war er *zugleich* ein kalter scholastischer Wortklauber und ein begeisterter, gottberauschter Prophet. Wenn er des Tags über mit seinen dogmatischen Distinkzionen sich mühsam abgearbeitet, dann griff er des Abends zu seiner Flöte, und betrachtete die Sterne und zerfloß in Melodie und Andacht. *Derselbe* Mann, der wie ein Fischweib schimpfen konnte, er konnte auch weich seyn, wie eine zarte Jungfrau. Er war manchmal wild wie der Sturm, der die Eiche entwurzelt, und dann war er wieder sanft wie der Zephyr, der mit Veilchen kost.[31]

Und über Lessing schreibt Heine: „Merkwürdig ist es, daß jener witzigste Mensch in Deutschland, auch *zugleich* der ehrlichste war. Nichts gleicht seiner Wahrheitsliebe. Lessing machte der Lüge nicht die mindeste Conzession".[32]

---

[31] DHA [Anm. 1]. Bd. 8/1: „Zur Geschichte der Religion und Philosophie in Deutschland. Die romantische Schule.", Text bearb. v. Manfred Windfuhr. Hamburg 1979. S. 9-120, hier: S. 33 („Zur Geschichte der Religion und Philosophie in Deutschland. Erstes Buch"). Das Phänomen der *Coincidentia oppositorum* verbindet Heine des öfteren mit dem Christentum. So heißt es z.b. 1820: „Als aber ein schöneres und milderes Licht im Orient aufleuchtete, als die Menschen anfingen zu ahnen, daß es noch etwas besseres giebt als Sinnenrausch, als die unüberschwenglich beseligende Idee des Christenthums, die Liebe, die Gemüther zu durchschauern begann: da wollten auch die Menschen diese geheimen Schauer, diese unendliche Wehmuth und *zugleich* unendliche Wollust mit Worten aussprechen und besingen" (DHA [Anm. 1]. Bd. 10: „Shakespeares Mädchen und Frauen und Kleinere literaturkritische Schriften", bearb. v. Jan-Christoph Hauschild. Hamburg 1993. S. 194-196 [„Die Romantik"], hier: S. 194f. – Das erinnert an das Motto des im Vormärz gegründeten literarischen Vereins „Tunnel über der Spree": „Ungeheure Ironie und unendliche Wehmut" (vgl. Wulf Wülfing. „Tunnel über der Spree", in: *Handbuch literarisch-kultureller Vereine, Gruppen und Bünde*, hg. von W.W./Karin Bruns/Rolf Parr. Stuttgart 1997 [Repertorien zur deutschen Literaturgeschichte 18]. S. 430-455, hier: S. 433).
[32] DHA. Bd. 8/1 [Anm. 31], S. 74 („Zur Geschichte der Religion und Philosophie in Deutschland. Zweites Buch") – Hinsichtlich Luthers macht Heine auch auf eine lokale Koinzidenz aufmerksam: „Es ist tief bedeutsam, daß hier der Wohnort des Faustes, Wittenberg, auch *zugleich* die Geburtsstätte und das Laboratorium des Protestantismus ist"

Wenn Heines Wahrnehmungsdrang nach *Gleichzeitigkeiten* fahndet, sucht
er vor allem nach der *Gleichzeitigkeit* großer Männer; und sobald er fündig
geworden ist, benutzt er bezeichnenderweise eine optisch kodierte Formel für
Macht: die spätestens seit Herodot[33] bekannte Redeweise nämlich von dem
Reich, in dem die Sonne nicht untergeht. So schreibt Heine 1837 in seiner
Einleitung zum *Don Quixote* u.a.:

> Die politische Größe Spaniens zu jener Zeit mochte nicht wenig das Gemüth
> seiner Schriftsteller erhöhen und erweitern. Auch im Geiste eines spanischen
> Dichters ging die Sonne nicht unter, wie im Reiche Carls V. Die wilden Kämp-
> fe mit den Morisken waren beendigt, und wie nach einem Gewitter die Blumen
> am stärksten duften, so erblüht die Poesie immer am herrlichsten nach einem
> Bürgerkrieg. Dieselbe Erscheinung sehen wir in England zur Zeit der Elisabeth,
> und *gleichzeitig* mit Spanien entsprang dort eine Dichterschule, die zu merk-
> würdigen *Vergleichungen* auffordert. Dort sehen wir Shakespear, hier Cervan-
> tes als die Blüthe der Schule.[34]

Heines Überzeugung, *Gleichzeitigkeit* im Reiche der Kunst sei ein Glücksfall,
gilt z.B. auch für das Theater. Nachdem er in seinen ein Jahr später erschienenen *Erläuterungen* zu *Shakespeares Mädchen und Frauen* die Schauspieler
David Garrick und Friedrich Ludwig Schröder wegen ihrer „Naturtreue" ge-
lobt hat, schreibt er:

> Aus diesem Systeme der Natürlichkeit entwickelte sich auch das Spiel des gro-
> ßen Devrient, den ich einst zu Berlin *gleichzeitig* mit dem großen Wolff spielen
> sah, welcher letztere in seinem Spiele vielmehr dem Systeme der Kunst hul-
> digte. Obgleich, von den verschiedensten Richtungen ausgehend, jener die Na-
> tur, dieser die Kunst als das Höchste erstrebte, *begegneten sie sich* doch beide
> in der Poesie, und durch ganz entgegengesetzte Mittel erschütterten und ent-
> zückten sie die Herzen der Zuschauer.[35]

Die *Gleichzeitigkeit* großer ‚Genien' fasziniert jedoch nicht nur im Bereiche
der Kunst, sondern auch in dem der Philosophie. 1835 heißt es in der Schrift
Zur Geschichte der Religion und Philosophie in Deutschland u.a.:

> Ehe wir aber von diesem Schüler des Leibnitz [Christian Wolff] ein Weiteres
> berichten, müssen wir des providentiellen Mannes erwähnen, der *gleichzeitig*

(ebd., Bd. 9): „Elementargeister. Die Göttin Diana. Der Doktor Faust. Die Götter im Exil",
bearb. v. Ariane Neuhaus-Koch. Hamburg 1987. S. 99-121, hier: S. 105 [„Der Doktor
Faust. Erläuterungen"]).

[33] Vgl. Georg Büchmann: *Geflügelte Worte. Der klassische Zitatenschatz,* [...] 40. Aufl.,
neu bearb. v. Winfried Hofmann. Frankfurt a.M., Berlin 1995. S. 142.

[34] DHA. Bd. 10 [Anm. 31], S. 249-265, hier: S. 256.

[35] Ebd. S. 7-191, hier: S. 23 („Shakespeares Mädchen und Frauen. Mit Erläuterungen").

mit Locke und Leibnitz sich in der Schule des Descartes gebildet hatte, lange Zeit nur mit Hohn und Haß betrachtet worden, und dennoch in unseren heutigen Tagen zur alleinigen Geisterherrschaft emporsteigt.
Ich spreche von Benedikt Spinoza.
Ein großer Genius bildet sich durch einen anderen großen Genius, weniger durch Assimilirung als durch *Reibung*. Ein Diamant schleift den andern.[36]

Und wiederum gilt: Dasselbe Interpretament, das für das ‚Erscheinen' großer Geister bemüht wird, wird auch auf deren ‚Verschwinden' angewendet: Allgemein diskutiert wird im Vormärz z.B. die Tatsache, daß 1831/32 innerhalb weniger Monate Männer wie August Wilhelm Anton Graf Neidhardt von Gneisenau, Carl Philipp Gottfried von Clausewitz, Georg Wilhelm Friedrich Hegel und Goethe *gleichzeitig* sterben. *Gleichzeitig* ‚entlaubt' zu werden, ist für Heine ein Privileg der Naturelemente:

> Ach, viel glücklicher als wir
> Sind die Bäume, die *gleichzeitig*
> Einer und derselbe Herbstwind
> Ihres Blätterschmucks entkleidet [37]

Hinsichtlich des gleichzeitigen Todes der genannten Persönlichkeiten formuliert Heine seine Meinung an hervorgehobener Stelle. Er läßt das 1833 entstandene *Erste Buch* der *Romantischen Schule* mit folgendem Absatz enden:

> *Les dieux s'en vont.* Goethe ist todt. Er starb den 22sten Merz des verflossenen Jahrs, des bedeutungsvollen Jahrs, wo unsere Erde ihre größten Renommeen verloren hat. Es ist als sey der Tod in diesem Jahre plötzlich aristokratisch geworden, als habe er die Notabilitäten dieser Erde besonders auszeichnen wollen, indem er sie gleichzeitig ins Grab schickte. Vielleicht gar hat er jenseits, im Schattenreich, eine Pairie stiften wollen und in diesem Falle wäre seine *fournée* sehr gut gewählt. Oder hat der Tod, im Gegentheil, im verflossenen Jahr die Demokratie zu begünstigen gesucht, indem er mit den großen Renommeen auch ihre Autoritäten vernichtete und die geistige Gleichheit beförderte?[38]

Es versteht sich fast von selbst, daß ein solcher Blick auf geschichtliche Ereignisse die Historiker herausfordern muß, die denn auch sogleich mit einem neuen ‚Display' aufwarten: 1834 erscheinen die ersten Lieferungen von E.

---

[36] DHA. Bd. 8/1 [Anm. 31], S. 53f. („Zur Geschichte der Religion und Philosophie in Deutschland. Zweites Buch").
[37] DHA. Bd. 3/1 [Anm. 27], S. 375 („Bimini").
[38] DHA. Bd. 8/1 [Anm. 31], S. 121-249, hier: S. 163f. („Die romantische Schule") [Hervorhebungen bei Heine].

Vehses *Tafeln der Geschichte*. Sie werden am 1. April 1835 von Karl Gutzkow begeistert rezensiert:

> Das Gerüst zu einer *neuen* Geschichtsschreibung liefert dies ausgezeichnete
> Werk, eine Frucht des gründlichsten Fleißes. Es *belauscht* das ganze Treiben
> der Völker, nicht blos ihre bürgerlichen Umwälzungen, sondern das ganze
> Athmen des Lebens, wie es sich ahnen läßt aus allen Denkmälern, welche die
> Sprache und die Kunst der Nachwelt hinterlassen haben. Zweiundzwanzig ver-
> schiedene Lebensrichtungen laufen *tabellarisch neben* den politischen Ereig-
> nissen her, und fordern durch Farbe und Druck die *Vergleichung* der *gleichzei-*
> *tigen* Momente heraus. Nun erst wird manche dunkle Tatsache von *einem*
> Lichte erhellt, welches Grund und Ursache in ganz fremden Lebensgebieten
> zeigt. Die Geschichte hat keine Postulate, keine Randverweisungen mehr; son-
> dern eins ist *neben* dem andern unerläßlich und das Ganze baut sich *wunderbar*
> architektonisch zu einem gefugten und vollkommenen Systeme zusammen.
> Kein chinesischer Bau ist es, der sich monoton aus Zahlen und Daten in's Un-
> endliche fortsetzt, sondern jedes Stockwerk hat seinen eignen Charakter und
> Styl, welcher immer eine besondere politische oder Culturtendenz ist. In die-
> sem Herausstellen des Überwiegenden, der Tendensströmungen, der histori-
> schen Penchants ist Vehse besonders glücklich gewesen.[39]

Der Gedanke liegt nahe, die Attraktivität, die von einer derartigen, durch den
Geschichtsschreiber gebotenen *Synopse* ausgeht, auch für den Romanschrei-
ber zu nutzen: Gutzkow wird später in die Literaturgeschichte eingehen als
der ‚Erfinder' des *Romans des Nebeneinander*.[40]

Im übrigen sucht z.B. auch Heine immer wieder Gelegenheiten, sein eigenes Schaffen in einen größeren, historischen Zusammenhang zu stellen und
dadurch *Gleichzeitigkeit* zu konstituieren; so z.B. hinsichtlich des ‚Übergangs' von der Romantik zur ‚Moderne':

> Ich weiß, es [sc. das „kleine humoristische Epos", das dann den Titel *Atta Troll*
> erhielt; W.W.] war »das letzte freie Waldlied der Romantik«, und ich bin ihr
> letzter Dichter: mit mir ist die alte lyrische Schule der Deutschen geschlossen,

---

[39] [Karl Gutzkow:] Rez. „Tafeln der Geschichte". Von E. Vehse, 1-8. Lieferung, Dresden
1834-1835, in: *Phönix. Frühlings-Zeitung für Deutschland. Literatur-Blatt*. Nro. 13 (1.
April 1835). S. 311f. – Für den freundlichen Hinweis auf diese Rezension danke ich Hartmut Steinecke (Paderborn).

[40] Vgl. Hartmut Steinecke: *Romantheorie und Romankritik in Deutschland. Die Entwicklung des Gattungsverständnisses von der Scott-Rezeption bis zum programmatischen
Realismus*, Bd. 1., Stuttgart 1975. S. 220ff. – Die von Gutzkow verwendete, traditionsrei-
che Metapher *Haus* wird im Drama bereits im selben Jahr 1835 zum Strukturprinzip. Vgl.
Johann Nestroys Lokalposse *Zu ebener Erde und erster Stock oder Die Launen des Glücks*
und später, 1889, Hermann Sudermanns *Die Ehre*: In beiden Fällen soll dem Zuschauer der
Eindruck vermittelt werden, er könne *sehen* und *belauschen*, was bei anderen Menschen
gleichzeitig passiert; synoptischer Voyeurismus.

während *zugleich* die neue Schule, die moderne deutsche Lyrik, von mir eröffnet ward. Diese Doppelbedeutung wird mir von den deutschen Literarhistori-
kern zugeschrieben. Es ziemt mir nicht, mich hierüber weitläuftig auszulassen,
aber ich darf mit gutem Fuge sagen, daß ich in der Geschichte der deutschen
Romantik eine große Erwähnung verdiene.[41]

An anderer Stelle behauptet Heine sogar eine Korrespondenz zwischen seiner
eigenen *Lebensperiode* und der *Weltperiode*:

> „Die Stadt Lukka", die sich unmittelbar den „Bädern von Lukka" anschließt,
> und auch *gleichzeitig* geschrieben worden, gebe ich hier keineswegs als ein
> Einzelbild, sondern als den Abschluß einer *Lebensperiode*, der *zugleich* mit
> dem Abschluß einer *Weltperiode* zusammentrifft.[42]

An prominenter Stelle – im *Zueignungsbrief. An Seine Durchlaucht, den Fürsten Pückler-Muskau* – reklamiert Heine anläßlich der *Lutezia* schließlich für
sich die *Identität* von Tagesschriftstellerei und Geschichtsschreibung und *zugleich* jene *Einheit* von Natur und Kunst, die er hinsichtlich des Theaters
noch auf *zwei* Männer – auf das ‚Dioskurenpaar' Wolff und Devrient – auf-
geteilt hatte:

> Meine Berichte sind ein daguerreotypisches Geschichtbuch, worin jeder Tag
> sich selber abkonterfeite, und durch die Zusammenstellung solcher Bilder hat
> der ordnende Geist des Künstlers ein Werk geliefert, worin das Dargestellte
> seine Treue authentisch durch sich selbst dokumentirt. Mein Buch ist daher *zu-
> gleich* ein Produkt der Natur und der Kunst, und während es jetzt vielleicht den
> populären Bedürfnissen der Leserwelt genügt, kann es auf jeden Fall dem spä-
> teren Historiographen als eine Geschichtsquelle dienen, die, wie gesagt, die
> Bürgschaft ihrer Tageswahrheit in sich trägt.[43]

4.2 Unerwünschte Gleichzeitigkeiten

Gleichzeitigkeit ist für Heine jedoch keineswegs ein – quasi quantitativer –
Wert an sich, sondern nur dann ein Faszinosum, wenn qualitative Bedingungen erfüllt sind. Das gilt z.B. für den Bereich der – von Heine immer auch
unter politischem Aspekt beobachteten – Kunst:

---

[41] DHA [Anm. 1]. Bd. 15: „Geständnisse. Memoiren und Kleinere autobiographische
Schriften", bearb. v. Gerd Heinemann. Hamburg 1982. S. 13 („Geständnisse").
[42] DHA. Bd. 7/1 [Anm. 1], S.155 („Reiseberichte Vierter Theil. Vorwort").
[43] DHA [Anm. 1]. Bd. 13/1: „Lutezia I." Text, Apparat 1.-10, Artikel bearb. v. Volkmar
Hansen. Hamburg 1988. S. 13-158, hier: S. 19.

> Ein Skulptor der *zugleich* Napoleon und Wellington meißelt, kommt mir vor
> wie ein Priester, der um 10 Uhr Messe lesen und um 12 Uhr in der Synagoge
> singen will – Warum nicht? Er kann es, aber wo es geschieht, wird m[an] bald
> weder die Messe noch die Synagoge besuchen –[44]

Ähnliches gilt für den eigenen politischen Standort, z.B. wenn er verteidigt
werden muß gegen mißliebige Verdächtigungen aus der ‚vaterländischen'
Ecke:

> Es wäre für mich ein entsetzlicher, wahnsinniger Gedanke, wenn ich mir sagen
> müßte, ich sey ein deutscher Poet und *zugleich* ein naturalisirter Franzose. – Ich
> käme mir selber vor wie eine jener Mißgeburten mit zwey Köpfchen, die man
> in den Buden der Jahrmärkte zeigt. Es würde mich beim Dichten unerträglich
> geniren, wenn ich dächte, der eine Kopf finge auf einmal an, im französischen
> Truthahnpathos die unnatürlichsten Alexandriner zu scandiren, während der
> andre in den angeborenen wahren Naturmetren der deutschen Sprache seine
> Gefühle ergösse.[45]

Schließlich macht Heine sogar Gott für ein Requisit unziemlicher *Gleichzeitigkeit* verantwortlich:

> Gott, der Schöpfer der Natur,
> Warum schuf er einfach nur
> Das skabrose Requisit
> Das der Mann gebraucht damit
> Er fortpflanze seine Race
> Und *zugleich* sein Wasser lasse
> Theurer Freund, ein Duplikat
> Wäre wahrlich hier von Nöthen
> Um Funkzionen zu vertreten
> Die so wichtig für den Staat
> Wie für's Individuum,
> Kurz für's ganze Publikum -[46]

4.3 Schrecken der Gleichzeitigkeit: Unglücksfälle

Das Jahr 1842 endet mit einem Schiffsunglück im Ärmelkanal, bei dem im
November über 100 Menschen sterben.[47] Zuvor, am 28. August, war auf der
Reede des Kaps der Guten Hoffnung das Deportationsschiff *Waterloo* unter-

---

[44] DHA. Bd. 10 [Anm. 31], S. 332 („<Prosaskizzen. II. [Mai 1831 bis 1848]>„).
[45] DHA [Anm. 1]. Bd. 14/1: „Lutezia II." Text, Apparat 43.-58, Artikel bearb. v. Volkmar
Hansen. Hamburg 1990. S. 84 („Retrospektive Aufklärung").
[46] DHA. Bd. 3/1 [Anm. 27], S. 402.
[47] Vgl. DHA. Bd. 14/1 [Anm. 45], S. 505.

gegangen, wobei 189 umgekommen sein sollen.[48] Vorausgegangen war, am 5. Juni, der Einsturz der Decke des vorübergehend als Theater genutzten fürstlichen Reithauses in Schleiz, und zwar just in dem Augenblick, da Lortzings komische Oper *Zar und Zimmermann* gegeben wurde; es kam zu einer Panik und 21 Toten.[49] Zu einem wahren Schreckensmonat aber war der Mai geworden: Am 7. war es in Haiti zu einem Erdbeben gekommen, das vermutlich 10 000 Tote forderte.[50] Und in Hamburg hatte „die furchtbare Feuersbrunst" gewütet, „die 5.-8. Mai 1842 in 75 Straßen 4219 Gebäude, darunter 3 Kirchen und mehrere andre öffentliche Gebäude, in Asche legte und 20,000 Menschen obdachlos machte".[51] Unter dem Datum des 31. Dezember 1842 blickt Heine auf dieses Schreckensjahr zurück, wobei er „mit seiner Anordnung nicht der faktischen Chronologie der Ereignisse" folgt, sondern „die Szenen in der Reihenfolge" entwirft, „wie die Unglücksnachrichten in Paris eintrafen":[52]

> Noch ein kleiner Fußtritt, und das alte böse Jahr rollt hinunter in den Abgrund der Zeit. Dieses Jahr war eine Satyre auf Ludwig Philipp, auf Guizot, auf alle die sich so viele Mühe gegeben haben, den Frieden in Europa zu erhalten. Dieses Jahr ist eine Satyre auf den Frieden selbst, denn im geruhsamen Schooße desselben wurden wir mit Schrecknissen heimgesucht, wie sie der gefürchtete Krieg gewiß nicht schrecklicher hervorbringen konnte. Entsetzlicher Wonnemond, wo fast *gleichzeitig* in Frankreich, in Deutschland und Haity die fürchterlichsten Trauerspiele aufgeführt wurden! Welches Zusammentreffen der unerhörtesten Unglücksfälle! Welcher boshafte Witz des Zufalls! Welche höllischen Ueberraschungen![53]

Das Unglück in Frankreich, auf das Heine anspielt, ereignete sich am Sonntagnachmittag des 8. Mai 1842 nahe Meudon:

> Der erste Zug, der nach dem Ende der Wasserspiele in Versailles auf dem linken Seineufer nach Paris zurückfuhr, bestand aus einer größeren Anzahl von Wagen, die von drei Lokomotiven gezogen wurden. Als der vordersten Lokomotive um ca. 17 Uhr 30 eine Achse brach, fuhr der Rest des Zugs in die stehengebliebene Maschine hinein, aus daß durch siedendheißes Wasser, den Dampf und die Kohlen bald ein Inferno entstand. Die Türen waren, wie damals allgemein üblich, von den Kondukteuren mit Schlüsseln abgesperrt worden, so daß aus den Wagen kein Entkommen möglich war. In dem Feuer, das erst nach zwei Stunden gelöscht werden konnte, kamen über fünfzig Menschen um, ca.

---

[48] Vgl. ebd.
[49] Vgl. ebd.
[50] Vgl. ebd. S. 504.
[51] *Meyers Großes Konversations-Lexikon* [Anm. 24]. Bd. 8 (1906), S. 689.
[52] DHA. Bd. 14/1 [Anm. 45], S. 501.
[53] Ebd. S. 38f. („Lutezia LIII.").

zweihundert wurden verletzt. Die Toten, unter ihnen auch Helfer, waren meist
bis zur Unkenntlichkeit verstümmelt und verbrannt. Sie wurden in der Nähe
des Friedhofs Montparnasse, einige in der Morgue, ausgestellt, um eine Identifikation aufgrund ihrer Wertsachen zu ermöglichen. Lange Schlangen bildeten
sich vor den Ausstellungsorten.[54]

Es handelt sich hier um die „erste Europa erschütternde Eisenbahnkatastro-
phe"[55], die Heine auch an anderen Stellen beschäftigt[56] und die zeigt, wie gefährdet die neuen Medien der von Goethe so bezeichneten *Kommunikation*
sind. Denn auch das Dampfschiff war 1842 in Katastrophen verwickelt, die
Heine ursprünglich in seinen Artikel mit aufnehmen wollte: Am 14. April
war der Dampfer *Medora* im Hafen von Baltimore bei einer Probefahrt explodiert, wobei ungefähr 150 Menschen den Tod fanden; und am 3. Juli desselben Jahres hatte sich vor St. Louis eine Explosion an Bord des Raddampf-
ers *Edna* ereignet; im Zwischendeck waren ungefähr 60 Auswanderer, „vor
allem ,aus der Gegend von Düsseldorf'", durch ausströmenden Dampf ver-
brüht worden.[57] „Je effektiver die Technik, um so katastrophaler die Destruk-
tion im Kollaps. Es besteht ein genaues Verhältnis zwischen dem Stand der
Technik der Naturbeherrschung und der Fallhöhe der Unfälle dieser Technik."[58]

4.4 Wonnen der Gleichzeitigkeit: Formen panoramatischen Sehens

> Die Angst vor der jederzeit möglichen Katastrophe hält jedoch nur so lange an,
> als die Eisenbahn noch nicht zur neuen Normalität geworden ist. Mit der kultu-
> rellen und psychischen Assimilation der Bahn, die in Westeuropa um die Jahr-
> hundertmitte abgeschlossen ist, verschwinden diese Beunruhigungen während
> der Reise."[59]

Die *Gleichzeitigkeit*, deren Erleben durch Dampfschiff und Eisenbahn in nie
gekannter Weise potenziert wird, läßt sich also bald wieder anbinden an Er-
lebnisformen von *Gleichzeitigkeit*, von denen die Reiseliteratur ,immer
schon' berichtet. Eine solche Form ist die des ,(*gleichzeitig*) alles Sehens',

---

[54] Ebd. S. 502.
[55] Wolfgang Schivelbusch: „Der Unfall", in: Ders.: *Geschichte der Eisenbahnreise. Zur Industrialisierung von Raum und Zeit im 19. Jahrhundert*, München 1977 (auch Frankfurt
a.M. 1989. S. 117-120, hier: S. 119.
[56] Vgl. DHA. Bd. 14/1 [Anm. 45], S. 503.
[57] Ebd. S. 505f.
[58] Schivelbusch [Anm. 55]. S. 118.
[59] Ebd. S. 117f.

die festgehalten wird in den Ausdrücken *panoramatisch* und *Panorama* und die das Jahrhundert prägt.[60]

Die Möglichkeiten, sich einen *panoramatischen* (Über-)Blick zu verschaffen, scheinen allerdings innerhalb des Jahrhunderts mehr und mehr zu schwinden. Um so stärker wächst augenscheinlich die Nachfrage; und um so größer wird das kommerzielle Angebot an als *panoramatisch* ausgegebenen Ausgucken. Doch diese Zunahme an Offerten verhält sich – wie Fontane 1852 notiert – reziprok zu dem, was er „Reiseausbeute" nennt; weswegen er sich entschließt, den Leser „vor dem Erklettern von Türmen und Säulen ein für allemal zu warnen".[61] Und selbst dort, wo der Reisende nicht schamlos ausgebeutet wird, schafft der *panoramatische* Blick nicht mehr die früher so sehr genossene, distanzierte Ruhe: Wenn Fontane 1850 von St. Paul's oder der Greenwicher Sternwarte herab seinen Blick schweifen läßt, sieht er doch nichts anderes als jenes „Häusermeer", das der unten vom Fußgänger durchwanderbaren „Menschenwoge" korrespondiert.[62]

Gerade in London meint der Ausdruck *Panorama* dann zunehmend nicht mehr ein vergleichsweise natürliches Phänomen, sondern einen seit dem Ende des 18. Jahrhunderts zu besichtigenden Kunstbau,[63] der „superillusionistisch" einen „360 Grad-Rundblick" garantiert, bei dem „die Grenze zwischen Betrachterstandpunkt und -raum und Bildraum" verwischt wird und wo der „simulatorische Charakter der Inszenierung" auf „eine ganzheitliche, einbeziehende Wahrnehmungsweise" abzielt, „bei der über die dominant visuelle Präsentation auch andere sinnliche Zugänge simuliert werden: man scheint optisch vermittelt auch schon etwas zu hören, zu spüren etc."[64]

Außer den teuer erkauften Blicken von Kirchen und Sternwarten herab einerseits und auf die nachgestellte Wirklichkeit in – wie heutzutage die Musicalhäuser – eigens für diesen Zweck gebauten *Panorama*-Gebäuden andererseits gibt es ein – dazu noch vergleichsweise preiswertes – Drittes. Dieses hat zudem noch den Vorteil, daß es den Modus des Sehens, den auch die beiden anderen Formen gewähren, *überbietet*. Fontane entdeckt es für sich und nutzt es sogleich begierig, sobald er nach London zurückkehrt: „Kaum zwei Stunden in London – und schon saß ich wieder auf meinem alten Lieblingsplatz,

[60] Vgl. Dolf Sternberger: *Panorama oder Ansichten vom 19. Jahrhundert.* Frankfurt a.M 1974 [E: 1938].

[61] Vgl. Wulf Wülfing: „‚Das Gefühl des Unendlichen': Zu Fontanes Versuchen, seinen deutschen Leserinnen und Lesern die fremde Semiotik der ‚Riesenstadt' London zu vermitteln.", in: *Fontane-Bll.* 58 (1994). S. 29-42, hier: S. 34.

[62] Vgl. Ders.: „Medien der Moderne" [Anm. 29]. S. 471.

[63] Stephan Oettermann: „Das Panorama in England", in: Ders.: *Das Panorama. Die Geschichte eines Massenmediums*, Frankfurt a.M. 1980. S. 77-112.

[64] Götz Großklaus: *Medien-Zeit. Medien-Raum. Zum Wandel der raumzeitlichen Wahrnehmung in der Moderne*, Frankfurt a.M. 1995. S. 114.

hoch oben neben dem Omnibuskutscher".[65] Londons Straßen übertreffen die
Sensationen des „Massenmediums" *Panorama* dadurch, daß sie den Be-
trachter selbst in Bewegung setzen: Werthers Lieblings-"Plätzchen" ist mobil
geworden und schwebt – freilich ohne die „zwei Linden" – den „Künstler"
zwischen Himmel und Erde durch der „Weltstadt Straßen".

Es scheint, als habe Fontane diese Form der „*bewegten* Wahrnehmungsweise"[66] dann für seine *Märkischen Bilder* ins Literarische ‚übersetzt'. Dort
läßt sich nämlich eine „durch den Erzählvorgang bewirkte ‚Simultaneität' der
Landschaftswahrnehmung im Vorüberfahren" beobachten, die sich auch
„dem Leser" mitteilt:[67] „Diese bewegte Landschaftsästhetik" ist offenbar
„eine durch Fortbewegungsmittel erzeugte Wahrnehmungskonvention, die
den bewährten Vorbildern der englischen Reiseliteratur folgt und deren er-
zählerische Realisierung unverkennbar auf Simultaneffekte zielt".[68]

4.5 „Gleichzeitigkeit – die heimliche Utopie der westlichen Zivilisation"

Die Suche nach „Simultaneffekten" ist im 19. Jahrhundert offenbar so dominant, daß sie alle klassischen Ordnungsnormen des Sehens hinter sich läßt.
Die Beobachter werden vom Anblick des *Nebeneinander* auf eine Weise gebannt, die uns heutzutage irritieren mag, sobald wir – ‚bei genauerem Hinsehen' – die Wahrnehmungsobjekte isolieren, die der zeitgenössische Blick zu
einem Zauber-Ensemble synoptiert.

Im November 1866 spricht z.B. Fanny Lewald in einem Brief an „Dr.
Hermann Althof in New-Yorck" von einem Gang „von der Höhe des Kapitols
nach dem Forum" hinunter, den sie folgendermaßen reflektiert:

> Darin liegt, wie ich glaube, der große, unwiderstehliche, *festbannende* Reiz,
> den Rom auf einen gebildeten Geist ausübt. Die große *geschichtliche* Per-
> spective, welche sich *in jedem Augenblicke* vor uns eröffnet, drängt uns, so zu
> sagen, ein Gefühl der *Unendlichkeit* und der *Allwissenheit* auf. Wir fühlen uns
> von unserer menschlichen *Begrenzung* und von unserer *Endlichkeit* wie befreit,
> wenn wir *zu gleicher Zeit* die ägyptischen Obelisken, die Kolosse des Phidias,
> das Kolosseum, die Peterskirche, die Rafael'schen Stanzen, das Jesui-
> ten=Kollegium, und die *Eisenbahn* vor Augen haben, über der die *Tele-*

---

[65] Fontane: *Sämtliche Werke* [Anm. 25]. S. 10 („Ein Gang durch den leeren Glaspalast" [E: 1852]).
[66] Hubertus Fischer: „Ein Versuch über Fontanes ‚Wanderungen durch die Mark Branden-
burg', ihre Bilder und ihre Bildlichkeit.", in: *Fontane-Bll.* 60/1995. S. 117-142, hier: S. 120
[Hervorhebung bei Fischer].
[67] Ebd.
[68] Ebd. S. 123.

graphendrähte sich ausspannen, die Pole der Erde *mit einander verbindend* und den Aequator *umfassend.*[69]

Basis für das Erlebnis von *Gleichzeitigkeit* ist bei Fanny Lewald eine coincidentia oppositorum von acht Wahrnehmungsobjekten, die für uns auf ganz verschiedenen Ebenen liegen, für Fanny Lewald jedoch offenbar nicht. Wie in den Romanen Fontanes stören Eisenbahn und Telegraphendrähte den *panoramatischen* Blick, den man weiterempfiehlt, keineswegs; diese technischen Errungenschaften werden vielmehr – weil anscheinend zum Bestandteil eines Gesamtensembles *ästhetisiert* – als selbstverständliche Elemente einer Totale genossen, die uns fast schon als postmodern erscheinen will. Während die Aristokraten die von den neuen Bewegungsmaschinen erzwungene *Gleichzeitigkeit* als Angriff auf ihre Privatkutschenprivilegien perhorreszieren – sie empfinden es als degoutant, *gleichzeitig* mit dem ‚Pöbel' abfahren und *gleichzeitig* ankommen zu müssen – [70], ist bei Fanny Lewald der vormärzliche Fortschrittsoptimismus nicht nur noch intakt, er ist vielmehr das Zentrum ihres *Gleichzeitigkeitsrausches*, bei dem der *panoramatische* Blick zur Metapher für die *Macht* der *Neuzeitlichkeit* generell wird:[71] Sie feiert nämlich Rom als einzigartigen Ort, in dem man „die *Macht* des Menschengeistes in der Menschheit, die Gestaltungs- und Schaffenskraft des einzelnen Menschen in der Geschichte der Menschheit *übersieht*"; und auch die vormärzliche Bewegungsmetaphorik ist ganz augenfällig noch unbeschädigt, wenn Fanny Lewald gleich darauf das „*Fortschreiten* der Gesammtheit"[72] preist und Rom wegen „dieser geistig *erhebenden* und beruhigenden Wirkung" rühmt.

Gleichzeitigkeit gilt als „das totalitärste Projekt, das die Moderne nach dem Abbruch der anderen aufrechterhält", als „die heimliche Utopie der westlichen Zivilisation".[73]

---

[69] Adolf Stahr/Fanny Lewald: *Ein Winter in Rom*, Berlin 1869. S. 110.

[70] Vgl. Riedel [Anm. 9]. S. 126f.

[71] Zum *Panopticon* als „Perfektion der Macht" vgl. Foucault: „Der architektonische Apparat ist eine Maschine, die ein Machtverhältnis schaffen und aufrechterhalten kann, welches vom Machtausübenden unabhängig ist." (Michel Foucault: *Überwachen und Strafen. Die Geburt des Gefängnisses*, übers. v. Walter Seitter. Frankfurt a.M. 1976. S. 258).

[72] Stahr/Lewald [Anm. 69]. S. 111.

[73] Lothar Baier: „Gleichzeitigkeit – die heimliche Utopie der westlichen Zivilisation.", in: *Universitas* 8/1992. S. 761-765, hier: S. 765. – Für den freundlichen Hinweis auf diesen Aufsatz danke ich Harry Pross (Weiler/Allgäu).

5. Irdische ‚Unendlichkeit'

Bei Fanny Lewalds brieflicher Beschreibung jener Wirkung, die Rom auf sie macht, fällt die Fülle der religiös konnotierten Ausdrücke ins Auge: *Unendlichkeit, Allwissenheit* usw. Ihre Ergriffenheit ähnelt auf verblüffende Weise Fontanes brieflicher Beschreibung jener Wirkung, die – bei seinem zweiten, sonst durchgängig von kritischer Skepsis begleitetem Englandaufenthalt – London wiederum auf ihn ausübt. Am 28.4.1852 schreibt er an seine Mutter:

> Ich hätte nicht gedacht, daß die Stadt [...] mich wiederum so mächtig *bewegen* würde und noch in diesem Augenblick brauch' ich nur nach den Verbindungsstraßen zwischen City und Westend (hier herrscht das *regste* Leben) zu eilen um *urplötzlich meine Sorgen von mir genommen* zu sehn. Die Großartigkeit dieses *Schauspiels* hat etwas *unendlich Erhebendes*; weil man ‚sich überhaupt vergißt', vergißt man auch sein Elend und seine Noth und fühlt sich nur *gehoben* durch das Gefühl ein ‚Theil' jener Gesammtheit, ein Glied jener großen Menschheitsfamilie zu sein, die ‚so' lebt und ‚solches' schafft. In Bewundrung der ‚Gattung' verliert man die ‚einzelne Species' und sich mit, ganz aus dem Auge.[74]

Das Epiphaniaserlebnis, das das *Schauspiel* Metropolis bietet, befreit *urplötzlich* von den Lasten der Individuation, indem es dem einzelnen das Gefühl gibt, er sei Teil jener *Menschheitsfamilie*, die Großes *schafft*.

Hans Blumenberg fügt in sein Buch *Lebenszeit und Weltzeit* einen *Exkurs* ein mit dem für den hier interessierenden Zusammenhang einschlägigen Titel *Beschleunigung als Heilserwartungsrest*.[75] Blumenberg wendet sich dabei gegen Ernst Benz und dessen „Vorstellung", „daß alle modernen Theorien der Veränderung und der Revolution, des Umsturzes und des Terrors letztlich „eine säkularisierte Abart der ursprünglich christlichen Akzelerations-Idee'" seien.[76] Blumenberg formuliert demgegenüber lapidar, „daß die Annahme einer Säkularisierung für die Idee der beschleunigungsfähigen Geschichte überflüssig ist".[77] Ich schließe mich diesem – freilich in einem anderen Argumentationszusammenhang geäußerten – Satz an, indem ich noch einmal auf den Kirchenmann Hengstenberg verweise, der ‚es ja wissen muß', wenn er den Stellenwert der „Industrie" beschreibt als „die *Poesie* dieser Zeit, wie beinahe denn ihre *Religion*."

---

[74] Theodor Fontane: *Briefe*, Erster Band 1833-1860, Frankfurt a.M., Berlin 1987. S. 229f. (Brief vom 28.4.1852 an die Mutter; bei den in Häkchen gesetzten Ausdrücken handelt es sich um Hervorhebungen Fontanes).

[75] Blumenberg: *Lebenszeit* [Anm. 11]. S. 243-248.

[76] Ebd. S. 244, Ernst Benz zitierend.

[77] Ebd.

Um es noch einmal zu verdeutlichen: Folgt man Blumenbergs Argumentation, wird eine Sichtweise möglich, nach der die im Vormärz unübersehbare, *aufgeregte* Ergriffenheit durch das Ereignis *Beschleunigung* nicht als ein Epiphänomen der christlichen Kirchengeschichte interpretiert zu werden braucht, sondern eher als Teil eines religiösen Prozesses sui generis.

Und wieder gehört der *panoramatische* Blick in diesen Zusammenhang: Bei Blumenberg findet sich in der *Legitimität der Neuzeit* eine Anmerkung, in der es heißt:

> Für die Antike gibt es, genauso wie für das Mittelalter, eine eigentümliche Hemmung, die Welt von oben zu betrachten oder als vom Menschen betrachtet zu denken. Der ‚natürliche Aufenthalt' des Menschen ist unten, und seine konstitutive Blickrichtung ist die von unten nach oben, die des *contemplator caeli*. [...] Der Blick von oben auf die Welt ist den Göttern vorbehalten.[78]

Von daher wird Fanny Lewalds Enthusiasmus anläßlich ihres *Allwissenheits*-Erlebnisses verständlich, bei dem die durch den *panoramatischen* Blick evozierte Epiphanie von *Gleichzeitigkeit* der Garant für die eigene Teilhabe an der als unaufhaltsam empfundenen Fortschrittsakzeleration erscheint.

---

[78] Ders.: *Der Prozeß der theoretischen Neugierde*, erw. u. überarb. Neuausg. von *Die Legitimität der Neuzeit*, Dritter Teil, Frankfurt a.M. 1973. S. 292f., [Anm. 223] [Hervorhebung bei Blumenberg]. – Auch für Heine steht fest, daß es ein Privileg Gottes ist, *alle* Szenen – z.B. auch jene, in denen gerade Männer „den kleinen, weißen Fuß von schönen Damenpersonen in Händen" halten – *von oben gleichzeitig* zu *überschauen* (und zu inszenieren). Jedenfalls formuliert Heine in den *Bädern von Lukka Gleichzeitigkeit* als eine Form – göttlicher – *Parodie*: „Wie konnte aber der Lump [Hirsch Hyazinthos; W.W.] schon Kenntniß haben vom dem Glücke, das mir erst *denselben* Tag begegnet, zu *derselben* Zeit, als er auf der entgegengesetzten Seite des Bergs war? Gabs dort etwa eine ähnliche *Scene* und offenbarte sich darin die *Ironie* des großen Weltbühnendichters da *droben*, daß er vielleicht noch tausend solcher *Scenen*, die *gleichzeitig* eine die andere *parodiren*, zum Vergnügen der himmlischen Heerschaaren aufführen ließ?" (DHA. Bd. 7/1 [Anm. 1]. S. 111.)

Norbert Otto Eke

„Ja, ja, wir leben schnell, schneller, als je Menschen lebten."
Beiläufige Anmerkungen zum Verhältnis von Revolution und Beschleunigung in Revolutionsdramen des Vor- und Nachmärz

Eher en passant fällt in dem 1852 erschienenen Trauerspiel *Die Girondisten* des an Hegel geschulten Dramatikers und Erzählers Robert Griepenkerl eine Bemerkung über das Verhältnis von Zeit, geschichtlicher Erfahrung und Revolution. Fasziniert von der alles Irdische überstrahlenden Gestalt Charlotte Cordays, der späteren Mörderin Jean Paul Marats, der er an den „Barrieren" der abgeriegelten Stadt Paris begegnet war, versucht der Girondist Charles-Jean-Marie Barbaroux in der zweiten Szene des zweiten Aktes seiner widerstreitenden Gefühle für die „süße Fee der Normandie"[1] Herr zu werden; deren „Unschuld hohe[r] Majestät"[2] hat ihm das Bild seiner Geliebten, der durch die Liebe bloß gezähmten „wilde[n] Braut des Volkes"[3] Lambertine de Méricourt, verdunkelt:

> Charlotte, ich sehe dich wieder! Weg, Lambertine! Immer dieser Schatten in der Sonne meines Glücks. – Lambertine! – Ich liebte sie einst, und jetzt – kaum weiß ich noch von ihr. Wie auch anders? Unsere Gedanken jagen über Abgründe weg, vor denen Jahrhunderte träumend saßen: so fluten unsre Empfindungen mit. Immer wechselnde Bilder tauchen auf und tauchen nieder. Ja, ja, wir leben schnell, schneller, als je Menschen lebten.[4]

Die Schürzung dieses *Liebes*konflikts ist von symbolischer Bedeutung. In der Abkehr des 'Revolutionsliebhabers' Barbaroux von seiner immer wieder als „Furie der Revolution" oder „Hure der Nation" geschmähten ersten Liebe Lambertine de Méricourt (Anne-Josephe Théroigne)[5] und seiner Hinwendung

---

[1] Robert Griepenkerl: *Die Girondisten. Trauerspiel in fünf Aufzügen*, in: R. G.: *Ausgewählte Werke*, Mit dem Bildnis des Verfassers hg. von Heinz Amelung. Berlin 1921. S. 113.

[2] Ebd. S. 117.

[3] Ebd. S. 116.

[4] Ebd. S. 134.

[5] Zu Théroigne de Méricourt vgl.: Helga Grubitzsch: „Michelets 'Frauen der Revolution'", in: *Grenzgängerinnen. Revolutionäre Frauen im 18. und 19. Jahrhundert. Weibliche Wirklichkeit und männliche Phantasien*, hg. von Helga Grubitzsch, Hannelore Cyrus und Elke Haarbusch. Düsseldorf 1985. S. 153-179; Dies.: „Théroigne de Méricourt – Revolutionärin, Minerva oder Hure der Nation? Lebenswirklichkeit und biographische Legenden einer revolutionären Frau", in: *Frauenmacht in der Geschichte. Beiträge des Historikerinnentreffens 1985 zur Frauengeschichtsforschung*, hg. von Jutta Dalhoff, Uschi Frey und Ingrid

zu der mit den Epitheta des „Heilige[n]"[6] ausgestatteten neuen „Johanna
d'Arc"[7], der neu entdeckten ‚Herzensgeliebten' Charlotte Corday, spiegelt
sich in symptomatischer Weise eine für das Revolutionsdrama des Vor- und
Nachmärz signifikante Konfiguration des *politischen* Konflikts in der Konfrontation zwischen den sanculottischen Massen und der girondistischen
Bourgeoisie.[8] Wie in einem Brennspiegel ist in den zitierten Sätzen aus dem
Selbstverständigungsmonolog Barbarouxs zugleich ein zentrales Moment des
Zeiterlebens in der ersten Hälfte des 19. Jahrhunderts eingefangen und auf
die Revolutionserfahrung rückprojiziert – die Vorstellung von einer radikal
veränderten Ablaufgeschwindigkeit, genauer: einer Revolutionierung der
Zeit. Lange bevor das Maschinentempo und mit ihm der Rausch der Geschwindigkeit im Kontext der gesteigerten Mobilität des urbanen Lebens zum
vielleicht entscheidenden 'Mythos der Moderne' aufstieg, findet hier die Erfahrung einer das Zeitbewußtsein revolutionierenden Temposteigerung Ausdruck, die Reinhart Koselleck als Erfahrungssubstrat einer ganzen Epoche
ausgemacht hat. Im Wechsel der Regime, dem Wandel der Rechtssysteme
und dem Bevölkerungswachstum werde im „Zeitalter der europäischen Revolution von 1780-1848", so Koselleck, die „Geschwindigkeit der Zeit" die
Lamartine 1849 für das Scheitern einer aktuellen Geschichtsschreibung verantwortlich gemacht habe, zu einer um 1830 die Generationen verbindenden
„Erfahrung der Beschleunigung".[9]

Der Zusammenhang von 'Beschleunigung' und 'Zeiterfahrung', den Griepenkerl in Barbarouxs Monolog wie selbstverständlich unterstellt, ist durch
das Lamartine-Zitat in Kosellecks politischer Diagnostik unmittelbar angesprochen. 'Beschleunigung' (Geschwindigkeit) in der hier zur Diskussion
stehenden Bedeutung einer erfahrungstheoretischen Größe ist jenseits physi-
kalischkinetischer (bewegungstheoretischer) Phänomene ein Modus des Zeit-

---

Schöll. Düsseldorf 1986. S. 206-217; Dies.: „Théroigne de Méricourt", in: *Sklavin oder
Bürgerin? Französische Revolution und Neue Weiblichkeit 1760-1830*, hg. von Viktoria
Schmidt-Linsenhoff. Marburg 1989. S. 88-102; Théroigne de Méricourt: *Aufzeichnungen
aus der Gefangenschaft*, aus dem Französischen und mit einem Nachwort von Helga Grubitzsch und Roswitha Bockholt. Salzburg, Wien 1989; Dieselben: *Théroigne de Méricourt.
Die Amazone der Freiheit*, Pfaffenweiler 1991.
[6] Robert Griepenkerl [Anm. 1]. S. 113.
[7] Ebd. S. 115.
[8] Vgl. dazu ausführlich Norbert Otto Eke: *Signaturen der Revolution. Frankreich –
Deutschland: deutsche Zeitgenossenschaft und deutsches Drama zur Französischen Revolution um 1800*, München 1996. Kap. 7. In dieser Arbeit auch ausführlich zur Corday-
Rezeption in Deutschland.
[9] Louis Bergeron/François Furet/Reinhart Koselleck: *Das Zeitalter der europäischen Revolution 1780-1848*, Frankfurt/Main: [12]1980 (=Fischer Weltgeschichte Bd. 26). S. 303.

Erlebens und damit zunächst einmal „eine *subjektive* Vorstellung des *indivi-duellen* Bewußtseins"[10]. Beschleunigt wird nicht die physikalische Zeit (die von der Natur vorgegebenen Zeitrhythmen); beschleunigt wird vor allem das 'mentale Bild von Zeitsequenzen' (Norbert Elias)[11] – Griepenkerls Barbaroux spricht von den „wechselnde[n] Bilder[n]", die wie ein Panorama am Auge des Reisenden im Abteil der Geschichte vorüberziehen.[12] Als Störung des Zeitflusses, der linearen Zeitauffassung eines gesetzmäßigten Fließens, wie-derum verbindet sich diese Veränderung der subjektiven Zeiterfahrung zumal mit der Vorstellung eines schnellen Wechsels von Ereignissen, die das Zeit-maß der emphatischen Geschichtszeit (die geschichtliche Bewegung einer Gesellschaft) aufbrechen; mit eruptiven Wandlungsvorgängen und radikalen Wendungen der gesellschaftlichen Entwicklung – mit Revolutionen eben und gerade nicht langsam gleitenden Bewegungen auf der Zeitachse.

Im Ergebnis stellt sich die Revolutionierung der Zeiterfahrung, die sich im Bewußtsein der Zeitgenossen zur Vorstellung einer allgemeinen und umfas-senden Temposteigerung verdichtet, zwar als das Produkt verschiedenster (technischer, ökonomischer, sozialer, wissenschaftlicher und geistesge-schichtlich-kultureller) Faktoren dar; in augenfälliger Weise allerdings wer-den die allenthalben im frühen 19. Jahrhundert spürbaren Veränderungen im Zeitbewußtsein greifbar zu allererst in ihrer nicht allein zeitlichen Nähe zu

---

[10] Gerhard Schmied: *Soziale Zeit. Umfang, „Geschwindigkeit" und Evolution*, Berlin 1985. S. 96.

[11] Norbert Elias spricht von einem solchen erfahrungsgeschichtlich gewachsenen mentalen Bild von Zeitsequenzen. Vgl. dazu Norbert Elias: *Über die Zeit. Arbeiten zur Wissensso-ziologie II*, hg. von Michael Schröter. Frankfurt/Main [3]1987. S. 2.

[12] Natürlich ist auch der naturwissenschaftliche Zeitbegriff Wandlungsprozessen ausgesetzt – man denke allein an Einsteins Revision des Newtonschen Zeitkontinuums. Daß dennoch sinnvoll zwischen der Zeit der Geschichte und derjenigen der Naturwissenschaft zu unter-scheiden ist, hat Reinhart Koselleck dargelegt. Vgl.: *Vergangene Zukunft. Zur Semantik ge-schichtlicher Zeiten*, Frankfurt/Main 1979. S. 133. Zu berücksichtigen bleibt allerdings auch, daß das Zeitbewußtsein selbst kulturrelational ist und als solches historisiert werden muß. Ferdinand Seibt etwa hat so auch von einer „Relativitätstheorie in der geschichtlichen Zeit" gesprochen. (Ferdinand Seibt: „Die Zeit als Kategorie der Geschichte und als Kondi-tion des historischen Sinns", in: *Die Zeit. Dauer und Augenblick. Mit Beiträgen von Jürgen Aschoff u.a.*, München, Zürich [2]1990. S. 146.) Der Unterschied zwischen physikalischer und historischer Zeit ließe sich als derjenige zwischen Kontinuität und Diskontinuität (Epochenwandel) näher bestimmen, sofern man nicht den Sinn einer Definition von Zeit als Bewegung nicht gleich ganz ablehnt als „Verschleierung von sozialen Phänomenen durch den Gebrauch irreführender Metaphern", wie Gerhard Schmied dies tut. „Wo etwa fundamentale Probleme des sozialen Wandels untersucht werden müßten", so Schmied, werde „über die Geschwindigkeit von Zeit reflektiert." (Gerhard Schmied [Anm. 10]. S. 110.) Für soziale Analysen, zu diesem Schluß kommt Schmied von hier aus, taugt eine De-finition der Zeit als Bewegung nicht.

der „erste[n] industrielle[n] Revolution [...], die als Basis eine technische, maschinelle Revolution hat".[13] Am Beispiel der Eisenbahnreise ist wiederholt beschrieben worden, wie die technologischen Innovationen im frühen 19. Jahrhundert die Gesamtheit der Lebensverhältnisse gleichsam mit einem Zeitkoeffizienten versehen (Zeit also gerade auch durch Technologien organisiert wird), die Wahrnehmungslogik auf allen Ebenen umgestalten und so das Zeit-Erleben dynamisieren.[14] Als Vehikel einer maschinenbeschleunigten Bewegung verändert die Eisenbahn im Laufe des 19. Jahrhunderts nicht nur das Paradigma des Reisens, seine Zielsetzung und ontologische Bestimmung[15], die Revolutionierung des Transports wandelt grundlegend auch die

---

[13] Peter Weibel: *Die Beschleunigung der Bilder in der Chronokratie*, Bern 1987. S. 12.

[14] Vgl. dazu insbesondere Wolfgang Schivelbusch: *Geschichte der Eisenbahnreise. Zur Industrialisierung von Raum und Zeit im 19. Jahrhundert*, Frankfurt/Main 1989. – Griepenkerls Bild der auf- und niedersteigenden (vorbeiziehenden) Bilder ist nur ein Reflex dieser veränderten Wahrnehmungslogik.

[15] Das durch den schnellen Ausbau des Schienennetzes ermöglichte industrielle Reisen ersetzte den gemächlichen Fluß der Bildungsreise, in der im 18. Jahrhundert noch die Vorstellung von Aufklärung und Fortschritt mit derjenigen einer Bewegung in Raum und Zeit übereingekommen war; es 'tötete' geradezu 'den Raum', wie Heine 1843 die Veränderung der Wahrnehmungserfahrung durch die Revolution des Transportwesens auf eine immer wieder zitierte Formel gebracht hat. Unter dem Datum des 5. Mai 1843 notiert er im 57. Stück seiner „Berichte über Politik, Kunst und Volksleben": „Die Eröffnung der beiden neuen Eisenbahnen, wovon die eine nach Orleans, die andere nach Rouen führt, verursacht hier eine Erschütterung, die jeder mitempfindet, wenn er nicht etwa scharf auf einem socialen Isolirschemel steht. Die ganze Bevölkerung von Paris bildet in diesem Augenblick gleichsam eine Kette, wo einer dem andern den elektrischen Schlag mittheilt. Während aber die große Menge verdutzt und betäubt die äußere Erscheinung der großen Bewegungsmächte anstarrt, erfaßt den Denker ein unheimliches Grauen, wie wir es immer empfinden, wenn das Ungeheuerste, das Unerhörteste geschieht, dessen Folgen unabsehbar und unberechenbar sind. Wir merken bloß, daß unsere Existenz in neue Gleise fortgerissen, fortgeschleudert wird, daß neue Verhältnisse, Freuden und Drangsale uns erwarten, und das Unbekannte übt seinen schauerlichen Reitz, verlockend und zugleich beängstigend. So muß unseren Vätern zu Muthe gewesen seyn, als Amerika entdeckt wurde, als die Erfindung des Pulvers sich durch ihre ersten Schüsse ankündigte, als die Buchdruckerey die ersten Aushängebögen des göttlichen Wortes in die Welt schickte. Die Eisenbahnen sind wieder ein providentielles Ereigniß, das der Menschheit einen neuen Umschwung giebt, das die Farbe und Gestalt des Lebens verändert, es beginnt ein neuer Abschnitt in der Weltgeschichte, und unsere Generazion darf sich rühmen, daß sie dabey gewesen. Welche Veränderungen müssen jetzt eintreten in unsrer Anschauungsweise und in unsern Vorstellungen! Sogar die Elementarbegriffe von Zeit und Raum sind schwankend geworden. Durch die Eisenbahnen wird der Raum getödtet, und es bleibt uns nur noch die Zeit übrig. Hätten wir nur Geld genug, um auch letztere anständig zu tödten! In vierthalb Stunden reist man jetzt nach Orleans, in eben so viel Stunden nach Rouen. Was wird das erst geben, wenn die Linien nach Belgien und Deutschland ausgeführt und mit den dortigen Bahnen verbunden seyn werden! Mir ist als kämen die Berge und Wälder aller Länder auf Paris an-

Raum-Zeit-Verhältnisse der vorindustriellen Gesellschaft und erscheint damit im Rückblick als technischer Ausdruck einer „echte[n] *Kulturrevolution* des modernen Abendlandes"[16], die als Fortentwicklung oder Modernisierung einer in ihren Begrenztheiten gesprengten Gesellschaft (aber auch als Verlust, als Zerstörung des organischen Verhältnisses von Mensch und Natur) erfahren wird.

Daß die Eisenbahn im 19. Jahrhundert zur Metapher eines eng mit der Entwicklung von Wissenschaft und Technik verbundenen allgemeinen Fortschrittsgedankens werden konnte – eine Bedeutungszuschreibung, die sich noch in Marx' sprichwörtlich gewordener Bestimmung der Revolutionen als „Lokomotiven der Geschichte" [17] niederschlägt –, ist Indiz zugleich dafür, in welchem Maße in der industriellen Revolution des 19. Jahrhunderts die Beschleunigung der Zeit in die Nachfolge der demokratischen Revolution getreten ist, auf die sich nach 1789 der bürgerliche Fortschrittsoptimismus zunächst weithin gegründet hatte.[18] So verdeckt der „Signifikant 'Beschleunigung'" nicht nur in neueren sozialgeschichtlichen Untersuchungen, wie Peter Weibel dies beobachtet hat, häufig den „Signifikanten 'Revolution', aber auch die Signifikanten 'Innovation, Technik, Fortschritt, Stadt, Dynamismus, Maschine'"[19]; eine entsprechende Perspektivierung der Wahrnehmungslogik läßt sich auch an Texten des 19. Jahrhunderts beobachten – hier in Form einer Projektion utopischer Hoffnungen auf den technischen Fortschritt. Mit diesem Transfer von Referenzen innerhalb der geschichtlichen Horizontbildung tritt die industrielle Revolution aus dem Schlagschatten des von der politischen Revolution von 1789 ausgehenden Kulturationsschubs, den Griepenkerls 'Revolutionsliebhaber' Barbaroux als 'Beförderung' (Beschleunigung)[20] von Ideen anspricht: „Unsere Gedanken jagen über Abgründe weg, vor denen Jahrhunderte träumend saßen".

---

gerückt. Ich rieche schon den Duft der deutschen Linden; vor meiner Thüre brandet die Nordsee." (Heinrich Heine: „Lutezia. Berichte über Politik, Kunst und Volksleben. Zweiter Theil.", in: Heinrich Heine: *Historisch-kritische Gesamtausgabe der Werke,* in Verbindung mit dem Heinrich-Heine-Institut hg. von Manfred Windfuhr. Bd. 14/1, bearbeitet von Volkmar Hansen, Hamburg 1990. S. 57f.) Die Eisenbahnlinien nach Orléans und Rouen waren am 2. bzw. 3. Mai 1843 eröffnet worden. Zum Topos der Vernichtung von Raum und Zeit durch die neue Technik des industrialisierten Reisens vgl. ausführlich Wolfgang Schivelbusch [Anm. 14], bes. S. 35ff.

[16] Paul Virilio: *Der negative Horizont. Bewegung – Geschichte – Beschleunigung,* München, Wien 1989. S. 209.

[17] Karl Marx: „Die Klassenkämpfe in Frankreich 1848 bis 1850", in: *MEW 7.* Berlin/DDR 1973. S. 85.

[18] Zur Revolutionsrezeption in Deutschland Norbert Otto Eke [Anm. 8].

[19] Peter Weibel [Anm. 13]. S. 14.

[20] 'Beschleunigen' heißt nach einer Definition des Grimmschen Wörterbuchs auch fördern oder befördern, und zwar im konkreten wie im übertragenen Sinn. Vgl. dazu Jacob und

Unter der Hand gibt sich der zeitgenössische Geschwindigkeitsbegriff, der in den Enzyklopädien von Brockhaus und Meyer bis weit in die zweite Hälfte des 19. Jahrhunderts primär ein naturwissenschaftlich-physikalisch bestimmter ist, Phänomene der Mechanik, Bewegungslehre und Astronomie (Änderung der Geschwindigkeit eines Körpers in einem Raum) erfassend, hier wieder als geschichtsphilosophisches Vorstellungskonglomerat zu erkennen, das in Verbindung steht mit der Vorstellung des zivilisatorischen (und eben nicht allein, wenn davon auch untrennbar, technologischen) Fortschritts in der Geschichte.[21] Griepenkerls Drama steht damit durchaus nicht allein. Beschleunigungsphantasien lassen sich auch in anderen Dramentexten nachweisen, die sich unter den Bedingungen der Restauration, im Vor- und Nachmärz, mit der politischen Revolution auseinandersetzen und dabei die Französische Revolution als Vor-Bild rekonstruieren zum Zwecke einer politischen, vor allem aber auch geschichtsphilosophischen Selbstverständigung. In augenfälliger Weise wird an diesen Texten nicht allein die neben dem Zusammenhang von 'Beschleunigung' und Zeiterfahrung grundlegende (zweite) Verhältnisbestimmung von 'Beschleunigung' und Revolution ablesbar; die Beschleunigung der Ideen selbst gewinnt in ihnen zugleich auch Konturen als Moment einer chronopolitischen Veränderung: 'Revolution' – davon sprechen diese Texte – ist immer auch Eingriff in das Zeitgefüge; die Revolutionierung der politischen Verhältnisse (oder neutral formuliert: der Epochenwandel) revolutioniert auch das Zeit-Erleben. Wenn Gustav Landauer 1907 schreibt: „In der Revolution geht alles unglaublich schnell, so wie im Traume der Schlafenden, die von irdischer Schwere befreit scheinen.“[22], zitiert er damit im Grunde genommen bereits einen Erfahrungstopos des 19. Jahrhunderts, wie ihn neben Griepenkerl beispielsweise auch Rudolf Gottschall in seinem 1845 erschienenen Drama *Robespierre* entfaltet hat.

Der Pariser Bürgermeister Fleuriot-Lescot bietet in diesem Stück in signifikanter Weise die durch die 'Ideen' beschleunigte Zeit gegen die Tradition

---

Wilhelm Grimm: *Deutsches Wörterbuch. Bd. 1*, Leipzig 1854. Sp. 1576. Im Sinne dieser Wortbestimmung begegnet der Beschleunigungsbegriff etwa in Friedrich Bouterweks 1824 in Göttingen erschienener Schrift „Die Religion der Vernunft“, die den Untertitel führt „Ideen zur Beschleunigung der Fortschritte einer haltbaren Religionsphilosophie“. Vgl. auch [Anonym:] Badische Actenstücke, wie man im Badischen den legalen Wunsch für Beschleunigung einer landständischen Regierungsverfassung durch Illegalitäten gegen unbescholtene, rechtlich patriotische Bürger zu Heidelberg und deren erbetenen Rechtsconsulenten, den Justizrath und Professor Martin daselbst, zu unterdrücken und gehässig zu machen angefangen hat. [o. O.] 1815.
[21] Damit soll keineswegs vorschnell eine Einheit von industrieller und politischer Revolution behauptet werden. Vor einer solchen Gleichsetzung hatte bereits Reinhart Koselleck ([Anm. 9], S. 230) mit guten Gründen gewarnt.
[22] Gustav Landauer: *Die Revolution*, Frankfurt/Main 1907 (= Die Gesellschaft 13). S. 81.

auf. Entschieden hält er dem gehemmten Moralisten Robespierre, der vor der
Diktatur zurückschreckt, eine neue, eine revolutionäre Zeitbestimmung entgegen, in der sich das Ende eines statischen Weltgefühls ankündigt und damit
ein durch die Revolution bewirkter Bruch innerhalb der Zeiterfahrung signalisiert wird: „Wir leben in einer raschen Zeit. Jede Minute fordert ihr
Recht.“[23] Zwar hat Gottschall auch Robespierre ein Bewußtsein von der Dynamisierung der Zeit zugeschrieben („Jeder Augenblick ändert die Constella-
tion der Gestirne“[24]), analog zu Büchners Danton von Ekel und Sinnverlust
paralysiert, aber ist er nicht in der Lage, dieses Bewußtsein auch in politische
Praxis zu übersetzen und versäumt damit den entscheidenden Zeitpunkt des
Handelns.

Gottschalls Text verweist mit dieser wiederum eher beiläufigen (und in
dieser Beiläufigkeit selbstverständlichen) Verklammerung von Zeit-
/Beschleunigungserfahrung und Revolution auf die durch den Epochenwandel markierte und für das Zeit-Erleben entscheidende Bruchstelle im historischen Bewußtsein: die Revolution bricht das Kontinuum der historischen Zeit
auf; Zeit 'explodiert' regelrecht, wird durch den Wechsel der Ereignisse subjektiv schneller und erfordert dadurch andere Wahrnehmungs- und Verhal-
tensformen. Marx hat die hier aufscheinende Vorstellung eines ursächlichen
Zusammenhangs von Zeit/Beschleunigung und Revolution in seinem nur wenige Monate vor der Märzrevolution von 1848 geschriebenen Aufsatz „Die
moralisierende Kritik und die kritisierende Moral“ theoretisch auf den Punkt
gebracht:

> Die Schreckensherrschaft mußte daher in Frankreich nur dazu dienen, durch ih-
> re gewaltigen Hammerschläge die feudalen Ruinen wie vom französischen Bo-
> den wegzuzaubern. Die ängstlich-rücksichtsvolle Bourgeoisie wäre in Dezen-
> nien nicht mit dieser Arbeit fertig geworden. Die blutige Aktion des Volkes be-
> reitete ihr also nur die Wege.[25]

Marx' Diktum faßt das Neue im Schrecken (Terror), ordnet die „blutige Aktion des Volkes“ ein in den Horizont einer sinnhaften Geschichte, die Fort-

---

[23] R[udolf] Gottschall: *Robespierre. Drama in fünf Aufzügen*, Neisse 1845. S. 67. Die Vorstellung der Revolution als Bruch im Kontinuum formuliert in Gottschalls Stück etwa auch
die junge Attentäterin Sophie, eine Art Charlotte Corday redivivus. Vgl. dazu ebd. S. 34:
„Denn ihr habt eine neue Aera datirt, ein neues, goldenes Zeitalter durch einen Zauber-
schlag auf die Erde gebannt, und die *magna charta* einer großen, schönen Vergangenheit in
schonungslosem Uebermuthe zerrissen. Doch ihr baut ohne Boden. Ich sehe schon den Abgrund, in den euer stolzes Gebäude rettungslos versinkt.“
[24] Ebd. S. 69.
[25] Karl Marx: „Die moralisierende Kritik und die kritisierende Moral. Beitrag zur Deutschen Kulturgeschichte. Gegen Karl Heinzen“, in: *MEW 4*. Berlin/DDR 1972. S. 339.

schritt linear zu verwirklichen verspricht, und bestimmt die revolutionäre Gewalt funktional als geschichtliches Beschleunigungsmoment, das einen langwierigen Entwicklungsprozeß rigoros abkürzt.

Deutlich ist damit zum einen zugleich der Revolutionsbegriff als ein „Begriff historischen Zeitbewußtseins"[26] bestimmt, der das Profil des neuen, auf den Bruch im Zeitkontinuum abhebenden Revolutionsbegriff schärft, der sich im historischen Umfeld der Revolution von 1789 herausgebildet hat.[27] Insofern Marx die Revolution zum bedeutenden Faktor eines umfassenden (kultur-)geschichtlichen Verzeitlichungsschubs im Übergang zwischen An-

---

[26] Ferdinand Seibt [Anm. 12]. S. 174.

[27] Der Zusammenhang des Revolutionsbegriffs mit dem der Zeit gilt zunächst einmal sowohl für den alten, aus der Astronomie entlehnten Revolutionsbegriff, der zyklisch-revolvierende Bewegungen auf den Begriff bringt, als auch für den neuen, den Bruch mit der alten Zeit akzentuierenden Revolutionsbegriff, der sich im historischen Umfeld der Französischen Revolution von 1789 herausbildet. Im revolutionären Frankreich hat Robespierre diesen Umschlagpunkt exakt in seiner letzten Rede vor dem Konvent benannt, in der er die Revolution aus dem Bewußtsein des Kontinuitätsbruchs heraus begründete. Seine Ansicht über das Neuartige des 1789 eingeleiteten Wandels, daß nämlich die „Revolutionen, die bislang das Antlitz der Reiche veränderten", nichts anderes zum Ziele gehabt hätten als „einen Wechsel der Dynastie oder den Übergang der Macht aus der Hand eines einzelnen in die Hände mehrerer", wogegen die Französische Revolution die erste Revolution sei, „welche auf der Lehre von den Menschheitsrechten und auf den Prinzipien der Gerechtigkeit" basiere (Maximilian Robespierre: *Habt Ihr eine Revolution ohne Revolution gewollt? Reden*, ausgewählt, kommentiert u. hg. von Kurt Schnelle. Leipzig [1958]. S. 371), deutet zugleich ein neu profiliertes Revolutionsverständnis an, das sich auch und gerade von demjenigen der Protagonisten des 14. Juli abhebt. Immerhin war es diesen ihrem Selbstverständnis nach noch um „Verfassungskämpfe, Bürgerkriege, Verteidigung altständischer Rechte, Reformatio im Sinne der Wiederherstellung des (guten) Alten, Wende zum (einstigen) Goldenen Zeitalter, Abwehr tyrannischer Macht" etc. gegangen (Manfred Kossok: „1789 – Versuch einer Positionsbestimmung", in: *1789 – Weltwirkung einer großen Revolution*, hg. von Manfred Kossok und Editha Kross. Bd. 1, Vaduz, Liechtenstein 1989. S. 12), aber eben nicht um einen grundsätzlichen Neuanfang gegen das Alte – und vor allem verband sich ihr Revolutionsverständnis im Grundsatz noch immer mit etwas „Objektivem, Einmaligem und im Ergebnis Statischem". (Karl Griewank: *Der neuzeitliche Revolutionsbegriff. Entstehung und Entwicklung*, aus dem Nachlaß hg. von Ingeborg Horn. Mit einem Nachwort von Herman Heimpel, Weimar 1955. S. 233.) „Revolution war das Ereignis der Tage bis zum 15. Juli, seine Herbeiführung und sein Ergebnis; sie war die Pforte in ein neues Land, das die ihrer selbst neu bewußt gewordene Nation betrat" (ebd., S. 234). Karl Griewanks Beobachtung zufolge erfuhr dieser Revolutionsbegriff noch im Laufe des Jahres 1789 eine entscheidende Dynamisierung. 'Revolution' verwandelte sich im Bewußtsein der Zeitgenossen „zu einem längerwährenden Zeitmerkmal, zu einer Kette von Ereignissen oder einer Entwicklung, die nicht auf einmal erledigt und abgeschlossen war, sondern ihre Zeit brauchte, um sich zu vollenden, so wie man es schon von längerdauernden Revolutionen der Geschichte, die wir heute 'Evolutionen' nennen würden, gelernt hatte." (Ebd.)

cien régime und Moderne[28] erklärt, formuliert er damit zum anderen eine Erkenntnis des 19. Jahrhunderts über den Zusammenhang von Revolution und Zeiterfahrung, deren Problematik in dem von Büchner in *Dantons Tod* verwendeten Bild der ihre Kinder verschlingenden Revolution unmittelbar aufleuchtet. „Ich weiß wohl, – die Revolution ist wie Saturn, sie frißt ihre eignen Kinder"[29]. Der Rückgriff auf das mythologische Vor-Bild des Zeitgottes Kronos (oder Saturn), der seine Kinder, das von ihm Hervorgebrachte, wieder verschlingt, läßt diese Bemerkung Dantons unmittelbar als Zeitmetapher lesbar werden. Der durch das Mythenzitat zum Ausdruck gebrachte Kannibalismus der Zeit wiederum verbindet sich im Stück in schlagender Weise mit der Vorstellung ihrer Beschleunigung. Mit dem kühl kalkulierenden Ideologen des Terrors St. Just ergreift in dieser Hinsicht im Drama wohl erstmals ein Theoretiker geschichtlicher Beschleunigungsvorgänge das Wort[30], der Utopie aus der Dynamisierung der Lebensverhältnisse herleitet und im Rahmen seiner großen Konventsrede nun seinerseits den revolutionären Terror in den Horizont eines umfassenden Temporalisierungsschubs stellt. Revolutionäres Handeln kürzt in seinem Verständnis einen in langen Zeiträumen rechnenden Entwicklungsprozeß von welthistorischer Dimension in rigoroser Weise ab, beschleunigt ihn also:

> Die Schritte der Menschheit sind langsam, man kann sie nur nach Jahrhunderten zählen, hinter jedem erheben sich die Gräber von Generationen. Das Gelangen zu den einfachsten Erfindungen und Grundsätzen hat Millionen das Leben gekostet, die auf dem Wege starben. Ist es denn nicht einfach, daß zu einer Zeit, wo der Gang der Geschichte rascher ist, auch mehr Menschen außer Athem kommen?
>
> Wir schließen schnell und einfach: da Alle unter gleichen Verhältnissen geschaffen werden, so sind Alle gleich, die Unterschiede abgerechnet, welche die Natur selbst gemacht hat. Es darf daher jeder Vorzüge und darf daher keiner Vorrechte haben, weder ein Einzelner, noch eine geringere oder größere Klasse von Individuen. Jedes Glied dießes in der Wirklichkeit angewandten Satzes hat seine Menschen getödtet. Der 14. Juli, der 10. August, der 31. May sind seine Interpunctionszeichen. Er hatte vier Jahre Zeit nöthig um in der Körperwelt durchgeführt zu werden, und unter gewöhnlichen Umständen hätte er ein Jahr-

---

[28] Zur Rolle der Revolution in diesem Prozeß vgl. Wolf Lepenies: „Das Ende der Naturgeschichte und der Beginn der Moderne. Verzeitlichung und Enthistorisierung in der Wissenschaftsgeschichte des 18. und 19. Jahrhunderts", in: *Studien zum Beginn der modernen Welt*, hg. von Reinhart Koselleck. Stuttgart 1977. S. 317-351, hier bes. S. 317.

[29] Georg Büchner: „Dantons Tod. Ein Drama.", in: Georg Büchner: *Sämtliche Werke und Briefe. Historisch-kritische Ausgabe mit Kommentar*, hg. von Werner R. Lehmann. Bd. 1., Hamburg o. J. S. 25.

[30] Vgl. auch Harro Müller: „'Man arbeitet heutzutag alles in Menschenfleisch.' Anmerkungen zu Büchners 'Dantons Tod' und ein knapper Seitenblick auf Grabbes 'Napoleon oder Die hundert Tage'", in: *Grabbe-Jahrbuch 7* (1988). S. 81.

hundert dazu gebraucht und wäre mit Generationen interpunctiert worden. Ist
es da so zu verwundern, daß der Strom der Revolution bey jedem Absatz, bey
jeder neuen Krümmung seine Leichen ausstößt?[31]

Unübersehbar spiegelt Büchners Stück zugleich damit eine für die politische
Geschichte zentrale Erfahrung: Die rasende Geschwindigkeit der revolutionär
bestimmten Zeit, das 'Rascherwerden' der Geschichte, von der St. Just (und
Fleuriot-Lescot in Gottschalls oder Barbaroux in Griepenkerls Drama) sprechen, ist (auch) eine totalitäre Macht, die sich als zerstörerische und Gewalt
über die Menschen beanspruchende Macht formiert; die von der Revolution
bewirkte Beschleunigung der Zeit setzt Gewalt frei.

St. Just selbst operiert mit einem negativen Naturbegriff zur Legitimation
dieser als Analogon zur zerstörerischen Natur-Gewalt konzipierten
'revolutionären' Gewalt. Die (Zeit beschleunigende) Revolution, so erklärt er
(vor) dem Konvent, sei „nicht grausamer [...] als die Natur und als die Zeit";
die Natur als solche folge „ruhig und unwiderstehlich ihren Gesetzen, der
Mensch wird vernichtet, wo er mit ihnen in Conflict kommt."[32] St. Justs
Rechtfertigung der zur Durchsetzung der revolutionären Ziele geforderten
Opfer durch den Verweis auf die allgemeinen Opfer der Geschichte („Ich frage nun: soll die moralische Natur in ihren Revolutionen mehr Rücksicht
nehmen, als die physische? [...] Was liegt daran ob sie an einer Seuche oder
an der Revolution sterben?"[33]) redet einem von der Vorstellung der Kausali-
tät oder Determiniertheit getragenen Geschichtskonzept das Wort, das mit der
behaupteten Zwangsläufigkeit und Notwendigkeit des Geschehens im Grunde genommen die Machbarkeit und Planbarkeit der Revolution und damit ein
unausgesprochenes Axiom der Revolutionstheorie selbst wieder in Frage
stellt. Dies um so mehr, als Büchner ihn mit dem Rekurs auf den Mythos der
Peliastöchter („Die Revolution ist wie die Töchter des Pelias; sie zerstückt
die Menschheit um sie zu verjüngen."[34]) legitimatorisch an das alte, im Re-
volutionsdiskurs seit den 1790er Jahren zunehmend verabschiedete zyklen-
theoretische Revolutionsverständnis anknüpfen läßt, das die Vorstellung des
Fortschritts im Grunde genommen dementiert. Der verrutschte Mythos – bekanntlich ist die Geschichte der Pelias-Töchter ja die Geschichte des Mißlin-
gens eines blutigen Verjüngungsbestrebens – wirft nicht allein ein Schlag-
licht auf den Repräsentanten einer revolutionären Vernunft, die sich selbst
absolut setzt und in den zu Befreienden den Preis der Freiheit einkalkuliert.
Mit ihm verliert auch der revolutionäre Zeit-Diskurs als solcher an Glaub-

---

[31] Georg Büchner [Anm. 29]. S. 46.
[32] Ebd. S. 45.
[33] Ebd.
[34] Ebd. S. 46.

würdigkeit, folgen doch die Peliastöchter bei ihrer blutigen Tat einer falschen Ratgeberin (Medea). Nichts anderes nämlich signalisiert die schiefe Analogiebildung, buchstabiert man sie zurück auf ihren mythologischen Ursprung: genausowenig wie der mythische Pelias wird die Menschheit im „Blutkessel"[35] der Revolution verjüngt, vielmehr wird sie in der beschleunigten Zeit durch die Zentrifugalkräfte der Revolution in Stücke gerissen.

Auf der Folie des Mythos hat Büchner hier ein Irritationsmoment im Beschleunigungsdenken verankert, das auch an anderer Stelle des Stückes greifbar ist. Wo das Leben immer schneller wird, Zeit sich beschleunigt, beginnt unversehens auch eine Kluft aufzureißen zwischen dem Zeithorizont subjektiven Handelns und den objektiven Dimensionen zeitlicher Strukturen. Zeit wird flüchtig, die „Zeitschere" (Blumenberg)[36] öffnet sich und muß durch geschichtsphilosophische Bemühungen wieder geschlossen werden:

CAMILLE. Rasch Danton wir haben keine Zeit zu verlieren.
DANTON *er kleidet sich an.* Aber die Zeit verliert uns.[37]

In der Vorstellung eines Entgleitens der subjektiv beschleunigten Geschichte, die Büchner in diesem kurzen Dialog im Bild des Verlorengehens des Menschen in der Zeit zur Sprache und damit zu Bewußtsein bringt, kommt ein vergleichbarer Verlust von Unmittelbarkeit zum Ausdruck, wie ihn Wolfgang Schivelbusch als wesentlichen Faktor der durch das maschinenbeschleunigte Reisen bewirkten Wahrnehmungsveränderung herausgearbeitet hat.[38] Die Vorstellung des Nicht-mehr-begreifen-Könnens der rasch wechselnden politischen Konstellationen, die Gottschall seiner Dramenfigur Lenore Duplay in den Mund gelegt hat, übersetzt diese Erfahrung lediglich in andere Kategori-

---

[35] Ebd.

[36] Hans Blumenberg: *Lebenszeit und Weltzeit*, Frankfurt/Main 1986; zweiter Teil: *Öffnung der Zeitschere.*

[37] Georg Büchner [Anm. 29]. S. 31.

[38] Schivelbuschs Beobachtungen zufolge revolutioniert das industrielle Reisen auch die Bewegungswahrnehmung: Ein panoramatisches Sehen löst die synästhetische Wahrnehmung ab und läßt den Reisenden aus der Landschaft heraustreten; die Unmittelbarkeit der Wahrnehmung schwindet. Zwischen den Reisenden und die von ihm durchmessene Landschaft schiebt sich die technische Apparatur. „Der Reisende nimmt die Landschaft durch das maschinelle Ensemble hindurch wahr." (Wolfgang Schivelbusch [Anm. 14]. S. 28.) Der rasche Wechsel der Landschaften vor dem Abteilfenster erlaubt es ihm nicht mehr, die Physiognomie einer Landschaft zu erfassen: der Bildvordergrund geht verloren. Im Fadenkreuz dieses Verlusts, in dem sich nach Schivelbuschs Beobachtung der entscheidende Bruch zwischen der alten und der neuen Wahrnehmung niederschlägt, gewinnt eine neue Weise des Sehens Konturen. Wahrgenommen wird von nun an, so dann auch Peter Gendolla, „die abstrakte Zeit selbst, die reine Bewegung der Dinge" (Peter Gendolla: *Zeit. Zur Geschichte der Zeiterfahrung. Vom Mythos zur 'Punktzeit'*, Köln 1992. S. 67).

en. Die 'Geliebte' Robespierres erfährt den Thermidor, als einen einschneidenden Ereigniswechsel innerhalb der jungen Revolutionsgeschichte, als
schubartige Beschleunigung der Zeit/Geschichte, in deren Taumel der
Mensch seine Bedeutung verliert: „Sie haben ihn gestürzt! O mein Geist kann
nicht den raschen Sprüngen der Wirklichkeit folgen! Mir schwindelt! Mir
schwindelt!"[39] An anderer Stelle spricht sie von einem „raschen Wechsel",
den das „Gehirn nicht mehr" 'vertragen' könne.[40] Damit ist gleichsam als
Kehrseite des in Fleuriot-Lescots revolutionärer Zeitbestimmung kondensierten optimistisch vorwärtsgerichteten Geschichtsbildes eine Desorientierungserfahrung zum Ausdruck gebracht: 'Beschleunigung' gerät unter das
Vorzeichen einer vom Menschen losgelösten Bewegung in Zeit und Raum;
der Gestaltungs- und Freiheitsspielraum 'Zeit' wird wieder fraglich.

St. Just überbrückt in seiner Konventsrede, in der die Vorstellung der Beschleunigung der Zeit/Geschichte unmittelbar verbunden ist mit einer nicht-
anthropologischen Wesensbestimmung der Revolution als Naturprinzip, im
Grunde genommen lediglich rhetorisch die hier aufreißende Kluft, indem er
sich zum Agenten eines mit dem „Weltgeist" identifizierten[41] naturwüchsigen
Geschichtsprozesses erklärt und von hier aus seinen Anspruch legitimiert,
durch sein Handeln den moralischen Fortschritt in der Geschichte zu befördern (zu beschleunigen). Wie in der Naturmetaphorik des zeitgenössischen
Revolutionsdiskurses, den Bildern des Flutens, des Feuers, der Erdbeben und
Vulkanausbrüche, die in den frühen 1790er Jahren allenthalben in den Versuchen einer gedanklichen Annäherung an das Phänomen 'Revolution' begegnen, betritt durch die Naturmetapher in seiner Rede die Vorstellung eines
dem subjektiven Wollen des in Freiheit handelnden Menschen entzogenen
'natürlichen' Geschichtsverlaufs gleichsam durch die Hintertür wieder die
Bühne. Gerade dadurch daß St. Just die Forderung, der Gewalt eines naturwüchsigen Prozesses Arm und Schwert zu leihen, und damit das eigene Handeln nur sehr unvollkommen durch die bloße Behauptung einer bestehenden
Einheit von Individuum und Natur-Geschichte in der Übereinstimmung von
Theorie und Praxis revolutionären Handelns gegen die Drohung des Sinnverlusts abpuffern kann, wird in seiner Rede ähnlich wie in Lenore Duplays
Verzweiflungsausbrüchen spürbar, was die moderne geschichtsphilosophische Reflexion immer wieder bewegt: das Verschwinden des Menschen.

Die Radikalität dieses Geschichtsdenkens bleibt im Revolutionsdrama des
Vor- und Nachmärz noch singulär. Abseits der unsentimentalen Kompromißlosigkeit Büchners hält gerade in den Texten dieses Genres der metaphysische Rahmen einer anthropologischen Bestimmung der Geschichte noch

---

[39] Rudolf Gottschall [Anm. 23]. S. 111f.
[40] Ebd. S. 113.
[41] Georg Büchner [Anm. 29]. S. 45.

weitgehend; auch bei Gottschall im übrigen. Bei aller eingestandenen Brü-
chigkeit des Seins weichen die Revolutionsdramen des Vor- und Nachmärz
einer (möglichen) Entropie des Sinns noch aus, die kein geringerer als Hegel
mit dem Bild der Geschichte als „Schlachtbank", „auf welcher das Glück der
Völker, die Weisheit der Staaten und die Tugend der Individuen zum Opfer
gebracht worden"[42], ausgemalt (und durch das Theorem von der List der Vernunft, die den Fortschritt *in* und *der* Geschichte, den Triumph des Weltgeists
über die Leichenberge hinweg, behauptet, sofort auch wieder gebannt) hat.
Das wahrnehmungslogische Paradigma einer Verkopplung von Beschleunigung und Fortschritt selbst, das die Erfahrung eines durch die (technische,
politische) Revolution bewirkten Verzeitlichungsschubs bündelt, behauptet
denn auch über mehr als hundert Jahre seine Bedeutung, wie die sprechende
Synonymsetzung von Kommunismus/Sozialismus und Geschwindigkeit in
der sozialistischen Tradition bezeugt.[43] Erst in der jüngeren Vergangenheit,
etwa beim späten Heiner Müller, der das Moment der Beschleunigung mit der
Vorstellung der (geschichtlichen) Katastrophe zusammendenkt, hat sich
'Beschleunigung' wirklich zu dem negativen Begriff geschichtsphilosophi-
scher Reflexion zu wandeln begonnen, der in den Texten Büchners und – mit
Einschränkungen – Gottschalls in ersten Ansätzen greifbar wird.

Peter Weibel hat die Umkehrung der ursprünglichen Verklammerung von
Beschleunigung und Fortschritt in einen negativen Konnex von Beschleunigung und Katastrophe als ein wesentliches Moment konservativen Denkens
und eines rückwärtsgewandten Kulturpessimismus' bestimmt.[44] Erklärt sind
die Verlust- und Desorientierungserfahrungen durch den rasant beschleunigten Ablauf der Zeit damit möglicherweise, vielleicht aber auch nur unzulässig
verkürzt; auf keinen Fall aber sind sie damit auch schon erledigt – weder in
historischer noch in aktueller Perspektive.

---

[42] Georg Wilhelm Friedrich Hegel: *Vorlesungen über die Philosophie der Geschichte. Auf
der Grundlage der Werke neu edierte Ausgabe*, Redaktion Eva Moldenhauer und Karl
Markus Michel (= Werke 12). Frankfurt/Main 1970. S. 35.

[43] Vgl. dazu Paul Virilio: „Fahrzeug", in: *Aisthesis. Wahrnehmung heute oder Perspektiven
einer anderen Ästhetik. Essais*, hg. von Karlheinz Barck, Peter Gente, Heidi Paris und Stefan Richter. Leipzig 1990. S. 67.

[44] „Auch Kulturpessimismus", so Weibel, „ist als Klassenmerkmal fashionable wie eh und
je. Beschleunigung der Geschichte und Kulturverfall, Geschwindigkeit und Krankheit sind
die Analogien, mit denen eine konservative Geschichts- und Kulturtheorie weiterhin operiert. Mit mathematischen Hilfsmitteln möchte sie dem den Anschein eines objektiven
Naturgesetzes geben, was nur konservatives Angst- und Wunschdenken ist." (Peter Weibel
[Anm. 13]. S. 11.)

Harro Müller

Idealismus und Realismus im historischen Drama: Schiller, Grabbe, Büchner

Bei der Ausarbeitung dieses Textes las ich als erstes noch einmal den von mir schon vor längerer Zeit formulierten Titel: Idealismus und Realismus im historischen Drama: Schiller, Grabbe, Büchner. Der Titel – besonders die Opposition Idealimus/Realismus – kam mir etwas altertümlich vor, wenn nicht unzeitgemäß. Doch beruhigte ich mich mit der Überlegung, es könne heutzutage im Zeichen der inzwischen stark gealterten Postmoderne ja nicht mehr zeitgemäß sein, zwischen zeitgemäß und unzeitgemäß zu unterscheiden. Trotzdem wollte meine Irritation nicht völlig schwinden, und deshalb holte ich mir das vielbenutzte und vielgepriesene Handbuch *Critical Terms for Literary Criticism* aus dem Bücherbord und suchte nach Textstellen, die über ‚idealism' oder ‚realism' handeln. Wie zu erwarten, war das Ergebnis spärlich. Im Index des 486seitigen Buches war ‚realism' zweimal, ‚idealism' immerhin achtmal vertreten. Offensichtlich haben also – zumindest im aktuellen literaturwissenschaftlichen Diskurs mit seinen catchwords wie z.B. writing, discourse, narrative, performance, rhetoric, gender, race, class, diversity, desire, postcolonianism and last but not least ethics – die Termini Realismus und Idealismus geringe Konjunktur. Und dennoch sind diesen vielfältig verwendbaren Begriffe innerhalb des ästhetiktheoretischen Diskurses der Moderne Beschreibungs- und Selbstbeschreibungskonventionen von erheblichem Gewicht. Darüber belehrt Begriffsgeschichte, und sie führt mitten ins Thema:

> Begreift man also Idealismus und Realismus als poetologische bzw. ästhetische Begriffe – und nur in dieser und nicht z.B. in epistemologischer Hinsicht gehe ich jetzt kurz auf einige begriffsgeschichtliche Befunde ein -, dann ist die Opposition Idealismus/Realismus seit den 90er Jahren des 18. Jahrhunderts kurrent.[1]

Es war der Klassiker Friedrich Schiller, der Realismus mit Idealismus konfrontierte. Dabei verwendet Schiller Realismus synonym mit Mime-

---

[1] Ich habe den Vortragscharakter des Textes belassen. Fußnoten beschränken sich auf das Nötigste. Zu den systemtheoretischen Annahmen des Textes vgl. Niklas Luhmann: *Die Kunst der Gesellschaft*, Frankfurt 1995. Zur Begriffsgeschichte von Idealismus/Realismus vgl. mit einschlägigen Belegen Gerhard Plumpe: „Realismus. IV Literatur und Kunst.", in: *Historisches Wörterbuch der Philosophie*, Bd. 8., Basel 1992. S. 170ff.

sis/Imitatio, erteilt strenges Kopierverbot und bestreitet auf diese Weise einem so verstandenen Realismus jegliches Kunstpotential. Der Realismus könne keinen Poeten machen, vielmehr sei es entscheidend, „das Realistische zu idealisieren". Realismus und Idealismus verschmelzen zur Synthese der schönen Kunstgestalt und werden mit einem anthropologisch fundierten geschichtsphilosophisch ausgezogenen Versöhnungsprogramm verbunden. Für dieses Großprojekt versuchte der Idealist Schiller, auch den Realisten Goethe zu interessieren, um die divergierenden Positionen zu wechselseitigem Vorteil zu verbinden. Johann Wolfgang von Goethe berief sich gegenüber Schiller allerdings häufig auf seinen realistischen Tic. Aber das sollte nicht darüber hinwegtäuschen, daß Goethe das Kopierverbot durchaus mit Schiller teilt: Echte Kunst ist nicht realistisch, weil Wirklichkeit nach Goethe stets durch Subjektivität, durch ineffable Individualität gefiltert werden muß, damit 'wirkliche' Kunst entstehen kann.

Für den ästhetik- bzw. poetiktheoretischen Diskurs im späteren 19. Jahrhundert sind dann Synthesemodelle jenseits von geschichtsphilosophischen Begründungszusammenhängen charakteristisch, in denen ein ausgewogenes Verhältnis zwischen Idealismus und Realismus angestrebt wird. Symptomatisch ist hier etwa die Positionsnahme von W.T. Krug, der 1832 fordert, der Künstler müsse nach dem Idealismus streben und zugleich die Gesetzmäßigkeiten der Natur beachten. Für Theodor Fontane ist Realismus 1852 „Widerspiegelung alles wirklichen Lebens im Elemente der Kunst", oder, bildhaft formuliert: Das rohe Erz der Wirklichkeit muß stets zum Metall der Kunst geläutert werden; und noch in der berühmten naturalistischen Formel von Arno Holz, „Kunst = Natur – x", schwingt die Nichtidentität von Kunst und Wirklichkeit nach – obwohl es nun Aufgabe des Künstlers ist, x gegen Null gehen zu lassen.

Nun scheint mir die Ausnahmeposition von Büchner und Grabbe innerhalb der Geschichte der deutschsprachigen Literatur des 19. Jahrhunderts darin zu bestehen, daß diese beiden Autoren das Kopierverbot nicht völlig außer Kraft setzen, aber derart lockern, daß sie aus einem Verbotsschild fast ein Gebotsschild machen. Da ist dann für Idealisierungsästhetik, für Läuterungsästhetik, für Verklärungsästhetik kein Platz – und diese Ästhetikkonzepte waren ja eine maßgebliche Voraussetzung dafür, daß im 19. Jahrhundert, das teilweise um 1880 endet, häufig, aber nicht ausschließlich Ärmelschoner- oder Hausschuhliteratur produziert wurde.

Doch zurück zu Schillers großem idealistischem Projekt. Es lebt im wesentlichen davon, daß im Umbau von der vormodernen stratifikatorischen zur modernen funktional differenzierten Gesellschaft Kollektivsingulare konstruiert werden, die trotz der Umstellung von Verräumlichung auf Verzeitlichung, von relativer Statik auf sich selbst überholende Beschleunigung wiederum Letzteinheit garantieren sollen. Rhetoriktheoretisch gesehen, funktionieren sie im Sinne von Kenneth Burke als god-terms, sie sind – epistemologisch betrachtet – gemäß einer Formel von Jacques Derrida – transzendentale Signifikate, die als Abschlußargumente dienen und Überbietungsverbote erteilen.

Da gibt es eine ganze Reihe von Kandidaten, zu ihnen zählen auch die Kollektivsingulare 'Der Mensch' und 'Die Geschichte'. Dabei bietet das transzendentale Signifikat 'Der Mensch' die Möglichkeit, als anthropologische Einheits- und Abschlußformel zu fungieren, während das tranzendentale Signifikat 'Die Geschichte' u.a. die Möglichkeit eröffnet, Geschichte zu der einen Fortschrittsgeschichte mit Anfang und Ziel zu stilisieren, wobei die Fortschrittsmetapher als interdiskursives Element dient, das alle Teilsysteme umfaßt und in the long run die durch massive Verdinglichung und radikale Entfremdung gekennzeichnete Jetztzeit in eine neue goldene Zeit überführt. Dieses triadische Geschichtsmodell – von Arkadien nach Elysium – plaziert nun den Autor zugleich in der Rolle eines Krisendiagnostikers und eines Krisentherapeuten – in der völlig aus den Fugen geratenen Gegenwart. Schiller schreibt im sechsten ästhetischen Brief:

> Jene Polypennatur der griechischen Staaten, wo jedes Individuum eines unabhängigen Lebens genoß, und wenn es es Noth that, zum Ganzen werden konnte, machte jetzt einem kunstreichen Uhrwerke Platz, wo aus der Zerstückelung unendlich vieler, aber lebloser, Theile ein mechanisches Leben im Ganzen sich bildet. Auseinandergerissen wurden jetzt der Staat und die Kirche, die Gesetze und die Sitten; der Genuß wurde von der Arbeit, das Mittel vom Zweck, die Anstrengung von der Belohnung geschieden. Ewig nur an ein einzelnes kleines Bruchstück des Ganzen gefesselt, bildet sich der Mensch nur als Bruchstück aus, ewig nur das eintönige Geräusch des Rades, das er umtreibt, im Ohre, entwickelt er nie die Harmonie seines Wesens, und anstatt die Menschlichkeit in seiner Natur auszuprägen, wird er bloß zum Abdruck seines Geschäfts, seiner Wissenschaft.Aber selbst der karge fragmentarische Antheil, der die einzelnen Glieder noch an das Ganze knüpft, hängt nicht von den Formen ab, die sich selbstthätig geben (denn wie dürfte man ihrer Freyheit ein so künstliches und lichtscheues Uhrwerk anvertrauen)? sondern wird ihnen mit skrupelloser Strenge durch ein Formular vorgeschrieben, in welchem man ihre freye Einsicht gebunden hält. Der todte Buchstabe vertritt den lebendigen Verstand, und ein geübtes Gedächtniß leitet sicherer als Genie oder Empfindung.[2]

„The Time is out of joint" (Hamlet), das ist die mit großer rhetorischer Verve vorgeführte Krisendiagnose, die auf die Erfahrung einer außerordentlich verunsichernden Umbruchs- und Übergangssituation antwortet; das Therapeuti-

---

[2] Friedrich Schiller: *Philosophische Schriften,* Nationalausgabe, hg. v. Benno v. Wiese. Weimar 1962. Bd. 20, S. 323f.

kum ist Kunst, die als aufrichtiger Schein zugleich Vorschein auf das Elysium ist – als auf Dauer gestelltes Vollglück ohne Beschränkung. Dabei mag
Elysium eine nicht vollständig verwirklichbare regulative Idee meinen, kann
aber auch die Vorstellung implizieren, daß im Elysium als realisierter Idylle
die Menschen als frei assoziierte Individuen Lebenskunst praktizieren und
auf diese Weise die Opposition Realismus/Idealismus in einer entdifferen-
zierten Existenzform außer Kraft setzen. Geschichtsphilosophie ist Selbster-
lösungs-, ist Versöhnungsphilosophie, und dem Menschen ist es onto- und
phylogenetisch aufgegeben, in sich Natur und Vernunft, Stoff und Form,
Notwendigkeit und Freiheit, Pflicht und Neigung in schöne Harmonie zu
überführen. Insofern koppelt Schiller Anthropologie und Geschichtsphilosophie als Begründungsdiskurse der für autonom erklärten Kunst. Denn auch in
den entfremdeten Verhältnissen, in der Zwischenzeit zwischen Arkadien und
Elysium, sind monumentalische Augenblicke der Versöhnung, der Vollendung des Menschen denkmöglich, vorstellbar, auf der Bühne darstellbar.
Deshalb sind für den klassischen Schiller Dramenfiguren mehr oder weniger
idealische Masken und keine Individuen; deshalb möchte er, der sich selbst
zum Repräsentanten der Menschheit rhetorisch aufbaut, in seinen Texten Repräsentanten der Menschheit darstellen. Das möchte ich an Schillers histori-
schem Drama *Maria Stuart* exemplifizieren. In bewährt chiastischem Spiel
wird die englische protestantische Königin Elisabeth als Verkörperung in-
strumenteller Vernunft vorgestellt, die ihre Natur, ihre Sinnlichkeit stets unterdrücken muß. Die schottische katholische Königin Maria Stuart erscheint
als Verkörperung von Natur, von Sinnlichkeit: Ihr mangelt es an Vernunft, an
Pflicht. Sie zeigt keine Bereitschaft, das eigene individuelle Begehren einem
höheren Prinzip zu unterstellen; sie verweigert die Einordnung, Unterord-
nung unter das Prinzip des väterlichen Namens/Gesetzes. Beide sind also
gemischte Charaktere mit invers gewendeten Vorzeichen. Der plot des Stük-
kes ist so angelegt, daß die faktisch sich durchsetzende und siegende Elisabeth zugleich Verliererin und Besiegte ist, da es ihr nicht gelingt, aus dem
Karussell zweckrational orientierter Selbstbehauptungspolitik auszubrechen.
Sie bleibt Fragment, Bruchstück, Abdruck der Herrschafts- und Machtver-
hältnisse. Den „Uebertritt des Menschen in den Gott" (Schiller an Humboldt
v. 29.11.1795) demonstriert demgegenüber Maria Stuart, die sich im 5. Akt
zum Symbol seelischer Schönheit läutert, indem sie kurz vor der Hinrichtung
in einem Augenblick höchster Erhabenheit Anmut und Würde in sich vereinigt:

Sind Anmuth und Würde [...] in derselben Person vereinigt, so ist der Ausdruck der Menschheit in ihr vollendet, und sie steht da, gerechtfertigt in der Geisterwelt und freygesprochen in der Erscheinung.[3]

Maria Stuart wird also zum symbolischen Wesen idealisiert, das das „allgemeine der Menschheit" darstellt und auszusprechen hat (Brief an Goethe v. 24.8.98). Idealistisches Drama ist also symbolische Kunst; die Bühnenvorgänge sind Schein, sind Vorschein, keineswegs mit wirklicher Geschichte zu verwechseln und von ihr streng abgehoben. Daher die klar gegliederte, streng symmetrische Form des Stückes, deshalb die Umbildung der prosaischen Sprache, der prosaischen Verhältnisse in die dichterisch-rhythmische Sprache poetischer Verhältnisse. Der so produzierte, aufrichtige poetische Schein als Vorschein soll bei den Zuschauern Gemütsfreiheit hervorrufen, damit sie als gebildete und bildsame moderne Fragmente, moderne Bruchstücke, moderne Abdrücke der Verhältnisse beim Beobachten des ästhetischen Spiels momenthaft Erfahrungen der Vollendung, der harmonischen Totalität machen können.

Nun ist Friedrich Schillers idealistische Geschichtskonzeption und die damit verknüpfte hochgreifende, überschwengliche Funktionszuweisung von Kunst vom Ästhetiktrompeter Friedrich Nietzsche über Theodor W. Adorno bis zu Paul de Man massiv kritisiert worden: Man hat die ganze Schillersche Konzeption als Fehlstart in die Moderne charakterisiert, man hat Schiller mit Münchhausen verglichen, der sich am eigenen Schopf aus dem Sumpf funktionaler Differenzierung ziehen will. Ich selbst habe mehrfach von unterkomplexen Entdifferenzierungsträumen gesprochen. Doch trifft die unterschiedlich formulierte Kritik das Konzept, nicht aber im strengen Sinne die Kunstwerke. Denn – genauer überlegt – verfährt Schiller wie folgt: Das empirischgeschichtliche Material ist für ihn Medium zur Formung des historischen Dramas *Maria Stuart*. Schiller hat ja über *Maria Stuart* als Geschichtsdrama ausgeführt, er wolle „der Phantasie eine Freiheit über die Geschichte verschaffen" (Brief an Goethe v. 19.7.99). Im Hinblick auf den 'gemeinen' Stoff wird also die Medium/Form-Differenz hochgezogen, um dem Autonomiepostulat, um dem Kopierverbot entsprechen zu können: Im Hinblick auf das idealistische Versöhnungsprogramm, das ja als philosophisches Programm wie die anthropologische Option in die Umwelt des Kunstsystems gehört, wird hingegen die Differenz Medium/Form niedrig angelegt, so daß Schiller bei der Formierung seines Geschichtsdramas verschieden plazierte System/Umwelt-Beziehungen poetisch ausnutzt. Folglich ist das Kunstwerk als geschlossen-offenes Systen mit seinem stets zu spielenden Spiel zwischen Selbst- und Fremdreferenz nicht durch die argumentative Außerkraftsetzung

---

[3] Schiller [Anm. 2]. S. 300.

idealistischer Konzepte hinreichend zu kritisieren. Denn selbstredend ist die von Schiller leidenschaftlich verfochtene Autonomiekonzeption angesichts der Regel: keine Selbstreferenz ohne Fremdreferenz, keine Fremdreferenz ohne Selbstreferenz, eine Selbstzuschreibungskonvention innerhalb des Kunstsystems, die von der Literaturwissenschaft nicht einfach wiederholt werden sollte.

Nun besteht der massive Unterschied zwischen dem Idealisten Schiller und den Realisten Grabbe und Büchner darin, daß Grabbe und Büchner Realismuskonzeptionen aus der Umwelt des Kunstsystems – der wahre Geist der Geschichte (Grabbe), Geschichte wie sie sich wirklich begeben (Büchner) – als Medien für ihre Formierungen historischer Dramen benutzen und hier die Differenz Medium/Form gering gestalten. Realismuseffekte (Roland Barthes) ergeben sich daraus, daß die in die Kunstwerke eingearbeiteten Realien sich für die Realitätskonstruktionen der Adressaten als anschlußfähig erweisen. Das hochgemute Schillersche Idealisierungspostulat wird also bei der Formulierung der eigenen Programmatik ausgeschlossen, das Kopierverbot stark gelockert, allerdings werden auch neue Verbotsschilder für die ästhetische Verkehrspolitik aufgestellt: Weder das Phantastische in seinen unterschiedlichen Formen, noch extreme Formen sprachlicher Selbstreferenz können zugelassen werden; ebenso wird obsessiven Formen von Beschreibungsliteratur die rote Karte gezeigt.

Zunächst zu Christian Dietrich Grabbe: Hier konzentriere ich mich auf sein historisches Drama *Napoleon oder die Hundert Tage*. Seinen theoretischen Text „Etwas über den Briefwechsel zwischen Schiller und Goethe" leitet Grabbe so ein:

> Die Guillotine der Revolution steht still, und ihr Beil rostet – mit ihm verrostet vielleicht auch manches Große, und das Gemeine, in der Sicherheit, daß ihm nicht mehr der Kopf abgeschlagen werden kann, erhebt gleich dem Unkraut sein Haupt. Napoleons Schlachtendonner sind gleichfalls verschollen. [...] Mit Napoleons Ende ward es mit der Welt, als wäre sie ein ausgelesenes Buch und wir ständen, aus ihr herausgeworfen, als die Leser davor und repetierten und überlegten das Geschehene.[4]

Trotz gemeinsamer Verachtung des Gemeinen sind in diesem Zitat die Differenzen zu Schiller unübersehbar, der ja für sich proklamieren muß, den roten Faden der Menschheitsgeschichte in der Hand zu halten, während Grabbe allererst nach Möglichkeiten sucht, sich in das Buch der Geschichte, aus dem er herausgefallen ist, wieder als Akteur einzutragen. Andererseits hatte Grabbe in seinem Text *Über Shakspearo-Manie* folgendes behauptet:

---

[4] *Grabbes Werke* in zwei Bänden, hg. v. Hans-Georg Werner. Berlin 1987. Bd. 2, S. 389.

Aber vom Poeten verlange ich, sobald er Historie dramatisch darstellt, auch eine dramatische, konzentrische und dabei die Idee der Geschichte wiedergebende Behandlung. Hiernach strebte Schiller, und der gesunde deutsche Sinn leitete ihn; keines seiner historischen Schauspiele ist ohne dramatischen Mittelpunkt und ohne eine konzentrische Idee.[5]

Doch was versteht Grabbe unter ‚Idee der Geschichte', welchen Geist setzt er voraus, wenn er davon spricht, den ‚wahren Geist der Geschichte' im historischen Drama enträtseln zu wollen? Der wahre Geist der Geschichte zeigt sich nicht in dem, was „die historischen Kompendienfabrikanten und Guckkastenzeiger, wozu insbesondere die deutschen Geschichtsschreiber mehr oder weniger gehören",[6] produzieren; der von Grabbe postulierte wahre Geist der Geschichte findet sich auch nicht in der triadisch angelegten Schillerschen Versöhnungskonzeption und schon gar nicht in der Schiller noch übertrumpfenden Hegelschen Geschichtsphilosophie. Bekanntlich hat Hegel seine Vorlesungen zur Philosophie der Geschichte so abgeschlossen:

Daß die Weltgeschichte dieser Entwicklungsgang und das wirkliche Werden des Geistes ist, unter dem wechselnden Schauspiele ihrer Geschichten dies ist die wahrhafte Theodizee, die Rechtfertigung Gottes in der Geschichte. Nur die Einsicht kann den Geist mit der Weltgeschichte und der Wirklichkeit versöhnen, daß das, was geschehen ist und alle Tage geschieht, nicht nur ohne Gott, sondern wesentlich das Werk seiner selbst ist.[7]

Grabbe hingegen konzipiert Geschichte als diskontinuierliche Macht/Wissen-Geschichte ohne Anfang, ohne Ziel, ohne wie auch immer zu begründende Verlaufsgarantie. Entscheidend im kontingenten Spiel der Geschichte ist das politische System, in ihr wechseln, ohne daß man eine Regel angeben könnte, Epochen der Mediokrität und Epochen wie auch immer gebrochener heroischer Erhabenheit miteinander ab. Diese Momente heroischer Erhabenheit werden nicht mehr mit einem normativ aufgeladenen, teleologisch ausgerichteten Versöhnungskonzept verknüpft, sondern es sind extrem intensivierte Augenblicke, in denen Intensität als Intensität sich selbst feiert. Geschichte ist also als Kriegsgeschichte ohne Arche und Telos, ist Schlachtgeschichte. Nicht umsonst ist behauptet worden, daß eine Spur spritzenden Hirns dieses Prosa-Drama durchzieht. Das Außerkraftsetzen des Schillerschen Idealisierungsgebots ermöglicht ja nicht nur, Quellen relativ unbearbeitet in den Text zu integrieren, sondern auch die Präsentation von

---

[5] Grabbe [Anm. 4]. Bd. 2, S. 370f.
[6] Grabbe [Anm. 4]. Bd. 2, S. 390.
[7] Georg Wilhelm Friedrich Hegel: *Vorlesungen über die Philosophie der Geschichte,* hg. v. Eva Moldenhauer und Karl Markus Michel. Frankfurt 1970. *Werke* 12. S. 540.

Grausamkeiten, von Zynismen, von Schrecken und Terror, von kruden Sadismen und von grandios ausgemalten Schlachtszenen, die den zweiten Teil dieses historischen Dramas ausmachen.

Das will ich mit zwei knappen Beispielen verdeutlichen. In der berühmten Szene 3.1 begleiten Vorstädter und Volk mit intensivem sadistisch-voyeuristischen Lustgewinn jubilatorisch die Ermordung des Schneidermeisters wie folgt: „Ha! Blut! Blut! Blut! – Schaut, schaut, da fließt, da flammt es – Gehirn, Gehirn, Gehirn, da spritzt es, da raucht es- Wie herrlich! Wie süß!" Jouve, der Kopfabhacker von Versailles und Avignon, ermordet in dieser Szene auch einen Krämer, den aktuellen Vorgang des Ermordens, den er für Symbolpolitik ausnützt, faßt er – beinahe im Sekundenstil – so in Worte:

> Dir schaff ich [...] das Trikolor umsonst: Sieh, diese Faust ballt sich unter deiner Nase, und du wirst weiß – jetzt erwürgt sie dich, und du wirst blau wie der heitere Himmel – nunmehr zerstampf ich deinen Kopf, und du wirst rot vor Blut.[8]

Den idealistisch-humanistischen Glauben, daß in letzter Instanz kognitiver, moralisch-praktischer und ästhetischer Diskurs finalisiert und harmonisiert werden können, teilt Grabbe nicht mehr. Politik in ihrer kriegerischen und nichtkriegerischen Form ist Macht-Wissen-Spiel und funktioniert mitnichten gemäß dem Moralcode gut/böse, und von Grabbe wird noch nicht einmal die Möglichkeit erwogen, Moralcode als Zweitcode nach dem Machtcode in das politische System wieder einzuführen. Insofern wird in diesem Stück in großer Kälte das Funktionieren des politischen Systems beschrieben, das in der Moderne durch irreversible Entmoralisierung gekennzeichnet ist.

Mit dieser realistischen Politikkonzeption schreibt sich Grabbe in die dunkle, schwarze Tradition der Neuzeit ein, in der sich u.a. Namen wie Machiavelli, Hobbes, de Sade finden. Aus dieser 'kalten' Perspektive gesehen, sind Idealisten mit Schillerkragen Spielmaterial in den politischen Kriegsverhältnissen, wobei diese als 'warmherzige' Vertreter idealistischer Geschichtsphilosophie bequem und ohne Risiko für politische Machtsteigerungssysteme funktional nutzbar gemacht werden können.

Wenn man der Hauptüberlegung dieses Textes folgt, läßt sich folgendes vermuten: Grabbe begreift die Produktion seines historisches Dramas *Napoleon oder die Hundert Tage* als poetische Überbietung der Historiographie, deren Empirisierungs- und Argumentationsgebot er als im Kunstsystem situierter Autor allerdings nicht zu folgen braucht. Realismuseffekte erzielt er im wesentlichen dadurch, daß er das realistische Konstrukt – Geschichte als Schlachtgeschichte, Geschichte als Kampfgeschichte mit eingebauten Mög-

---

[8] Grabbe [Anm. 4]. Bd. 2, S. 185ff.

lichkeiten für intensive, heroische Augenblicke – als Medium für die Formierung seines historischen Dramas einsetzt. Die Differenz zwischen Medium und Form ist in diesem Fall gering. Deshalb lassen sich Quellen in dieses Prosa-Drama gut integrieren, die Figuren sind nicht symbolische Figuren, sondern Rollenspieler, die sich häufig als energetisch aufgeladene Kampfmaschinen präsentieren. Für Grabbes anthropologische Option lassen sich zwei Zitate aus seinem krudem antihumanistischem ersten Drama *Gothland* anführen: „Ein geschminkter Tiger ist der Mensch", und allgemeiner, jedoch auch streng auf den Menschen beziebar: „Vom Morden lebt ja alles Leben."[9] Starke Diskontinuitätsannahmen mindern den Wert der Fabel erheblich und steigern massiv Kontingenz. Die große Relativierung des Kopierverbots und das Außerkraftsetzen idealistischer Versöhnungs- und Verklärungskonzeptionen ermöglichen die Präsentation von heftigen Schockeffekten, die nicht mehr in einen wie auch immer zu denkenden Zusammenhang mit der ‚Letztgüte' der Welt gebracht werden können.

Während Schiller und Grabbe idealistische und realistische Konzepte mit einiger Konsistenz als Programme benutzen, um Dramen zu formieren, scheint es mir bei Georg Büchner – und ich beschäftige mich im wesentlichen mit seinem historischen Drama *Danton's Tod* – so zu sein, daß er eine Reihe von unterschiedlichen, in sich widersprüchlichen Konzepten benutzt, ohne ein Konzept zu favorisieren. Natürlich gibt es Ausschließungen. Idealismus Schil-lerscher Provenienz wird streng abgelehnt:

> Was noch die sogenannten Idealdichter anbetrifft, so finde ich, daß sie fast nichts als Marionetten mit himmelblauen Nasen und affektiertem Pathos, aber nicht Menschen aus Fleisch und Blut gegeben haben, deren Leid und Freude mich mitempfinden macht, und deren Tun und Handeln mir Abscheu oder Bewunderung einflößt. Mit einem Wort ich halte viel auf Goethe oder Shakespeare, aber wenig auf Schiller (Brief an die Eltern v. 28.7.1835).

Da verwundert es wenig, daß er Schillers geschichtsphilosophisch ausgezogenes ästhetisches Bildungsprojekt strikt ablehnt: „Die Gesellschaft mittels der Idee, von der gebildeten Klasse aus reformieren? Unmöglich!" (Brief an Gutzkow von Anfang Juni? 1836). Allerdings wird auch die Konzeption einer eingreifenden, einer operativen Literatur im Sinne des Jungen Deutschland energisch verworfen und mit folgenden Worten abgekanzelt:

> Nur ein völliges Mißkennen unserer gesellschaftlichen Verhältnisse konnte die Leute glauben machen, daß durch die Tagesliteratur eine völlige Umgestaltung unserer [...] gesellschaftlicher Ideen möglich sei. (Brief an die Familie v. 1.1.1836)

---

[9] Grabbe [Anm. 4]. Bd. 1, S. 86ff.

Sein eigenes Projekt beschreibt Büchner so:

> Der dramatische Dichter ist in meinen Augen nichts, als ein Geschichtsschrei-
> ber, steht aber über Letzterem dadurch, daß er uns die Geschichte ein zweites
> Mal erschafft und uns gleich unmittelbar, statt eine trockne Erzählung zu ge-
> ben, in das Leben einer Zeit hinein versetzt, uns statt Charakteristiken Charak-
> tere, und statt Beschreibungen Gestalten gibt. Seine höchste Aufgabe ist, der
> Geschichte, wie sie sich wirklich begeben, so nahe als möglich zu kommen
> (Brief an die Eltern v. 28.7.1835).

Um der Geschichte, wie sie sich wirklich begeben, so nah als möglich zu
kommen, arbeitet Büchner in sein vieraktiges Prosadrama zu den blutig-
prosaischen Verhältnissen während des Terrors der Französischen Revolution
recht unverfälscht Quellen in den Text ein und übernimmt bei den Redeteilen
vieles unmittelbar. Realitätseffekte ergeben sich – ähnlich wie bei Grabbe –
aus der entschiedenen Aufhebung der Bienseance-Regel, und zwar sowohl in
ihren sprachlichen als auch sozialen Aspekten. Und so öffnet Büchner z.B.
die Bühne nicht nur für unterbürgerliches Personal – z.B. jugendliche weibliche Prostituierte, aber nicht männliche –, sondern auch für äußerst herb und
derb ausfallende erotisch-sexuelle Äußerungen. Ich erinnere nur an Gutzkow,
der Danton's Tod als ‚Ferkeldrama' charakterisiert hat (Gutzkow an Büchner
v. 10.6.1836).

Aber es gibt vom materialistischem Humanismus über Pantheismus bis zur
Apologie der Liebe als Freiheitszeichen eine ganze Reihe von Möglichkeiten,
das Stück auf ein Signifikat zuzuschneiden. Dieses Verfahren verfehlt aber
das Labyrinthhafte des Textes; weder die Tugendrigoristen Robespierre und
St. Just, noch der melancholische Hedonist und vielseitige Rollenspieler
Danton und auch nicht das seinen unmittelbaren materiellen Interessen nach-
gehende Volk wissen einen Ausweg. Insofern sind Dantons Äußerungen:
„Man arbeitet heutzutag alles in Menschenfleisch"[10] und „Ich lasse alles in
einer schrecklichen Verwirrung. Keiner versteht das Regieren"[11] ernst zu
nehmen. Überhaupt scheint dieses verwirrende, Gattungsmischung bevorzugende Drama zu zeigen, daß Geschichte – und das ist die Ausgangsprämisse
bei Schiller – weder finalisiert, noch durch ein Interaktionsmodell eingefangen werden kann. Das politische System ist angesichts der desaströsen Lage
im ökonomischen System ganz ohne Rat, da greift weder Tugendemphase
noch Hedonismus, und auch das Mord- und Totschlagprogramm des Volkes

---

[10] Georg Büchner: *Werke und Briefe,* hg. v. Karl Pörnbacher u.a. München 1988. S. 110.
[11] Büchner [Anm. 10]. S. 127.

wir wollen ihnen [d.h. sämtlichen jacobinischen Revolutionsgewinnlern] die Haut von den Schenkeln ziehen und uns Hosen daraus machen, wir wollen ihnen das Fett auslassen und unsere Suppe mit schmelzen.[12]

führt in die Irre. Das Paradox der Geschichte – Geschichte ist machbar und nichtmachbar – wird nicht durch Rekurs auf das transzendentale Signifikat Geschichte entparadoxiert. Das transzendentale Signifikat Geschichte wird von Büchner vielmehr ausgehöhlt, relativiert, durchlöchert und zugleich wieder reparadoxiert. Dieses Spiel zwischen Ent- und Reparadoxierung ermöglicht die Produktion eines extrem vielseitig vernetzten Textes, und damit komme ich zur Pointe meines Textes. Zwar wird zur Produktion von Realismuseffekten Fremdreferenz stark akzentuiert und hier die Medium/Form-Differenz gering gehalten, aber zugleich steigert der Text auch in erstaunlichem Maße Selbstreferenz, so daß die vielfach angenommene und häufig vom Common Sense, von der 'Gemeinen Sense' bestätigte Regel: 'Je mehr Fremdreferenz, um so weniger Selbstreferenz', außer Kraft gesetzt wird. Zu Stützung dieser Behauptung verweise ich nur auf die zahlreichen das Drama durchziehenden Äquivalenzklassen, auf die vielseitigen thematischen Gewebe, auf die Dominanz von Discours über Histoire, der paradigmatischen Reihe über die syntagmatische Reihe, auf die vielen intertextuellen Anspielungen, auf die selbstreflexive Kunst als Kunst thematisierenden Partien und nicht zuletzt auf die sprachkritischen Abschnitte. Diese Steigerung von Fremd- und Selbstreferenz findet ihre Grenze darin, daß sie nicht wie z.B. in sprachexperimenteller Literatur in großer Permanenz die Mitteilung der Information zur Information machen kann. Ebenfalls verbieten sich exzessive Beschreibungsorgien, weil für die Produktion von Realimuseffekten eine bestimmte Abstraktionshöhe erforderlich ist, die nicht unterschritten werden darf

Ich fasse die Ergebnisse kurz zusammen:
Im Übergang von der stratifikatorischen zur funktional differenzierten Gesellschaft ist Schiller in einer sich normativ verstehenden Zwischenzeit positioniert. Das ermöglicht ihm die idealistische Konstruktion des transzendentalen Signifikats Geschichte mit Fortschrittsannahme von Arkadien nach Elysium. Diese philosophisch gewonnene Programmatik mit anthropologischer Absicherung in der sinnlich-vernünftigen Natur des Menschen ist Medium für ästhetische Formierungen. Da die Differenz zwischen Medium und Form hier klein ist, während sie zum historisch-empirischen Material groß ist, kann Schiller gut auf diese Weise Idealismuseffekte hervorrufen.

---

[12] Büchner [Anm. 10]. S. 74.

Grabbes realistisches Geschichtskonzept setzt das transzendentale Signifikat Geschichte außer Kraft und ersetzt es durch Geschichte als kontingente
Macht-Wissen-Geschichte jenseits normativer Annahmen, in der ge-
schminkte Tiger um Machtsteigerung kämpfen und für sich intensive Momente erhabener Größe anstreben. Die Differenz zwischen konzeptuellem
Medium und ästhetischer Form ist gering. Das ermöglicht Realismuseffekte.

Büchner begreift Geschichte als Labyrinth ohne Ausweg, wo vielfältige
Konzeptionen miteinander konkurrieren, ohne daß Finalisierung möglich ist
oder daß Geschichte durch ein Interaktionsmodell eingefangen werden kann.
Bei der anthropologischen Option wird auf negative Anthropologie bzw. von
einer Ist-Aussage auf die Frageform umgestellt. Das kann man sich auch an
zwei Äußerungen Dantons klarmachen. Das erste Zitat lautet:

> Es wurde ein Fehler gemacht, als wir geschaffen wurden, es fehlt uns was, ich
> habe keinen Namen dafür, wir werden es einander nicht aus den Eingeweiden
> herauswühlen, was sollen wir uns drum die Leiber aufbrechen?[13]

Das zweite Zitat ist eine kurze Frage: „Was ist das, was in uns hurt, lügt,
stiehlt und mordet?"[14] Die Differenz zwischen konzeptuellem Medium und
ästhetischer Form ist gering; das ermöglicht Realismuseffekte, da Fremdreferenz stark akzentuiert wird. Zugleich wird durch die interne Organisation des
Textes Selbstreferenz massiv aufgebaut; das ermöglicht nun nicht Idealismuseffekte, erklärt aber vielleicht, daß der vielseitig anschließbare Büchner
und nicht der einseitige kalte Grabbe zum Klassiker der Moderne geworden
ist.

Nachbemerkung:

In den *Ästhetischen Briefen* schreibt Schiller:

> Das große Bedenken also ist, daß die physische Gesellschaft in der Zeit keinen
> Augenblick aufhören darf, indem die moralische Welt in der Idee sich bildet,
> daß um der Würde des Menschen willen seine Existenz nicht in Gefahr geraten
> darf. Wenn der Künstler an einem Uhrwerk zu bessern hat, so läßt er die Räder
> ablaufen; aber das lebendige Uhrwerk des Staats muß gebessert werden, indem
> es schlägt, und hier gilt es, das rollende Rad während seines Umschwunges
> auszutauschen.[15]

---

[13] Büchner [Anm. 10]. S. 91
[14] Büchner [Anm. 10]. S. 100
[15] Schiller [Anm. 2]. S. 314.

Wäre Schiller der internen Logik des Bildes gefolgt, hätte er vielleicht seine Ausgangsfrage so formulieren müssen: Wie kann ich in der Geschichte über die Geschichte, in der Epoche über die Epoche, in der Moderne über die Moderne, in der Situation über die Situation Beobachtungen anstellen?

Wählt man als eine mögliche Lösung des Ausgangsparadoxes das transzendentale Signifikat Geschichte mit der dazugehörenden Ursprungs-, Ziel- und Fortschrittsannahme, so wird diese kaum universalisierbar sein, es sei denn, sie bringt ihre eigene Herkunftsgeschichte mit 'rhetorischer' Gewalttätigkeit zum Verschwinden. Folglich müßte man vielleicht diese 'unreine' Lösung transzendentales Signifikat Geschichte nicht ohne transzendentale Bufonerie (Friedrich Schlegel) vortragen, d.h. nicht ohne Ironie. Schiller war zwar Pathetiker, Rhetoriker, Polemiker, aber durch und durch kein Ironiker. Schwer vorstellbar wäre, daß Schiller am Ende des Trauerspiels *Maria Stuart* sich selbst mit folgenden Worten auf der Bühne plazieren würde:

> Hier meldet sich Friedrich Schiller,
> der Maria Stuart Killer
> mit einem ironisch gehaltenen
> Schlußtext zu Wort.

Grabbe hingegen hat am Ende des Lustspiels *Scherz, Satire, Ironie und tiefere Bedeutung*, vom Schulmeister als der „vermaledeite Grabbe [...], die zwergichte Krabbe"[16] tituliert, einen hoch selbstironischen Auftritt, und von Büchner gibt es in der Komödie *Leonce und Lena* folgendes äußerst ironisch ausgelegte Sprachspiel, mit dem ich schließen möchte – auch wenn ich die spannende Beziehung zwischen Ironie und Realismus nur angedeutet habe:

> Lena: Ich bin betrogen.
> Leonce: O Zufall!
> Lena: O Vorsehung![17]

---

[16] Grabbe [Anm. 4]. Bd. 1, S. 295.
[17] Büchner [Anm. 10]. S. 188.

Peter Uwe Hohendahl

Fiktion und Kritik:

Heines *Romantische Schule* im Kontext der zeitgenössischen
Literaturgeschichte

Die Entdeckung des Kulturkritikers und Literaturhistorikers Heinrich Heine ist
jüngeren Ursprungs. Erst seit den sechziger Jahren zeichnet sich innerhalb der
Literaturwissenschaft eine eingehendere Auseinandersetzung mit der *Romantischen Schule* und anderen literaturkritischen Schriften Heines ab. Es ist nicht
allzu schwierig, die Gründe für diese Verspätung zu erkennen. Sie hängen eng
zusammen mit der traditionellen Einschätzung Heinrich Heines, in der das
poetische Werk im Vordergrund gestanden hat. Das Interesse an den kritischen
Prosaschriften dagegen ist eng verbunden mit dem sozialgeschichtlichen und
ideologiekritischen Ansatz der sechziger und frühen siebziger Jahre, der den
oppositionellen Charakter von Heines Schriften entschieden stärker hervorhob
und entsprechend auch die Bedeutung der literaturkritischen Schriften stärker
betonte.[1] In diesem Zusammenhang entdeckte die Literaturwissenschaft die
Romantische Schule als ein Modell kritischer Intervention. Das Werk wurde
zu einem wichtigen Beispiel der progressiven Kritik an konservativen und reaktionären literarischen Tendenzen im frühen 19. Jahrhundert.[2] Im großen und
ganzen neigte die Forschung dieser Jahre dazu, sich mit Heines Position zu
identifizieren, obgleich diese Einstellung nicht notwendig zu einer identifika-
torischen Lektüre der *Romantischen Schule* führte. Da in eben diesen Jahren
die Neue Linke, im Anschluß an Walter Benjamin und gegen Georg Lukács
gerichtet, gleichzeitig die deutsche Frühromantik, namentlich den Jenaer
Kreis, wiederentdeckte und für eine progressive geschichtliche Tradition in
Anspruch nahm, stellte sich die Aufgabe, diese verschiedenen Ansätze miteinander zu vereinen. Das Problem ließ sich durch das Argument lösen, daß Heines Position derjenigen der Frühromantiker näherstand, als er in seiner Polemik gegen die Romantiker erkennen ließ.[3] Obgleich manches für diese These
spricht, gibt sie keine Antwort auf die Frage, warum Heines literaturkritische
und -historische Äußerungen sich so deutlich von denen der Romantik unterscheiden.

---

[1] Siehe z.B. Albrecht Betz: *Ästhetik und Politik. Heinrich Heines Prosa*, München 1971.
Günter Oesterle: *Integration und Konflikt. Die Prosa Heinrich Heines im Kontext oppositioneller Literatur*, Stuttgart 1972.
[2] Siehe Wolfgang Kuttenkeuler: *Heinrich Heine. Theorie und Kritik der Literatur*, Stuttgart
1972. S. 31-40.
[3] Dazu Peter Uwe Hohendahl: „Geschichte und Modernität. Heines Kritik der Romantik.",
in: Hohendahl: *Literaturkritik und Öffentlichkeit*, München 1974. S. 50-101.

In ihrer Auseinandersetzung mit dem ideologiekritischen Ansatz der siebziger Jahre hat die neuere Wissenschaftsgeschichte versucht, Heines *Romantische Schule* in die Geschichte der Germanistik und spezifisch in die Geschichte der Literaturgeschichte zu integrieren. Hier tritt die Schrift in den Zusammenhang der sich neu konstituierenden Gattung der Literaturgeschichte. In diesem Sinne hat zum Beispiel Jürgen Fohrmann in seiner Untersuchung *Das Projekt der deutschen Literaturgeschichte* nachzuweisen versucht, daß Heines *Romantische Schule* sich ohne große Schwierigkeiten in das neue Paradigma der Literaturgeschichtsschreibung einfügt, das sich in der ersten Hälfte des 19. Jahrhunderts in Deutschland etablierte.[4]

Es handelt sich um ein Modell, das die Bedeutung der Nation und des Nationalismus für die Strukturierung des literarischen Materials hervorhebt. Aus diesem Grunde behandelt Fohrmann Heine unter dem Titel „Varianten nationaler Entelechie". Aus der Perspektive der Geschichte der Germanistik scheint es keinen gewichtigen Grund zu geben, zwischen der *Romantischen Schule* und Gervinus' monumentaler *Geschichte der poetischen National-Literatur der Deutschen* (1835-42) prinzipiell zu unterscheiden. Die signifikanten Unterschiede zwischen beiden Texten kommen in dem Ansatz der Wissenschaftsgeschichte nicht in das Blickfeld, da er die narrativen Strukturen weitgehend außer acht läßt. Nicht anders als der neo-marxistische Ansatz der siebziger Jahre, der vor allem Heines ideologische und politische Position erkundete, bleibt auch bei dem neueren Versuch, die *Romantische Schule* als Teil der Geschichte der Literaturgeschichte zu lesen, ein Moment außer Betracht, das die zeitgenössischen Leser und Rezensenten sogleich bemerkten, nämlich Heines Stil. Diese Lücke ist nicht als ein bloßes Übersehen zu behandeln, das sich durch zusätzliche Bemerkungen über Heines sprichwörtlichen Witz und seine prononcierte Ironie ausgleichen ließe. Vielmehr verdient das Moment der Erzählhaltung unsere volle Aufmerksamkeit, denn die Form der Darstellung, so scheint mir, bestimmt weitgehend den Sinn des Textes. Seine „Botschaft" ist abhängig von seiner narrativen Struktur. Um Mißverständnissen vorzubeugen: meine These ist nicht als eine Rückkehr zu einem Formalismus zu verstehen, in dem das narratologische oder rhetorische Interesse mit kritisch-historischen Ansätzen im Widerspruch stand. Vielmehr geht es mir darum, in der Eigenart des Heineschen Textes seinen kritischen Anspruch zu erkennen oder, anders gesprochen, diese Eigenart mit Hilfe der Deutung des Details zu erkennen.

---

[4] Jürgen Fohrmann: *Das Projekt der deutschen Literaturgeschichte,* Stuttgart 1989.

II.

Um einen geschichtlichen wie gattungsmäßigen Bezugspunkt herzustellen, halte ich es für hilfreich, Gervinus' *Geschichte der poetischen National-Literatur* heranzuziehen, denn dieses Werk, ein exemplarisches Modell für die Entwicklung der Literaturgeschichte in Deutschland und gleichzeitig ein hervorragendes Beispiel des deutschen Liberalismus, exemplifiziert in mehr als einer Hinsicht typische Strukturen der literaturgeschichtlichen Darstellungsverfahren, wie sie sich im 19. Jahrhundert durchsetzten.[5] Obgleich Gervinus' Ansatz von späteren Historikern wiederholt und zum Teil scharf kritisiert wurde und obgleich seine Urteile über bestimmte Schriftsteller und Epochen oft in Frage gestellt wurden, so behielt seine Methode der Darstellung für spätere Literaturgeschichten prägende Kraft. Sein Verfahren der Darstellung, das heißt, die Art des Erzählens, behielt ihre Wirkung auch dort, wo die Nachfolger Gervinus' Meinungen die Zustimmung versagten.

Gervinus' Methode wie auch seine Geschichtsauffassung sind oft behandelt worden, weit weniger hat man sich auf seine Form der Darstellung eingelassen. In jedem Fall jedoch hat an der Ernsthaftigkeit seines Programms nie ein Zweifel bestanden. Seine Literaturgeschichte verkörpert den neuen Typ wissenschaftlicher Darstellung, der sich von den traditionellen „Literargeschichten" des 18. Jahrhunderts bewußt absetzte. Sie steht im Dienst eines umfassenderen nationalen Programms: Sie untersucht und bestätigt durch ihre Darstellung die kollektive Identität der Deutschen, die bekanntlich zu dieser Zeit die politische Vereinigung noch nicht erreicht hatten. Aus diesem Grunde unterstreicht die Erzählung, die mit der *Germania* des Tacitus beginnt und im fünften Band mit der Darstellung der deutschen Romantik abschließt, die Kontinuität der deutschen Literatur in ihrer Entwicklung vom Mittelalter bis zur Gegenwart. In der Einleitung begründet Gervinus, warum er die Geschichte der deutschen Dichtung und nicht die der politischen Entwicklung darstellen wollte. Sie enthält die Einheit und den Zusammenhang, der im deutschen Fall der politischen Geschichte abgeht. „Sie ist, wenn anders aus der Geschichte Wahrheiten zu lernen sind, zu einem Ziele gekommen, von wo aus man mit Erfolg ein Ganzes überblicken, einen beruhigenden, ja einen erhebenden Eindruck empfangen und die größten Belehrungen ziehen kann."[6] Gervinus hebt insbesondere die Bedeutung des Volkes als des begründenden Subjekts dieser Literatur hervor. Entsprechend unterscheidet er im 16. und 17.

---

[5] Dazu Fohrmann: S. 36-39 und S. 46-55; Klaus Weimar: *Geschichte der deutschen Literaturwissenschaft bis zum Ende des 19. Jahrhunderts,* München 1989. S. 309ff.; Michael Ansel: *G.G. Gervinus' Geschichte der poetischen National-Literatur der Deutschen,* Frankfurt/Main 1990.

[6] G.G. Gervinus: *Geschichte der poetischen National-Literatur der Deutschen,* 2. Aufl., Leipzig. Bd.1 1840, S. 10.

Jahrhundert zwischen der Gelehrtendichtung und den volkstümlichen Strömungen, wobei seine Sympathie in der Regel auf der Seite der volkstümlichen Literatur zu finden ist.[7] Diese fundamentale Annahme determiniert den Prozeß der Erzählung in dreifacher Weise: erstens in bezug auf die Beziehung zwischen Erzähler und Leser, zweitens in bezug auf die Organisation der zeitlichen Verhältnisse des unterliegenden Materials im Text und schließlich in bezug auf Ton und Stil der Darstellung.

Die Leser, die Gervinus in seiner Literaturgeschichte anspricht und mit denen er in der Gestalt eines Dialoges verbunden bleibt, sind die Deutschen seiner eigenen Zeit, genauer gesprochen, die gebildeten Deutschen, aber keineswegs nur die Vertreter der Wissenschaft. Die Einleitung macht dies deutlich: „Ich will nicht für die Bearbeiter und gelehrten Kenner dieser Literatur schreiben, nicht für eine besondere Klasse von Lesern, sondern, wenn es mir gelingen möchte, für die Nation."[8] Um sie zu belehren und zu erbauen, hat Gervinus die monumentale Aufgabe auf sich genommen, die Geschichte der deutschen Literatur von ihren Anfängen an zu verfolgen. Dabei erscheint vor allem die neuere Zeit Probleme aufzugeben, da sie sie bisher in ihrem größeren Zusammenhang nicht aus Quellen erschlossen worden ist:

> Die Geschichtschreiber der Nationalliteratur nahmen folgerecht fast allein Rücksicht auf die alte Zeit, fast keiner aber erschien, dessen Werk auch selbst in diesen Theilen nur ahnen ließe, wie treffliche Forscher hier vorgearbeitet hatten, geschweige daß man die dichterischen und sonstigen Werke jener Zeit aus unsern Literargeschichten hätte kennen lernen. Die neue deutsche Literatur aber, so reich, so blühend und mannigfaltig, nahm sich meist überall in diesen Geschichtswerken wie ein steriles Feld aus, auf dem nichts zu erbeuten sei.[9]

Für diese tour d'horizon hat Gervinus einen Erzähler gewählt, der die geschichtliche Entwicklung der deutschen Literatur aus der olympischen Perspektive erzählt; er ist ein allwissender Erzähler. Jedoch erscheint er nicht als eine distanzierte und desinteressierte Stimme, sondern er sympathisiert mit der Richtung des historischen Prozesses wie auch seinen einzelnen Phasen und Stadien. Folglich darf und muß in jedem Detail das Ganze in seiner Gestalt sichtbar werden.

In Gervinus' Darstellung wird dieser Gesamteindruck erreicht durch die einheitliche und stabile Position des Erzählers. Obschon dieser Erzähler gewissen Perioden näher steht als anderen und überdies einige Dichter höher einschätzt als andere, bleibt der Abstand zwischen dem Erzähler und den behan-

---

[7] Peter Uwe Hohendahl: „Gervinus als Historiker des Barockzeitalters.", in: *Europäische Barockrezeption*, hg. von Klaus Garber. Wiesbaden 1991. S. 561-576.
[8] Gervinus: Bd.1, S. 13.
[9] Gervinus: Bd.1, S. 5f.

delten Werken und Autoren im großen und ganzen gleich. Das Interesse der Darstellung gilt, wie der Autor wiederholt erwähnt, dem Prozeß im ganzen und nicht so sehr den spezifischen Details. So wehrt sich Gervinus gegen den Einspruch der Liebhaber, deren Blick nur auf ihren bevorzugten Autor fixiert bleibt und dabei den weiteren Zusammenhang aus den Augen verliert:

> Wenn ich auch namentlich über einzelne Theile und Perioden weniger warm oder weniger kalt urtheile, als Mancher wünschen möchte, so erwäge man ja den Zweck des Ganzen und dränge sich nicht mit Partheiansichten an eine partheilose Geschichte.[10]

Gervinus' Stil unterstreicht die Bedeutung des Sujets und besteht ensprechend auf einer wissenschaftlich-gehobenen Diktion, ohne jedoch den allgemeinen gebildeten Leser zurückzustoßen. Die ausgefaltete akademischen Rhetorik, für die eine elaborierte syntaktische Struktur angemessen ist, verstärkt den Eindruck eines kontinuierlichen historischen Prozesses, der vom frühen Mittelalter bis in die Gegenwart des Autors reicht. So ließe sich Gervinus' Literaturgeschichte auch als der (freilich unabgeschlossene) Bildungsroman des deutschen Volks ansprechen. In diesem Sinne notiert Gervinus 1841 in seiner knappen Einleitung zum fünften Teil:

> Der Geist des Volkes steht in dieser raschen Übersicht der Bildung von Jahrhunderten wie lebendig da und spricht uns aus tausend beredten Stimmen zu Herz, Gemüth und Verstand, daß wir in ihm uns selbst liebhaben, und uns selber niemals aufgeben sollen.[11]

III.

Obgleich Heines *Romantische Schule* bestimmte Eigenschaften mit dem Projekt von Gervinus teilt, zum Beispiel den Nachdruck auf dem deutschen Charakter der deutschen Literaturgeschichte sowie die Überzeugung, daß Ideen sich im historischen Prozeß materialisieren können, bietet die Form der Darstellung einen prononcierten Kontrast. Zum ersten ist das Verhältnis zwischen Erzähler und implizitem Leser entschieden komplexer. *Die Romantische Schule* wurde von Heine bekanntlich im Hinblick auf ein französisches Publikum entworfen, das heißt, einen Leserkreis, der mit der deutschen literarischen Tradition wenig vertraut war und sich überdies in seinen Informationen vor allem auf Madame de Staëls *De l'Allemagne* stützte. Ferner mußte Heine in Rechnung stellen, daß seine französischen Leser ästhetische Einstellungen

---

[10] Gervinus: Bd. 1, S. 14.
[11] Gervinus: Bd. 5, 1844. vi.

einbringen würden, die nicht ohne weiteres mit der deutschen Selbsteinschätzung der behandelten Werke und Autoren übereinstimmen würden. Der Erzähler tritt daher als Vermittler zwischen der Kultur seiner Leser und einer fremden, weitgehend unbekannten literarischen Welt auf. Bemerkenswert bleibt – und dies ist sicher kein Zufall –, daß Heine bei der Vorbereitung der deutschen Ausgabe des Textes die spezifischen rhetorischen Elemente, durch die der Kontrast zwischen deutscher und französischer Kultur jeweils unterstrichen wird, nicht eliminierte. Infolgedessen entstand ein Text, in dem der Erzähler die Geschichte der deutschen Literatur, die seine deutschen Leser natürlich als die Geschichte ihrer eigenen Literatur begreifen wollen, aus der Perspektive der französischen Rezipienten darstellt. Der Erzähler gibt nicht vor, Franzose zu sein; im Gegenteil, er vertritt eine deutsche Position: Wo er das kollektive „wir" gebraucht, sind die Deutschen gemeint und nicht die Franzosen, die regelmäßig mit „ihr" angeredet werden. Aber er gibt vor, sich an französische Leser zu richten, obschon er weiß, daß diese Leser seines deutschen Textes überwiegend Deutsche sind. Exemplarisch wird dieser Kontrast herausgearbeitet in der Darstellung Achim von Arnims. Heine vergleicht ihn mit dem in Frankreich bekannteren E.T.A. Hoffmann und gibt zu bedenken, daß der letztere entschieden weniger unheimlich und schrecklich sei als Arnim. „Ein Franzose hat gar keine Idee davon, wie ernsthaft wir erst im Tode sind; da sind unsere Gesichter noch viel länger, und die Würmer, die uns speisen, werden melancholisch wenn sie uns dabei ansehen."[12] Das Ergebnis dieser Strategie ist Ambivalenz. Auf der einen Seite hebt der Erzähler die Bedeutung des deutschen Projekts hervor und kritisiert explizit Madame de Stael dafür, daß sie die deutsche literarische Tradition fehlerhaft dargestellt habe, auf der anderen Seite entzieht er sich der identifizierenden Einstellung, die Gervinus' Darstellung kennzeichnet. Auf diese Weise bereitet der Erzähler die Kritik der deutschen Romantik vor.

Beginnen wir mit dem Problem der Intention des Autors. Die Wissenschaftsgeschichte sieht es als ausgemacht an, daß Heine mit seiner Darstellung die gleichen Absichten verfolgt wie die akademischen Literaturgeschichten. Ein Blick auf die Einleitung zum dritten Buch der *Romantischen Schule* wirft dagegen eine Reihe von wichtigen Fragen auf. Im ersten Absatz – wie es zunächst scheint, ohne jeden Bezug auf den eigentlichen Gegenstand – richtet sich der Erzähler an seine Leser mit einer Frage über China, um sie sogleich selbst zu beantworten: „Kennt Ihr China, das Vaterland der geflügelten Drachen und der porzellanenen Teekannen? Das ganze Land ist ein Raritätenkabinett, umgeben von einer unmenschlich langen Mauer und hunderttausend

---

[12] Heinrich Heine: *Sämtliche Schriften,* hg. von Klaus Briegleb. 6 Bde, München 1968-76. Bd. 3, S. 458. Im folgenden werden Band- und Seitenangaben im Text gegeben, z.B. (III, 458).

tartarischen Schildwachen." (III, 446) Über zwei Absätze hin wird der Leser mit pseudo-ethnographischen Einzelheiten über China regaliert, bevor ihm schließlich aufgeht, daß diese exzentrische Darstellung, die sogar Hinweise auf chinesische Märchen einschließt, als Einführung in die Behandlung des Œuvres von Clemens Brentano dient. Wo es die Aufgabe der Literaturgeschichte gewesen wäre, Brentanos Beitrag zur deutschen Literatur angemessen zu kontextualisieren und namentlich seine Stellung in der deutschen Romantik zu erläutern, unterbricht Heines Text diesen Zusammenhang. Der Text destabilisiert die Einstellung des Lesers, indem er den Blick auf die deutsche Literatur verfremdet. Es ist dort von einer Prinzessin die Rede, deren größtes Vergnügen darin besteht, seidene Stoffe zu zerreißen:

> Es war nämlich ihre höchste Wonne, wenn sie kostbare Seiden- und Goldstoffe zerreißen konnte. Wenn das recht knisterte und krackte unter ihren zerreißenden Fingern, dann jauchzte sie vor Entzücken. Als sie aber endlich ihr ganzes Vermögen an solcher Liebhaberei verschwendet, als sie all ihr Hab und Gut zerrissen hatte, ward sie, auf Anraten sämtlicher Mandarine, als eine unheilbare Wahnsinnige, in einen runden Turm eingesperrt. (III, 446f.)

Im folgenden Absatz kehrt die Erzählung endlich zu ihrem eigentlichen Thema zurück, nämlich den Exzessen der deutschen Romantik, wenn Heine fortfährt: „Diese chinesische Prinzessin, die personifizierte Caprize, ist zugleich die personifizierte Muse eines deutschen Dichters, der in der Geschichte der romantischen Poesie nicht unerwähnt bleiben darf." (III, 447) Auf der einen Seite unterstreicht der Vergleich Brentanos mit einer kapriziösen und wahnsinnigen Prinzessin den absonderlichen und problematischen Charakter seiner Schriften, auf der anderen untergräbt die witzige und ironische Natur dieses Vergleichs offensichtlich den wissenschaftlichen Anspruch der Darstellung. Schwerlich ist bei Gervinus Platz für Seide zerreißende chinesische Prinzessinnen.

Natürlich kann man die zitierte Passage mit anderen Stellen vergleichen, in denen Heine den Ernst und die Bedeutung seines kritischen Projekts unmißverständlich verkündet, etwa im ersten Buch, wo Heine programmatisch die Romantik mit der Wiederentdeckung des Mittelalters gleichsetzt: „Sie war nichts anders als die Wiedererweckung der Poesie des Mittelalters, wie sie sich in dessen Liedern, Bild- und Bauwerken, in Kunst und Leben manifestiert hatte." (III, 361) Aus dieser historischen Einschätzung folgerte Heine bekanntlich, daß die deutsche Romantik, im Unterschied zur französischen, ihrem Charakter nach eine Reaktion darstellt – mit problematischen politischen Konsequenzen. Auf solche Stellen hat sich die ideologiekritische Deutung der siebziger Jahre konzentriert, um Heines Intentionen zu fixieren. Gleichwohl findet sich der Leser häufig in einer Situation, wo die Absicht der Darstellung alles andere als eindeutig ist. Der Heinesche Text ist reich an Passagen, die den Erwartungen einer akademischen Literaturgeschichte widersprechen und damit eine dogmatische Lektüre problematisieren.

Als ein Beispiel möchte ich die Mitteilung biographischer Daten und Fakten erwähnen, die Heine bei der Behandlung der Autoren einstreut. In den meisten Fällen handelt es sich um einen kurzen Abriß, der das Jahr und den Ort der Geburt, die Erziehung wie die berufliche Laufbahn zusammenfaßt. Wie ist diese lexikalische Gestaltung zu bewerten? Handelt es sich darum, Information mitzuteilen? Oder dient diese Skelettierung der Biographie anderen Zwecken? Der Text gibt in der Regel keinen Hinweis, wie die Information aufzufassen ist. Doch scheint mir ein parodistischer Gebrauch nicht ausgeschlossen zu sein: ein ironisches Anschließen an ältere akademische Traditionen, die ihren Sinn verloren haben. Auffallend ist jedenfalls die Art, wie Heine die Biographie von Görres behandelt:

> Herr Görres ist geboren zu Koblenz, den 25sten Januar 1776. Die übrigen Partikularitäten seines Lebens, wie die des Lebens der meisten seiner Genossen, bitte ich mir zu erlassen. Ich habe in der Beurteilung seiner Freunde, der beiden Schlegel, die Grenze überschritten wie weit man das Leben dieser Leute besprechen darf. (III, 436)

Die scheinbare Zurückhaltung erweist sich freilich als eine Täuschung, wenn man die entsprechenden Passagen über die Brüder Schlegel heranzieht, die in der Schärfe ihrer Polemik ad hominem kaum zu übertreffen sind. Typischer ist die Information über Novalis, in der das Wichtige und Unwichtige sich eigentümlich mischen.

> Novalis wurde geboren den 2ten Mai 1772. Sein eigentlicher Name ist Hardenberg. Er liebte eine junge Dame, die an der Schwindsucht litt und an diesem Übel starb. In allem, was er schrieb, weht diese trübe Geschichte, sein Leben war nur ein täumerisches Hinsterben, und er starb an der Schwindsucht im Jahr 1801, ehe er sein neunundzwanzigstes Lebensjahr und seinen Roman vollendet hatte. (V, 441)

Im folgenden wird dann deutlich, wie sehr Heine das Motiv der Krankheit und des frühen Todes zum Ausgangspunkt seiner Deutung des Novalis macht. In jedem Fall handelt es sich bei den Kurzbiographien um Textelemente, in denen der Leser sich auf den Erzähler nicht unbedingt verlassen kann.[13]

Bei genauerem Hinsehen erweist sich, daß der Erzähler eine Reihe von verschiedenen Rollen annimmt, um mit dem Leser zu kommunizieren. Dabei wechselt er fast mühelos von der einen zu anderen. Zu ihnen gehört die des

---

[13] Zur Frage der Erzählhaltung vgl. Wayne C. Booth: *The Rhetorik of Fiction*, 8. Aufl., Chicago 1968.

Psychologen, der den pathologischen Charakter der deutschen Romantiker analysiert; der Erzähler kann sich aber ebenfalls als der aufgeklärte Räsonneur in Szene setzen, der auf den Spuren von Lessing strenge Urteile über Autoren und Werke ausspricht. An anderen Stellen finden wir den Erzähler in der Rolle des wissenschaftlichen Anthropologen, der die Umstände eines Autors und seiner Epoche im Rahmen seiner Kultur desintessiert beschreibt und bewertet. Prononciert finden wir diese Inszenierung zu Beginn des dritten Teils des dritten Buches, wenn der Erzähler den narrativen Fluß für eine allgemeine methodische Betrachtung unterbricht:

> Die Geschichte der Literatur ist eben so schwierig zu beschreiben wie die Naturgeschichte. Dort wie hier hält man sich an die besonders hervortretende [sic] Erscheinungen. Aber wie in einem kleinen Wasserglas eine ganze Welt wunderlicher Tierchen enthalten ist, die eben so sehr von der Allmacht Gottes zeugen, wie die größten Bestien: so enthält der kleinste Musenalmanach zuweilen eine Unzahl Dichterlinge, die dem stillen Forscher eben so interessant dünken, wie die größten Elefanten der Literatur. (III, 465)

Sollte der Leser den ironischen Charakter der Betrachtung noch nicht bermerkt haben, hilft der emphatische Nachtrag: „Gott ist groß!" Sogleich stellt sich dann die Frage, wie das Verständnis dieser Rollen durch den angesprochenen Leser die Bedeutung des Textes berührt und gestaltet.

An einem Beispiel möchte ich dieses Problem erläutern. Im dritten Buch beschäftigt sich der Erzähler ausführlich mit dem Dramatiker Zacharias Werner. Nachdem er seine literarische Laufbahn behandelt hat, faßt er seine Bewertung des Dramatikers in folgender Weise zusammen:

> Die Werke die er in dieser späteren Zeit schrieb, sind ungenießbar. Die Gebrechen seiner früheren Schriften sind hier aufs höchste gesteigert. Seine Rittergestalten bestehen nur aus Eisen und Gemüt; sie haben weder Fleisch noch Vernunft. Seine Frauenbilder sind nur Bilder, oder vielmehr nur Puppen[...]" (III, 477).

Dieses harsche, negative Urteil spiegelt offensichtlich Heines Widerwillen gegen die religiösen und metaphysischen Tendenzen unter den Romantikern. Ähnliche Äußerungen finden sich, wo Heine auf die Brüder Schlegel und Schelling zu sprechen kommt. Sie unterstreichen ohne Ausnahme die Polemik Heines gegen eine spezifische philsophische und ideologische Konstellation innerhalb der deutschen Romantik, die er als regressiv beurteilt. Doch diese direkte Art der Polemik ist nicht die einzige Form der Kritik und möglicherweise nicht einmal die effektivste. *Die Romantische Schule* enthält narrative Modelle, die es Heine ermöglichen, eine scheinbar einfache und eindeutige Beziehung zwischen Erzähler und Leser für seine Zwecke auszubeuten. Zu ihnen gehört die Anekdote.

Der Erzähler liebt es, seine Leser mit Anekdoten über die romantischen Schriftsteller zu unterhalten. Unter ihnen findet sich die Nachricht über Zacharias Werners Geburt. Sie wird, um die Distanz zu vergrößern, E.T.A. Hoffmann in den Mund gelegt.

> Er [E.T.A. Hoffmann] erzählt nämlich, daß Werners Mutter gemütskrank gewesen und während ihrer Schwangerschaft sich eingebildet, daß sie die Muttergottes sei und den Heiland zur Welt bringe. Der Geist Werners trug nun, sein ganzes Leben hindurch, das Muttermal dieses religiösen Wahnsinns (III, 474).

Der allegorische Charakter dieser Anekdote ist schwer zu übersehen. Während ihre empirische Begründung bedeutungslos ist, erhält sie ihre kritische Funktion durch den Vergleich von Werners Dramen und Hoffmanns Geschichte. Die Bedeutung der Anekdote 'erklärt' dann, in einem pseudo-kausalen Zusammenhang, Werners vorgeblich 'pathologische' religiöse Einstellung.

Eine zweite, freilich benachbarte Strategie benutzt Heine in der belehrenden Geschichte. In seiner Behandlung von Tieck fügt Heine die Geschichte der alten Magd ein, die ihrer Herrin auch auf dem Wege der Verjüngung folgen wollte. In

> Abwesenheit der Dame nahm sie nun aus deren Toilette das Fläschchen, welches jenes Elexier enthielt, statt aber nur einige Tropfen zu trinken, tat sie einen so großen, langen Schluck, daß sie durch die höchstgesteigerte Wunderkraft des verjüngenden Tranks, nicht bloß wieder jung, sondern gar zu einem ganz kleinen Kinde wurde. (III, 376)

Die Anwendung der Fabel auf Tiecks Interesse am Mittelalter wird alsbald deutlich, wenn Heine fortfährt:

> Wahrlich, so ging es namentlich unserem vortrefflichen Herrn Tieck, einem der besten Dichter der Schule; er hatte von den Volksbüchern und Gedichten des Mittelalters so viel eingeschluckt, daß er fast wieder ein Kind wurde, und zu jener lallenden Einfalt herabblühte, die Frau v. Staël so sehr viele Mühe hatte zu bewundern. (III, 376)

IV.

Ich habe zu zeigen versucht, daß Heines rhetorischen Strategien sich wesentlich von der Schreib- und Erzählweise von Gervinus unterscheiden. Man ist folglich versucht, diese Differenz begrifflich als die Differenz zwischen wissenschaftlicher und journalistischer Darstellung zu erfassen. Freilich kann diese Form der Dichotomisierung leicht auf eine Reduktion hinauslaufen. Offensichtlich ist Heines *Romantische Schule* weniger gewichtig und zweifellos unterhaltsamer als der Typus der akademischen Literaturgeschichte. Auch wenn Heines Schrift versucht, ein umfassenderes narratives Muster der Geschichte zu entwerfen – welches nicht einmal wesentlich von demjenigen Gervinus' abweicht –, destruiert sie dieses Modell gleichzeitig wieder dadurch, daß der Text eine Reihe von Erzählerrollen und -positionen entwirft, die miteinander um die Vorherrschaft streiten und einander gelegentlich auch widersprechen. Durchaus bewußt und, wie mir scheint, mit großer Geschicklichkeit vermeidet Heine den einheitlichen Ton der zeitgenössischen Literaturgeschichte. Der Wechsel zwischen den Positionen impliziert nicht selten einen Wechsel in Ton und Stimmung der Darstellung – von emphatischen philosophischen und politischen Forderungen zu humoristischen Anekdoten, von trockenen biographischen Mitteilungen zu ausgesprochen impressionistischen Interpretationen einzelner Werke. Diese Technik hält den Leser gleichsam auf seinen Zehenspitzen. Er kann nicht auf die Autorität der Stimme der Geschichte selbst hoffen, wie sie Rankes Historiographie simuliert. Dort wird der Leser ermutigt, in dem narrativen Prozeß den Prozeß der Geschichte selbst zu erkennen.

Obgleich Heines Erzählerstimmen in verschiedener Weise beanspruchen, durch Literatur Geschichte zu interpretieren, darf sich der Leser nicht darauf verlassen, daß diese Stimmen sich auf eine bestimmte und gleichbleibende Deutung einigen. Heine nähert sich der akademischen Literaturgeschichte, benutzt und parodiert sie. Dieses Verfahren macht sich selbst dort bemerkbar, wo er auf die historische Methode reflektiert, beispielsweise in folgender Passage:

> Die meisten Literaturhistoriker geben uns wirklich eine Literaturgeschichte wie eine wohlgeordnete Menagerie, und immer besonders abgesperrt, zeigen sie uns epische Säugedichter, lyrische Luftdichter, dramatische Wasserdichter, prosaische Amphibien, die sowohl Land- wie Seeromane schreiben [...] (III, 465f.)

Das von der naturwissenschaftlichen Taxonomie ausgeborgte Schema wird ad absurdum geführt, um schließlich zu zeigen, daß Literaturgeschichte nur als die Geschichte von Ideen geschrieben werden kann. Wollte man sich auf diese Definition freilich prinzipiell berufen, würde man bald herausfinden, daß sie nur eine unter mehreren ist, die im Text nebeneinander und gegeneinander wirksam sind.

Die Folge ist, daß die *Romantische Schule* fragmentarischer ist als Gervinus' Literaturgeschichte, obgleich Heine bemüht ist, einen übergreifenden ideologischen Rahmen zu entwerfen. Im großen und ganzen besteht Heines Text aus kleineren Erzählsequenzen, die sich zu einem Mosaik zusammenfügen. Während Gervinus' Erzählung den Eindruck einer Totalität hinterläßt, in der die Teile sich zu einem teleologisch geordneten Ganzen gestalten, besteht Heines Darstellung aus zahlreichen miteinander verbundenen, doch in sich relativ selbständigen Einheiten. Überwiegend verfährt Heine nach dem Prinzip der verknüpfenden Reihung, die jeweils durch Abschweifungen unterbrochen werden kann. So verbinden sich die Einheiten eher assoziativ als kausal. Im dritten Buch beginnt der Erzähler, wie wir gesehen haben, mit der Behandlung Brentanos, an die sich die ausführliche Darstellung der von Brentano und Arnim herausgegeben Sammlung *Des Knaben Wunderhorn* anschließt (die Heine übrigens sehr ernst nimmt). Die Deutung der Volkspoesie gibt dann das Stichwort für einen Blick auf das Nibelungenlied, dessen Edition natürlich bei der Konstitution der frühen Germanistik (Lachmann) eine wichtige Rolle spielte. Der Vergleich des Epos mit einem mittelalterlichen Bauwerk erlaubt danach die Erwähnung des Kölner Doms als des wichtigsten und meist beachteten Sakralbaus des deutschen Mittelalters. Der erste Teil des dritten Buches schließt dann mit einer Betrachtung über die Anonymität der großen Kulturdenkmäler. Nicht nur die Sprunghaftigkeit in der Behandlung der Gegenstände ist charakteristisch für die *Romantische Schule*, sondern gleichermaßen der freie Umgang mit der historischen Zeit. Nicht die Kontinuität interessiert Heine, sondern die Dialektik zwischen Vergangenheit und Gegenwart.

Die wohl gravierendste Abweichung vom Modell der akademischen Literaturgeschichte in Heines Text ergibt sich aus der Vermischung von fiktionalen und faktischen Aussagen oder, anders gesprochen, aus der Verwischung etablierter kognitiver Grenzen. Auf der einen Seite werden historische Personen, zum Beispiel Luther oder Lessing, als fiktionale Charaktere behandelt, auf der anderen Seite werden fiktionale Figuren, auf die sich Heine in seinen Werkanalysen bezieht, wie empirisch wirkliche Personen dargestellt. Gleichwohl betont Heine in theoretisch orientierten Teilen seines Werks, daß Kunst und Leben verschiedene Welten darstellen und verschiedenen Gesetzen folgen. Da die Grenzen zwischen Fiktion und empirischer Wirklichkeit im Text fließend sind, kann die kritische Darstellung von literarischen Kunstwerken entweder den Eindruck der Realität simulieren, etwa durch die Art, wie der Erzähler den Inhalt wiedergibt, oder sie kann die Bedeutung fiktionalisieren, wie dies in folgendem Beispiel geschieht:

> Dieses Gedicht ist selbst ein Kuß; der Genius der Poesie küßte den schlafenden Frühling, und dieser schlug lächelnd die Augen auf, und alle Rosen dufteten und alle Nachtigallen sangen, und was die Rosen dufteten und die Nachtigallen sangen, das hat unser vortrefflicher Fouqué in Wort gekleidet, und er nannte es: 'Undine'. (III, 476f.)

Schwerlich würde diese Passage einen Platz in Gervinus' Literaturgeschichte finden, denn sie verweigert die kategorische Unterscheidung zwischen Literatur und Literaturkritik. Heines Bewertung der *Undine* läuft auf eine Poetisierung der Poesie durch die Kritik hinaus. Wenn man die zitierte Stelle im Zusammenhang von Heines Auseinandersetzung mit Fouqué betrachtet, wird diese „Poetisierung" freilich in ein ironisches Licht versetzt. Der Leser kann sich nicht darauf verlassen, daß die poetische Geste vollkommen ernst gemeint ist. Die Passage enthält zugleich die Möglichkeit der Dekonstruktion des romantischen Modells der Poetisierung der Kritik. Gleichwohl würde dieser Zweifel an der Seriosität des Sprechens die kategorische Differenz zwischen fiktionaler Darstellung und dem Diskurs der Kritik nicht wiederherstellen, stattdessen würde es den Leser permanent in der Schwebe halten.

Allerdings läßt sich diese Beobachtung kaum generalisieren. Das gleiche Verfahren führt im Falle von Jean Paul, den Heine erwähnt, obgleich er nicht zur Romantischen Schule gehört, zu einem unterschiedlichen Ergebnis. Der Erzähler wirft einen Blick auf den eigentümlichen Stil seines Autors und bemerkt:

> Jean Pauls Periodenbau besteht aus lauter kleinen Stübchen, die manchmal so eng sind, daß wenn eine Idee dort mit einer anderen zusammentrifft, sie sich beide die Köpfe zerstoßen; oben an der Decke sind lauter Haken, woran Jean Paul allerlei Gedanken hängt, und an den Wänden sind lauter geheime Schubladen, worin er Gefühle verbirgt. (III, 470)

Die Charakterisierung des Jean Paulschen Stils verliert sich in mehr und mehr Einzelheiten, die aber nicht mit den Begriffen der Rhetorik benannt werden, wie es der akademischen Kritik ansteht, sondern durch die ausführlich gestaltete Gebäudemetapher veranschaulicht werden, so daß der Leser anstelle eines Begriffs einen sinnlichen Eindruck erhält. Ob dieser Eindruck zu einem eindeutigen Urteil über Jean Paul führt, ist allerdings eine andere Frage, denn gerade durch die anschauliche, die Details häufende Darstellung kann Heine der begrifflichen Festlegung ausweichen und alles offenhalten.

V.

Durch den kontrastierenden Vergleich von Heines *Romantischer Schule* und Gervinus' *Geschichte der poetischen National-Literatur* habe ich versucht, die Eigenart von Heines Form der Literaturkritik und Literaturgeschichte zu erhellen. Insbesondere ging es mir um die Klärung der narrativen Struktur. Ich glaube, daß Heines Text sich nicht ohne weiteres in das Modell einfügen läßt, das die junge Germanistik (um hier etwas pauschal zu sprechen und ohne auf die Differenzen zwischen den strengen Philologen und den Literaturhistorikern einzugehen) ausbildete. Jüngst hat Michael Ansel noch einmal den Versuch unternommen, Heine als wissenschaftlichen Literaturhistoriker vorzustellen, indem er die Parallele zwischen ihm und Gervinus betont.[14] Sein Argument beruft sich auf die Ähnlichkeit der geschichtsphilosophischen Grundüberzeugung. Daraus folge eine weitgehende Übereinstimmung in der Bewertung des Verlaufs der deutschen Geschichte, etwa in der Beurteilung der Reformation oder der Aufklärung. Ansel zufolge sind sich Heine und Gervinus einig in der Betonung eines universalen Humanismus, der dem deutschen Nationalismus übergeordnet bleibt. Dieser philologisch sorgfältig durchgeführte Versuch findet jedoch seine Grenze, wo er aufgrund der Parallelen Heines *Romantische Schule* die gleiche Darstellungsabsicht zuweist wie Gervinus' Literaturgeschichte. Dementsprechend mißt er Heine an Gervinus und kommt zu dem Schluß, daß Heine die Kriterien der neuen Wissenschaftlichkeit weitgehend erfüllt habe. Doch die entscheidende Frage ist nicht, ob Heine mit den Anforderungen der wissenschaftlichen Historiographie vertraut war – er war es –, sondern, was er mit diesem Wissen macht, wie er es in seiner Darstellung einsetzt. Setzt man Gervinus' Wissenschaftsauffassung als Grundlage voraus, kann man *Die Romantische Schule* nur mit Einschränkungen anerkennen (was auch Ansel schließlich im Hinblick auf das Wissenschaftsethos und den Stil einräumt), doch kommt es darauf an, die Problematik eben dieser Voraussetzung deutlich zu machen. Der Unterschied ist nicht lediglich eine Frage der Gattung und der Kommunikationsstruktur, also der Differenz zwischen wissenschaftlicher Darstellung auf der einen Seite und journalistischer Mitteilung auf der anderen. Die Differenz ergibt sich darüber hinaus aus Heines Begriff von Kritik. Wo Gervinus durch seine monumentale Erzählung die Identität zwischen dem Volk der Deutschen und ihrer Literatur hervorhebt und seinen aufsteigenden Bildungsgang beschreibt, bleibt Heine ein skeptischer und ambivalenter Beobachter, der gleichzeitig das Projekt einer nationalen Literatur affirmativ aufgreift und es problematisiert, der die romantische Literatur zelebriert und sie zerstört und der schließlich vom romantischen Begriff einer poetischen Kritik zehrt und ihn zugleich untergräbt.

So ergibt sich eine paradoxe Situation: Die Krise der akademischen Literaturgeschichte, die sich in den 1880er Jahren abzuzeichnen begann[15], wird von Heine bereits im Zeitpunkt ihrer ersten Blüte antizipiert, und zwar von einer

---

[14] Michael Ansel: „Auf dem Wege zur Verwissenschaftlichung der Literaturgeschichtsschreibung: Heine Abhandlungen *Zur Geschichte der Religion und Philosophie in Deutschland* und *Die Romantische Schule.*", in: IASL, Bd.17, 1993. H. 2. S. 61-94.

[15] Zur Krise der Literaturgeschichte vgl. Holger Dainat: „Von der neueren Deutschen Literaturgeschichte zur Literaturwissenschaft. Die Fachentwicklung von 1890 bis 1913/14.", in: *Wissenschaftsgeschichte der Germanistik im 19. Jahrhundert*, hg. von Jürgen Fohrmann und Wilhelm Voßkamp. Stuttgart 1994. S. 494-537.

Position, die ich als proto-modernistisch kennzeichnen möchte. Sie beerbt die Romantik, indem sie diese kritisiert. Innerhalb der wissenschaftlichen Kritik jedoch bleibt *Die Romantische Schule* eine Anomalie, weil sie den methodischen Anspruch der neuen Literaturgeschichte zwar erkennt, aber nicht dogmatisch mitvollzieht. Zwei Momente dieser Abweichung möchte ich noch einmal hervorheben: erstens fehlt Heine das feste, dogmatische Vertrauen auf Kontinuität und Teleologie des geschichtlichen Prozesses. Sein Verhältnis zur Idee des Fortschritts ist – trotz seiner wiederholten emphatischen Zustimmung – gebrochen, sein Verfahren der Darstellung unterstreicht gleichzeitig die Momente der Diskontinuität und die Faktizität der Brüche. Zweitens verletzt Heine die Regeln der wissenschaftlichen Methode. Indem er die Kritik fiktionalisiert, führt er sie in den poetisch-ästhetischen Bereich zurück, aus dem sie Gervinus gerade lösen wollte. Dieses Überschneiden von fiktionalem und philosophischem Zugriff, von zwei Zugängen, die sich nicht synthetisch integrieren lassen, macht Heines proto-modernen Charakter aus, den auch die jungdeutschen Schriftsteller, so sehr sie Heine bewunderten und ihn als den Meister der neuen Prosa feierten – zum Beispiel Ludwig Wienbarg in der 24. Vorlesung seiner *Ästhetische Feldzüge* –, nur teilweise erkannten. An dem jungdeutschen Diskurs über ihren Stil ist abzulesen[16], daß in der extensiven Diskussion der 1830er und 1840er Jahre zum guten Teil wieder verlorenging, was Heine zu seiner Schreibart führte, nämlich der dialektische Charakter seiner Kritik. Die Modernität Heines tritt als Stil in Erscheinung, als Schreibart, mit der sich weder Wissenschaft noch Philosophie befreunden konnten, die aber auch in der zeitgenössischen Dichtung, sofern sie sich biedermeierlich als Poesie verstand, keine Heimat fand.

---

[16] Takanori Teraoka: *Stil und Stildiskurs des Jungen Deutschland*, Hamburg 1993. Besonders S. 150ff.

Ingrid Pepperle

Georg Herweghs unbekannte Korrespondenzen aus Paris 1848 in Arnold Ruges Berliner Zeitung *Die Reform.*

In meinem Beitrag möchte ich über neuaufgefundene Texte sprechen, die Herwegh als Korrespondenzberichte aus Paris im Revolutionsjahr 1848 in Ruges Zeitung *Die Reform* veröffentlichte. Über ihre Bedeutung seien gleich eingangs zwei Thesen vorangestellt:

1. Diese Texte können weiter dazu beitragen, lang tradierte Klischees über Herwegh zu beseitigen, und zwar Klischees dahingehend, daß der Dichter – wie nach der verunglückten Deutschlandreise im Jahre 1842 – auch nach dem gescheiterten Freischarenzug vom April 1848 und der anschließenden Kampagne gegen ihn in Lethargie und Untätigkeit verfallen wäre.

2. Die Materialien sind geeignet, den theoretisch-politischen Standpunkt Herweghs in der Revolutionszeit, aber auch darüber hinaus, genauer zu bestimmen.

Zur Auffindung kann ich sagen, daß es nicht so aufregend zuging, wie sonst in solchen Fällen oft üblich. Schon 1896 hatte Marcel Herwegh bei der Veröffentlichung von Herweghs Briefwechsel aus dem Jahre 1848 zwei Briefe von Ruge an Herwegh aufgenommen, die eindeutig auf diese Korrespondenzen hinwiesen. In einem Brief vom 26. August forderte Ruge Herwegh zu Schilderungen der „Pariser Lage und der neuen kommenden Revolution" auf, in dem anderen vom 1. November bestätigte er ihm, daß seine Briefe wichtig seien und so, wie sie ankämen, auch immer gleich gedruckt würden.[1] Ich brauchte also nur die sehr seltene und nirgendwo vollständig vorhandene Zeitung aufzufinden und nach diesen Beiträgen zu suchen. Da der Zeitraum in Ruges Briefen angegeben war, war es nicht schwer, sie unter anderen Berichten aus Paris unter dem Signum *h Paris* auszumachen, Korrespondenzen, die auch durch Stil und Inhalt als Herweghs Texte zu erkennen waren. Es gibt zudem das Signum *h Paris* nur in dem durch die Briefe ausgewiesenen Zeitraum und nachdem Herwegh in der redaktionellen Erklärung vom 22. August 1848 neben anderen Persönlichkeiten als Mitarbeiter benannt worden war.[2]

---

[1] *Briefe von und an Georg Herwegh: 1848*, hg. von M. Herwegh. München 1896. S. 239-241.

[2] Herwegh hat auch später das Signum *h* vor dem Berichtsort angewandt, beispielsweise in seinen Berichten im *Beobachter* (Stuttgart), die mit *h-Zürich* signiert sind. Zur Benennung

Bevor ich auf den Inhalt eingehe, möchte ich etwas zum Charakter der *Reform* sagen und auch dazu, warum Herwegh in dieser Zeitung schrieb, was durchaus zu hinterfragen ist.

Es ist bekannt, daß beim Zerwürfnis zwischen Marx und Ruge im Früh-sommer 1844 Herwegh zwar nicht die entscheidende, aber doch eine Rolle spielte. Ruge hatte Herwegh damals heftig attackiert, ihm Sybaritismus, Bla-siertheit, einen ruinösen Lebenswandel vorgeworfen und ihn Marx gegenüber sogar einen „Lumpen" genannt.[3]

Auch wenn man die Entwicklung von Ruges Gesellschaftstheorie seitdem ins Auge faßt, zeigen sich weiterhin Gegensätze zu Herwegh; ein Indiz dafür: Ruges Standpunkt war damals vor allem in den beiden Bänden *Zwei Jahre in Paris* von 1846 manifest geworden.[4] Heine bat Herwegh, ihm das Buch zu schicken. Herwegh übersandte es am 1. oder 2. April 1846 mit der beigefüg-ten sarkastischen Bemerkung: „Hier das Rugesche Buch, das eigentlich am ersten April hätte erscheinen sollen".[5] Was hinter dieser Anspielung sachlich steckt, läßt eine schlagwortartige Zusammenfassung von Ruges damaligem Standpunkt deutlich werden:

1. Ruge lehnte die nach der Auflösung des Linkshegelianismus im Jahre 1843 entstandene Bruno Bauersche Richtung ab und nannte ihre Vertreter nur die „modernen Sophisten" (womit er m. E. deren Tendenz zu einer Jakob Burckhardt und Nietzsche analogen Kultur- und Zivilisationskritik allerdings wie viele andere damals nicht gerecht wurde).

2. Das Urteil gegenüber dem wahren Sozialismus einerseits und der Marx-Engelsschen Richtung andererseits war differenzierter. Ruge war durchaus der Meinung, daß das Grundproblem der Zeit nicht nur in der Erkämpfung der politischen Emanzipation besteht. Er war auch für eine grundsätzliche Reorganisation der ganzen Gesellschaft, in der, wie er einmal schrieb, nicht das unverjährbare Recht des Menschen, sondern das Eigentum Prinzip ist. In dieser Hinsicht hat er sogar geäußert, daß die sozialistische Bewegung in dem, was sie kritisiert, im großen und ganzen eigentlich Recht hat. Was fehlt, wäre der konstruktive Ausweg. Und Ruge meinte, das gelte für alle bisheri-

---

von Herwegh als Mitarbeiter der *Reform* siehe die in Anm. 12 zitierte *Ankündigung* in Nr. 129 vom 22. August 1848.

[3] *A. Ruges Briefwechsel und Tagebuchblätter aus den Jahren 1825-1880,* hg. von P. Nerr-lich. Berlin 1886. Vgl. Bd. 1, S.345, S. 349-351, S. 352, S. 354, S. 358-359.

[4] A. Ruge: *Zwei Jahre in Paris: Studien und Erinnerungen,* 2 Bde, Leipzig 1846. Wichtig in diesem Zusammenhang weiter der Bd. 9 seiner *Gesammelten Schriften* (Mannheim 1847), vor allem die drei *Briefe über den Communismus* (ebd. S. 365-414) und eine Reihe von Briefen. Vgl. Ruges Briefwechsel [Anm. 3]. Bd. 1, S. 346-347, S. 359-360, S. 380-381, S. 389-390, S. 395-396 und S. 403-404.

[5] G. Herwegh an H. Heine am 1. oder 2. April 1846, in: H. Heine: *Säkularausgabe. Bd. 26,* Berlin/Paris 1975. S. 159.

gen sozialistischen Vorschläge, einschließlich derjenigen, die er in Frankreich kennengelernt habe. So fallen dann die vielfältig herben Urteile: „Traum", „diesseitiges Christentum", das wie dieses in dieser Welt nicht zu realisieren sei, utopisch, nicht praktikabel, nicht frei von einer Tendenz zu Gewalt und Fanatismus, vielfach auch beherrscht von einer nicht klaren Einsicht in die Bedeutung der politischen Emanzipation. Allgemein weltanschaulich wird dabei gegenüber dem Sozialismus noch betont, der Egoismus sei unaufhebbar, das Ziel der Emanzipation sei der Einzelne und nicht eine mysteriöse „Gemeinschaft", das Eigentum wäre nicht Wurzel der Zwietracht, sondern Basis der Freiheit.

3. Um die Selbstbestimmung des Menschen zu sichern und alle Abhängigkeitsverhältnisse aufzuheben, entwickelte Ruge selbst die Idee einer Art genossenschaftlichen Sozialismus, die sich erstmals in dem genannten Buch findet und später in der Schrift aus der Revolutionszeit *Die Gründung der Demokratie in Deutschland*[6] zu einer in sich geschlossenen Konzeption ausgebaut wird. Nach ihr sollen sich „Associes" bilden, in denen der Mensch Eigentümer, Arbeiter und Unternehmer in einer Person ist. In dem auf dieser Grundlage entstehenden System bleiben Konkurrenz, Warenproduktion, Marktverhältnisse und was damit zusammenhängt erhalten.

4. Ruge vertrat die Auffassung, gleichgültig wie immer ein neues soziales System konstituiert sei, unabdingbare Voraussetzung bleibe die demokratische Republik. Kein Eingriff in das Reich der Bedürfnisse, sagt Ruge, der nicht als ein politischer Akt gedacht werden müßte.

Soweit ich Herwegh kenne, hat er zumindest die gegen den Sozialismus gerichteten Auffassungen nicht geteilt. Er dachte hier wie sein Freund Ludwig Feuerbach, der Ruges Abwendung von der sozialistischen Strömung deutlich mißbilligt hat.

Schließlich ist darauf hinzuweisen, daß auch noch zu Beginn der Revolution erhebliche Meinungsverschiedenheiten zwischen Herwegh und Ruge nachweisbar sind. So hat Ruge auf Herweghs briefliche Anfrage vor dem Freischarenzug, was man in Deutschland vom Unternehmen halte, geantwortet: unbewaffnet herzlich willkommen, bewaffnet jedoch ohne jede Aussicht auf Erfolg.[7] Herwegh umgekehrt hat in dieser Zeit Heinrich Oppenheim, dem Mitherausgeber der *Reform*, in einem Brief in außergewöhnlicher Derbheit zugesetzt, indem er ihm und seinen Freunden vorwarf, daß sie aufgrund ihrer Inkonsequenz und Tatenlosigkeit die Revolution nicht weitergetrieben

---

[6] A. Ruge: *Die Gründung der Demokratie in Deutschland oder der Volksstaat und der sozial-demokratische Freistaat*, Leipzig 1849.
[7] Vgl. A. Ruges Briefwechsel [Anm. 3]. Bd. 2, S. 40.

und dadurch die Republik verspielt und die deutsche Geschichte wieder verpfuscht hätten.[8]

Bei diesem Stand der Beziehungen ist also die Frage legitim, warum Herwegh an der *Reform* mitarbeitete. Meine Antwort geht dahin, daß die Revolution nicht nur Fronten schroffer hervortreten ließ, sondern auch Kräfte wieder verbunden hat. In diesem Sinne ist Herwegh m.E. dem Grundsatz gefolgt, der in den Korrespondenzberichten ausgesprochen ist, nämlich daß die Situation das Bündnis zwischen „radikalen Demokraten" und „sozialistischen Demokraten" verlangt, während er andererseits – er hatte die *Reform* nachweislich vor seiner Mitarbeit gehalten – offenkundig Ruges Anspruch akzeptierte, mit ihr der radikalen Demokratie in Deutschland ein Organ geschaffen zu haben.[9]

---

[8] *Briefe von und an G. Herwegh: 1848* [Anm 1]. S. 301-303. Herwegh schreibt u.a. in diesem Brief (Zitat nach der Handschrift im Herwegh-Archiv in Liestal/Schweiz, Signatur: BRH 1519a:) Mein lieber Oppenheim! Vorerst muß ich gegen das Wort 'Emigrant' protestieren, da die 3-4 Monate, die ich jährlich über dem Rhein zubringe, vollkommen hinreichen, um mich über ein Leben, das im Papiere auf- und untergeht und nur zuweilen durch einen Rippenstoß von Frankreich her in die Wirklichkeit hereingerissen wird, aufzuklären.- Ihr habt ein Paar gute Tage gehabt in Berlin, aber bei allem Heroismus aecht *deutsche* Tage; ihr habt zu kämpfen aufgehört in einem Augenblicke, wo ein Ruf au château für Euch und Deutschland Alles entschieden hätte; man *macht* allerdings die Republik, ein Dutzend Menschen reicht dazu hin, und wenn sie nur eine Viertelstunde von diesen aufrecht erhalten wird, so wird sie von 40 Millionen für lange Zeiten angenommen. Die Bourgeoisie fügt sich in Alles. Sie haben nach der *Februar*revolution nicht einmal eine *Juli*revolution zu Wege gebracht; politische Sentimentalität verhindert Euch, dem Könige den letzten coup de grâce zu geben, und Ihr tröstet Euch damit – allerliebst! – daß ein geschwächter, ein gedemütigter König ja kein König mehr sei, ja nichts mehr zu bedeuten habe. Wie die Feigheit sophistisch ist! Als ob ein gedemütigter König nicht doppelt gefährlich wäre! Als ob, wenn kein andrer Grund vorhanden, die 300 proletarischen Opfer nicht auch ein königl. Opfer verlangten! Es ist kein *Herz* und kein Verstand in Euch. Eure Monarchie war in ein Paar Stunden reif geworden zum Fall; die Republik war *gegeben*, wenn Ihr nur den politischen Instinkt eines Pariser gamins besessen hättet; Ihr habt Eure, Ihr habt unsre Geschichte verpfuscht.- Nun salbadert weiter, constitutionell oder demokratisch-monarchisch, fügt der ersten Schmach noch die zweite hinzu, verlaßt Polen und zieht statt des Schwertes nur die Feder, um die Honigmonde der *freien* Presse – der Teufel hole *sie,* wie die *unfreie* – recht aus dem Fundament hinter dem Pulte zu genießen. [...] Mein lieber Freund, Ihr scheint Euch vor *Gespenstern* zu fürchten und die wirklichen *Mächte* zu verkennen. Die Bourgeoisie ist das *Gespenst,* die *Mächte sind* die Bauern und die Arbeiter, denen Sie so schweres Unrecht anthun. Nicht die *positiven* Mächte – nach diesen wollen wir in einem *Jahrhundert* fragen – aber die *einzigen* Mächte, die der alten Welt und der alten *Weltanschauung* gründlich den Garaus machen werden.[...]

[9] In späteren Aufzeichnungen über die Revolution von 1848, die Nerrlich in Ruges Briefwechsel aufnahm, nennt Ruge gut nachvollziehbar, welche Motive ihn bei der Gründung der *Reform* bestimmten. Er beschreibt, wie er den Ausbruch der Revolution erlebte: auf der einen Seite überall Begeisterung, Enthusiasmus, auf der anderen ein Chaos von Meinun-

Ob und auf welche Weise die Zeitung, die vom 1. April bis 14. November 1848 erschien, diesem Anspruch gerecht geworden ist, darüber möchte ich mich nicht festlegen. Meines Wissens hat bis jetzt noch niemand Ruges Beiträge in dieser Zeitung untersucht, geschweige daß eine Analyse des ganzen Organs vorläge. Das beste, was wir darüber besitzen, ist die Dissertation von Gustav Lüders aus dem Jahre 1909.[10] Er hat die demokratische Bewegung im Oktober 1848 in Berlin untersucht und dabei ausgiebig die *Reform* ausgewertet. Faßt man das in dieser Arbeit, vor allem im Zusammenhang mit dem 2. Demokratenkongreß, Gesagte zusammen, nimmt man dazu das in der *Reform* Nr. 48 vom 19. Mai formulierte Programm mit der Orientierung auf die republikanische Staatsform[11], weiter die Zusammensetzung des Redaktionskollegiums und die genannten Mitarbeiter, darunter d'Ester, Johann Jakoby, Eduard Meyen, Stephan Born, Brill, Bakunin, Cieskowski, Friedrich Köppen, Julius Fröbel, Freiligrath, Herwegh, Treichler, Karl Heinzen, Hexamer, Gustav Siegmund (der Schwager Herweghs), Albert Fränkel, Semrau[12], dann

---

gen, „eine Begriffsverwirrung der ärgsten Art"; während breite Schichten des Volkes gar nicht recht wußten, was die neuen Freiheiten bedeuteten, hätten andererseits Männer, deren Grundsätze und Interessen mit dem äußersten Despotismus gingen, plötzlich die „freisinnigste Sprache" gefunden. Um dieses „Chaos um mich herum" aufklären zu helfen, schreibt Ruge, habe er die *Reform* gegründet. Sie sollte vor allem die Unterschiede zwischen Liberalen und Republikanern herausarbeiten und den letzteren ein Sprachrohr verschaffen. Nach Ruge wurde sie später das „Organ der Linken in der Berliner Nationalversammlung". Vgl. A. Ruges Briefwechsel [Anm. 3]. Bd. 2, S. 10, vor allem S. 29 ff.

[10] Gustav Lüders: *Die demokratische Bewegung in Berlin im Oktober 1848: Abhandlungen zur Mittleren und Neueren Geschichte,* hg. von G. v. Below/H. Finke/G. Meinecke: H. 11. Berlin/Leipzig 1909.

[11] In diesem Programm *An die Leser der Reform* heißt es: Seit der Unterdrückung des *Deutschen Zuschauers* und der *Mannheimer Abendzeitung* ist die *Reform* das einzige Organ der radicalen demokratischen Partei. – Wir wollen im *Innern* die vollständige Verwirklichung der demokratischen Staatsform, deren Zweck die Befreiung jedes Einzelnen ist. [...] Wir wollen die *Freiheit des Volks,* d.h. die vollkommene und directe Selbstregierung. Seine Souveränität kann wohl durch Abgeordnete und Regierungsausschüsse, durch Geschworne im Gericht, durch Kriegsheere im Felde *ausgeübt* werden, aber sie kann nie an eine Person oder an eine erste Kammer *abgetreten* werden. [...] Nr. 48 der *Reform* vom Freitag, den 19. Mai 1848. Ausführlicher finden sich die Grundpositionen, auch zu anderen Fragen wie der Einheit, des staatlichen Aufbaus, der außenpolitischen Orientierung, im *Motivierten Manifest der radikaldemokratischen Partei in der constituirenden Nationalversammlung zu Frankfurt am Main,* das die *Reform* in Nr. 66 vom 7. Juni 1848 abdruckte.

[12] Die Nr. 129 vom 22. August 1848 enthält eine *Ankündigung,* in der sich die Zeitung direkt als Sprachrohr der demokratischen Partei bezeichnet. Hieß der Untertitel bisher *Politische Zeitung,* so nun *Organ der demokratischen Partei.* Die Ankündigung hat folgenden Wortlaut: Um die Früchte unserer Revolution mit friedlichen Waffen zu sichern, bedürfen wir vor allen Dingen einer gründlichen Reform der Presse. Wir müssen die freigelassene mit freien Gedanken und Bestrebungen erfüllen. Unser eignes Blatt wird dahin wirken. Es stand bisher nicht so unmittelbar in der Bewegung und unter dem Einflusse unserer Partei,

kann man sicher sagen, daß die *Reform* nach der *Neuen Rheinischen Zeitung* eines der linkesten Organe während der Revolution war.

---

als von heute an. Wir hielten aber diese Stellung für nöthig, um unsern Worten Nachdruck zu geben, welchen sie im Namen von Privatpersonen nicht haben konnten, und haben daher den Beschluß gefaßt, aus der demokratischen Partei Berlins sowohl in als außer der Nationalversammlung ein Comité zu bilden, welches die Richtung und Haltung des Blattes überwacht und die Redaktion bestellt und nach Bedürfniß verändert und ergänzt. Die Mitglieder des Comité's sind:

Der Abgeordnete *d'Ester*, der Abgeordnete *Stein*, der Abgeordnete *Johann Jakoby*, der Abgeordnete *Lipski*, *Eduard Meyen*, Mitglied des demokratischen Centralausschusses, Prof. *Agathon Bernary*, Präsident des Volksklubbs, Assessor *Schramm*, Abgeordneter und Präsident des demokratischen Klubbs, und der Schriftsetzer *Born*, Präsident des Central-Comité's der Arbeiter.

Wir vertreten die humanen Grundsätze der europäischen Demokratie, die Befreiung, das gleiche Recht, die Verbrüderung der Einzelnen und der Völker; wir sind die Feinde der Unterdrücker und der Eroberer, der Länderfresser und der Verächter des Rechtes fremder Völker, wir setzten die deutsche Freiheit in die Selbstregierung unseres Volkes und finden seine Ehre darin, daß es sich selbst, nicht daß es seine Nachbarn beherrscht. Je schamloser die Grundsätze der demokratischen Revolution von 1848 verläugnet worden sind von der ganzen Ausgeburt des alten Bedienten – und Herrenthumes, vom Philister, von der Soldateska, von dem Beamtenheer, um so schärfer werden wir diese Prinzipien hervorheben.

Das Blatt hat seinen Boden in Berlin. Es wird daher die politische und sociale Bewegung dieser großen Stadt mit besonderer Aufmerksamkeit verfolgen, sie möglichst anschaulich darstellen und über ihre Bedeutung die Leser aufklären. Es hat zu diesem Zweck alle seine Verbindungen in der Stadt herangezogen und für diesen Theil der Redaktion eigne Mitarbeiter gewonnen. Auch die Handels- und Gewerbsberichte werden wir mittheilen. Für die deutschen Verhältnisse und die auswärtige Politik haben wir ebenfalls neue Kräfte gewonnen. Die Redaktion besteht aus den Hauptredakteuren

Ruge, Oppenheim, Meyen,

und den Mitredakteuren

A. Hexamer, G. Siegmund, A. Fränkel, A. Semrau.

Ferner haben wir zu Mitarbeitern der *Reform* gewonnen: *Reichenbach, Brill, Bakunin, Libelt, Cieskowski, Königk* in Posen, *Goldstücker* in Berlin, *Friedrich Köppen* in Berlin, *Julius Fröbel, Hermann Müller* für Kunst und Theater. Mittheilungen von *Freiligrath, Herwegh* in Paris, *J. Seidlitz* in Wien, *Szafranzik* in Prag, *Nymarkiewicz* in Posen, *Lukaszewicz* in Krakau, *Dobrzanski* in Lemberg, *Bamberger* in Mainz, *Treichler* in der Schweiz, *K. Heinzen* in Genf werden wir durch unsre freundschaftlichen Beziehungen zu diesen Männern zu erlangen wissen.

Mit diesen Kräften werden wir die demokratische Presse des Nordens unterstützen durch authentische Mittheilung der Ereignisse und durch die Widerlegung unserer Gegner. Brüder und Freunde, gelingt uns die Aufklärung unserer Zeitgenossen über ihre wahren Interessen, wozu uns die freie Presse jetzt alle Mittel in die Hand giebt, so ist die Sache der Selbstregierung und der socialen Reform des Volks gesichert. Alle wahren Demokraten sind daher aufgefordert, unser Blatt durch Verbreitung und durch Correspondenz jeder an seinem Ort zu unterstützen.

Das Comité und die Redaktion der Reform.

Damit zu den Beiträgen Herweghs selbst: Es handelt sich um dreizehn Artikel, jeweils von zwei bis drei Manuskriptseiten, insgesamt 48 Seiten. Sie entfallen auf die Zeit zwischen dem 23. August und dem 8. November 1848. Es ist dies jener Zeitraum nach der Pariser Juniinsurrektion mit dem Ausnahmezustand, dem Terror, der allgemeinen Unterdrückung, in dem die alten Gegensätze zwischen den verschiedenen Klassen und sozialen Schichten erneut aufbrechen und sich Bewegung verschaffen; jene Zeit, in der alles von Cavaignac, dem Repräsentanten der republikanischen Bourgeoisie, abfällt und Legitimisten, Orleanisten, Bonapartisten mit der Großbourgeoisie auf der einen Seite die royalistische Restauration verfolgen und auf der anderen das Kleinbürgertum, die Bauern ihre Enttäuschung artikulieren und die Arbeiterschaft sich wieder zu regen beginnt: jene Zeit auch, in der die Annahme der Verfassung mit der Nationalversammlung und dem vom Volk direkt gewählten Präsidenten bevorsteht und Nachwahlen schon den Schatten der Wahl Louis Napoleons vorauswerfen. Herweghs Berichte sind eine gut beobachtete Schilderung dieser Situation, dabei durchsetzt mit bedeutsamen theoretischen Reflexionen und wichtigen Positionsbestimmungen.

Die Artikel können grob in drei Gruppen geteilt werden, zumal auch zweimal Abstände von ungefähr einem Monat zwischen ihnen liegen. Den Anfang macht ein isoliert stehender Beitrag, in dem Herwegh über einen bevorstehenden Friedenskongreß des *Vereins zur allgemeinen Verbrüderung* in Paris berichtet, der Mittel und Wege beraten soll, um einen obersten Gerichtshof der Nationen zur Beilegung ihrer Zwistigkeiten zu schaffen. Er informiert darüber, daß der Verein in England und Amerika bereits jeweils mehr als zwanzigtausend Mitglieder habe, seine Agitation jetzt auch auf die übrigen Länder ausdehne und daß in dem Einladungsschreiben auch Ruges Vorschlag in der Paulskirche für einen Kongreß zur Beratung über die Entwaffnung Europas aufgegriffen wurde. Herweghs Kommentar: Obwohl die Motive des Vereins religiöser Natur sind, ist das humanistische Anliegen zu unterstützen. Ein schwerer Irrtum wäre nur der Glaube, daß dadurch schon jetzt der Krieg abzuschaffen wäre:

> Der „letzte Krieg" muß noch geschlagen werden, der Krieg gegen die, welche Nationen gegen Nationen zur Feindschaft hetzen, *der Krieg der Demokratie gegen die Aristokratie*. Die Föderation der Völker Europa's ist nur möglich, wenn in Europa die Demokratie gesiegt hat.[13]

---

[13] (G. Herwegh): *h Ein Friedenskongreß in Paris,* in: *Die Reform.* Nr. 130 vom 23. August 1848. (Ich habe Exemplare der Universitätsbibliothek Wroclaw und der Bibliothek in der Stiftung Archiv der Parteien und Massenorganisationen der DDR im Bundesarchiv Berlin benutzt. I.P.)

Bei der zweiten Gruppe handelt es sich um eine Artikelserie vom 20. bis 27. September 1848, in der sich alles um die Nachwahlen zur französischen Nationalversammlung und den damit verbundenen und schon genannten politischen Aufbruch handelt. Herwegh beschreibt zunächst zutreffend das Ende der „leichenähnlichen Ruhe" – um einen Ausdruck Lorenz von Steins zu gebrauchen –, die sich über die sonst so lebendige Hauptstadt gelegt hatte, und den stattfindenden Stimmungsumschwung. Paris, heißt es, zeige „wieder einmal jenen fieberhaft aufgeregten Charakter", den es unter dem Belagerungszustand fast ganz verloren hatte, das Volk mache seiner Wut Luft, man werde einen „schönen Herbst" bekommen usw. Über den Ausgang der Wahlen ist Herwegh mehr als zuversichtlich: Das Volk ist „einig, wunderbar einig", es macht sich die Lehren der jüngsten Vergangenheit zunutze, Cavaignac verliert täglich mehr an Terrain, das Volk wird siegen. Das Wahlergebnis wirkte dann ernüchternd: Herwegh hatte zwar recht, die Republikaner brachten keinen Kandidaten durch, gewählt wurden mit Raspail ein konsequenter Linker, aber eben auch zwei Royalisten, Achille Fould, der „Mann der Börse", und Louis Napoleon (und letzterer dazu noch mit den meisten Stimmen).

Vier Gedanken halte ich aus diesen Beiträgen für hervorhebenswert: 1. Herwegh grenzt sich in ihnen entschieden ab von der bestehenden Form der Republik. Diese Republik der „anständigen und honetten Leute" sei diejenige Republik, „welche die Klassen-Herrschaft, die Geld-Herrschaft und den Kasten-Egoismus für ewige Zeiten begründen will", und die sich „bei jeder Gelegenheit schmutzig und gemein gezeigt hat".[14] Ihr stellt Herwegh die „demokratisch-soziale", die republique rouge entgegen. 2. Herwegh legt dar, daß von der herrschenden Fraktion der Bourgeoisie für die Freiheit nichts mehr zu erwarten ist, daß sie die Republik an die royalistische Reaktion ausliefert und der entscheidende Kampf zwischen den Massen des Volkes und den Royalisten stattfinden wird. 3. Die Beiträge liefern eine Erklärung für Louis Napoleons Wahlerfolg, insofern vor allem die Soldaten, die Bauern der Provinz und andere vom herrschenden Regime Enttäuschte ihm die Stimme gegeben hätten, so daß abermals der Regierung Cavaignac, besonders durch ihre Steuerpolitik, die Schuld zufällt, wenn eine so gefährliche Situation entstanden ist. 4. Schließlich versucht Herwegh angesichts des fatalen Wahlergebnisses, seine deutschen Leser zu ermutigen (wohl auch sich selbst), indem er ihnen auseinandersetzt, daß sich die Demokraten nicht durch „das krause Detail der Tagesgeschichte, ihre Fluktuationen, ihr scheinbares Vorwärts- und Rückwärtsschreiten [...] verwirren" lassen dürfen, sondern immer das große Ziel vor Augen zu halten haben, das einen langen Atem verlangt. Das,

---

[14] (G. Herwegh): *h Paris. 17. September*, in: *Die Reform*. Nr. 155 vom 21. September 1848.

meint er, wird uns vor „übermäßiger Niedergeschlagenheit" ebenso bewahren wie vor „übermäßiger Freude" und uns „eine gewisse Heiterkeit der Seele" erhalten.[15]

Die dritte Gruppe erfaßt dann die Beiträge aus der Zeit vom 21. Oktober bis zum 8. November 1848 – m.E. die wichtigsten und interessantesten der Korrespondenzen. Im Mittelpunkt steht die inzwischen veränderte und fortgeschrittene Situation: Die Verfassung wird verabschiedet und tritt am 4. November 1848 in Kraft, die Ordnungsparteien drängen auf schnellstmögliche Wahl des Präsidenten, der Ausnahmezustand wird aufgehoben (von Herwegh als geschickter Schachzug eingeschätzt), der Ruf nach dem starken Mann, der Ruhe und Ordnung garantieren soll, wird lauter. Wichtig sind zunächst schon jene Beiträge, in denen Herwegh Stellung nimmt zu dem Bemühen um ein Bündnis zwischen der demokratischen und der demokratisch-sozialistischen Partei. Er identifiziert sich in diesem Zusammenhang mit dem Ausspruch Leroux': „ein echter Demokrat ist notwendig Sozialist, ein Sozialist notwendig Demokrat". Er nimmt Stellung zum Scheitern dieser Bemühungen sowie zum Aufstand in Wien, wobei er „revolutionäre Maßnahmen im großen Stil" vermißt, „große Fehler" begangen sieht und generell meint, das Volk zeige sich, wie immer, zu generös. „Es fürchtet und sorgt", schreibt er, „mehr für das Leben seiner Gegner, als für sein eigenes".[16]

Das Entscheidende ist jedoch, daß Herwegh die Wahl Louis Napoleons voraussagt und sie als ein Verhängnis betrachtet. „So weit man während einer Revolution, in der das Unvorhergesehene die größte Rolle spielt", schreibt er, „Etwas berechnen kann, ist die Wahl des Helden von Straßburg und Boulogne gesichert".[17] Und warum ein Verhängnis? Nun: „Cäsar erwartet uns".[18] „Der Präsident", heißt es weiter, „ist entweder null oder er greift über, und zwingt die Konstituante, sich ganz zurückzuziehen, oder auf französisch, er jagt dieselbe zum Teufel".[19] An anderer Stelle bringt er seine Auffassung mit dem allgemeinen Wahlrecht in Verbindung:

> Das suffrage universel! das allgemeine Stimmrecht! Sie appeliren Alle daran, und hassen es Alle, diejenigen, die es durchgesetzt haben, vielleicht noch mehr als diejenigen, die sich demselben so hartnäckig und beharrlich wiedersetzten. Das allgemeine Stimmrecht, das uns mit einem Male im Sprunge in das gelobte Land der Freiheit bringen sollte, ist die fürchterlichste Waffe gegen uns in den Händen der Reaktion geworden. Das giebt zu denken, nicht gegen das *Prinzip*, aber wohl gegen dessen verkehrte sinnlose *Anwendung*. Ein Präsident, aus der

---

[15] (G. Herwegh): *h Paris. 22. Sept*, in: *Die Reform*. Nr. 160 vom 27. Sept. 1848.

[16] (G. Herwegh): *h Paris. 18. Oktober*, in: *Die Reform*. Nr. 182 vom 22. Oktober 1848.

[17] (G. Herwegh): *h Paris. 4. November*, in: *Die Reform*. Nr. 196 vom 8. November 1848.

[18] (G. Herwegh): *h Paris. 27. Oktober*, in: *Die Reform*. Nr. 189 vom 31. Oktober 1848.

[19] Ebd.

Wahl von acht Millionen Menschen hervorgegangen! das ist kein König, das ist
mehr als ein König. Man muß Gott und das Volk nicht versuchen.[20]

Worauf gründet Herwegh seine Prognose? Trotz des knappen Raumes in den
Beiträgen sind seinen Überlegungen sehr deutlich zu entnehmen: Die Rolle
der republikanischen Bourgeoisie mit dem äußerst negativ charakterisierten
Lamartine an der Spitze, die Macht der großen Zeitungen, das russische Geld,
aber auch – das ist zu betonen – die Rolle des Volkes, über die Herwegh jetzt
anders spricht als am Anfang seiner Beiträge. Denn in den letzten Korrespondenzen ist nunmehr zu lesen: *Die Franzosen haben einen Herren gewollt, man wird ihn uns geben.*

Die Erfahrungen, die damals mit dem allgemeinen Wahlrecht gemacht
wurden, insbesondere der Schock, der in diesem Zusammenhang vom Aufstieg Louis Napoleons zum Kaiser der Franzosen ausging, hat seit dem Dezember 1848 zu vielfältigen Reaktionen auf die Situation und zu Reflexionen
über sie geführt. Das läßt sich auch bei zahlreichen Vormärzdemokraten,
Dichtern wie Denkern, nachweisen, die mitunter zu Schlußfolgerungen in einem weit darüber hinausgehenden Sinne kamen. Wie Herwegh reagiert, geht
schon aus dem obigen Zitat hervor. Diese Bemerkung ist jedoch nicht die
einzige. In der *Reform* findet sich noch eine andere, prinzipiellere. Sie zeigt,
daß es Herwegh nicht nur um die leicht erklärbaren Manipulationen geht wie
Versprechungen, Täuschungen u.a., sondern schon um grundsätzliche Probleme, wie um die Frage der direkten oder indirekten Demokratie, des impe-
rativen Mandats, Probleme, die in der Folgezeit vielfältig diskutiert wurden.
Die Passage lautet:

> Auch die Panacee, das allgemeine Stimmrecht, das in der Zukunft alle Schäden
> heilen und alle Unebenheiten eben machen soll, will nicht mehr recht wirken.
> Diese Errungenschaft ist allerdings groß und das Volk wird sich dieselbe nur
> mit seinem Leben wieder entreißen lassen; aber das allgemeine Stimmrecht,
> dieses ungeheure Triebrad, hat bis jetzt schlecht funktionirt in der kleinlichen
> bureaukratischen Maschine von gestern. Woran liegt es, daß noch keine Ver-
> sammlung weniger der Ausdruck des Gesammtwillens gewesen, als diese erste
> aus dem allgemeinen Stimmrecht hervorgegangene? Die Frage ist wichtig auch
> für Deutschland, das ja zu ähnlichen Resultaten gekommen ist. Das allgemeine
> Stimmrecht ist noch anarchisch und erst zu organisiren, um den gewünschten

---

[20] (G. Herwegh): *h Paris. 4. November,* in: *Die Reform.* Nr. 196 vom 8. November 1848.
Für Herweghs Weitsicht zur Vergegenwärtigung die Fakten: 10.12.1848: Louis Napoleons
Wahl mit 4,5 Mill. Stimmen gegenüber Cavignac (1,4 Mill.), Ledru-Rollin (0,4 Mill.),
Raspail (37000), Lamartine (8000); 31.5.1850: Aufhebung des allgemeinen Wahlrechts;
2.12.1851: Staatsstreich und Auflösung des Parlaments, Wiederherstellung des allgemeinen Wahlrechts; 20./21.12.1851: Wahl Louis Napoleons zum Präsidenten auf 10 Jahre;
20.11.1852: Seine Wahl zum Kaiser mit 7,8 Mill. Stimmen.

Erfolg damit zu erzielen. Oder ist es nicht Anarchie, wenn hier ein Repräsentant mit 2000 Stimmen *gewählt* wird, während er dort mit 60000 und 70000 *durchfällt?* Hand in Hand mit dem allgemeinen Stimmrecht muß eine neue *Wissenschaft* der Politik gehen, die es mit der Untersuchung und Erforschung der positiven *Gesetze* zu thun hat, nach welchen eine Repräsentation zu Stande gebracht werden kann, die nicht mehr, wie alle bisherigen, nur der illusorische Ausdruck des Volkswillens ist. Daraus wird sich auch ein neuer Begriff von Repräsentation ergeben, ihr Umfang, ihre Schranken, die beide nicht mehr dieselben sein können, wie gestern im konstitutionellen Staate mit Census, ohne Volkssouveränität, ohne allgemeines Stimmrecht. Will sich das Volk in seinen Repräsentanten eine neue ihm *gegenüberstehende*, es *dominierende* Macht schaffen, 200, 400, 800 von ihm *unabhängige* Despoten? *Entäußert* sich das Volk, indem es seine Repräsentanten wählt, seiner *eigenen* Souveränität? Oder läßt es sich nur *repräsentiren*, *vertreten*, für *die* Fälle, wo es nicht *sein, nicht in Masse auftreten* kann? Ist nicht *alle Repräsentation* eine, wenn auch aus rein *mechanischen* Gründen nothwendige *Entsagung*, die mit zunehmender Bildung und Selbständigkeit auf ein geringeres Maaß zurückgeführt werden muß? Lauter Fragen, auf die der alte konstitutionelle Dilettantismus nicht einzugehen liebt.[21]

---

[21] (G. Herwegh): *h Paris. 20. Oktober,* in: *Die Reform.* Nr. 184 vom 25. Oktober 1848.

Fritz Wahrenburg

Stadterfahrung im Genrewechsel: Glaßbrenners Berlin-Schilderungen

Am 1. Juli 1852 konnte Glaßbrenner in einem Hamburger Modejournal[1] sein 25jähriges Dienstjubiläum als Schriftsteller verkünden: am 30. Juni 1827 nämlich sei im *Berliner Courier* seines frühen literarischen Lehrmeisters, Moritz Gottlieb Saphir, unter der Rubrik „Damen-Sphynx" ein erstes von ihm verfaßtes „Rätsel" erschienen, und dies habe ihn veranlaßt, „dem Mercur den Rücken zu wenden, um in die Arme Apoll's zu eilen".[2] Gemeint war der Versuch des 1810 in Berlin geborenen Handlungsgehilfen, sich in den Armen Apolls, den er in einer *Dedication* von 1841 zum Schutzgott der von ihm kreierten Literaturform erhebt[3], derjenigen Subsistenzmittel zu vergewissern, die sich in der literarischen Schwellenzeit um 1830 jungen Literaten, auch kleinbürgerlicher Herkunft, vor allem im Bereich der Journalliteratur anboten – als Beiträger, Redakteure, Korrespondenten oder auch Herausgeber in eigener Regie. Für Glaßbrenner, der nicht nur in dieser Hinsicht typische Startbedingungen jungdeutscher Literatoren vorfand und mitbrachte, erfüllt sich der Traum vom eigenen Journal 1832 mit dem *Berliner Don Quixote*[4], mit dessen Verbot (Ende 1833) ihm zugleich für fünf Jahre jede redaktionelle Tätigkeit untersagt wurde. In den *Papieren eines Hingerichteten* (1834)[5], einer Sammlung wichtiger Beiträge aus dem verbotenen Periodikum, begräbt der „Vater des Hingerichteten" den *Berliner Don Quixote* auf dem mit Zensur- oder Konjunkturopfern belegten „Journal-Kirchhof"[6] und würdigt ihn mit den Worten: „Von Apollo gewiegt, von den Musen gesäugt, und von seinem geistreichen Vater erzogen, wurde er bald die Freude seiner Mitmenschen."[7] Verlegte die preußische Zensurbehörde Glaßbrenner vorerst den Weg zum

---

[1] *Jahreszeiten. Hamburger Neue Mode-Zeitung* Nr. 27 (1.7.1852). S. 889.
[2] Ebd.
[3] „Dedication an Apollo. Statt der Vorrede.", in: Adolph Glaßbrenner: *Schilderungen aus dem Berliner Volksleben*, Erstes und zweites Heft, Berlin 1841. S. 1-16.
[4] *Berliner Don Quixote. Ein Unterhaltungsblatt für gebildete Leser*, Berlin 1832-1833. Glaßbrenners publizistische Anfänge behandelt ausführlicher: Ingrid Heinrich-Jost: *Literarische Publizistik Adolf Glaßbrenners (1810-1876). Die List beim Schreiben der Wahrheit*, München, New York, London, Paris 1980. S. 25ff. Zum *Berliner Don Quixote* vgl. S. 33ff. Ferner neuerdings: Patricia Calkins: *Wo das Pulver liegt. Biedermeier Berlin as Reflected in Adolf Glassbrenner's 'Berliner Don Quixote'*, New York u.a. 1998.
[5] *Aus den Papieren eines Hingerichteten*, hg. von Adolph Glassbrenner. Leipzig 1834.
[6] Ebd. S. 269ff. (*Der Journal-Kirchhof*)
[7] Ebd. S. 277.

Parnaß der Journale, so zeigen, in der Traumszene *Kunst und Karl, oder Karl und Kunst*, die als Gendarmen und Paßkontrolleure verkleideten Figuren der *Orestie*, die ihm den Weg zum Parnaß von Delphi verlegen wollen, höhere Einsicht in die literarhistorische Dignität des Schreibenden, der nicht unbescheiden feststellt:

> Ich warf mich in die Brust, sah ihn mit einem halb verächtlichen Blick an und sagte: „Ich habe die Eckensteher-Periode durch mein 'Berlin wie es ist und – trinkt' hervorgerufen."
> „Ach!" riefen sie Alle wie aus einem Munde, „wer so Mächtiges bewirken und so geniale Sachen schreiben kann, dem steht Nichts im Wege!"[8]

Nach Glaßbrenners Selbstverständnis, das sich in dieser Phase besonders deutlich in der *Vorrede* und dem Aufsatz über *Volkstheater und Volkspoesie* in der Sammlung *Bilder und Träume aus Wien* (1836) manifestiert, ist der Autor in welt-, fast heilsgeschichtliche Prozesse und Wirkungsstrategien eingebunden, indem er „seine heiligsten Empfindungen dem weltgeschichtlichen Zwecke" opfere und am „Riesenwerke der Gegenwart" arbeite; denn „der Dichter ist die Offenbarung Gottes", sofern er nicht „Pöbeldichter" wie Nestroy, sondern „Volksdichter" wie Raimund sei:

> [...] die Wahrheit, sein genialer Blick ist es, der die kleinsten Atome des innern Menschen erfaßt, und sein schönes Talent, das rein und klar, ohne allen nutzlosen Schmuck darstellt. Dem ächten Dichter, dem das Blut Gottes durch die Adern rollt, lebt Alles; [...] Raimund's Allegorieen amalgamieren sich auf reizende Weise mit dem Volksleben und sind ganz geeignet, den Sinn der Zuschauer für das Schöne empfänglich zu machen, sie zu erheben, herauszureißen aus dem Jammer der Alltäglichkeit, um so mehr aber, als selbst durch seine skizzenhaftesten Bilder ein geistiger Faden geht, der die einzelnen Theile zu einem schönen Ganzen verbindet.[9]

I. „Das Poetische liegt im Wirklichen,
man muß nur das Wirkliche nach allen Seiten hin verstehen."[10]

In der Tat hat Glaßbrenner seit 1832, mit 30 (bzw. 32) Heften von *Berlin wie es ist und – trinkt*[11], eine neue Periode der Serienliteratur (seine Kritiker

---

[8] Ebd. S. 211f. Mit dem im Titel genannten 'Karl' ist auf den Direktor des Theaters an der Wien und dessen Vermarktung trivialen Volkstheaters angespielt.

[9] [Adolf Glaßbrenner.] *Bilder und Träume aus Wien*, Erster Band, Leipzig 1836. Zitate aus: „Vorrede." S. VI und „Volkstheater und Volkspoesie." S. 220, 218, 221f.

[10] Aus: *Glaßbrenners Tagebuch* [von 1836], zit. nach: Heinz Gebhardt: *Glaßbrenners Berlinisch*, Berlin 1933. S. 116.

meinten: einen „niedrigen Zweig der Literatur"[12]) eingeleitet, mit der er – das „Thun und Treiben dieser Leute" belauschend – eine „vollständige[...] Charakteristik aller niedrigen Volksklassen dieser Residenz" erstellen wollte.[13] Äußerlich hoben sich diese Hefte mit „kleinen Lebensbilder[n]"[14], mit denen Glaßbrenner zugleich eine „Lücke" in der zeitgenössischen Belletristik über Berlin – im Netz der Zensur und auf dem literarischen Markt – ausgemacht hatte, durch besondere Merkmale von der zeitgenössischen Literatur entscheidend ab. Diese waren – schon durch ihre Signalwirkung für bestimmte Adressatengruppen – mit entscheidend für den durchschlagenden Erfolg: geringer Umfang (1-2 Bogen), kolorierte Titelkupfer (meist von Theodor Hosemann), thematische Schwerpunktsetzung der Hefte, niedrigster Preis, hoher Absatz, zahlreiche, meist vermehrte und veränderte Nachauflagen, Aktualität – auch durch häufige Aktualisierung. Ausschlaggebend war jedoch eine neue Literaturkonzeption, in der Gegenstand, Form und Funktion von Literatur als Kunst neu definiert waren. Sie garantierte letztlich die spontane Akzeptanz und Wirksamkeit dieser Hefte, aber auch anderer Serien und Schriften Glaßbrenners – allerdings kaum bei der professionellen Kritik.[15]

So boten die ersten 12 (14), zwischen 1832 und 1837 in rascher Folge erscheinenden Hefte ein durchaus neues Arsenal von literarischen Zentralfiguren, bestehend aus: Eckenstehern, Hökerinnen, Holzhauern, Köchinnen, Fuhrleuten, Kolporteuren, Guckkästnern und Nachtwächtern, um die – in der Folge der Hefte 1 bis 12 zunehmend – ein Figurenensemble des industriösen Berlin gelegt und in seinen Ansichten skizziert wurde. Sie hielten sich auf in öffentlichen Lokalitäten wie Straßenecken, Tabagien, Schnapsläden, Märkten, Biergärten und Plätzen; strömten zu Volksfesten wie dem Stralower Fischzug oder zu Vergnügungsorten wie den Zelten im Tiergarten oder dem Vorort Moabit, wohin „Alles [strebte], was Beine zum Laufen und Groschen

---

[11] *Berlin wie es ist und – trinkt*, von Ad. Brennglas, 30 Hefte, Leipzig [z.T. Berlin] 1832-1850. Reprint: Adolf Glaßbrenner: *Berlin wie es ist und – trinkt*, vollständiger Nachdruck der Ausgaben 1835-1850, Mit einem Vorwort von Paul Thiel. 2 Bde, Leipzig 1987. [Künftig zitiert als: *Bit*]

[12] Glaßbrenner: *Schilderungen* [Anm.3]. S. (1).

[13] *Bit.* Heft 1: „Eckensteher.", 1. Aufl. 1832; „Vorrede.", zit. nach: Heinrich-Jost: *Literarische Publizistik Adolf Glaßbrenners* [Anm. 4]. S. 215.

[14] *Bit* [Anm. 11]. Heft 1: „Eckensteher.", 10. Aufl., Leipzig 1845. „Vorwort." S. 3.

[15] Einführende Hinweise zu Einzelheften, Bemerkungen zu Nachauflagen, Vorreden und Beiträge zu Sammlungen früherer Texte und die zahlreichen Thematisierungen von Kunstrezeption können die Schreibintentionen Glaßbrenners verdeutlichen. – Über Glaßbrenners Groschenhefte und andere periodische Publikationsmittel informiert ausführlich: Heinrich-Jost: *Literarische Publizistik Adolf Glaßbrenners* [Anm. 4]. S. 212-260.

zum Saufen"[16] hatte; hier gesuchte und handfest ausgetragene Kontakte endeten oft vor Gericht.

Mit diesen „lustigen Volksgestalten, welche seit dem Jahre 1832 plötzlich in die deutsche Literatur sprangen, und sich in dem Gedränge von Gespenstern und vornehmeren Personen ganz ungenirt bewegten und Platz machten"[17], beabsichtigte Glaßbrenner – so jedenfalls im Rückblick seiner *Dedication an Apollo*, dem obg. Vorwort zu seiner Sammlung *Schilderungen aus dem Berliner Volksleben* von 1841 – nichts Geringeres als eine Revolution – zunächst allerdings nur gegen die „Gespenster der deutschen Literatur!":

> Betrachten Euer Wohlgeboren hochgeneigt die Gestalten unserer modernen, elegant-blaßen, parfümirten Romane und Novellen näher. Finden Sie nicht statt der wirklichen, lebendigen Menschen: Schattenwesen, Gespenster der Abstraktion, aus denen ein verbücherter Geist und ein verlebtes Gefühl grinzen? [...] War es nicht dringend nothwendig, in diesem Geschmeiß überbildeter Theemenschen *wirkliche* Menschen auftreten zu lassen, und gerade solche, vor denen das erlogene und lügende Gesindel zum Hause hinausläuft, um in den Augen ähnlichen Gesindels nicht compromittirt zu werden?[18]

Und 1847, in der 2. Auflage dieses Vorworts, setzt er listig hinzu: „War es nicht dringend nothwendig, das Volk zuerst in der Literatur zu emancipiren?"[19]

Der 'neue Realismus' Glaßbrenners war eingebunden in eine gesellschaftspolitische Strategie: Als ersten notwendigen „Schritt des 'Fortschritt's'"[20] müsse der Schriftsteller „alle Menschen mit gleicher Liebe umfassen", es sei an der Zeit „Jedem, auch dem (scheinbar) niedrigst Stehenden seine volle Geltung zu geben" und „endlich alle Volkskräfte zu gemeinsamem Streben und Glück zu vereinen"[21]. Wirksamstes Mittel dazu sei,

> [...] wenn die Literatur das Volk zu größter Anerkennung bringt; wenn sie dem Volke selbst den Spiegel der Wahrheit vorhält, der die Tugend anzieht, das Laster und die Rohheit erzittern macht; wenn die *Gestaltung* das Volk aus seinem

---

[16] *Bit* [Anm. 11]. Heft 10: „Moabit.", 3. Aufl., Leipzig 1848. S. 4.
[17] Glaßbrenner: *Schilderungen* [Anm. 3]. S. 2. Über Glaßbrenners Figuren aus dem 'Volk' siehe auch: Volkmar Steiner: *Adolf Glaßbrenners Rentier Buffey. Zur Typologie des Kleinbürgers im Vormärz*, Frankfurt/Main, Bern 1983. S. 44-50.
[18] Ebd. S. 3. (Hervorhebungen von Gl.)
[19] „Dedication an Apollo. Statt der Vorrede.", in: [Adolf Glaßbrenner:] *Berliner Volksleben. Ausgewähltes und Neues,* von Ad. Brennglas, Erster Band, Leipzig 1847. S. 3-16, hier S. 5.
[20] Glaßbrenner: *Schilderungen* [Anm. 3]. S. 6.
[21] Ebd. S. 7.

dumpfen Dahinleben weckt, zum Bewußtsein bringt und ihm lehrt, von seinen unermeßlichen Reichthümern Zinsen zu ziehen?[22]

Sieht sich Glaßbrenner in seinem Kampf gegen die Dummheit und Ignoranz des „gelehrte[n] Vieh[s]", gegen „dieses schädliche deutsche Hausthier"[23] (und das ist erst der Anfang einer wahren Schimpfkanonade gegen die Wissenschaften) in der Traditionslinie Lessing – Lichtenberg – Jean Paul – Börne, so ist seine Haltung gegenüber den literarischen Traditionsbeständen der Kunstperiode im wahrsten Sinne gespalten: während der „unerreichbare[...] Schiller" für ihn der Dichter des „jugend[lich] schaffenden, des wahren Menschen"[24] und Sänger der Freiheit ist, sind seine Tagebuch-Aufzeichnungen zu Goethe durchgehend charakterisiert durch Faszination vom Kunstcharakter seines Werks und ihr folgender Ablehnung aus der Perspektive eines – wie er formuliert – „geistig-gesunden, bewußt-natürlichen Menschen"[25], dem Goethes Künstlichkeit und Realitätsferne auffällt: Der scheinbar bewunderten „geistigen Klarheit und marmornen Glätte der Götheschen Prosa"[26] folgt die Kritik: es sei „keine dichterische, sondern die Sprache des Hoflebens [...], eine feine, eiskalte, zerlegende und betrachtende [...] niemals mitfühlend, niemals darstellend, sondern immer das Darzustellende oder Dargestellte kritisierend."[27] Insbesondere bemängelt Glaßbrenner den didaktischen Habitus Goethescher Romanfiguren:

> Man lese seine Romane, alle Menschen, jeder Pächter, jedes Bauernmädchen, jeder liederliche Bursche sind Weise und belehren! Und niemals geht einer aus sich heraus, läßt die Civilisation fallen und wird Mensch![28]

Ähnlich ambivalent sieht Glaßbrenner sein Verhältnis zu 'Zeitschriftstellern' seiner Generation, dies zeigen seine Tagebuch-Notizen zu jungdeutschen Autoren. Von besonderer Delikatesse sind seine Äußerungen zu Börne und Heine, die er zunächst als „Juden" wahrnimmt, dann aber zu „Spiegelbilder[n] der Gegenwart" und „Fürsten der Literatur" ernennt.[29] Börnes Tod (1837) löst bei ihm größte Erschütterungen aus und die zweideutige 'Hommage': „Du konntest der größte *Schriftsteller* unserer Zeit werden, aber

---

[22] Ebd. (Hervorhebung von Gl.)

[23] Ebd. S. 10.

[24] *Glaßbrenners Tagebuch* [Anm. 10]. S. 114 u. 113.

[25] Ebd. S. 113.

[26] Ebd. S. 112.

[27] Ebd.

[28] Ebd. S. 114.

[29] Glaßbrenner: *Aus den Papieren eines Hingerichteten* [Anm. 5], darin: „Meine Reise nach dem Harz". S. 19 u. 33.

Du warst ein zu großer *Mensch*. Form war Dir Gefängnis, Grazie Kettengerassel."[30]

Die zunehmende Ablehnung Heines tritt – offenbar als Reaktion auf dessen Buch *Über Ludwig Börne* (1840) – in den beiden Fassungen der *Dedication an Apollo* von 1841 und 1847 deutlich hervor. Ein Rezensent hatte gemeint, Glaßbrenner überträfe an Witz seinen „Meister H. Heine".

> Ha, Heine! Das nenn' ich ein kleines Compliment machen, um eine große Bosheit anzubringen; [...] Ich möchte um Alles nicht der Schüler eines solchen Meisters sein, wenn auch noch lieber als der Meister eines solchen Meisters.[31]

Diesen Satz verdeutlicht Glaßbrenner 1847 so:

> Ha, Heine! Nein, ich will lieber mein Bischen Humor und Poesie gegen einen Orden vertauschen, als der Schüler eines solchen Meisters sein. Ich bin ein *Mann* und zu einer Kokette wäre ich nie in die Lehre gegangen. Ich bin überhaupt keines Menschen Schüler, ich ahme das Leben nach.[32]

Mit solcher Abkoppelung von der literarischen Tradition und den durch sie vermittelten Darstellungsweisen beschreitet Glaßbrenner seinen sehr eigenen Weg zum Parnaß.

II. „Nichts ist so interessant auf der Welt wie die Menschen sind."[33]

Mit dem Ziel einer „vollständigen Charakteristik aller niedrigen Volksklassen dieser Residenz"[34] hatte Glaßbrenner den Gegenstandsbereich seiner neuen „Lebensbilder" umrissen. Welchen Kunstanspruch verbindet er mit seinen Schilderungen, welches ist die adäquate literarische Form, wie stellt sich für ihn das Verhältnis Leben – Kunst dar? Für die dreißiger Jahre geht er auf dieses Problem in wohl allgemeinster und ausführlichster Weise in einem Beitrag ein, mit dem 1838 eine Sammlung sog. *Brief-Charaktere*[35] abschließt. Hier schreibt „Der Verfasser an Cäsar von Nihil", mit dem – in Anspielung auf *Wally, die Zweiflerin* –, Karl Gutzkow, der Freund seit der gemeinsamen Gymnasialzeit, gemeint ist:

---

[30] *Glaßbrenners Tagebuch* [Anm. 10]. S. 117. (Hervorhebung von Gl.)
[31] Glaßbrenner: *Schilderungen* [Anm. 3]. S. 5f.
[32] Glaßbrenner: *Berliner Volksleben* [Anm. 19]. S. 6. (Hervorhebung von Gl.)
[33] *Glaßbrenners Tagebuch* [Anm. 10]. S. 115.
[34] *Bit* [Anm. 13]. Heft 1: „Eckensteher.", 1. Aufl., 1832. „Vorrede." S. 215.
[35] [Adolf Glaßbrenner:] *Aus dem Leben eines Gespenstes*. Von Brennglas. Leipzig 1838. Darin: „Brief-Charaktere." S. 75-182.

Es giebt eine Alltäglichkeit, die höchst poetisch ist, wenn sie durch den Darsteller auf den rechten Höhepunkt gebracht wird, ohne dadurch von ihrer innern Wahrheit zu verlieren. Meiner Ansicht nach muß man sich dabei durchaus nicht von jener jetzt so beliebten vornehmen Manier der Schriftstellerei bewegen lassen, derbe, kraftvolle, die Sache treu darstellende Ausdrücke und Wendungen zu mildern, sondern vielmehr den Reiz der Schilderungen jenes immer wiederkehrenden, ewigen Lebens und Treibens in solcher Wahrheit suchen, wie sie die Kunst überhaupt gestattet. Das Interesse dieser Schilderungen muß in der Mannigfaltigkeit der Verknüpfungen und scheinbaren Zufälligkeiten, ihr Werth in Beschauung und Darstellung der feinsten Nüançen des menschlichen Herzens liegen.[36]

Seine künstlerische Methode, nämlich wie 'Alltäglichkeit' poetisiert, vom Künstler auf den 'rechten Höhepunkt' gebracht werden kann, ohne seiner inneren Wahrheit verlustig zu gehen, beschreibt Glaßbrenner wiederum in der *Dedication an Apollo*, 1841, wie folgt:

Auch kenne ich die Grenzen der Kunst sehr wohl, die einzigen, welche ich respektire. Niemals habe ich Schleichhandel getrieben: niemals unveredelte Waare aus dem Leben in die Kunst gebracht. Ich wende, selbst von dem Gewöhnlichsten, nicht eher den Blick, als bis dasselbe, ohne seiner naiven Wahrheit zu schaden, Form und Reiz gewonnen, und Euer Wohlgeboren schrieben mir ein Mal selbst, daß, während ich noch das *Glas brenne*, die Form suche, sich schon der Schnaps in Wein verwandele.[37]

Vornehmer formuliert er hier 1847: „[...]sich schon *jeder Inhalt* in Wein verwandele."[38]

Diesen Prozeß 'künstlerischer' Transformation wiederum könne nur ein Autor leisten, der selbst zum Übergang in eine auch sozial anders definierte Individualität in der Lage ist:

Viele unserer Autoren, selbst diejenigen, welche für die Freiheit schreiben, haben in ihrer Natur so viel Aristokratismus, daß sie bei Darstellung von Menschen dieselben zerfleischen, und eigentlich nur eine Kritik über sie liefern. Sie kennen die Menschen nicht, weil sie sich nicht zu ihnen hinabschrauben, weil sie sich nicht auf gleiche Stufe mit ihnen stellen können, und sie niemals zu einer freien und wahren Aeußerung ihrer Natur bringen. Ich dagegen habe in meinem ganzen Wesen so viel heitere Natürlichkeit und so viel Schmiegsames, daß ich mich in jede Individualität hineinwerfen kann, und sie augenblicklich und ihr unbewußt zwinge, sich in ihrer ganzen Wahrheit zu entfalten.[39]

---

[36] Ebd. S. 180.
[37] Glaßbrenner: *Schilderungen* [Anm. 3]. S. 4f. (Hervorhebung von Gl.)
[38] Glaßbrenner: *Berliner Volksleben* [Anm. 19]. S. 6. (Hervorhebung von F.W.)
[39] Glaßbrenner: „Brief-Charaktere" [Anm. 35]. S. 180f.

Durch solche Fähigkeit des Autors zur Einfühlung, fast 'Verschmelzung' mit (realen) Personen wird eine Perspektive 'aus dem Darstellungs-Gegenstand' heraus aufgebaut, die durch die Wahl eines plebejischen Personals (so in den Berliner Straßen- und Lebensbildern) überdies als Sicht aus dem sozialen Souterrain erscheint. Wie dieses Konstrukt nicht fingierter Realitätsdarbietung in szenischer oder epischer Umsetzung gelingt, wird noch zu zeigen sein. Im Schutz dieser doppelten 'Transfiguration' entstehen für den Autor einerseits Freiräume, in denen die „Mannigfaltigkeit der Verknüpfungen und scheinbaren Zufälligkeiten" im Sinne innerer Wahrhaftigkeit aber auch gezielter politischer Kritik genutzt werden können. Andererseits kollidiert diese Methode der Camouflage mit dem Kunstverständnis von Zensurbehörden und Gerichten, die ohne dargestellte 'poetische Vergeltung' resp. Strafverfolgung des Autors nicht auskommen mochten, wie sich am Fall von Gutzkows *Wally* gezeigt hat[40].

Für eine solche Methode der künstlerischen Verarbeitung von erfahrener Wirklichkeit sind die traditionellen Gattungen ungeeignet, d.h. zugleich mit dieser Abgrenzung beginnt die Suche nach neuen Darstellungsformen, die dem Gegenstand (und der mit ihm verknüpften Autorintention) adäquat sind. Während Glaßbrenner 1841 formuliert:

> Was die Formen betrifft, in welche mein gutes, in Freiheit und Lust geborenes Volk spielt, so durfte ich dem Wunsche mancher sonst geistvollen Kritiker nicht folgen, die hergebrachten zu wählen. Solche literarische Ur-Menschen passen nur in die Formen des wirklichen Lebens, [1847 formuliert Glaßbrenner hier: „passen noch nicht in die Formen der ästhetischen Convention"] die gewöhnlichen des Drama's und der Erzählung sind ihnen fremde Klimate, unnatürliche Sitten und Beschränkungen, in denen sie sich unglücklich fühlen, ihre Kraft, ihre frische Gesundheit, ihren Reiz verlieren. Sie sind keine Schauspieler in Rollen, sondern *sie sind*. Euer Wohlgeboren und die Leser werden hoffent-

---

[40] Das Mannheimer Gericht begründete sein Urteil vom 12. Januar 1836 damit, daß ein Dichter niemals strafwürdig sein könne, „der in einer fingirten Person irgend ein Laster oder eine religiöse Verirrung und deren Folgen zu schildern sucht, einer solchen Person im Fortgang des Charaktergemäldes *die grellsten Aeußerungen, ja wahre Blasphemien in den Mund legt, wenn nur das Ganze und Einzelne überall klar und unzweifelhaft zeigt, daß das Laster* und die Verirrung als *Verirrung* mit hinlänglicher Schärfe gezeichnet sei und die *geeignete poetische Vergeltung* finde [...]." Tritt in einem dichterischen Werk hingegen eine „fingirte Person redend" auf, an der diese Form poetischer Gerechtigkeit nicht exekutiert wird, könne sich der Schriftsteller „mit Hinweisung auf die dichterische Licenz *allein* keineswegs frei machen, weil es sonst nur von der Wahl einer solchen Form abhängig sein würde, ob man für derartige Vergehen bestraft werden könne oder nicht [...].", in: *Deß Großherzogl. Badischen Hofgerichts zu Mannheim vollständig motivirtes Urtheil über die in dem Roman: Wally, die Zweiflerin, angeklagten Preßvergehen [...]. Aktenstücke und Bemerkungen,* hg. von Dr. H. E. G. Paulus. Heidelberg 1836. S. 15. (Hervorhebungen vom Hg.)

lich wissen, daß ich wohl auch mein Theilchen Phantasie und Erfindung bekommen, und ich nur aus bester Ueberzeugung jene Formen beibehalten konnte, welche ich früher, ohne lange zu suchen, fand, und die gewiß dem Inhalte
homogen sind. Bunt und wechselnd wie das Volksleben selbst, aus dem mehr
Dichtung zu entlocken ist, als aus dem regelmäßigen, monotonen Leben der
Höfe und Salons, sind meine Formen, welche ich für seine Schilderung wählte.
Ich habe mindestens in *diesem* Genre meiner Schriften die Zahl der, die stoff-
gieren Leser unterhaltenden, Erzähler nicht vermehren wollen, so wenig die der
dramatischen Talente, deren Charaktere selten ohne treffliche Darsteller lebendig sind. Ich wollte Dinte zu Blut, die Federzüge gebähren machen; ich wollte
den Leser nicht lesen, sondern sehen, hören, mit einem Worte: [„mitten im
Volke": 2. Aufl.] leben lassen.[41]

Diese Entwicklung der dem Darstellungsgegenstand („literarische Ur-
Menschen") homogenen Formen der Schilderung in Szenen und Prosa, und
die so vollzogene Abwendung von der traditionellen Gattungstrias, lenkt
noch einmal zurück auf den grundlegenden Ansatz, den Glaßbrenner – im
Brief an Cäsar von Nihil – als poetischen Reflex auf „Alltäglichkeit" beschrieb. Dieser lautet im Brief Cäsars von Nihil (Gutzkow) an die Verfasser-
chiffre Krato Osten:

[...] bedenke, daß die Zeit Alles verändert, auch die Menschen, und daß diese
Welt nur darum interessant ist, weil wir Alle verschieden gestaltet und befähigt
sind, verschiedene Pläne und Meinungen haben. Es wäre gar nicht so unver-
dienstlich, und der Ausführung eines talentvollen Schriftstellers würdig, dieses
wirre Kreuzen von Interessen und Plänen der Menschen in ein Bild zu fassen,
und dadurch auf die eindringlichste Weise zu zeigen, wie viel weitverzweigte
Romane unter denjenigen Leuten, welche zur selben Minute in einer Stadt und
in einer Straße gehen, oder in der Mappe eines Briefträgers spielen oder ge-
spielt haben.[42]

Mit diesem Zitat scheint Glaßbrenner an das Gutzkowsche Konzept der Synchronistik anzuschließen, das dieser zuerst 1832 in den *Briefen eines Narren
an eine Närrin* so entwickelte:

Man erzählt mir zu viel in der Geschichte, man schildert nicht. Man verwechselt das Bequeme in der Methode mit dem Passenden. Ich sage, die Gleichzeitigkeit, das Nebeneinander muß das Hauptziel der Darstellung bleiben. Die Geschichte ist kein Drama, sondern ein Epos. Der Historiker muß seine Personen
zu lebenden Bildern ordnen. Darum stehst Du mit dem einen Beine in London,

---

[41] Glaßbrenner: *Schilderungen* [Anm. 3]. S. 12f. (Hervorhebung von Gl.). Die Veränderungen der 2. Aufl. von 1847 in: Glaßbrenner: *Berliner Volksleben* [Anm. 19]. S. 12 u. 13.
[42] Glaßbrenner: „Brief-Charaktere" [Anm. 35]. S. 141.

mit dem andern in Paris, weil – ich glaub' an das Typische – weil die Synchronistik eingeführt werden muß.[43]

Gutzkow selbst nahm mit den *Rittern vom Geiste* (1850) das Konzept des 'Romans des Nebeneinander' wieder auf;[44] welchen Weg Glaßbrenner wählt bzw. findet, soll der folgende Längsschnitt zeigen.

III. „– lauter Embryo's der kommenden Literatur, Volks-Intelligenz und Freiheit –"[45]

Glaßbrenners Panoramen des Berliner Volkslebens, literarischer „Ur-Menschen" im Alltag, kommen in den ersten 12 Heften der Serie *Berlin wie es ist und – trinkt* (1832-1837), mit einer kleinen Zahl einfachster 'Gattungs'-Bezeichnungen aus. Unter den Titeln: Gespräche, bzw. Unterhaltungen, Anekdoten, Briefe, Scenen und Bilder, eingeführt durch Beschreibungen zu einzelnen 'Berufsständen', als „Launiges Gemälde" bei der Schilderung von Volksfesten und durch die besondere Form des als Bildbeschreibung getarnten hochpolitischen Guckkästner-Kommentars, werden in den Einzelheften jeweils kurze Textpartikel gebündelt, in denen die scheinbare Selbstentlarvung gruppentypischer Figuren, ihre richtig-falsche Sprachartistik die Funktion hintergründiger Aktualität und Kritik haben. Trinkend 'politisierende' Eckensteher, die im Jahr des Hambacher Fests eher um semasiologische als semantische Erklärungen für Fremdwörter wie „liberal", „servile" oder „Preßfreiheit" ringen und boxen[46]; 'vulkanische' Naturen wie die Hökerinnen, deren Hohn und Zorn in einer Orgie unstandesgemäßer Vergleiche auf den preußischen Leutnant oder die feine Dame herabprasseln[47]; Lieb' und

---

[43] Karl Gutzkow: *Briefe eines Narren an eine Närrin* (1832), Frankfurt a.M. 1973. S. 182f.

[44] Karl Gutzkow: „Vorwort" zu: *Die Ritter vom Geiste,* zit. nach: *Realismus und Gründerzeit. Manifeste und Dokumente zur deutschen Literatur 1848-1880* [...], hg. von Max Bucher [u.a.]; Bd. 2: *Manifeste und Dokumente,* Stuttgart 1975. S. 313: „Der neue Roman ist der Roman des *Nebeneinanders.* Da liegt die ganze Welt! Da ist die Zeit wie ein ausgespanntes Tuch! Da begegnen sich Könige und Bettler! [...] Nun fällt die Willkür der Erfindung fort. [...] der Dichter baut eine Welt und stellt seine Beleuchtung der der Wirklichkeit gegenüber. Er sieht aus der Perspective des in den Lüften schwebenden Adlers herab. Da ist ein endloser Teppich ausgebreitet, eine *Weltanschauung,* neu, eigenthümlich, leider polemisch." (Hervorhebung von K.G.)

[45] „Lichtbild von Berlin.", in: Adolph Glaßbrenner: *Schilderungen aus dem Berliner Volksleben,* Erstes und zweites Heft. Berlin 1841. S. 17-46, hier: S. 42.

[46] *Bit* [Anm. 11]. Heft 1: „Eckensteher", 10. Aufl., Leipzig 1845. „Gleiche Gesinnung". S. 10f.

[47] *Bit* [Anm. 11]. Heft 2: „Hökerinnen", 7. Aufl., Leipzig 1845. „Große Scene am Spittelmarkt". S. 14ff.

Leid der Köchinnen und das Leben der Fuhrleute und vieler anderer werden durch die Addition von Gesprächsszenen, Anekdoten oder den (Über-)Griff des Autors in Privatkorrespondenzen und Diarien sukzessiv zunächst zu einem Mosaikbild der Lohnabhängigen erweitert, ergänzt durch entsprechende Texte in der Reihe *Buntes Berlin* (14 Hefte 1837-1843 und 1 Supplement-Heft 1853), in der anfangs auch *Kleines aus dem Tagebuche Berlins*[48] gesammelt wurde.

Scheinbar zeitenthoben und auf die Stadt Berlin und ihre Population begrenzt, tendieren diese kleinen Bilder, Szenen und Anekdoten einerseits zur Fortsetzung und Arrondierung im Sinne der „vollständigen Charakteristik aller niedrigen Volksklassen dieser Residenz"[49]. Zum anderen profilieren sich innerhalb der Gruppen Charaktere wie der Eckensteher Nante, der Guckkästner oder Rentier Buffey, die nun als zentrale Figuren für jeweils spezifische soziale Lagen, Sichtweisen und Darbietungsformen fungieren und für die Glaßbrenner – bis zur Wiederaufnahme der Serie *Berlin wie es ist und – trinkt* im Jahre 1842 – die Kennzeichnung mit traditionellen Gattungsbezeichnungen konsequent vermeidet: lediglich die Bezeichnungen 'Lebensbilder'[50], 'Straßenbilder'[51], 'Lokales Charakterbild'[52] oder die bloße Kennzeichnung durch den Anlaß[53] markieren jene nun schon größeren, meist ein ganzes Heft ausfüllenden Texte. Erst mit der Fortsetzung von *Berlin wie es ist und – trinkt* (ab 1842) finden sich dann auch Gattungskennzeichnungen wie 'Komische Scenen'[54], 'Komödie'[55], 'Lokalposse'[56], 'Historisch-romantisch-komische Tragödie'[57], 'Genrebild'[58] usw.

---

[48] Adolf Glaßbrenner: *Buntes Berlin*, vollständiger Nachdruck aller Ausgaben 1838-1853, Leipzig 1981. [Künftig zitiert als: *BB*] „Kleines aus dem Tagebuche Berlins", hier in: Heft 1. S. 37ff.; 2. S. 39ff.; 3. S. 46ff.; 4. S. 47ff.; 10. S. 51ff.

[49] Vgl. [Anm. 13]: „Vorwort" zur 1. Aufl. von *Bit.* Heft 1.

[50] z.B. *BB* [Anm. 48]. Heft 8: *Der Weihnachtsmarkt* (1840); Heft 11: *Herrn Buffeys schönster Tag, oder: Hulda's Hochzeit. Ein Lebensbild* (1840).

[51] *Bit* [Anm. 11]. Heft 11: „Strassenbilder" (1837).

[52] *BB* [Anm. 48]. Heft 5: „Der ächte Eckensteher Nante. Lokales Characterbild" (1838).

[53] *BB* [Anm. 48]. Heft 6: „Ein Polterabend" (1838); Heft 9: „Das Antiken- und Raritäten-Cabinet" (1840); *Bit* [Anm. 11]. Hefte 6,1-3: „Guckkästner" (1. Aufl.: 1834, 1835, 1837).

[54] *Bit* [Anm. 11]. Heft 13: „Komische Scenen und Gespräche" (1. Aufl. 1842).

[55] *Bit* [Anm. 11]. Heft 14: „Franz Liszt in Berlin. Eine Komödie in drei Acten" (1. Aufl. 1842).

[56] *Bit* [Anm. 11]. Heft 15: „Ein Sonntag in Tempelhof. Lokalposse in einem Akt" (1. Aufl. 1843).

[57] *Bit* [Anm. 11]. Heft 19: „Nante Nantino, der letzte Sonnenbruder, oder: Die Entstehung der norddeutschen Volkspoesie. Historisch-romantisch-komische Tragödie in 5 Acten" (1. Aufl. 1843).

[58] *Bit* [Anm. 11]. Heft 24: „Herr Buffey im Tugend-Verein. Genrebild" (1846) und Heft 25: „Eine Werkstatt. Genrebild" (1846). Einen Abriß der von Glaßbrenner benutzten literari-

Durch die Tendenz zur größeren Form werden nicht nur Leitfiguren wie Nante, Buffey, dem Guckkästner weitere Spiel- und Aktionsräume eröffnet mit dem Effekt einer lokalen, nationalen oder welthistorischen Horizonterweiterung[59] und Differenzierung; mit der exponierten Figur verselbständigt sich auch die Publikationsform, mit Ansätzen zur eigenen Reihenbildung. Im Gegenzug zu diesen meist szenisch-komischen (Genre-)Transformationen und Mutationen, in denen die ökonomische, politische und gesellschaftliche Übergangssituation der dreißiger und vierziger Jahre sich im und am kritischen Bewußtsein exemplarischer Figuren zumindest punktuell spiegelt, wird bei Glaßbrenner in der Stadtbeschreibung der Modernisierungsschub als ein Prozeß der (epischen) Integration erkennbar, der – in diachroner Lektüre – als bedeutendes Dokument für den industriellen take off, die sich vollziehenden politisch-sozialen und mentalen Umbrüche und für die Entwicklung einer entsprechenden Form der Stadtdarstellung gelten darf. Über fünf Stationen, von 1833/34 bis 1847, soll im folgenden an 'Stadtbildern' von Berlin dieser Prozeß nachgezeichnet werden:

III/1. „Skizzen aus Berlin" (1834)

Für die ersten Hefte von *Berlin wie es ist und – trinkt* ist charakteristisch, daß verschiedene Berufsstände und Gruppen der Unterschicht Berlins in ihrem Ambiente szenisch 'vorgeführt', durch einführende Prosa-Kommentare soziologisch eingeordnet und bei der Darstellung von Volksfesten – außerhalb der Mauern Berlins – auch als sozialer Querschnitt in Natur und Restaurations- bzw. Getränkeniederlagen beschrieben sind. Eine m.W. erste – als gesellschaftskritische Totale angelegte – Ortsimpression (*Der Berliner Frühling*) findet sich erst 1834 in der sonst Theater- und Gesellschaftsereignissen gewidmeten Reihe Glaßbrenners, nämlich den *Skizzen aus Berlin*[60] in dem von Carl Herloßsohn herausgegebenen „Unterhaltungsblatt für die gebildete Lesewelt" *Der Komet*. Die drei Klassen der preußischen Gesellschaft werden hier „vor den Thoren" in ihrer Fremdheit und Selbstentfremdung gezeigt, die politische Lage als Verhaltensstudie, der Druck des Systems als Gefangensein 'in den Mauern' präsentiert:

---

schen Formen gibt Steiner: *Adolf Glaßbrenners Rentier Buffey* [Anm. 17]. S. 167-210; speziell zum Genrebild S. 179-189.

[59] Z.B. besucht Buffey die Berliner Kunstausstellung (1838/39), die Berliner Gewerbeausstellung (1844) und den Heiligen Rock in Trier (1845) neben mehreren Vereinen des politisch-gesellschaftlichen Spektrums.

[60] *Der Komet* 5 (3.2.-31.7.1834), Nr. 21-129, *Skizzen aus Berlin* [1.-15.], von Ad. Glaßbrenner. Die *Skizze aus Berlin* [7.]: *Der Berliner Frühling,* in: Nr. 61 (14.4.1834). Sp. 485-488.

a) Im Tiergarten die gegen 12 Uhr beginnende „feine Promenade" des Adels und der Funktionseliten: „Da sieht man sich durch Lorgnetten an, hört 'auf Ehre!' schreien, grüßt sich und spricht: 'Wie geht's Ihnen? Wie befinden Sie sich? O ich danke! Passabel! Sehr schön Wetter heut! Delicat, auf Ehre! Empfehl' mich Ihnen'" und amüsiert sich „auf solche Weise ungeheuer"[61].

b) Die Wirkung des politischen Regiments auf die mentale Lage der nachdrängenden, von der „drückenden Stadt" Erholung suchenden „minder feinen Leute" wird von Glaßbrenner direkt als Verhaltensstudie thematisiert: „Von Unterhaltung ist nicht viel zu merken, von allgemeiner Lust gar nicht, das Hauptvergnügen besteht darin, sich zu geniren [...] Gott! wenn doch die Berliner nicht so ungeheuer Berlinisch wären!" und mündet in die zweideutige Aufforderung: „Zieht doch die verdammte Zwangsjacke mindestens unter Gottes freiem Himmel aus, und seid heiter, fröhlich, lustig! die Welt ist ja für Alle, wir wollen ja Alle leben und müssen Alle sterben, – Mensch ist Mensch [...]"[62].

c) Die Mentalität dieser Schichten steht in krassem Gegensatz zum „tollen Leben" in der Hasenheide, vor dem Halleschen Tor. Vor allem Handwerker, die sich „aus der ganzen Welt nichts" machen, vergnügen sich hier am Sonntag: „So kommt nach und nach Alles zusammen, was den Schnaps liebt; man tanzt und springt, jubelt und singt, schiebt Kegel, fährt Carroussell und fliegt die Rutschbahn hinunter" – bis zur 'l'heure bleue', der „Zeit der Prügel": „Diese beginnt gegen sieben Uhr und bildet das Finale. Der braune und blaue Genuß ist der letzte des Sonntags; und neugestärkt gehen sie den sechs Arbeitstagen entgegen."[63] Die Skizze endet mit dem durchaus als politische Metapher gemeinten Ausruf: *„Berliner Frühling Du jammerst mir!"*[64]

III/2. „Strassenbilder" (1837)

So lautet der Titel des 11. Heftes von *Berlin wie es ist und – trinkt*, das einzelne Bilder und Szenen – wie die berühmte über *Das gefallene Pferd*[65] – mit einer Zustandsbeschreibung Berlins einleitet. Auf zehn Seiten wird hier eine

---

[61] Ebd. Sp. 486f.
[62] Ebd. Sp. 487.
[63] Ebd. Sp. 488.
[64] Ebd. (Hervorhebung von Gl.)
[65] *Bit* [Anm. 11]. Heft 11: „Strassenbilder.", Leipzig 1837. „Das gefallene Pferd." S. 20-22. Der rettende Vorschlag des Colporteurs Wipp lautet: „Hier haben Se sechs Spenersche Zeitungen; lejen Se die den patriotischen Wallach unter, denn springt er uf. Ick sage Ihnen, Kutscher, dhun Se't! Sie kennen die Politik in de Spenersche nich! Det hält keen Pferd aus!"(S. 22)

kunstvoll aufgebaute sozialpsychologische Studie in vier Darstellungsschritten publiziert.

a) Der mentalitätsgeschichtliche Befund: Für das Fehlen 'öffentlichen Lebens' in der Residenz werden als Hauptgründe ökonomische Bedingungen („der größte Theil der Kaufleute und Handwerker muß bis spät in den Abend hinein arbeiten, seine kümmerliche Existenz zu fristen"[66]) – und polizeiliche Maßnahmen („die große polizeiliche Sorgfalt, welche jede Regung eines Sinnes für öffentliches Leben bewacht"[67]), verantwortlich gemacht. Leben findet nur in den bürgerlichen Refugien, in der Privatsphäre statt. Im 'Flug' über das steinerne Berlin, über die (antithetisch aufgezählten) öffentlichen Gebäude der Stadt wird die Unterdrückungssituation verbildlicht: man fliegt

> [...] über die geräumige[n] Casernen, über das Opernhaus und die hohen Kirchen, über das gewaltige, kräftig-schöne Zeughaus und die Ordens-Commission, über die Akademie und das Censurbureau, über das imposante Museum und über das Corps de Ballet, über das alte ehrwürdige Schloß und über Eulner's brillante Niederlage aller Sorten doppelter und einfacher Branntweine.[68]

Für das Fehlen der „öffentliche[n] Lust" wiederum wird „das fremde Gegenüberstehen beider Geschlechter in Berlin, vom höhern Bürgerstande bis zur feinsten Gesellschaft hinauf"[69] als Ursache erkannt – eine Entfremdung, der die „unterste Volksklasse" in den von ihr besuchten Orten nicht unterliege.

b) Reflex in der „Physiognomie" der Stadt: Die Beschreibung von Physiognomien, als Versuch, die „Gemüthsart und den Charakter" einer Stadt, das „Geistige in dem Leiblichen"[70] auszudrücken, gehört auch im Vormärz zu den Topoi der Stadtdarstellung; eines ihrer zentralen Mittel war der Vergleich der Metropolen mit einem weiblichen Leib. Glaßbrenner strukturiert diesen Topos gleich mehrfach um, indem er
- Berlins Physiognomie in den Ferienmonaten beschreibt, wenn die höfisch geprägte Oberschichten-Kultur pausiert: "Der Luxus und die Residenzlichkeit sind erloschen, die bleiche Prosa, die nüchterne Alltäglichkeit treten heraus [...]"[71]

---

[66] *Bit* [Anm. 11]. Heft 11: „Strassenbilder.", Leipzig 1837. „Straßenbilder." S. 3-12, hier S. 3.

[67] Ebd.

[68] Ebd. S. 4.

[69] Ebd. S. 4 u. 5.

[70] Artikel „Physiognomie", in: *Allgemeine deutsche Real-Encyklopädie für die gebildeten Stände. Conversations-Lexikon*, 9. Aufl., Band 11., Leipzig 1846. S. 220.

[71] *Bit* [Anm. 66]. S. 5.

- indem er – über den Vergleich des Brandenburger Tors mit einem gähnenden Mund – den Zustand des 'Stadtleibs' beschreibt, aber als männlichen: „Der gestrenge Herr bewegt keine Miene, schaut gleichgültig zum Fenster hinaus und erwiedert nur in ganz gewöhnlichen Redeformen, welche Seite seines Geistes oder seines Herzens man auch berühren mag."[72]
- durch die Zweiteilung der Physiognomie Berlins in die vornehm-aristokratische Friedrichstadt und die anderen, von „Handel und Wandel" geprägten („sorglichen") bürgerlichen Viertel. Dennoch heißt es klassenübergreifend: Überall manifestiere sich

> [...] die hervorstechende geistige Richtung der Bewohner, und wer nicht an allen Ecken und Enden nur die Schildwachen, Gensd'armen, Theaterzettel und polizeilichen Bekanntmachungen bemerkt, sondern tiefer in das Leben und Treiben der Spreebewohner blickt, der wird [...] einen Saamen für weltgeschichtlich-große und schöne Thaten erkennen.[73]

c) „Stereotyp-Bilder der Straße" und ihres „Volksleben[s]": In der Metaphernsprache für künstlerische Produktions- und Reproduktionsvorgänge drückt der Begriff Stereotypie sehr genau Glaßbrenners Intention aus, Alltagsleben, immer wiederkehrendes, ewiges Leben und Treiben direkt (wenn auch mit dem Kunstvorbehalt) darzustellen. Das 1804 von Stanhope entwikkelte neuere Verfahren, eine aus beweglichen Lettern bestehende Vorlage für eine Schriftseite durch Gipsabdruck und anschließenden Eisenguß für die Wiederverwendung vorlagengetreu zu fixieren[74], kann dabei ebenso als Vergleich für die Beschreibung der Bewegungen der Straße verstanden werden wie der Wortgebrauch im medizinischen und psychologischen Kontext, als zwanghaftes „Wiederholen von sprachlichen Äußerungen oder motorischen Abläufen" über einen längeren Zeitraum hinweg.[75]

Glaßbrenners 'Stereotypie', als Kernstück dieser „Straßenbilder", die er mit einer Homer-Reminiszenz und Selbststilisierung als „Gott" der Zeit und letztlich der Geschichte beginnt, stellt im Tageszeiten- und Stundentakt (einem Signum der Städtephysiognomien seit der Revolutionszeit) die von der Tageszeit abhängigen Auftritte aller Stände dar – von der ersten Waschfrau, vier Uhr morgens, bis zu den nach neun Uhr abends „alleinwandelnden Damen"[76]. Die in früher publizierten Einzelszenen und -heften porträtierten Berufsstände wie Eckensteher, Hökerinnen etc. sind hier ebenso integriert

---

[72] Ebd.
[73] Ebd. S. 6.
[74] Vgl. Artikel „Stereotypie", in: *Allgemeine deutsche Real-Encyklopädie* [Anm. 70], Band 13, 1847. S. 658-660.
[75] *Duden. Deutsches Universalwörterbuch*, 2. Aufl., Mannheim u.a. 1989. S. 1465.
[76] *Bit* [Anm. 66]. S. 12.

wie die „vornehmere Welt"[77] oder Vertreter der Staatsmacht (z.B. schleicht „ein magerer Censor [...] gekrümmt und mit Orden geschmückt an den Häusern vorbei, ein Verbrecher gegen die Menschheit, wahrscheinlich ein Dieb [...]"[78]). „Leben", in seiner Kontrapunktik von Geburt und Tod, wird (durch Auftritte des Tischlers mit Wiege und Sarg, durch den Leichenwagen – dieser auch als Staatssymbol usw.) hier arrangiert; ebenso die das Leben und Bewußtsein aller prägende Herrschaft des Geldes, durch punktuelle Hinweise wie:

> Die Gasbeamten mit ihren Leitern löschen das künstliche Licht und wundern sich, daß die Sonne gratis brennt.[79]
>
> Drüben an dem Bau ist Alles geschäftig; man trägt und karrt und kalkt an einer neuen Hütte, in welcher Menschen geboren werden und sterben sollen, um inzwischen Miethabgaben zu geben.[80]
>
> Zwei blau equipirte Beamte, von der Regierung Armenwächter, vom Volke Bettelvoigte genannt, schleichen umher, und suchen Das zu verhindern, was die nothwendige Folge der menschlichen Raub- und Herrschsucht ist: ein armer Handwerksbursche der sich ein paar Groschen zur Weiterreise erbetteln wollte, wird gepackt und nach der Stadtvoigtei gebracht, eine fürstliche Equipage fährt mit raschen strotzenden Pferden und goldgezierten Bedienten [sic] vorüber.[81]

d) Revolutionssymbolik: Im Bewußtsein des als „Gott" qua Text fungierenden Schriftstellers, nicht aber der auf den Straßen Agierenden, ist diese Geschäftigkeit Arbeit an der Geschichte. „Alles geht an die Pflicht des Tages, ohne die letzte Schaale Kaffee mit dem Gedanken zu verschlucken, daß man nun ein Stück Weltgeschichte machen helfen muß."[82] Der Gott, der der Sonne gebietet, „in ihrem Rosenbette" aufzustehen, einen „ersten morgendlichen Strahl über das träumende Berlin zu werfen" und dann wieder langsam „in das purpurne Bette des Westens"[83] hinabzusinken, verheißt durch Farbsymbolik und Gewittermetaphorik am Schluß des Textes – wie auch des Heftes, (in der Szene *Am Abend*) – die Revolution.

---

[77] Ebd. S. 10.
[78] Ebd. S. 11.
[79] Ebd. S. 6f.
[80] Ebd. S. 7.
[81] Ebd. S. 11.
[82] Ebd. S. 7.
[83] Ebd. S. 6. Vgl. „Am Abend.", ebd. S. 27-31.

III/3. „Genre-Bilder aus Berlin" (1836/1838)

Mit diesem Gattungsbegriff bezeichnete Glaßbrenner eine Folge von fünf Szenen, mit der er 1838 seine Sammlung *Aus dem Leben eines Gespenstes*[84] beschloß. Die ersten beiden, *Der Gensd'armen-Markt* und *Die Königsstraße* enthalten neue Elemente der Stadtbeschreibung, die jedoch in die Intention des Genrebilds, „Gemälde mit menschlichen Figuren", „zufällige Scenen des [alltäglichen] Lebens"[85] darzustellen, eingebunden sind und den Abstand dieser kleinen Form zu den Beschreibungsentwürfen davor und danach erkennen lassen. Beide Straßenszenen gehen über in amouröse Abenteuer, die der „feine Mann mit dem halben Backenbarte"[86] sucht und findet. Der Platz, Häuser, die Straße, der Markt, obwohl in ihrem sozialen Gegensatz charakterisiert, bilden eine in sich gestaffelte Kulisse: „[...] ich habe nur ein Bild zu malen: der Gensd'armen-Markt in Berlin, und in diesem Bilde ein Bildchen mit rosenrothen Wangen und frischer, morgendlicher Laune."[87] – eben die „liebliche[] Hausfrau"[88] bzw. die vom Erzähler mit neckischen Bezeichnungen verfolgte neue Sängerin im Genre-Bild *Die Königsstraße*. Der Samstagsmarkt auf dem Gensdarmenmarkt mit seinen Bauern, Gärtnerinnen und Hökerinnen dient hier nur als Bühnenraum; die Beschreibungen der umliegenden Gebäude und ihrer prominenten Bewohner geben das eigentlich bedeutende Rahmenbild ab für ein kurzes Resümee der politischen Kultur der Stadt:

> Hier, im cultivirten Westen, wenige Schritte vom Schauspielhause, in Stehely's Conditorei, der Mittelpunkt aller berlinischen Politik und Schöngeisterei, ein Mikrokosmus [sic] der Gegenwart. Der Indifferentismus leckt hier seine Baisers, der Liberalismus trinkt Kaffee, der Servilismus Wein, der Conservatismus Zuckerwasser, die Zerrissenheit nascht Pfannenkuchen, die Oberflächlichkeit Alles zusammen. Im Ganzen wird mehr Kuchen verdaut, als Gegenwart.[89]

Mit der Königsstraße, dem „Mittelpunkt alles geschäftigen Lebens, aller kaufmännischen Regsamkeit, aller gewerblichen Speculation" und baulichen Kontrapunkt zur Friedrichsstadt („Unten ist Gewölbe an Gewölbe, Boutique

---

[84] Glaßbrenner: *Aus dem Leben eines Gespenstes* [Anm. 35], darin S. 339-390: „Genre-Bilder aus Berlin." Sie beginnen mit: „I. Der Gensd'armen Markt" (S. 341-352) und „II. Die Königsstraße" (S. 352-363). Diese wurden zuvor schon als *Bilder aus Berlin* veröffentlicht in der *Mitternachtszeitung für gebildete Stände* 11 (1836). Nr. 78 u. 90.

[85] Artikel „Genremalerei", in: *Allgemeine deutsche Real-Encyklopädie* [Anm. 70], Band 6, 1844. S.65 u. 66.

[86] Glaßbrenner: „Genre-Bilder aus Berlin" [Anm. 84]. S. 348.

[87] Ebd. S. 342.

[88] Ebd. S. 349.

[89] Ebd. S. 347.

an Boutique, Schild an Schild gereiht."[90]), führt Glaßbrenner ein in das „Reich der Nothwendigkeit". Bewirkte im Stereotyp-Bild von 1837 die alles beherrschende Ökonomie noch alltäglichen Zwang und Revolutionshoffnung zugleich, so verdeutlicht Glaßbrenner im folgenden Tag- und Nachtbild, daß für das Reich der Freiheit hier kein Raum bleibt:

> Tief in der Nacht, wenn die Straße schläft, erwacht ihr Geisterleben. Die Schulden fliegen durch die drückende Luft und prügeln sich, die Sorgen klappern an die Fenster, die hohen Procente sitzen an den Thorwegen, und lassen sich von den kleinen Procenten komische Geschichten erzählen, die Staatspapiere klettern bis zu den Schornsteinen hinauf und stürzen sich wieder herunter, der Gewinn und der Verlust gehen Arm in Arm spazieren, der bleiche Mond, welcher von Zeit zu Zeit durch dunkle Wolken blickt, macht ein mitleidiges Gesicht ob dieses Jammers der civilisirten Menschheit. Früh Morgens aber, bevor noch die ewige Sonne den ersten Strahl ihrer glühenden Liebe in die Welt schickt, kriechen alle diese Geister wieder in ihre Köpfe und Bücher, damit die Menschen nicht merken, wie sie mit ihren Speculationen, ihrem rastlosen Thun und Treiben, ihren großen Sorgen um einen kleinen Raum der Erde verhöhnt und verspottet werden.[91]

Die Gefangennahme des Individuums durch die Nacht- und Tagseiten der kapitalistischen Geld- und Warenwelt ist perfekt: die „tausendfältigen Tausendfältigkeiten der Industrie locken die Vorübergehenden, das Bedürfniß und der Luxus beginnen den Tausch, die Romantik aber läuft mit keuchender Brust über die Lange Brücke"[92] auf welcher, so heißt es am Ende des Textes, „der große Kurfürst die Fortschritte Berlins beobachtet"[93]. Der Sieg des (bürgerlichen) Egoismus und der Entfremdung hat als Preis den Verlust des Geschichtsbewußtseins, des Bewußtseins, Subjekt der Geschichte sein zu können:

> Jeder Einzelne denkt nur an das nächste Blatt seiner Geschichte und windet sich durch das bunte Chaos, [...] unbekümmert um die Sorgen seiner Mitmenschen rollt er nur sein eigenes Rad ab, ohne Ahnung, daß es bewegt wird und wieder bewegt, daß es in die Zacken der Weltgeschichte greift, daß er im selben Augenblicke Gott ist, wo ihn nur das nächste Butterbrot beschäftigt.[94]

---

90 Ebd. S. 352f.
91 Ebd. S. 353f.
92 Ebd. S. 354.
93 Ebd. S. 362.
94 Ebd. S. 355.

III/4. „Lichtbild von Berlin" (1841)

„Lichtbilder, Photographien oder Daguerreotypien" – so definiert es der 'Brockhaus' von 1845 –„nennt man Abbildungen natürlicher Gegenstände, welche durch die blose Einwirkung der Lichtstrahlen, die von dem abzubildenden Gegenstande herkommen, auf einer Fläche entstehen."[95] Mit der Wahl dieser Gattungsmetapher für einen nun schon auf 30 Seiten angewachsenen, aus den bisher vorgestellten Beschreibungsmodi Skizze, Straßenbild, Genrebild, Stereotyp-Bild und Städte-Physiognomie synthetisierten Eröffnungstext der *Schilderungen aus dem Berliner Volksleben* (1841) annonciert Glaßbrenner gleich zweierlei: den Glanz einer anbrechenden neuen Zeit, der fotografisch-beschreibend sichtbar gemacht werden kann und einen durch die Aufklärungs- und Fortschrittsmetaphorik definierten Perspektivpunkt, der die Stadt nun als ganze und in ihrer (künftigen) Entwicklung 'richtig' zu erfassen erlaubt. Deshalb die Hinweise der „Ouvertüre", der Leser müsse zunächst „mit den Eigenthümlichkeiten des Terrains" bekanntgemacht, 'acclimatisirt' werden, damit er „Alles aus dem richtigen Gesichtspunkte" erfasse, bevor er seine (im Text nun an den Schluß verdrängten) „Volksgestalten" auftreten lasse[96], denn über die Umgebung Berlins und den Charakter der Berliner gebe es allgemein verbreitete Vorurteile. Eine „vollständige Charakteristik aller niedrigen Volksklassen" ist für die Darstellung der Residenz offenbar nicht mehr funktionsgerecht.

Vor dem Hintergrund der früheren Texte ist es verblüffend, nun zu lesen, daß der „schönste Theil Berlins, die Friedrichsstadt, sein freies, offenes und edles Gesicht"[97] sei; daß „Rechts von den Sommer-Wohnungen reicher Einwohner der Residenz", auf der „feine[n] Promenade"[98] des Tiergartens nicht nur „zur Schau gestellt [wird], was Natur, Geburt, Verdienst, Hintertreppen und Glück geliehen haben" – „Auch ganz vernünftige Leute promeniren hier" und „links", wo sich das Volk die Sorgen vertreibt[99], seien „gesunde Vernunft und Polizei [...] wohl noch mehr" zu finden. Ein Flug „rund um Berlin"[100] gilt eher den pittoresken Reizen der „lieblichen Dörfer" und „wahr-

---

[95] Artikel „Lichtbilder", in: *Allgemeine deutsche Real-Encyklopädie* [Anm. 70], Band 8, 1845. S.739.

[96] Glaßbrenner: *Schilderungen* [Anm. 45]. S. 17. Diese Volksgestalten stehen im Mittelpunkt der Darstellung von: Michael Schmitt: *Der rauhe Ton der kleinen Leute. „Große Stadt" und „Berliner Witz" im Werk Adolf Glaßbrenners* (zwischen 1832 und 1841), Frankfurt a.M., Bern, New York, Paris 1989. Vgl. das Kapitel „Straßenbilder". S. 100-124.

[97] Ebd. S. 18.

[98] Ebd.

[99] Ebd. S. 19.

[100] Ebd.

hafte[n] Schönheit der Natur"[101] und soll offenbar die gehässige „Schilderung Berlins, als einen großen Steinhaufen inmitten einer Wüste"[102] widerlegen. Glaßbrenner verteidigt die vielen Tugenden der Berliner, sie seien „ein kluges, kräftiges Volk, dem es weder an Muth, noch an Enthusiasmus für alles Schöne und Erhabene fehlt, und ein so thätiges, sparsames und strebsames Volk, wie kaum ein zweites in Deutschland."[103] Dies verkenne eine mißgünstige Presse, die diese edle Population mit dem großmäuligen Berliner Dandy gern in einen Topf wirft.

Nach einem ausführlichen Psychogramm des Berliners und nun auch der Berlinerin wird der „Stadtmensch Berlin"[104] – als Organismus-Vergleich der Stadtteile – zwar noch als beinloser Torso, aber bis dorthin in seiner Gesamterscheinung beschrieben. Auch hier überraschend positive Neubewertungen, gipfelnd im Satz: „In weiterem Verfolg des Bildes ist das Königliche Schloß, das Herz Berlins, der Centralpunkt des ganzen Blutumlaufes. Seine Thätigkeit ist zweifach: zusammenziehend und erweiternd; sein Stillstand ist der Tod des ganzen Körpers."[105] Schließlich der 'Einzug' in die Stadt:

> Tritt man durch das großartig-schöne Brandenburger Thor [...] und geht durch die Masse pallastähnlicher Gebäude die Linden-Promenade entlang bis zum Königlichen Schlosse, so wird einem der überwältigendste Eindruck von der Größe und Bedeutung der preußischen Hauptstadt.[106]

Es wird über die 'organische' Strukturbeschreibung deutlich (und sie ist in diesem Sinne textintern funktionalisiert), daß Glaßbrenners *Lichtbild von Berlin* von 1841 auf den Zentralpunkt Schloß und den neuen König, Friedrich Wilhelm IV., als Hoffnungsträger, gerichtet ist. Die damit verknüpfte Utopie Glaßbrenners verkennt allerdings, daß nicht ein Spätaufklärer, sondern der „Romantiker auf dem Thron" Platz genommen hat:

> Das fortschreitende Berlin wird hoffentlich auch den *Geistes*helden ihres Vaterlandes Denkmäler errichten. Mildere, schönere Zeiten nahen; der Weg zur Größe wird nicht mehr über Tausende von Leichen führen; die Blätter der Geschichte nicht mehr mit Blut geschrieben werden: der heilige Frieden, die sanfte Sitte und die versöhnende Himmelstochter Kunst werden die Ebenbilder Gottes vom rohesten Ausdruck ihrer thierischen Natur befreien, *jedes* Tödten

---

[101] Ebd. S. 21f.
[102] Ebd. S. 22.
[103] Ebd. S. 22f.
[104] Ebd. S. 25.
[105] Ebd.
[106] Ebd. S. 26.

wird Verbrechen, und das künftige Schlachtfeld die öffentliche Meinung, dies Forum, diese Inquisition, Vehme und Guillotine des werdenden Jahrhunderts sein.[107]

Die 'Fallhöhe' dieser 'real'-humanistischen großen Illusion ist für Glaßbrenner zu bemessen an der radikalen Königssatire im Tierepos *Neuer Reineke Fuchs* (1846) und der darin entwickelten Alternative: einer sozialistischen Utopie. Neben dieser Hoffnung auf Reformen von oben, auf eine Art preußischen Josephinismus, gibt es allerdings eine zweite Begründung für eine gesellschaftspolitische Euphorie, die ebenfalls schon der Stadt als 'Lichtbild' eingeschrieben ist:

> Die beiden ersten Eisenbahnen Berlins, die an den Mauern der Friedrichsstadt [...] beginnen, haben auch dieser eine mehr bürgerliche, lebendige Färbung gegeben; sie locken die Handwerker herbei, lassen Gewölbe an Gewölbe aufspringen, große Hôtels entstehen; sie verdecken die brillante Equipage unter Hunderten von Fiakern, und verleihen dem bleichen und ruhigen Gesichte des Aristokratismus rothe, gesunde Wangen. Die Eisenbahnen, der größte Sieg, den die Menschheit errungen, verändern die ganze physische und geistige Welt, geschweige das Bischen Berlin dieses Planeten. Gott segne sie: sie emancipiren das Volk und stürzen die Vorurtheile![108]

Auch das zweite 'Hauptbild der Residenz', die „lebendigste, tobendste Straße Berlins"[109] – so jetzt die Kennzeichnung der Königstraße – wird bestimmt durch die neuen Verkehrsmittel. Glaßbrenners Erwartungen gehen so weit, ihnen auch die Lösung des Armenproblems zuzutrauen. Er glaubt, daß dem „Hintertheil" der Stadt

> [...] nur die Eisenbahnen Häuser und Leben bringen; [nur sie] dürften der nackten Armuth die Blößen bedecken, die, gleichsam ein siekernder [sic] Thränenbach [...] um drei Viertheile der Stadt schlängelt, und sich endlich in den See des berlinischen Elends und der Demoralisation, in die sogenannten Familienhäuser des Voigtlandes [...] ergießt.[110]

1847 wird Glaßbrenner den Pauperismus als europäisches Problem, seine Lösung in der 'Völkerfreiheit' erkennen. In welchem Maße sich im *Lichtbild* Glaßbrenners ursprüngliche Absicht einer „vollständigen Charakteristik aller niedrigen Volksklassen dieser Residenz" über die Gesellschaftsdiagnose hinaus in Richtung auf eine Registratur sozioökonomischer Veränderungen und

---

[107] Ebd. S. 29f. (Hervorhebung von Gl.)
[108] Ebd. S. 30.
[109] Ebd.
[110] Ebd. S. 32.

(wenn auch falsche) gesellschaftspolitische Prognostik zugleich entwickelt hat, zeigt der Überleitungssatz für den Schluß des Texts: „Ich zeige jetzt noch die Stereotyp-Bilder der Straße."[111] Scheinbar funktionslos geworden, turnen die handwerklichen Berufsstände hier nun im Stundentakt über die Straße.

III/5. „Berlin und die Berliner" (1847)

In dieser letzten, noch einmal erweiterten, nun „Stadt- und Sittenschilderung"[112] von 1847, läßt Glaßbrenner die Traditionsbestände des altpreußischen Berlin in der Form und Abfolge der zuletzt praktizierten Stadtbeschreibung bestehen, um daran den ökonomischen und politischen Umbau, die Reichweite des Modernisierungsschubs und das Ausmaß der allgemeinen Beschleunigung zu zeigen. Es wird nicht nur in der Darstellung der Kommunikationsmittel sondern auch in der Schmelztiegelmetapher, zumindest als Denk- und Wunschfigur ausgedrückt. Um die Extreme zu markieren: der Adel sei „im gebildeten Europa nur noch ein Phantom"[113]. Seine Berliner Bastion sei geschleift: „Jetzt haben die vielen Eisenbahnen auch die Friedrichsstadt industriell gefärbt und ihre Aristokratie ausgewischt. Der Bürger wird Herr der Welt; wohin man die Augen richtet, flattert schon seine Siegesfahne."[114] Dieser aber ist schon unterwandert in seinem Zentrum, dem 'Bauch' der Königsstraße, denn „das Proletariat drängt sich mitten durch den Wucher"[115].

Glaßbrenner hofft, daß die „sociale Starrheit" durch den Emanzipationsgedanken, „den erwachten Bürgersinn und den Verkehr der Eisenbahnen" aufgelöst werden kann und daß es zu einer „Verschmelzung der verschiedenen Kasten" kommen werde.[116] Die Kategorie Volk, als Schmelzprodukt, insbesondere mit der idealisierten Färbung, die das sittlich und sichtlich gehobene Berlinertum nun für ihn annimmt, wird neu als Träger der Aufklärungsutopie bestimmt, „denn Berlin ist nicht mehr einfältig und in bloßem materiellen Leben befangen: Berlin *denkt*"[117]; auch mental behaupte es seine nationale Führungsrolle, denn „nur im nördlichen Deutschland findet man das ächte Gemüth".[118] Ein geradezu revolutionärer Bildungsfuror scheint die

---

[111] Ebd. S. 36.
[112] „Berlin und die Berliner.", in: [Adolf Glaßbrenner:] *Berliner Volksleben. Ausgewähltes und Neues*, von Ad. Brennglas, Erster Band, Leipzig 1847. S. 19-56, hier S. 53.
[113] Ebd. S. 27.
[114] Ebd. S. 34.
[115] Ebd. S. 35.
[116] Ebd. S. 24.
[117] Ebd. S. 27. (Hervorhebung von Gl.)
[118] Ebd.

Berliner ergriffen zu haben und scheint alle Lebens- und Sozialverhältnisse auf den Kopf zu stellen:

> In Berlin herrscht das Talent, der Geist, und der Leib- oder Blut-Adel muß sich dieser höchsten Geburt, diesem Himmels-Adel unterwerfen. Das ist eine schöne, nicht genug hervorzuhebende Errungenschaft Berlins. In allen Kreisen ist das Talent die erste Person. Nirgend wird auf Stand, Geburt oder Reichthum gesehen [...].[119]
> Das Volk *fühlt* sich nicht nur sondern *weiß* sich.[120]
> Gelesen wird in Berlin Alles, das Lesen ist in Berlin das erste und größte Bedürfniß. Bevor er ißt, trinkt, schläft und andre Dinge thut, *liest* der Berliner [...][121]
> Berlin hat nicht viel Jubel aber rastloses Streben nach Kenntniß und Freiheit.[122]

Und nicht zuletzt sei die von ihrer rohen 'Volksgenossin' abgehobene, mittelständische Berlinerin, durch „geistigen Reiz" und äußerlich durch eine „süße Dissonanz der Schönheit" ausgezeichnet, „ohne Cigarren zu rauchen und Tabagien zu besuchen [...] in edelster Weise emancipirt."[123]

Eine entsprechende Erweiterung erfahren die „Stereotyp-Bilder[...] der Straße", die die inzwischen touristisch erschlossene Metropole durch das Gewimmel der „Menschenameisen", die neuen Omnibusse, Hotels und den „Wagen-Galopp" zu den Bahnhöfen festhalten. Die nun aber auch die Straße verlassen und das ständisch erweiterte 'Volk' in seinen Widersprüchen zwischen Sein und Bewußtsein zeigt: den 'kopflosen' Gymnasial-Professor (ein Philologe), à la mode gekleidete Studenten, die sich über die „letzten communistischen und atheistischen Brochüren"[124] unterhalten, „Junge Männer in abgeschabten Röcken", die in die „königliche Leihbibliothek [treten], um Quellen zu studiren"[125], ein Pietist, der bei seiner pietistischen Freundin 'betet', die reiche Fleischersfrau bei ihrer Freundin, der Geheimen Sekretairin und die „Männer der Humanität" (Republikaner, Demokraten, Sozialisten und Liberale) in verschwiegenen Hinterzimmern.[126]

---

[119] Ebd. S. 27f.
[120] Ebd. S. 28. (Hervorhebung von Gl.)
[121] Ebd. S. 29f. (Hervorhebung von Gl.)
[122] Ebd. S. 51.
[123] Ebd. S. 39.
[124] Ebd. S. 49 u. 44.
[125] Ebd. S. 45.
[126] Ebd. S. 50f.

Für die Metropole Berlin, die „Residenz der deutschen Zukunft", sind solche Widersprüche konstitutiv; es ist „ein modernes Babylon"[127] noch nicht assimilierter Elemente:

> Hier ist Berlin Paris, dort London, hier Krähwinkel, dort eine Caserne, hier eine Democratie, dort ein Bureau, hier ein Bethaus, dort ein lustiger Markt, und nur, wenn man aus all diesen streitenden Eigenschaften durch seine *Familienkreise* gegangen ist, kommt man erst in das eigentliche Berlin zurück.[128]

Dennoch wird die Stadt – bevor die Revolution auch für Glaßbrenner neue Akzente setzt[129] – zum nationalen und kontinentalen Fortschritts- und Freiheitssymbol überhöht:

> Sie nährt ihr Herz und ihren Kopf mit Allem, was die Welt gebärt, und ehe man sich's versieht, ist sie der geistige Markt Europa's, ist sie der Heerd der Reformen, die Mutter der Volksemancipation, die Kammer der deutschen Freiheit.[130]

'Feenmärchen' – 'Lusthaus' – 'Babylon': mit solchen Topoi und lasziven Vergleichen belegte die westeuropäische Beschreibungsliteratur mittlerweile Bewunderung und Abscheu gegenüber dem 'Stadtleib' ihrer Metropolen.[131] 'Herd', 'Mutter', 'Kammer' – die 'Hökerin' Berlin hat es (zumindest in häuslich-deutscher Metaphorik) weit gebracht.

---

[127] Ebd. S. 54 u. 55.

[128] Ebd. S. 56. (Hervorhebung von Gl.)

[129] Über Glaßbrenners politische und literarische Aktivitäten im Revolutionsjahr vgl. u.a. Heinrich-Jost: *Literarische Publizistik Adolf Glaßbrenners* [Anm. 4]. S. 104ff.

[130] Glaßbrenner: *Volksleben* [Anm. 112]. S. 55.

[131] Vgl. dazu den Beitrag von Gerhard R. Kaiser: „'Vulkan', 'Feerie', 'Lusthaus'. Zur deutschen Berichterstattung aus Paris zwischen 1848 und 1884.", in: *Rom – Paris – London. Erfahrung und Selbsterfahrung deutscher Schriftsteller und Künstler in den fremden Metropolen*, Ein Symposion, hg. von Conrad Wiedemann. Stuttgart 1988. S. 479-511.